中国外交

China's Foreign Affairs

2012年版

中华人民共和国外交部
政策规划司编

世界知识出版社

2011年1月19日，中国国家主席胡锦涛同美国总统巴拉克·奥巴马在华盛顿白宫举行会谈。

2011年4月14日，金砖国家领导人第三次会晤在海南三亚举行。中国国家主席胡锦涛主持会晤并发表重要讲话。

2011年4月15日，中国国家主席胡锦涛（左六）出席在海南博鳌举行的博鳌亚洲论坛2011年年会。

2011年5月27日，中国国家主席胡锦涛在北京人民大会堂与缅甸总统吴登盛举行会谈。

2011年6月5日，中国国家主席胡锦涛在北京人民大会堂会见南部非洲发展共同体轮值主席、纳米比亚共和国总统波汉巴一行。

2011年6月15日，中国国家主席胡锦涛出席在哈萨克斯坦首都阿斯塔纳举行的上海合作组织成员国元首理事会第十一次会议。图为胡锦涛主席（前排左三）同与会成员国元首、观察员国领导人和主席国客人集体合影。

2011年10月12日，中国国家主席胡锦涛在北京人民大会堂会见俄罗斯总理普京。

2011年11月3日至4日，中国国家主席胡锦涛在法国戛纳出席二十国集团领导人第六次峰会。图为胡锦涛主席（前排左五）同与会各国领导人及有关国际组织负责人合影。

2011年11月13日，中国国家主席胡锦涛在美国夏威夷出席亚太经合组织第十九次领导人非正式会议。图为胡锦涛主席（前排左二）同与会领导人集体合影。

2011年5月18日至30日，中国全国人大常委会委员长吴邦国对纳米比亚、安哥拉、南非和马尔代夫四国进行正式友好访问。图为吴邦国在温得和克会见纳米比亚国民议会议长西奥本·古里拉布。

2011年9月26日，在哈萨克斯坦进行正式友好访问的中国全国人大常委会委员长吴邦国（左三）与中哈企业家座谈交流。

2011年10月10日，中国全国人大常委会委员长吴邦国在北京人民大会堂会见来访的加拿大参议长金塞拉。

2011年6月27日，中国国务院总理温家宝在英国皇家学会发表演讲。图为英国皇家学会会长纳斯爵士向温家宝授予“查理二世国王奖”。

2011年6月24日至28日，中国国务院总理温家宝对匈牙利、英国、德国进行正式访问。图为德国总理默克尔为温家宝举行欢迎仪式并共同检阅仪仗队。

2011年10月14日，第110届中国进出口商品交易会开幕式暨中国加入世界贸易组织十周年论坛在广州隆重举行。中国国务院总理温家宝出席开幕式。图为开幕式前，温家宝总理会见应邀与会的各国嘉宾。

2011年11月18日，中国国务院总理温家宝（左五）出席在印度尼西亚巴厘岛举行的第十四次中国与东盟领导人会议。

2011年4月2日至13日，中国全国政协主席贾庆林对缅甸、澳大利亚、萨摩亚进行正式友好访问。图为贾庆林在堪培拉会见澳大利亚总督昆廷·布赖斯。

2011年4月1日，中共中央政治局常委李长春在北京人民大会堂会见来访的土耳其副总理兼国务部长阿里·巴巴詹。

2011年6月5日，正在古巴进行正式访问的中国国家副主席习近平在哈瓦那同古巴国务委员会主席兼部长会议主席劳尔·卡斯特罗举行会谈。图为会谈前劳尔·卡斯特罗在革命宫迎接习近平副主席。

2011年6月25日，中国国务院副总理李克强在北京出席第二届全球智库峰会开幕式并发表演讲。

2011年7月16日，中共中央政治局常委、中央纪委书记贺国强在德黑兰会见伊朗总统马哈茂德·艾哈迈迪内贾德。

2011年8月16日至26日，中共中央政治局常委、中央政法委书记周永康对尼泊尔、老挝、柬埔寨、塔吉克斯坦、蒙古进行正式友好访问。图为周永康在金边会见柬埔寨人民党副主席、首相洪森。

2011年10月11日，中国国务院副总理王岐山在北京与来访的俄罗斯副总理谢钦举行中俄能源谈判代表工作会晤。

2011年5月12日，中国国务委员戴秉国与欧盟外交与安全政策高级代表兼欧盟委员会副主席凯瑟琳·阿什顿在匈牙利出席第二轮中欧高级别战略对话新闻发布会。

2011年8月26日,《中国外交2010》画册首发式暨蓝厅音乐会在北京举行。图为中国外交部长杨洁篪与嘉宾一同启动《中国外交2010》首发式。

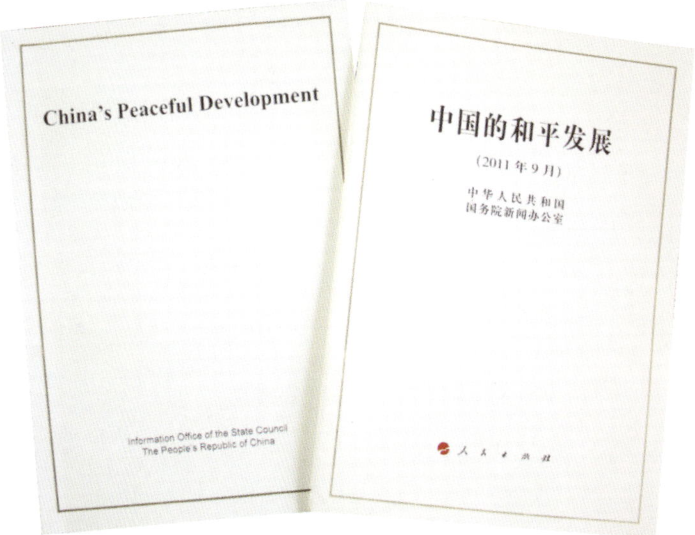

2011年9月6日，中国国务院新闻办公室发表《中国的和平发展》白皮书，庄严承诺中国将始终不渝走和平发展道路，在坚持自己和平发展的同时，致力于维护世界和平，积极促进各国共同发展繁荣。

2011年1月12日，中国赴海地维和警员在海地首都太子港联合国驻海地稳定特派团总部旧址废墟前摆放遇难战友的照片，悼念在2010年地震中遇难的8位中国维和警察。

2011年11月3日，由中国承建的沙特麦加轻轨铁路开通运营。这是迄今世界上设计运能最大、运营模式最复杂的轻轨铁路项目。

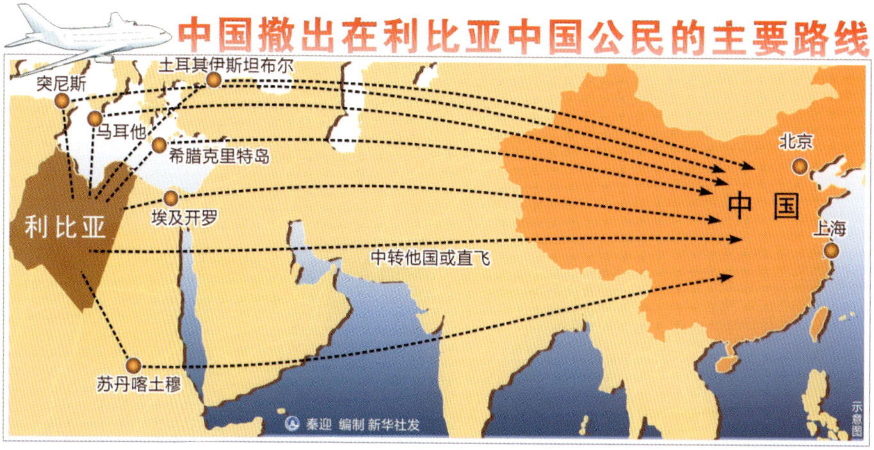

2011年2月22日至3月5日，中央部门、驻外使领馆、地方政府以及有关企业通力合作和连续奋战，在12天内从海陆空三路直飞或经埃及、希腊等第三国，安全撤回35860名中国公民。这次撤离行动是新中国成立以来，中国政府最大规模的有组织撤离海外中国公民行动。图为中国撤出在利比亚中国公民的主要路线。

2011年8月12日至23日，第26届世界大学生夏季运动会在广东深圳举行。来自150多个国家和地区的青年健儿在这场大运会历史上规模最大的赛事中，弘扬顽强拼搏的体育精神，展示奋发向上的青春风采，为世界的美好未来播撒了和平友爱的种子。

2011年11月9日，65名德国小学生来到浙江诸暨市荣怀学校开展文化交流，图为德国小学生展示自己的书法作品。

中国援建的佛得角泡衣崂水坝地区项目改写了佛不能生产稻谷的历史。图为2011年8月25日，当地农户向中国驻佛得角外交官介绍旱稻试种成功的情况。

政策规划司编辑小组 / 孙安林　何飞　何源　钟旭辉　杨天欣

外交部长序

2011年是中国和平发展进程中取得新的重要进展的一年。中国隆重庆祝中国共产党成立90周年和辛亥革命100周年，克服内外各种风险挑战，继续保持国民经济平稳较快发展与社会和谐稳定，实现了“十二五”规划的良好开局。

2011年也是中国外交的开拓进取之年。国际形势发生极为深刻的变化，各种重大突发事件接连不断，动荡不定的一面较为突出，中国发展的外部环境更趋复杂。在党中央、国务院的正确领导下，我们把为“十二五”规划开好局、服好务作为贯穿全年外交工作的主线，积极进取，攻坚克难，全面推进总体外交布局，妥善应对各种变局和乱局，努力为全面建设小康社会营造良好国际环境和更多有利外部条件。我们积极运筹和稳步推进与各方关系，巩固在世界大变局中的主动有利地位。我们大力开展经济外交，化解外部经济环境中的各项风险挑战，为稳增长、促发展服好务。我们坚定维护国家利益，维护中国海外公民的合法权益，同时积极促进与各方共同利益。我们坚持不懈地推动热点问题的降温和解决，维护世界和平、促进共同发展，进一步树立和提升中国良好的国际形象。

新形势下，外交工作的使命更加光荣，责任更加重大，舞台更加广阔。外交工作要进一步增强机遇意识和忧患意识，牢牢抓住机遇，妥善应对挑战，为实现全面建设小康社会宏伟目标作出更大贡献。

2012年版《中国外交》承续以往特色，内容丰赡，记述翔实，是广大读者全面、准确了解中国外交发展动态的一本很有价值的参考书，希望它能对大家的学习和工作有所助益。

楊潔篪

2012年1月20日

目 录

第二章 2011年的中国外交

第三章 中国与各建交国家的关系

第四章　中国与国际和地区组织的关系

第五章 中国外交中的军控、裁军与防扩散工作

第六章 中国外交中的条约法律工作

第七章 中国外交中的边界与海洋工作

第八章　中国外交中的新闻和公共外交工作

第九章　中国外交中的领事工作

附录一

附录二

第一章

2011年的国际形势

（一）概述

2011年，国际形势发生十分深刻复杂的变化。国际形势总体和平，但影响深远的大事、难事和急事层出不穷，动荡、变革、调整的一面比较突出，一些格局性、趋势性变化更加明朗。中国日益被推向国际舞台更加重要位置，机遇与挑战并存。国际形势主要呈现以下特点：

1. 国际金融危机深化蔓延，世界经济复苏步履维艰

一些国家主权债务危机愈演愈烈，给全球经济复苏和国际金融稳定带来多方面影响。主要经济体增速下滑，新兴市场国家也面临外部需求萎缩、内部通胀加剧等挑战，全球各种形式的贸易和投资保护主义明显增多。世界经济增长放缓，国际贸易增速回落，国际金融市场剧烈动荡，各类风险明显增多。世界经济治理机制亟待改革和完善。

2. 地区动荡与热点问题此起彼伏，国际安全形势的复杂性更加突出

西亚北非地区多个国家发生政权更迭和社会动荡，导致地区力量对比此消彼长，地区国家关系出现新的分化组合，地区形势进入动荡与变革交织的不稳定期。巴以问题、伊朗核问题、阿富汗等热点问题此起彼伏，给地区和国际形势带来新的不稳定因素。恐怖主义、能源资源安全、网络安全、重大自然灾害等非传统安全问题备受各方关注，安全问题的突发性、传导性、联动性增强，凸显了运用综合手段实现全球安全治理的必要性与紧迫性。

3. 亚太地区在世界格局中的地位进一步上升，各方竞相加大对本地区的关注和投入

亚太地区保持总体稳定的良好态势，经济快速增长，区域和次区域合作方兴未艾，越来越成为世界上最具发展活力和潜力的地区。各主要力量在亚太交汇并存，竞相加大对亚太的关注和投入，地区格局酝酿新的变化，地区国家关系面临深刻调整。虽然地区国家间存在一些领土主权和海洋权益争端，但求和平、重稳定、谋发展、促合作始终是地区形势的主流，通过对话协商解决争端始终是有关国家的政策取向。

4. 国际力量对比继续朝着相对均衡方向发展，全球治理机制改革逐步推进

新兴市场和发展中国家保持整体崛起的势头，日益成为牵动国际形势发展的重要力量。以金砖国家为代表的新兴国家机制化合作不断深化，有力地推动了南南合作与南北对话。二十国集团成为全球经济治理的重要平台，国际金融机构和金融监管改革取得一定进展。但发展中国家仍面临许多困难和挑战，在国际上发挥关键作用还有很长的路要走。世界多极化、国际关系民主化仍将是一个长期曲折的进程。

（二）全球各地区形势

1. 亚洲地区[*]形势

2011年，亚洲地区保持总体稳定，求和平、重稳定、谋发展、促合作始终是地区形势的主流。地区形势呈现以下特点：

一是大国关系总体保持稳定。中美高层交往频繁，战略与经济对话、亚太事务磋商等各种渠道顺畅，双方关系保持了合作为主、摩擦可控的态势。中日关系不断改善和稳定发展。中俄战略协作伙伴关系发展势头良好，两国关系重要性已远远超出双边范畴。中印关系保持稳定发展势头。美、俄、日等大国相互关系总体发展和改善。稳定的大国关系为稳定的地区形势奠定基础。

二是亚洲在国际格局中的重要性日益凸显。在国际金融危机和欧洲债务危机持续发酵、世界经济金融形势不稳定的情况下，2011年亚洲地区仍保持较快发展，经济增速超过7%。亚洲已成为全球最具活力和发展潜力的地区，成为世界经济增长的重要引擎。

三是热点问题有起伏，总体趋缓。朝鲜半岛局势明显缓和，北南、朝美之间围绕重启六方会谈互动增多。南海局势一度升温，引发国际社会广泛关注，但在各方努力下，降温明显。

四是美国高调介入亚太事务。美国经历十年反恐后，正谋求从阿富汗撤军，同时加大对亚太的投入。美国加强与日、韩、菲等盟国关系，发展与印度、印度尼西亚等地区新兴大国关系，加大参与地区多边事务，积极推进“跨太平洋战略经济伙伴关系协定”。美国总统奥巴马还首次参加东亚峰会。

五是区域合作呈现良好发展态势。中国—东盟（10+1）、东盟与中日韩（10+3）、中日韩、东亚峰会等合作机制优势互补、并行发展，合作渠道更加多样，务实合作不断深化。美、俄加入东亚峰会，区域合作的影响力进一步扩大。

---

* 仅指东亚、东南亚、南亚。

2. 西亚北非地区形势

2011年，西亚北非地区局势发生剧烈动荡，对地区各国政治、经济、安全形势造成深远影响。国际社会有关各方高度关注该地区局势发展变化，纷纷施加影响，该地区局势更趋复杂化。

多国政局发生剧烈变化。2011年，突尼斯、埃及、利比亚、也门相继发生政权更迭，进入政治过渡阶段。叙利亚局势自3月以来持续升温，未见缓解迹象。其他地区国家通过采取政治和经济改革等措施,基本维护内部稳定。上述局势变化的根本动因是该地区各国民众要求改善民生、争取更大的政治、经济和社会权利，但地区内固有的部族、教派、国家间矛盾迅速卷入，加之域外势力的插手和干预，使局势更为错综复杂。目前，该地区仍处于动荡与变革交织的不稳定时期，要恢复稳定和发展还需较长的一个时期。

经济增长势头受到影响。根据国际货币基金组织统计，2011年该地区经济增长3.1%，同比下降1.2个百分点。地区动荡导致有关国家国民生产总值损失超过560亿美元。除海湾阿拉伯国家经济基本面尚好，全年增长7%之外，地区国家普遍受到局势动荡影响，旅游、服务、石油等支柱产业受重创，投资环境大幅恶化。突尼斯、埃及、利比亚、叙利亚、也门等国经济下滑，约旦、摩洛哥、黎巴嫩等国经济增长放缓。此外，制约该地区经济发展的结构性矛盾和瓶颈问题仍将长期存在。

新旧热点问题交织难解。巴以和谈进程持续僵持，巴勒斯坦积极寻求加入联合国。苏丹和平分裂，南苏丹独立建国，但北南苏丹围绕边界划分、石油分配、阿布耶伊归属等重大问题分歧严重，摩擦有所升温。达尔富尔问题政治进程取得一定进展，但重建发展依然任重道远。美国从伊拉克撤军，伊国内恐怖暴力活动明显升级，安全形势不容乐观。伊朗问题再度升温，海湾地区安全形势更为严峻。地区新旧热点相互交织、相互催化，进一步加大解决难度。

各方积极介入该地区事务。美国和一些欧洲国家持续调整对该地区政策，逐步加大参与，以军事手段干预利比亚问题，要求叙利亚总统巴沙尔下台，并加大对伊朗的制裁力度。广大发展中国家主张尊重该地区国家的主权、独立和领土完整，尊重地区国家和人民自主选择适合本国国情的发展道路，主张通过政治对话途径缓解分歧，主张联合国和阿盟等地区组织应在解决地区问题中发挥积极建设性作用。该地区事务成为联合国等多边机构中的热门议题。

3. 撒哈拉以南非洲地区形势

2011年，撒哈拉以南非洲地区总体保持和平与发展局面，但不稳定、不确定因素增多。北非形势变化、国际金融危机蔓延深化、外部势力加大对非干预，对非洲形势产生重要影响。

和平与安全问题更为突出。撒哈拉以南非洲经受住北非形势剧变的冲击，平稳度过“选举年”。尼日利亚等十多个国家顺利举行大选，尼日尔、几内亚实现从军政权向民选政府的平稳过渡。但利比亚战争和科特迪瓦选后危机的武力收场加剧了非洲形势的动荡面。苏丹问题、索马里问题出现新的发展，引发非洲之角地区地缘政治格局调整。恐怖主义等非传统安全问题有所抬头。“逢选易乱”隐患犹存。

经济回升向好，喜中有忧。据国际货币基金组织统计，2011年撒哈拉以南非洲地区经济增速为5.2%，2012年将有望达到6%。能源出口、基础设施建设、电信、消费等是拉动非洲经济增长的“龙头”。国际社会更多“唱响”非洲经济前景，“非洲经济机遇论”升温。与此同时，撒哈拉以南非洲也未能“幸免”于国际金融危机造成的深层次影响，普遍面临着输入性通胀、粮食危机等风险。非洲国家经济“有增长、少发展”的问题更加突出，实现包容性增长难度增大，非洲之角地区因旱灾爆发了严重饥荒。

一体化进程在曲折中发展。由于西方干涉和非洲内部分歧，非盟难以在利比亚、科特迪瓦等问题上发挥主导作用，非洲集体安全机制遭遇挫折。“非盟权力机构”建设脚步有所放缓。非盟和非洲次区域组织继续大力推进地区经济融合。旨在加强非洲国家互联互通的“非洲基础设施发展规划”制定工作全面展开，东南非共同市场、东非共同体、南部非洲发展共同体三大次区域组织正式启动自贸区谈判。

积极参与国际事务，扩大国际影响力。非洲国家加强联合自强，继续在安理会改革问题上坚持用一个声音说话，积极参与南非德班联合国气候变化大会和二十国集团峰会。南非加入金砖国家机制，增加了非洲在新兴国家机制中的代表性。大国竞相加大对非合作力度。年内，法国、英国、德国、美国、印度、巴西等国领导人相继访非，并举行了第二届印度—非洲论坛峰会。

4. 欧亚地区形势

2011年，欧亚地区形势继续保持总体稳定。

各国政局保持稳定，部分国家实现政权顺利交接。白俄罗斯顶住外部压力，亚历山大·卢卡申科再次就任总统。哈萨克斯坦提前举行总统选举，努尔苏丹·纳扎尔巴耶夫总统以95.5%的高票连选连任。吉尔吉斯斯坦总统选举如期顺利举行，阿尔马兹别克·阿塔姆巴耶夫当选新一届总统。俄罗斯第六届国家杜马选举顺利举行，统一俄罗斯党、俄罗斯共产党、公正俄罗斯党、自由民主党再次入主杜马，其中统俄党赢得238个议席继续保持杜马第一大党地位，前总统办公厅主任谢尔盖·纳雷什金当选新一届杜马主席。统俄党正式推举总理弗拉基米尔·普京为2012年俄罗斯总统候选人，普京称如获胜将任命现总统德米特里·梅德韦杰夫为下届政府总理。普梅组合继续在俄政坛发挥重要影响。

俄罗斯积极推进独联体一体化进程，取得重要进展。2011年，独联体迎来成立20周年纪念日，各成员国均认为独联体仍是维护后苏联空间稳定的重要因素，为促进成员国睦邻友好、发展经济合作发挥了积极作用。俄一方面充实强化集体安全条约组织维护地区安全职能，加快建立快速反应部队并赋予其维和使命。另一方面，全面启动关税同盟并向统一经济空间推进，注资欧亚经济共同体，加大对各国援助力度，推动建立独联体自由贸易区并正式启动欧亚经济委员会。普京还提出建立欧亚联盟构想，致力于将其打造成连接欧洲和亚太的世界独立一极。2月，俄罗斯、阿塞拜疆、哈萨克斯坦、吉尔吉斯斯坦、塔吉克斯坦、土库曼斯坦、乌兹别克斯坦决定建立中亚地区禁毒中心。地区一体化的深度和广度都在不断发展。

多数国家初步走出国际金融危机阴影，实现经济增长，地区经济发展整体向好。俄罗斯经济增长超过4%，中亚国家均超过7%，各国经济都恢复到了经济危机前的水平。

不稳定因素较前增多。地区多数国家反对派趋于活跃，街头游行抗议活动及与当局冲突增多。哈萨克斯坦西部城市扎瑙津发生大规模骚乱，俄罗斯发生普京当政以来鲜见的大规模反对派集会示威。俄罗斯、哈萨克斯坦、白俄罗斯等国均有重大恐怖袭击事件发生。中亚地区“三股势力”和毒品走私依旧猖獗。

美国与欧盟均重视发展与欧亚地区国家关系。2月，俄美新核裁军条约正式生效。12月，俄正式加入世界贸易组织。俄美在东欧反导系统问题上分歧依旧，在民主、人权等问题上口角增多，双边关系重启进程进展不顺。美提出“新丝绸之路”计划，力促地区国家在“北部交通线”等问题上与美加强合作。俄欧关系总体稳定，俄表示愿出资助欧度过债务危机，但双方在互免签证问题上未能达成协议。欧盟与乌克兰结束联系国协议谈判，加大做土库曼斯坦和阿塞拜疆等国工作力度，力推纳布科天然气管道项目取得突破，但对白俄罗斯加大批评和制裁力度。地区国家继续奉行大国平衡外交。

5. 欧洲地区形势

2011年，欧洲主权债务问题愈演愈烈，对欧洲经济、政治、社会和一体化进程均造成严重冲击。欧盟及成员国加大协调，积极应对，努力调整内外政策。

（1）内部形势

欧洲主权债务问题持续恶化，从欧元区边缘国家向核心国家不断蔓延。希腊债务减记50%，意大利、西班牙成为市场新焦点，法国等拥有“AAA”评级国家的国债收益率也普遍上扬，被降级可能性增大。欧洲银行业受到冲击，多家银行被降级，法国比利时合资的德夏银行被拆分。欧盟解决欧债问题的紧迫感上升，成员国纷纷推出新的紧缩措施。欧盟多次召集峰会，出台了“欧洲学期制度”、新版《欧元公约》、强化欧元区经济治理、注资欧洲银行业等应对措施。12月初的欧盟峰会上，除英国外的26个成员国同意缔结一项新的政府间协议，加速推进财政一体化。

欧债问题严重拖累欧洲经济复苏。2011年欧洲经济高开低走，失业率高企。据欧委会统计，欧盟和欧元区全年经济增长1.4%和1.5%，失业率分别为10.1%和10.5%。欧盟内部经济增长不平衡现象突出，希腊、葡萄牙等经济收缩，北欧及中东欧国家增长势头较好，法、德自第三季度起恢复增长。

欧洲多国政府更替，社会动荡有所加剧。高失业率和紧缩措施导致民众不满，罢工和示威游行活动席卷欧洲。民粹主义、极端势力和排外行为明显抬头。挪威、比利时发生恶性枪击事件，英国伦敦爆发30年来最严重骚乱。葡萄牙、爱尔兰、意大利、希腊、西班牙等多国政府更迭。德国执政党在地方选举中连遭败绩。

欧洲一体化进程在危机背景下艰难前行。1月1日，爱沙尼亚加入欧元区，成为第17个成员国。2月，欧盟召开能源峰会，决定加速共同能源市场建设，推进能源供应多元化，维护自身能源安全。西亚北非局势动荡促使欧盟收紧移民政策，决定修改《申根协定》。12月，列支敦士登加入申根区。为应对欧债问题，欧盟决定建立欧元区经济政府，加强内部经济治理，加速推动财政一体化。12月，欧盟峰会签署克罗地亚入盟协议，克将于2013年7月1日正式成为欧盟第28个成员国。同时，在此次峰会上，英同德法围绕财政一体化问题的矛盾公开化。

（2）对外关系

西亚北非局势突变冲击欧盟周边政策。欧盟加大介入力度，法、英等国主导对利比亚军事行动。欧盟机构及成员国领导人多次访问西亚北非地区，呼吁重启中东和平进程，不断出台对伊朗和叙利亚的制裁措施。

欧美关系总体稳定。5月，美国总统奥巴马访问爱尔兰、英国、法国和波兰，并出席在法国多维尔举行的八国集团峰会，与欧洲领导人就世界经济与安全议题交换看法。11月，欧盟—美国峰会在华盛顿举行，双方就世界经济、欧债问题、利比亚、叙利亚、伊朗核等重大问题展开讨论并发表联合声明。奥巴马表示美希望欧洲尽快恢复经济发展，美愿为此提供帮助，同时相信欧方能依靠自己的力量解决问题。

欧俄关系续有发展。在6月第27次欧俄峰会上，双方领导人就双边关系和世界经济、西亚北非局势、伊朗核等重大议题交换看法，俄宣布对欧盟输俄农产品解禁。11月，连接俄德的北溪天然气管道正式启动，欧俄能源合作迈上新台阶。12月，第28次欧俄峰会通过了互免签证谈判路线图，欧盟欢迎俄加入世界贸易组织，表示愿帮助俄加入经济合作与发展组织。俄表示将通过向国际货币基金组织注资的方式向欧元区提供援助。

欧盟积极参与多边事务。法国作为二十国集团轮值主席国，努力协调各方立场，推动11月戛纳峰会取得成果，包括促进增长和就业的全球战略、建立更加稳定和更具弹性的货币体系等。此外，欧盟继续推动国际金融体系改革，参与联合国气候变化谈判德班会议。

（3）北约

2011年是北约推出《战略新概念》后的第一年。

2月，北约秘书长拉斯穆森在慕尼黑安全政策会议上提出“巧防御”概念，即在资金短缺情况下，北约发挥统筹协调作用，成员国“灵巧而有重点地”利用自身军事技术和能力，按照“集约投入、资源共享”原则，推动北约防务转型。3月31日，北约正式接管对利比亚军事行动指挥权，主要任务包括武器禁运、禁飞区和保护平民。行动于10月31日正式结束。其间，共执行2.6万次具体任务，包括9600次空中打击。4月，北约外长会通过“伙伴合作一揽子计划”，称北约愿与任何同北约有共同安全利益的国家或组织，以更加灵活务实的方式发展关系，推进合作，共同维护和平与安全。7月，北约启动向阿富汗政府移交安全责任进程，逐步减少北约在阿驻军，计划在2014年底前由阿政府接管阿全境安全事务。北约继续推进欧洲反导系统建设，先后与波兰、罗马尼亚、土耳其签署在其境内部署相关设施的协议。俄罗斯对此高度不满。北约同俄方就反导问题进行多次磋商但未取得实质性进展。

6. 北美大洋洲地区形势

2011年，北美大洋洲地区形势总体稳定。

美国总统奥巴马着眼2012年竞选连任，不断调整内政政策，执政风格从“求变”向“求稳”转变，调整执政团队，出台削减财政赤字、增加出口和提升美国竞争力等系列重大举措，以进一步提振经济、改善民生。美联储维持“零利率”，启动4000亿美元卖短债买长债的“扭曲操作”措施，压低长期利率。4月，奥巴马正式宣布竞选连任，10名共和党人随后相继参加总统角逐，2012年总统大选选战提前展开。受大选因素影响，民主、共和两党围绕削减赤字、上调联邦债务上限及2011、2012财年预算案等斗争激烈，联邦政府几度濒临“关门”和债务违约边缘。9月起，美国国内爆发“占领华尔街”抗议示威活动，一度呈蔓延之势，暴露出美国在政治、经济、社会等领域存在的深层次矛盾。

美国经济保持温和复苏势头，各项宏观经济指标基本向好。2011年美国经济增长率为1.7%，全年一至四季度美国国内生产总值（GDP）增长率分别为0.4%、1.3%、1.8%和2.8%，连续十个季度保持正增长，但增速同比明显回落。另一方面，美国经济复苏基础仍较脆弱。失业率多数时间维持在9%以上，12月回落至8.5%。银行业、房地产市场依然低迷。财赤问题日益恶化，2011财年美国联邦财政赤字达1.3万亿美元，联邦债务总额12月底突破15.1万亿美元，标准普尔8月份将美国国债信用评级从AAA下调为AA+。

奥巴马政府继续实施“巧实力”外交，推进各项外交议程，推动建设“多伙伴世界”。美国还相继发表《国家安全空间战略报告》、《国家军事战略报告》、《网络空间国际战略报告》、《国家防务战略评估》等文件，继续深化全球战略调整。

美国进一步加大对亚太地区的投入，推进“前沿部署”外交。总统奥巴马、副总统拜登、国务卿希拉里·克林顿（也称“国务卿克林顿”）、国防部长盖茨及其继任者帕内塔等分别访问澳大利亚、日本、韩国、印度尼西亚、泰国、菲律宾等亚太国家，重点宣示美国亚太政策，明确提出建设“美国的太平洋世纪”。美国继续强化与日本、韩国、澳大利亚等盟国关系，密切与印度尼西亚、菲律宾、越南等东南亚国家关系，举行第三次美国与东盟十国领导人会议。美国继续调整和加强在亚太的军力部署，增派先进舰机，扩建关岛基地，首次在澳大利亚驻军，在东南亚部署濒海战斗舰，频繁与地区盟国等举行联合军演。美国积极开拓亚太市场，推动与地区国家自由贸易谈判，批准美韩自由贸易协定，积极推进“跨太平洋战略经济伙伴关系协定”谈判。美国首次出席东亚峰会，第二次举办亚太经合组织领导人夏威夷非正式会议，继续积极参加东盟地区论坛、东盟国防部长扩大会议（也称“东盟防长扩大会议”）等地区机制，并推动举行美日韩、美日澳、美日印（度）等三边对话或合作。美国还积极改善与缅甸关系，美国务卿近50年来首次访缅。美国继续对朝鲜制裁，同时加强了美朝双边接触，双方进行了两次高级别对话。

美国在调整中推进大中东战略，积极应对西亚北非局势动荡，促进中东国家“民主转型”。副总统拜登、国务卿克林顿、总统国家安全事务助理多尼隆、国防部长帕内塔、时任国防部长盖茨、时任美军参谋长联席会议主席马伦海军上将等多次访问中东。美国联合有关国家推动联合国安理会批准在利比亚设立“禁飞区”，并与英法等国组成联军，对利发动军事打击，推翻卡扎菲政权。总统奥巴马发表中东政策演讲，表示将继续推动地区民主转型和经济发展，并称巴以应在1967年边界基础上通过协商谈判确定双方边界。美国还努力推动突尼斯、埃及、也门、叙利亚等中东国家“转型”，壮大“阿拉伯之春”声势。美国正式宣布结束在伊拉克作战行动，2011年年底前完成从伊拉克撤军。奥巴马政府加大对伊朗施压力度，一方面表示有条件与伊恢复六国机制谈判，另一方面，签署含有对伊制裁内容的《2012财年国防授权法》，加大对包括央行在内的伊金融机构制裁。

美国重视改善和发展与俄罗斯及中亚国家关系。美俄立法机构相继批准新的《削减战略进攻性武器条约》，双方并就落实第三阶段新核裁军条约开启双边磋商。双边民用核能合作协议正式生效。美国欢迎俄罗斯加入世界贸易组织。副总统拜登、时任国防部长盖茨等访问俄罗斯，推动扩大各领域交流合作。美俄元首在法国多维尔八国集团峰会、亚太经合组织领导人夏威夷非正式会议等多边场合会晤。同时，美俄在欧洲反导系统、伊朗、叙利亚等问题上仍存在矛盾和分歧。美国批评俄罗斯国家杜马选举缺乏公平和自由。美国与中亚国家关系进一步发展。国务卿克林顿等高级官员多次出访中亚，推动中亚国家向驻阿富汗国际安全援助部队开放运送物资通道，与阿富汗发展经贸合作，支持阿富汗重建。美国积极推动与中亚国家军事合作，维持在中亚军事存在。美国与中亚国家分别举行年度磋商，开展安全、经济、能源、文教卫生、禁毒合作，并提供发展援助，推动中亚国家政治经济改革。此外，美国副总统拜登与蒙古总统额勒贝格道尔吉实现互访，美蒙建立年度双边磋商机制。

美国继续加强与欧洲关系。总统奥巴马先后访问爱尔兰、英国、法国和波兰，并出席法国多维尔八国集团峰会，在美国举行美欧峰会。副总统拜登访问芬兰、摩尔多瓦和希腊。国务卿克林顿访问德国、匈牙利、立陶宛和西班牙等国。双方在推进欧洲反导系统上取得新进展。美国与欧洲围绕欧债危机、国际金融体系改革、西亚北非局势、阿富汗等问题进行密集沟通协调，推动欧洲在国际经济、安全与反恐、阿富汗、伊朗等重大国际地区问题上给予美国支持和配合。

美国积极发展与南亚国家的关系。与印度积极落实2010年11月总统奥巴马访印时双方达成的共识及成果，推进在经贸、防务、核能等领域的合作，举行首次国土安全对话。美国强调重视印度在亚太事务中的作用，将其作为美国亚太战略中的一个重要伙伴，鼓励印度“东进”。美国启动自阿富汗撤军进程，从军事打击、与塔利班等和谈、推动阿富汗经济重建三方面推进阿富汗战略，并提出以阿富汗为中心的“新丝绸之路”计划。受美国越境入巴击毙拉登、暂停对巴军事援助、袭击巴军队检查站等事件影响，美国与巴基斯坦关系连续遭遇挫折。总统奥巴马表示美国重视与巴基斯坦的战略和反恐合作，国务卿克林顿、时任国防部长盖茨及其继任者帕内塔、美军参谋长联席会议主席马伦海军上将等多次访问巴基斯坦，力图修复与巴基斯坦关系。

美国与拉美国家关系续有发展。总统奥巴马访问巴西、智利和萨尔瓦多，会见三国领导人，签署十余项合作文件。国务卿克林顿访问海地、墨西哥、危地马拉和牙买加，赴巴西出席新任总统就职典礼。总统奥巴马和国务卿克林顿还分别会见访美的哥伦比亚、危地马拉、巴拿马、墨西哥、巴西、哥斯达黎加、秘鲁等国国家元首和其他政府高官。同时，美国仍坚持对古巴实施禁运，与委内瑞拉等国摩擦不断。

美国继续重视发展与非洲国家关系。美国总统奥巴马、副总统拜登先后接待南非、肯尼亚、尼日利亚、加蓬、利比里亚、贝宁、几内亚、尼日尔、科特迪瓦、南苏丹等国元首和其他政府高官访美。美国国务卿克林顿访问赞比亚、坦桑尼亚和埃塞俄比亚，会见三国领导人，出席“非洲增长与机会法案”部长级论坛，多名副国务卿、助理国务卿、对非洲政策特别代表等出访非洲。美国大力协助南苏丹筹备建国，继续向其提供经济援助，推动南苏丹在7月9日如期独立，并于12月召集多国召开“南苏丹国际接触会议”。美国在华盛顿举办第二次美国—非盟高级别会谈，对遭受饥荒威胁的“非洲之角”国家累计援助5.65亿美元。

2011年，加拿大政局总体稳定。加拿大保守党在5月举行的第41届联邦大选中胜选连任并首次组成多数政府，新民主党取代自由党成为议会第二大党和正式反对党。加拿大新政府将发展经济、增加就业作为主要施政目标，提出2015年前实现预算平衡。加拿大经济增长开局良好，但势头放缓，全年增长2.1%至2.5%。加拿大在外交上继续致力于巩固加美同盟，同美国商签新边界协议；加强同欧洲的传统盟友关系，与欧盟的自贸谈判取得实质性进展；密切同中国、印度、巴西等新兴经济体合作，推进贸易多元化；积极参与北约对利比亚空袭及战后重建，如期从阿富汗撤军，宣布将退出《京都议定书》，继续在北极等问题上发挥影响。

2011年，澳大利亚、新西兰政局总体稳定。澳大利亚工党政府着力推进碳排放税、矿产资源租赁税、难民政策改革等重要政策议程并取得一定进展，但因有关问题在民众中存在较大争议，支持率持续在低位徘徊。新西兰国家党政府积极应对国际金融危机和克赖斯特彻奇市地震，执政地位稳固。11月,国家党在大选中获胜，蝉联执政，约翰·基连任总理。两国政府实施的经济刺激政策取得成效，经济继续保持平稳增长势头，但也存在结构性问题。两国继续奉行积极、务实的外交政策，更加重视亚太，积极参与区域合作及应对国际金融危机、气候变化等全球和地区热点问题，致力于推动双边和区域自贸安排，加大对太平洋岛国地区投入。澳大利亚通过加强与美国军事安全合作进一步巩固澳美同盟。新西兰着力深化与澳大利亚同盟关系，改善与美国关系。

2011年，太平洋岛国地区形势总体保持稳定，部分国家政局波动。萨摩亚、密克罗尼西亚联邦、马绍尔群岛、纽埃顺利完成选举。瓦努阿图政府数次更迭，萨托·基尔曼6月再次当选总理，执政地位得到确认。巴布亚新几内亚一度出现迈克尔·索马雷和彼得·奥尼尔“两个总理”及其领导的“两个政府”局面。基里巴斯大选结果久拖未决，所罗门群岛总理、瑙鲁总统易人。

太平洋岛国地区经济缓慢复苏。巴新、所罗门群岛等少数资源出口国表现突出，经济持续较快增长。但各岛国仍面临通胀压力高企、发展内生动力不足等挑战，实现联合国千年发展目标困难较大。地区合作进程逐步推进，发展问题日益受到重视。斐济举办“接触太平洋会议”和美拉尼西亚先锋集团领导人会议，波利尼西亚领导人集团正式成立，次区域合作续有发展。各岛国在气候变化、发展援助等问题上加强内部协调，集体向国际社会表达诉求。

7. 拉丁美洲和加勒比地区形势

2011年，拉美和加勒比地区总体保持和平、稳定、发展。拉美国家积极应对国际形势变化，特别是西亚北非乱局和美欧金融危机带来的风险与挑战，努力推动经济社会协调发展，持续推进地区一体化和联合自强进程，整体实力和国际地位续有提升。

政治安全形势总体平稳。阿根廷、秘鲁、圭亚那、牙买加、尼加拉瓜、海地、圣卢西亚、危地马拉等国顺利举行大选，古巴共产党召开第六次代表大会并平稳推进改革，洪都拉斯重返地区政治舞台。尽管部分国家存在一定政治纷争和社会矛盾升温风险，公共安全问题更加突出，拉美国家大多政局稳定，为地区经济社会发展奠定较好基础。

地区经济增速渐趋放缓。拉美国家加快推进经济战略调整，巩固资源类产业优势，重点保护和支持制造类产业发展，经济基本面总体保持良好。据国际货币基金组织统计，2011年地区经济实现4.5%的增速，成为促进全球经济复苏的重要力量。但受美欧债务危机和国际经济金融市场动荡影响，2011年下半年以来拉美经济运行风险上升，增速有所放缓，经济政策由防过热、抑通胀转为抗危机、促增长。

区域一体化取得重要新进展。拉美和加勒比国家共同体成立，对拉美进一步巩固地区团结、提升整体地位具有积极意义。南美国家联盟完成批约程序，机制建设更趋完善。南方共同市场框架内的经济合作稳步扩大，政策协调持续加强。墨西哥、哥伦比亚、秘鲁、智利四国成立拉美“太平洋联盟”，墨西哥等国参与“跨太平洋战略经济伙伴关系协定”（TPP）谈判的意愿增强。拉美在联合自强、参与全球事务方面的凝聚力、行动力和影响力持续走强。

积极推进多元化外交。以巴西、墨西哥、阿根廷为代表的地区新兴大国在国际事务中更趋活跃进取，加大对联合国、亚太经合组织、二十国集团等国际和地区组织事务的参与，在全球经济治理中话语权增强，带动地区国际影响力整体上升，日益受到国际社会关注和借重。拉美国家继续巩固与美、欧传统关系，更加重视加强同亚太地区合作，积极拓展同俄罗斯、中东、非洲等关系。

（三）专题评述

1. 欧洲主权债务问题

2011年，欧洲主权债务问题持续恶化。继希腊和爱尔兰之后，4月，葡萄牙国债收益率飙升至7%，融资出现困难，被迫向欧盟和国际货币基金组织求援。希腊10年期国债收益率升至17%，债务总额上升到3500亿欧元,欧盟内部酝酿对其有序重组。8月起，债务问题从欧元区边缘国家向核心国家及欧洲银行业加速蔓延。欧盟第四、五大经济体意大利、西班牙成为市场新焦点，两国国债收益率飙升，融资难度加剧，债券遭受大规模抛售，主权评级被降。市场对法国主权信用被降级的担忧骤增。法国和比利时合资的德夏银行因资不抵债遭拆分。11月，欧债问题成为二十国集团戛纳峰会的主要议题。意大利10年期国债收益率一度突破7%的警戒线，斯洛文尼亚、葡萄牙、比利时等国主权信用评级被降，法国、奥地利、芬兰、荷兰等国国债收益率普遍上扬。德国国债出现流拍。12月，标普将包括法、德、荷等6个“AAA”评级国在内的欧元区15国均列入“负面观察”名单。欧债问题对欧洲经济产生严重影响，2011年欧洲经济高开低走，据欧委会统计欧盟和欧元区经济增长分别为1.4%和1.5%，失业率分别为10.1%和10.5%。民众对政府不满情绪增多，罢工、示威活动迭起，欧洲社会动荡加剧。爱尔兰、葡萄牙、西班牙、希腊、意大利等多国出现政府更替。

面对欧债问题深化，欧洲内部加强协调，频繁召集峰会，陆续出台了一系列重要措施。成员国层面，希腊、意大利、葡萄牙、西班牙、法国等纷纷推出新的增税节支措施，力行紧缩政策，推进国有资产私有化和劳动力市场改革。欧盟层面，一是加大对重债国紧急救助力度。欧元区决定削减希腊债务水平，向希提供1090亿欧元的第二轮救助。欧央行重启购买重债国国债行动，大量购入意、西国债，2011年下半年连续两次降息，并联合美联储等西方大国央行向欧洲银行注资，缓解流动性紧张。二是提高救助能力，构筑“防火墙”。加快欧洲金融稳定工具（EFSF）杠杆化，计划将其救助能力扩展至1万亿欧元，决定在2012年7月提前启动欧洲永久救助机制——欧洲稳定机制（ESM）。拟向国际货币基金组织追加2000亿欧元双边贷款，用于应对危机。三是制定和实施新版《欧元公约》，提升各国经济竞争力，促进区内国家经济趋同。四是推进财政一体化。12月峰会上，除英国外的欧盟26国决定缔结新财政协议，进一步强化财政纪律，协调经济金融政策，赋予欧盟机构对成员国预算的审核监督权。此外，欧盟还推出禁止信用违约掉期“裸交易”和限制“裸卖空”、严格控制国际信用评级机构行为、强化欧元区经济治理等一系列具体措施。欧委会公布《稳定债券绿皮书》，提出发行欧元区共同债券设想。

上述措施在一定程度上缓解了欧债形势，但欧债问题成因错综复杂，未来发展仍有很大不确定性。

2. 美国加快亚太战略调整

2011年，随着美国自伊拉克完全撤军和开始分阶段自阿富汗撤军，其全球战略重心进一步东移，加快调整亚太战略，推进“前沿部署”外交，引起地区国家和国际社会广泛关注。

美国总统奥巴马强调，美国是一个太平洋国家，亚太地区是美国未来的战略重点地区。美国国务卿克林顿在《美国的太平洋世纪》一文中提出，世界和美国的未来取决于亚洲，今后十年美国外交战略最重要的使命之一是大幅增加对亚太地区外交、经济、战略等方面的投入，将21世纪打造为"美国的太平洋世纪"。

一年来，美国从六个方面全方位参与亚太事务：

一是巩固与日本、韩国、澳大利亚、菲律宾、泰国等传统盟友的关系。4月，克林顿国务卿访问韩国和日本。10月，美国国防部长帕内塔访问日本和韩国，与韩方举行安保会议。11月，奥巴马总统访问澳大利亚，克林顿国务卿访问菲律宾和泰国。

二是加强与中国、印度、印度尼西亚、马来西亚等新兴力量的伙伴关系。7月，克林顿国务卿访问印度和印度尼西亚，与印度外长克里希纳举行第二届美印战略对话，并出席在印度尼西亚巴厘岛举行的第18届东盟地区论坛外长会。8月，副总统拜登访问中国。10月，帕内塔国防部长访问印度尼西亚并出席在巴厘岛举行的东盟防长扩大会议。

三是积极参与和改造地区多边机制。7月，克林顿国务卿出席东盟地区论坛外长会。9月，美国常务副国务卿奈兹率50多人的大规模代表团参加在新西兰举行的太平洋岛国论坛会后对话会。11月，美国在夏威夷主办第19次亚太经合组织领导人非正式会议。奥巴马总统出席第六届东亚峰会，成为首个出席东亚峰会的美国总统。

四是扩大贸易和投资，称将"推动建立开放、自由、透明、公平的地区经济竞争秩序"。10月中旬，美国国会批准美韩自贸协定。11月，奥巴马总统在第19次亚太经合组织领导人非正式会议期间宣布，美方与其他八个国家就"跨太平洋战略经济伙伴关系协定"的纲领达成一致。

五是保持在亚太的广泛军事存在。11月，奥巴马总统访问澳大利亚时称，美国将把军事重心转向亚洲，把在亚太地区扩张军力定为最优先议程。美澳签署军事合作新协议，美国自2012年起将在澳大利亚北部港口城市达尔文派驻约250名美国海军陆战队队员，五年后增至2500人。美国与新加坡协商在樟宜基地部署濒海战斗舰。美国还增加与地区国家联合军事演习的频率和规模。

六是推广美国的民主价值观。4月，美国国务院发表《2010年人权国别报告》，称印度尼西亚人权状况改善，缅甸、朝鲜、柬埔寨、越南等国人权状况倒退。12月，克林顿国务卿访问缅甸，敦促缅甸加快改革，改善民主和人权状况。

中方认为，当前亚太局势总体稳定，求和平、谋发展、促合作是地区国家的政策主流。中美两国在亚太具有广泛的共同利益，也面临诸多共同挑战。中方欢迎美国在地区事务中发挥建设性作用，也敦促美方尊重中方利益和关切。中美利用高层交往、战略与经济对话等渠道，就亚太事务保持着密切沟通。特别是在2011年5月第三轮中美战略与经济对话期间，双方宣布启动亚太事务磋商机制。之后，双方分别于6月、10月成功举行两轮磋商，就亚太地区形势、各自亚太政策和地区热点问题等深入交换了意见，起到了增进了解、促进合作、管控分歧的作用。两国外长在7月东盟地区论坛外长会期间，就中美在亚太开展三方合作交换意见，并就城市搜救、粮食安全、救灾能力建设等三个项目达成共识。中方愿继续与美方及地区国家一道，致力于维护亚太地区的和平、稳定和繁荣。

3. 二十国集团致力于推动世界经济强劲、可持续、平衡增长

二十国集团领导人第六次峰会于2011年11月3～4日在法国戛纳举行。中国国家主席胡锦涛出席会议。

这次峰会是在欧债危机引发国际金融市场剧烈动荡、主要经济体经济增速明显放缓、世界经济复苏面临新的复杂因素的背景下举行的，国际社会高度关注。针对上述复杂局势，各方在峰会上承诺继续加强宏观经济政策协调，稳定金融市场，促进经济增长，加强全球经济治理，共同维护来之不易的世界经济复苏势头。会后发表了领导人公报、戛纳峰会宣言和行动计划三份成果文件。在各方共同努力下，此次峰会取得总体积极平衡的结果。

峰会重点讨论了欧洲国家主权债务问题。各方注意到欧盟出台了一些新的应对措施和思路，希望这些措施有助于欧洲稳定金融市场，克服当前困难，促进经济恢复和发展。多数国家认为，解决欧债问题首先要靠欧洲自己努力，希望欧洲国家迅速细化并实施上述措施。各方都欢迎欧元区动员其资金能力以恢复市场信心和金融稳定，确保货币和金融市场正常运行。二十国集团中的欧洲国家表示将积极落实好有关举措，全力避免危机扩散和蔓延。一些国家建议通过国际货币基金组织等渠道协助欧洲和其他地区应对金融领域的挑战。峰会最后决定确保国际货币基金组织拥有足够资源帮助各成员国解决困难，具体措施由二十国集团财长们研究落实。

峰会强调在全球经济进入困难时期的背景下，二十国集团需要进一步加强宏观经济政策协调，共同支持经济复苏，恢复市场信心。峰会就此通过“戛纳行动计划”，提出各国促进各自经济增长的政策和行动，其中既

包括短期内保增长、促稳定的举措，也包括中长期内开展结构改革、提高全球总产出、扩大就业、巩固经济增长基础的中长期计划。这充分显示了二十国集团携手促进世界经济强劲、可持续、平衡增长的决心。在讨论二十国集团作用时，各方同意根据主要经济体以平等身份开展合作的基本原则，不断加强二十国集团机制建设，充分发挥该机制作为国际经济合作主要论坛的作用。

峰会还讨论了国际货币金融体系改革、大宗商品价格波动、国际贸易和发展等问题并达成重要共识。峰会呼吁建立一个更稳定和更能抗风险的国际货币体系，扩大国际货币基金组织特别提款权货币组成篮子，充分反映世界经济格局的变化。决定继续加强国际金融监管，加强金融稳定理事会作用，提升金融体系应对危机的能力。呼吁加强对粮食生产的投入，完善国际能源市场，加强对大宗商品金融衍生品市场的监管。承诺反对贸易保护主义，确认多哈回合谈判已经取得的进展，并根据多哈授权继续推动谈判。峰会特别强调解决发展问题是推动全球经济复苏、促进未来经济增长的一项关键工作，二十国集团将继续把发展问题作为未来峰会的重要议题。各方还就扩大就业、反腐败、应对气候变化、保护海洋环境等问题交换了看法。

峰会期间，中国等新兴市场国家积极参与有关讨论和磋商，为峰会取得成果发挥了重要的建设性作用。各方都认识到，在国际金融市场剧烈动荡的情况下，新兴市场国家保持经济增长势头，为世界经济稳定和复苏注入了活力。从此次峰会讨论情况看，主要发达国家认识到国际经济形势的复杂性与自身经济面临的严重困难，更加看重新兴市场国家的作用。以新兴市场国家为代表的一批发展中国家积极参与全球经济治理，成为维护国际金融稳定、促进世界经济增长的建设性参与者，这是时代的进步，昭示着国际经济秩序的深刻调整和历史性变化。

4. 信息和网络安全问题备受国际关注

2011年，信息和网络安全问题成为国际热点。全球各国对信息和网络系统的依赖日益上升，对网络安全问题高度重视。加强网络治理成为大势所趋，防范网络攻击成为各方关注的焦点。围绕信息和网络安全问题的国际讨论日趋活跃，尽快制定相关国际规则已成为国际共识。

各主要大国纷纷出台网络安全国家战略，加强政策规划和机制建设，积极开展国际合作。5月17日，美国发表《网络世界的繁荣、安全与开放：网络空间国际战略》报告，提出在必要时美将采取外交、军事、经济等所有手段，慑止可能针对美或其盟友的网络攻击。7月14日，美国防部发表《网络空间行动战略》报告，将网络空间作为继陆、海、空、天之后新的行动空间，并对美军进行统一组织、训练和装备。英国、法国、德国、加拿大、荷兰、新西兰等也相继出台网络安全问题国家战略。

信息和网络安全问题有关国际讨论呈上升势头，制定相关国际规则已逐步成为国际共识。2月，慕尼黑安全政策会议首次将网络安全列为议题，英国、印度等国高官积极支持制定网络空间的基本准则和规范。9月，中国与俄罗斯、塔吉克斯坦、乌兹别克斯坦共同向第66届联大提交"信息安全国际行为准则"。11月和12月，英国和德国分别举办网络安全问题国际会议，广泛讨论制定信息和网络安全国际规则等相关问题。此外，上海合作组织、东盟地区论坛等地区组织也就信息和网络安全开展工作，加强相关地区合作。

中国积极支持国际社会加强信息和网络安全的努力，倡导建立一个和平、安全、公正、开放的信息和网络空间，提出各国应遵守"和平、主权、平衡治理、合作、公平发展"五大原则。

中国主张，应将信息和通信技术用于促进各国经济、社会发展和人类福祉，促进国际和平与安全，努力避免信息和网络空间成为新战场；各国有责任和权利依法保护本国网络空间免受威胁干扰和破坏；充分尊重各利益攸关方在信息和网络空间的权利和自由，同时遵循法治的原则；国际社会应开展有效国际合作，共同应对网络安全问题；发达国家应帮助发展中国家提升信息和网络能力和技术，弥补数字鸿沟。

中国积极参与旨在加强信息和网络安全的国际讨论。9月，中、俄、塔、乌等共同在第66届联大散发的"信息安全国际行为准则"草案，旨在为相关国际讨论提供基础。该草案是关于信息和网络安全国际规则的首份全面系统的国际倡议。中国欢迎各方就准则草案提出意见和建议，并与各方共同讨论并加以完善，以期国际社会尽早在联合国框架内达成共识。中国积极参加上海合作组织和东盟地区论坛等地区框架内关于信息和网络安全的讨论，应邀在柏林网络安全国际会议上作主旨发言，并以建设性态度参与伦敦会议。

5．俄罗斯提出建立欧亚联盟构想，加快推进独联体一体化进程

2011年10月3日，俄罗斯总理弗拉基米尔·普京在俄《消息报》发表署名文章，提出建立欧亚联盟的构想。这一构想是对俄罗斯、白俄罗斯、哈萨克斯坦三国关税同盟2010年12月元首峰会及2011年8月总理会议提出的建立欧亚经济联盟设想的完善和发展，主要内容包括以下四点。第一，俄白哈关税同盟和统一经济空间将吸收吉尔吉斯斯坦和塔吉克斯坦加入，并欢迎其他伙伴首先是独联体国家参与，在此基础上建立欧亚联盟。第二，建立欧亚联盟不是要复制苏联或取代独联体。试图恢复或复制苏联是幼稚的，但应在新的价值观、政治和经济基础上实现高度一体化。欧亚联盟与独联体地位和作用各有不同，但互不对立。第三，欧亚联盟应连接欧洲和亚太，成为强大的超国家联合体和世界独立一极。同欧盟、美国、中国、亚太经合组织等世界主要力量和地区组织一道，确保全球稳定发展。第四，俄邻国加入欧亚联盟同其“选择欧洲”的目标并不矛盾，欧亚联盟是统一的自由、民主和市场原则价值观联结起来的“大欧洲”不可分割的一部分，将成为欧盟对话伙伴。联盟成员国可更快地实现与欧洲的一体化。

10月17日和25日，白俄罗斯总统亚历山大·卢卡申科和哈萨克斯坦总统努尔苏丹·纳扎尔巴耶夫相继在俄《消息报》发表公开文章，积极回应普京倡议，支持建立欧亚联盟，将欧亚联盟打造成具有竞争力的全球经济联合体和强大的统一市场。

11月18日，俄白哈三国元首在莫斯科举行峰会，签署欧亚经济一体化宣言、欧亚经济委员会条约和欧亚经济委员会工作章程，明确提出2012年建立统一经济空间、2015年前建成欧亚经济联盟的目标。

12月15日，俄总理普京在第十次与国民直接对话时再次谈及欧亚联盟建设，称俄白哈组建关税同盟和统一经济空间并非为了恢复苏联。三国将完全保持政治独立，最终启用统一货币，协调宏观经济政策，在统一经济空间启动后建立欧亚联盟，实现高度一体化。

12月19日，俄白哈三国在莫斯科再次举行元首峰会，正式宣布成立欧亚经济委员会，承担关税同盟向统一经济空间过渡和实现更高水平一体化的任务。欧亚经济委员会下设副总理级理事会和联席会议两个机构，每个成员国均派一名副总理参加副总理级理事会，派三名代表参加联席会议。联席会议是欧亚经济委员会的日常执行机构，主席每四年改选一次，首任主席为俄工业和贸易部长维克托·赫里斯坚科。

12月22日，俄总统德米特里·梅德韦杰夫在年度国情咨文中强调，后苏联地区经济一体化进程将继续深入，2012年1月起由俄白哈关税同盟过渡到统一经济空间，2015年前建成欧亚经济联盟。巩固同独联体国家关系、继续推动一体化进程是俄未来绝对优先方向。应巩固集体安全条约组织框架下的同盟关系，发展关税同盟和统一经济空间的巨大潜力，实现建设欧亚经济联盟的宏伟目标。

欧亚联盟构想是俄继续将独联体视为外交优先方向的重要体现，目的是在现有的俄白哈关税同盟等机制基础上加快推进地区一体化进程，进一步巩固与独联体国家的传统友好合作关系。吉尔吉斯斯坦明确表示希望未来加入欧亚联盟，并已启动同关税同盟的入盟谈判进程。

6. 美国联邦债务问题备受国际关注

美国联邦债务总额于2011年5月16日突破国会规定的14.29万亿美元法定上限，占美国国内生产总值比重达到97%的历史最高位。美国政府不得不采取暂停发售地方债券、削减开支、挪用养老基金等特别措施，将债务到期违约最后时限推迟至8月2日。5月以来，美国总统奥巴马责成副总统拜登牵头就债务上限问题与国会加紧沟通，寻求解决方案。国会民主、共和两党着眼2012年大选，争斗异常激烈，债务上限问题被高度政治化，多次艰苦谈判未果。最后阶段，奥巴马总统亲自出马，多次召集国会两党领袖到白宫商谈。两党历经两个半月拉锯式谈判，于7月31日达成提高债务上限和削减赤字框架方案。8月1日和2日，美国国会参、众两院分别通过了《2011年预算控制法案》，奥巴马总统随后签署成法。该法规定美国将分两阶段削减赤字和提高债限：第一阶段在十年内削减9170亿美元，同时将公共债务上限提高9000亿美元；第二阶段减赤内容由国会成立削减赤字两党联合委员会（简称“超级委员会”）于11月23日前提出具体意见并交由国会两院以简单多数通过。如“超级委员会”方案减赤额十年内达到1.2万亿美元，国会将等额提高债务上限，但最多不超过1.5万亿美元；如减赤额未达到1.2万亿美元或届时“超级委员会”未能如期出台方案，则启动自动减支机制，十年内对等削减国防和非法定开支各6000亿美元。该法同时规定，如国会通过平衡预算宪法修正案（即联邦政府必须保持每一财年预算收支平衡），则一次性提高债务上限1.5万亿美元。美国政府债务违约危机暂时得以化解，但并未根本上解决问题，在导致美国债务长期增长的医保、社保等福利支出削减问题上未取得进展，预计美国债务规模未来10年仍将增加6 ~ 8万亿美元。8月5日，标准普尔宣布将美国国债信用评级由AAA下调为AA+，前景展望为“负面”。

11月18日，美国国会众议院否决了共和党提出的平衡预算宪法修正案。11月21日，“超级委员会”宣布未能就削减联邦财赤问题达成协议，民主、共和两党围绕第二阶段减赤方案的谈判正式破裂，美国联邦债务问题再度升温。奥巴马总统敦促国会在2013年1月自动减支机制启动前尽快达成新减赤协议，并表示将否决任何旨在废除强制减支机制的议案。穆迪、惠誉两大评级机构在维持美国国债信用评级的同时，纷纷将其前景展望列为“负面”。

7. 拉美和加勒比国家共同体成立

2011年12月2～3日，拉美和加勒比地区33个独立国家的国家元首、政府首脑或代表在委内瑞拉首都加拉加斯举行会议，宣布正式成立“拉美和加勒比国家共同体”（简称“拉共体”）。

会议通过了《加拉加斯宣言》、《2012年行动计划》、《拉共体章程》和《维护民主和宪政的特别宣言》等拉共体重要文件，就拉共体的宗旨、行动原则及发展目标进行系统阐述。

根据有关文件，拉共体将在加强团结和兼顾多样性基础上，深化地区政治、经济、社会和文化一体化建设，提供探讨合作、共同应对国际金融危机和构建地区新金融架构的平台，力争实现本地区的可持续发展；继续推动现有的区域和次区域一体化组织在经贸、生产、社会、文化等领域的对话与合作，牵头成立相关领域工作组，举行协调会议，并制定地区发展的统一议程；尊重各国主权和领土完整，致力于维护地区民主和宪政，对发生政变的成员国展开外交斡旋，帮助其恢复民主进程；在涉及拉共体重大问题上协调并表明成员国的共同立场，对外发出“拉美声音”。拉共体的议事规则为协商一致原则，暂不设秘书处，实行轮值主席国制，设立“三驾马车”，主要议事机制有：领导人峰会、外长会、各国协调员会议和特别会议等。此外，拉共体还设立了紧急磋商机制以应对突发事件。智利将担任拉共体首届轮值主席国。

拉共体是拉美首个囊括该地区所有独立国家的综合性组织。拉共体的成立标志着地区合作和一体化建设进入了新阶段，也是发展中国家联合自强的重要事件。

中国对拉共体的成立表示欢迎。12月2日，国家主席胡锦涛致电祝贺拉共体成立，表示拉共体的成立是地区一体化进程中的重要里程碑，相信拉共体必将为地区国家进一步加强团结协作、共同应对全球性挑战发挥积极作用。中方始终从战略高度看待中拉关系，愿同拉美和加勒比国家共同体及地区各国加强交流、协商与合作，共同为建立和发展中拉平等互利、共同发展的全面合作伙伴关系而努力。

第二章

2011年的中国外交

（一）概述

面对2011年复杂严峻的国际形势，中国外交坚持统筹国内国际两个大局，全面推进外交工作总体布局，妥善应对各种国际乱局，积极引导国际体系变革，努力为全面建设小康社会营造良好国际环境和更多有利外部条件。

1. 积极运筹同各方关系，努力维护并延长中国发展的重要战略机遇期

2011年，国家主席胡锦涛、全国人大常委会委员长吴邦国、国务院总理温家宝、全国政协主席贾庆林等领导人出席多场重大多边外交活动，对大国、周边和广大发展中国家进行友好访问，通过卓有成效的首脑外交和高层往来，全方位推进了中国与各方的友好合作关系。中国同各大国关系稳步发展，巩固了中国在世界大变局中的主动有利地位。胡锦涛主席成功访美，中美就建设相互尊重、互利共赢的合作伙伴关系达成重要共识。中俄双方决定将两国关

系提升为平等信任、相互支持、共同繁荣、世代友好的全面战略协作伙伴关系。中欧、中日关系也都取得新发展，务实合作和人文交流达到新水平。中国成功举办金砖国家领导人第三次会晤，金砖国家间协调合作进一步加强。我们坚持睦邻友好不动摇，将自身发展与周边国家的共同发展更紧密地结合起来，维护了周边地区稳定发展大局。中国已是大多数周边国家的最大贸易伙伴，并成为越来越多国家的最大出口市场，相互间的利益融合程度空前加深。我们弘扬开拓进取、开放包容、同舟共济的精神，为推动中国—东盟（10+1）、东盟与中日韩（10+3）、上海合作组织、亚太经合组织、东亚峰会等区域合作进程作出了重要贡献。在朝鲜核、伊朗核等问题上坚持劝和促谈，支持阿富汗重建进程，为维护南海局势稳定发挥了积极作用。我们全面落实中非合作八项新举措，通过举行中国—海湾合作委员会战略对话等渠道与海湾地区国家共同推动双方关系发展，与拉丁美洲国家务实合作迈上新台阶。

2. 紧紧围绕党和国家中心工作，为促发展、保稳定服好务

我们把为中国国民经济和社会发展第十二个五年规划纲要（简称"'十二五'规划"）实现良好开局服好务，作为贯穿全年外交工作的主线，积极化解国际金融危机和一些国家主权债务危机对中国的影响和冲击，争取有利外部经济环境。协助实施"引进来"、"走出去"，进一步深化与各国互利合作，推动同欧亚、中东、拉美等地区能源资源、跨境基础设施建设等大项目合作取得新进展。加强同各国的宏观经济政策协调，与国际社会一道支持有关国家克服面临的经济金融困难，参与和引导国际体系变革进程。反对各种保护主义，妥善处理有关经贸摩擦。我们未雨绸缪，高度警惕防范国际上各种反华敌对势力的渗透破坏活动，全力配合维护国内社会政治稳定。

3. 坚定维护国家利益，努力促进与各方共同利益

中国政府发布《中国的和平发展》白皮书，既体现了维护中国国家利益的坚定决心，又表明致力于扩大同各方利益的汇合点，努力把共同利益的蛋糕做得更大。我们坚定捍卫国家主权、安全和发展利益，坚决反对有关国家利用台湾、涉藏等问题干涉中国内政。我们广泛参与打击恐怖主义、海盗、网络犯罪等国际合作，与各国携手应对非传统安全威胁，举行了同老挝、缅甸和泰国在湄公河开展联合巡逻执法首航仪式。我们认真践行"以人为本、外交为民”理念，妥善应对国际上的各种重大突发事件，维护中国海外公民和法人的安全与正当权益。西亚北非局势动荡后，在党中央、国务院统一指挥下，前后方密切协同，圆满完成从动荡地区撤离中国公民行动，仅从利比亚就撤出35860名中国公民，这是新中国成立以来最大一次有组织撤离海外中国公民的行动。

4. 坚持不懈地维护世界和平、促进共同发展，进一步树立中国良好国际形象

中国已累计向30项联合国维和行动派出约2.1万人次，是安理会常任理事国中派出维和人员最多的国家。我们立足于中国的基本国情和发展中国家定位，大力加强与发展中国家平等互利合作，尽力提供力所能及的支持和帮助，在国际和地区事务中维护发展中国家的正当利益。我们积极帮助发展中国家实现联合国千年发展目标，向非洲发生严重饥荒的国家提供紧急粮援，为发展中国家摆脱贫困、加快发展提供了有力支持。我们主张坚持不干涉内政原则，尊重和支持西亚北非国家自主处理内部事务，根据事情本身的是非曲直决定在利比亚、叙利亚等问题上的原则立场，赢得国际社会的理解支持。我们深刻认识软实力竞争越来越成为国际竞争的重要方面这一趋势，以党的十七届六中全会深化文化体制改革、推动社会主义文化大发展大繁荣为契机，促进中外人文交流，增进中外之间的了解与友谊，不断提升中华文化的国际影响力。我们围绕“十二五”规划实施、建党90周年、辛亥革命100周年等重大活动，深入开展公共外交，向世界展示中国走和平发展道路的决心和诚意，唱响中国发展前景光明论。

（二）中国与各地区国家关系

1. 中国与亚洲地区*国家关系

2011年，中国与亚洲国家关系总体呈现稳定发展的良好势头，睦邻友好、政治互信与互利合作进一步深化。

——中国与亚洲国家不断加强战略沟通，增进

* 仅指东亚、东南亚、南亚。

政治互信。2011年，中国同亚洲国家高层交往频繁，外长以上高层出来访近90起。国家主席胡锦涛出席博鳌亚洲论坛2011年年会。全国人大常委会委员长吴邦国访问马尔代夫。国务院总理温家宝赴日本出席中日韩领导人会议，访问印度尼西亚、马来西亚，赴印尼出席东亚领导人系列会议并访问文莱。全国政协主席贾庆林访问缅甸。国家副主席习近平访问越南、泰国。国务院副总理李克强访问朝鲜、韩国。中共中央政治局常委、中央政法委书记周永康访问尼泊尔、老挝、柬埔寨、塔吉克斯坦、蒙古。日本、韩国、朝鲜、蒙古、缅甸、越南、菲律宾、老挝、巴基斯坦等国领导人访华。通过这些交往，中国同有关国家加强了沟通，增进了理解与互信，就推动双边务实合作提出重要举措，有力带动了双边关系发展。

——中国与亚洲国家深化经贸合作，加强利益融合，促进共同发展。中国同亚洲国家贸易往来势头良好。2011年，中国同亚洲国家贸易总额达10608.7亿美元，同比增长19.8%。从亚洲国家进口5823.6亿美元，同比增长17.3%，出口4785.1亿美元，同比增长22.9%。中国对亚洲国家贸易逆差超过1000亿美元。中国保持亚洲国家第一大出口市场地位，继续成为朝鲜、蒙古、日本、韩国、越南、马来西亚、印度等国的最大贸易伙伴。中国同亚洲国家的贸易结构不断优化，实现了由初级产品向工业制成品的转变，特别是高新技术产品贸易的比重逐年提升。

中国对亚洲投资迅速增长。2011年，中国对亚洲国家非金融类直接投资金额达397.5亿美元，同比增长3.8%。亚洲成为中国企业“走出去”最为集中的地区。中国是缅甸、柬埔寨、朝鲜、蒙古等国最大外资来源地。中国还将在东盟国家各建一个经贸合作区，通过集群式投资提高经贸合作水平。

中国同亚洲国家财金合作不断深化。2011年，中国分别同泰国、巴基斯坦、蒙古签署700亿、100亿、50亿元人民币的双边货币互换协议，中韩双边货币互换规模扩大至3600亿元人民币。中日决定跨境贸易使用本币结算，日本决定购买中国的国债。中国与亚洲国家签署的双边货币互换协议总额达7750亿元人民币。中国工商银行、中国银联等金融机构在老挝、新加坡、巴基斯坦、印度等国设立分支机构，拓展金融业务。

中国同亚洲国家积极开展高新科技、新能源和节能环保等领域合作。中日曹妃甸生态工业园区和连云港生态科技产业园项目迈出步伐，中新（加坡）生态城项目进展顺利。第六届中日节能环保综合论坛和中日首届绿色博览会达成多项合作协议。中日韩三国加强可再生能源和能效领域合作。中国同朝鲜正式启动“两个经济区”建设，同新加坡、越南、柬埔寨等国推进知识城、食品区、经贸区等合作项目。

中国加大对亚洲国家的援助。2011年3月，日本发生地震、海啸和核泄漏三重灾害，中国向日本提供了3000万人民币紧急援助物资和2万吨燃油无偿援助。泰国、柬埔寨发生百年不遇洪涝灾害，中国政府及时提供了物资和现汇援助，派遣专家组赴泰国提供救灾咨询。朝鲜、韩国、菲律宾、巴基斯坦、斯里兰卡等国发生灾害后，中国政府和红十字会也及时提供人道主义援助。中国继续向尼泊尔、斯里兰卡、马尔代夫、老挝、孟加拉国、阿富汗等欠发达国家提供援助或技术培训，帮助有关国家提高自力更生水平。

此外，中国还致力于推进同亚洲国家在公路、铁路、电信、港口等基础设施领域的互联互通建设。中国在2009年承诺的150亿美元信贷基础上，追加100亿美元信贷，用于支持东盟基础设施等互联互通项目建设，惠及东盟所有国家。

——中国积极参与解决地区热点问题，妥善处理与邻国的分歧，维护地区和平稳定。在朝核问题上，中国一贯主张通过对话协商，以和平方式解决。在朝鲜领导人金正日逝世后，中国以多种方式表达了哀悼和慰问。中国与半岛各方保持密切沟通与协调，有针对性做各方工作，为维护半岛和平与稳定发挥了重要作用。

在南海问题上，中国一贯主张由直接当事方通过谈判和平解决争议，在争议解决之前，可以“搁置争议，共同开发”。2011年，中国与东盟国家就落实《南海各方行为宣言》指导方针达成一致，启动该宣言框架下的务实合作，设立中国—东盟海上合作基金。中国和越南签署《中越关于指导解决海上问题基本原则协议》，与印度尼西亚成立海上合作委员会和海上合作基金，有力地维护了南海的和平与稳定。

中国出席阿富汗问题伊斯坦布尔会议和波恩会议，积极参与涉阿问题国际进程。中国就中国船员在湄公河水域遇袭事件做有关国家工作，启动了中老缅泰湄公河流域联合执法安全合作，开创了与周边国家开展联合执法安全合作的新模式。

——中国积极参与区域合作，完善合作布局，引导合作方向。中国是东亚合作的积极参与者和重要推动力量，为区域合作的发展作出了重要贡献。2011年是中国与东盟建立对话关系20周年。20年来，双方关系取得长足进展。政治互信增强，经贸合作紧密。双方贸易额自1991年的79.6亿美元，增长到2010年的2928亿美元，增长了近40倍。2011年中国与东盟贸易总额达3628.5亿美元，同比增长23.9%，东盟跃升为中国第三大贸易伙伴。中国2011年还与东盟国家共同举办了东盟国家外长集体考察昆曼公路活动，并召开中国—东盟昆明外长会，成立了中国—东盟中心。2011年11月，中国—东盟建立对话关系20周年纪念峰会在印尼巴厘岛成功举行，中方提出了新增100亿美元信贷、建立互联互通合作委员会、设立30亿元人民币的海上合作基金等倡议，规划了双方关系的未来发展。

中国还推动中日韩三国合作进入新阶段。三国自贸区联合研究提前完成，投资保护协定谈判取得积极进展，中日韩合作秘书处正式成立。中日共同提出加速推进东亚自贸区和东亚全面经济伙伴关系建设的倡议。中国坚持了东亚峰会作为“领导人引领的战略论坛”性质，积极推进东盟与中日韩、大湄公河次区域等机制在经贸、金融、粮食安全、人文交流等领域合作取得新进展。中国还积极参与并推动了东盟地区论坛、亚洲合作对话、博鳌亚洲论坛等合作机制的发展。

——中国与周边人文交流深入发展，相互了解和友谊不断加深。2011年是中国—东盟建立对话关系20周年、中国与文莱建交20周年、中国与老挝建交50周年、中国与巴基斯坦建交60周年和“中巴友好年”、“中印交流年”，中国与有关国家和地区组织举办了丰富多彩的庆祝活动，反响积极。中国举办了中日“影视周”、“动漫节”，佛牙舍利赴缅供奉，“亚洲文化合作论坛”、“亚洲艺术节”等活动。

中国与亚洲国家的人员往来也日益密切。中国与东盟致力于进一步加强旅游产业合作，努力实现2015年双方人员往来达1500万人次的目标。

中国与几乎所有亚洲国家签订了文化与教育合作协议，中国政府奖学金名额的40%投向亚洲国家，且名额不断增加。中国已在亚洲30多个国家建立了83所孔子学院和40个孔子学堂，派出1400余名汉语教师和1万余名志愿者。

2. 中国与西亚北非地区国家关系

2011年，西亚北非地区局势发生剧烈变化，地区国家政治、经济、安全形势遭受严重冲击，给中国同地区国家的双边关系带来一定影响。中国积极应对局势变化，努力维护和发展同地区国家的传统友好关系，取得良好成效。

双方保持了高层和各级别的密切交往。国家主席胡锦涛在哈萨克斯坦举行的上海合作组织会议期间与伊朗总统马哈茂德·艾哈迈迪内贾德会晤；胡锦涛主席特使、住房和城乡建设部部长姜伟新出席南苏丹共和国独立庆典；胡锦涛主席特使、民政部长李立国赴沙特出席沙特王储兼副首相苏尔坦·本·阿卜杜勒阿齐兹·阿勒沙特逝世吊唁活动；胡锦涛主席特使、国家体育总局局长刘鹏赴科威特出席科国庆50周年暨解放20周年庆典；中共中央政治局常委、中央纪委书记贺国强，中共中央政治局委员、天津市委书记张高丽，全国人大常委会副委员长、全国妇联主席陈至立，全国政协副主席王刚，全国政协副主席、科技部长万钢，中央军委委员、总参谋长陈炳德上将，中央军委委员、海军司令吴胜利上将，武警部队司令员王建平中将，最高人民检察院检察长曹建明，商务部长陈德铭，文化部长蔡武，卫生部长陈竺，审计署署长刘家义等分别访问地区国家。外交部长杨洁篪、副部长张志军、副部长翟隽等外交部领导访问了埃及、阿联酋、土耳其、突尼斯、伊拉克等近10个地区国家。苏丹总统、毛里塔尼亚总统、伊拉克总理、约旦参议长、利比亚“国家过渡委员会”执行局主席、以色列副总理、土耳其副总理、卡塔尔副首相、沙特协商会议主席等多位地区国家领导人及30余位外长、特使及部级官员先后访华。

针对地区部分国家政局的剧烈变化，中国坚持不干涉内政原则，尊重和支持各国自主处理内部事务，尊重各国人民寻求变革、发展的愿望诉求，呼吁国际社会根据《联合国宪章》宗旨和国际法准则，采取建设性的举措，促进局势走向缓和，并加强对地区有关国家的经济援助与合作。中国的上述立场得到了地区国家的理解和赞赏。中国与突尼斯、埃及、利比亚、也门等国关系平稳过渡，与地区其他国家的关系继续向前发展，与阿拉伯国家的集体合作稳步推进。5月，中阿合作论坛第八次高官会在卡塔尔首都多哈举行。同月，中国与海湾合作委员会第二轮战略对话在阿联酋举行。12月，中阿合作论坛第四届中阿关系暨中阿文明对话研讨会在阿联酋举行。上述各项活动进一步巩固了中阿战略合作关系，加强了中阿双方在各领域的全面合作。中国积极应对西亚北非地区局势变化给经贸、能源合作带来的负面影响，努力维护与地区国家务实合作。2011年，中国与地区国家双边贸易额达2689.19亿美元，同比增长36.5%。

中国为缓解西亚北非紧张局势、推动解决地区热点问题发挥了建设性作用。在中东问题上，中国秉持公正立场积极劝和促谈，中国领导人在不同场合分别做有关国家领导人工作；中国中东问题特使两度访问地区国家；中国明确支持巴勒斯坦通过和谈建立以“东耶路撒冷”为首都的独立国家，并支持巴方谋求成为联合国正式会员国。在伊朗核问题上，中国坚持推动外交解决进程，积极做有关各方工作，为和平解决伊朗核问题发挥建设性作用。在苏丹问题上，中国领导人及中国政府达尔富尔问题特别代表在不同场合广做各方工作，积极参与推动达尔富尔地区政治进程，妥善处理了苏丹南方独立公投和建国等问题，中国与苏丹北南双方关系均衡发展。

3. 中国与撒哈拉以南非洲地区国家关系

2011年中非关系继续全面、快速发展。中非合作论坛第四届部长级会议成果得到有效落实。

中非高层交往密切，政治互信不断深化。1月，国务院副总理回良玉访问毛里求斯、赞比亚、刚果（金）、喀麦隆和塞内加尔。2月，国务院副总理王岐山访问肯尼亚、津巴布韦和安哥拉。4月，中共中央政治局常委李长春访问肯尼亚、莫桑比克。5月，全国人大常委会委员长吴邦国访问纳米比亚、安哥拉、南非。11月，中共中央政治局委员刘云山访问埃塞俄比亚、坦桑尼亚和津巴布韦。同月，国务委员兼国防部长梁光烈上将访问加纳、乌干达和塞舌尔。11月底至12月初，国务委员刘延东访问纳米比亚、博茨瓦纳和喀麦隆。此外，全国人大常委会副委员长陈至立和周铁农、全国政协副主席李兆焯、厉无畏、罗富和、王志珍等多位党和国家领导人以及外交部长杨洁篪等分别访问撒哈拉以南非洲地区国家。喀麦隆总统保罗·比亚、莫桑比克总统阿曼多·埃米利奥·格布扎分别于7月和8月对中国进行国事访问。4月，南非总统雅各布·祖马来华出席金砖国家领导人第三次会晤和博鳌亚洲论坛2011年年会开幕式。6月，南部非洲发展共同体轮值主席、纳米比亚总统希菲凯普涅·波汉巴来华访问。9月，几内亚总统阿尔法·孔戴、贝宁总统托马·博尼·亚伊来华出席夏季达沃斯论坛。毛里求斯总统阿内罗德·贾格纳特、塞舌尔总统詹姆斯·阿里克斯·米歇尔、津巴布韦总统罗伯特·加布里埃尔·穆加贝分别于7月、10月和11月来华进行非正式访问。8月，埃塞俄比亚总理梅莱斯·泽纳维来华出席深圳大学生运动会开幕式并访华。

中国与非洲地区组织关系不断加强。5月，中国—非盟第四次战略对话成功举行。6月，非盟委员会副主席里亚斯塔斯·姆温查来华进行工作访问。12月，中国援建的非盟会议中心顺利竣工。年内，西非国家经济共同体委员会主席詹姆斯·维克多·贝霍访华，中方同南部非洲发展共同体秘书处举行首次政治磋商，与东非共同体商签经贸合作框架协议，促进了与上述非洲次区域组织的合作。

中非合作论坛第四届部长级会议后续行动落实工作取得积极进展。“中非科技伙伴计划”、“中非联合研究交流计划”、“2011年中国文化聚焦”等项目顺利开展；对非免债、免关税、优惠贷款、非洲中小企业发展专项贷款等举措进展良好；派遣农业技术组、援建农业示范中心和中非友好小学、援赠医疗设备和抗疟物资等工作有序推进；中非青年领导人论坛、中非民间论坛、中非智库论坛、中非科技合作论坛等活动先后举行。10月，中国成功主办中非合作论坛第八届高官会，非盟委员会和南苏丹成为论坛成员。中非经贸合作跃上新水平，2011年中非贸易额达1663亿美元，同比增长31%。

4. 中非继续在重大地区和国际问题上相互配合。中方积极支持非洲自主解决本地区问题的努力，在安理会等场合为非洲仗义执言。在多哈回合谈判、国际经济治理等问题上，中方呼应非方立场与诉求。非洲之角地区国家因旱灾爆发饥荒后，中国向有关国家提供了总额为4.432亿元人民币的粮食援助。这是新中国成立以来中国提供的最大一笔对外粮援，受到非洲国家和国际社会高度赞赏。

4. 中国与欧亚地区国家关系

2011年，中国与欧亚地区国家友好合作关系继续全面快速发展，成果丰硕。

中国在与欧亚地区国家交往中继续奉行“与邻为善、以邻为伴”的方针，坚持互利共赢，尊重欧亚地区国家的主权和领土完整，不干涉内政，尊重各国人民自主选择的发展道路。欧亚地区国家在台湾、涉藏、涉疆、人权等问题上明确支持中国的原则立场。

中国与欧亚地区国家保持密切的高层交往，政治互信水平不断提升。6月12 ~ 20日，国家主席胡锦涛访问俄罗斯、哈萨克斯坦、乌克兰并出席阿斯塔纳上海合作组织成员国元首理事会第11次会议和第15届圣彼得堡国际经济论坛。中俄领导人决定将两国关系提升为平等信任、相互支持、共同繁荣、世代友好的全面战略协作伙伴关系，制订了未来十年两国各领域合作规划。中哈战略伙伴关系提升为全面战略伙伴关系，中乌建立战略伙伴关系。胡锦涛主席在第15届圣彼得堡国际经济论坛上发表题为《共创互利共赢、共同发展的美好未来》的重要演讲，重申中国愿与世界各国一道开创互利共赢、共同发展的美好未来。上海合作组织阿斯塔纳峰会期间，胡锦涛主席参加了成员国领导人大小范围会谈，同塔吉克斯坦总统埃莫马利·拉赫蒙、吉尔吉斯斯坦总统罗扎·奥通巴耶娃、伊朗总统马哈茂德·艾哈迈迪内贾德分别举行双边会见，同乌兹别克斯坦总统伊斯拉姆·卡里莫夫、巴基斯坦总统阿西夫·阿里·扎尔达里、阿富汗总统哈米德·卡尔扎伊进行交谈。上海合作组织成员国元首共同发表《上海合作组织十周年阿斯塔纳宣言》，批准、发表或由政府部门签署了《2011 ~ 2016年上海合作组织成员国禁毒战略》、《关于申请国加入上海合作组织义务的备忘录范本》等七份文件。胡锦涛主席在峰会上发表题为《和平发展　世代友好》的讲话。各方高度评价上海合作组织成立十年来取得的成就，祝贺中国接任上海合作组织轮值主席国，一致赞成胡锦涛主席关于将2011 ~ 2012

年确定为本组织“睦邻友好年”的倡议。

9月14～27日，全国人大常委会委员长吴邦国对俄罗斯、白俄罗斯、乌兹别克斯坦、哈萨克斯坦进行正式友好访问，并出席中俄议会合作委员会第五次会议。此访进一步深化了中国与有关国家立法机构间的友好合作。

11月6～8日，国务院总理温家宝赴俄罗斯圣彼得堡出席上海合作组织（简称“上合组织”）成员国总理第十次会议，向各方传递了中方作为上合组织轮值主席国，致力于谋长远、办实事、促进本地区国家共同发展的积极意愿，彰显了负责任的大国形象。成员国领导人共同签署《上海合作组织成员国政府首脑（总理）理事会会议联合公报》，强调要进一步巩固和发展上合组织，造福全体成员国。会议发表《上海合作组织成员国政府首脑（总理）关于世界和上合组织地区经济形势的联合声明》，强调在全球经济金融危机背景下，大力发展和加强上合组织经济合作具有重要意义。与会期间，温家宝总理分别会见俄罗斯、哈萨克斯坦、塔吉克斯坦、巴基斯坦四国总理并与其他与会国家领导人广泛接触，深入交流，达成广泛共识，对推动中国与有关国家双边关系和上合组织发展具有重要积极意义。

2011年来华访问的欧亚地区国家元首和领导人有：哈萨克斯坦总统努尔苏丹·纳扎尔巴耶夫、乌兹别克斯坦总统伊斯拉姆·卡里莫夫、俄罗斯总理弗拉基米尔·普京、土库曼斯坦总统库尔班古力·别尔德穆哈梅多夫。4月，俄罗斯总统德米特里·梅德韦杰夫来华出席金砖国家领导人第三次会晤和博鳌亚洲论坛2011年年会开幕式。

中国与欧亚地区国家务实合作全面推进。2011年，中国与欧亚地区国家双边贸易额达到1327.69亿美元，同比增长38.25%。中俄之间确立了2015年1000亿美元、2020年2000亿美元，中哈之间确立了2015年400亿美元的双边贸易额目标。中俄、中哈石油管道稳定运营，中国—中亚天然气管道顺利平稳向中国供气。中国与中亚国家互联互通建设继续推进。中哈霍尔果斯国际边境合作中心正式启动，对中国与其他国家开展跨境自由贸易区建设具有重要示范意义。高科技、航空、航天、电站、轻轨铁路、机械组装等重大项目也都取得了明显进展。

5. 中国与欧洲地区国家关系

2011年，中国与欧洲地区国家关系总体保持良好发展态势，各领域务实合作稳步推进。

高层交往频繁，政治互信加强。中国分别与黑山庆祝建交5周年，与立陶宛、爱沙尼亚、拉脱维亚庆祝建交20周年，与奥地利、比利时、塞浦路斯、冰岛、圣马力诺庆祝建交40周年，双方领导人互致贺电。国家主席胡锦涛、全国人大常委会委员长吴邦国、国务院总理温家宝、全国政协主席贾庆林、中共中央政治局常委李长春、国家副主席习近平、国务院副总理李克强、中共中央政治局常委贺国强等20余位党和国家领导人分别访问英国、法国、德国、奥地利、荷兰、希腊、意大利、西班牙、匈牙利、罗马尼亚、塞尔维亚、斯洛文尼亚等20余个欧洲国家。

欧洲理事会主席、法国总统、波兰总统、奥地利总理、西班牙首相、比利时王储、卢森堡大公储等欧洲领导人相继访华。在二十国集团戛纳峰会、博鳌亚洲论坛、联合国大会等多边场合，胡锦涛主席、温家宝总理等领导人与欧盟、法国、德国、西班牙等国领导人会见或寒暄。温家宝总理还与欧盟、法国、德国等欧方领导人通电话，就双边、中欧关系及重大国际和地区问题交换看法。

此外，希腊、马耳他等国积极配合、协助中国撤离滞留利比亚的中国公民，温家宝总理就此分别向希腊总理、马耳他总理等领导人致口信表示感谢。中国南部省份发生洪涝灾害后，荷兰女王向国家主席胡锦涛致慰问电。

各级政治对话与磋商顺利开展。首轮中德政府磋商以及第二轮中欧高级别战略对话、新一轮中英战略对话和首轮中德外长级战略对话成功举行。外交部长杨洁篪访问瑞士、塞尔维亚、阿尔巴尼亚、波兰、丹麦、德国等国，欧盟外交与安全政策高级代表以及法国、德国、马耳他、立陶宛等国外长先后访华。杨洁篪外长多次与欧洲多国外长通电话或在多边场合举行会晤。中国外交部与欧盟对外行动署以及德国、希腊、荷兰、西班牙、葡萄牙、意大利、斯洛伐克、匈牙利、克罗地亚、斯洛文尼亚、波斯尼亚和黑塞哥维那、黑山等十余个欧洲国家外交部在不同级别就双边关系、外交政策、人权、领事等事务举行专业磋商。

议会、政党和智库交往频密。全国人大常委会副委员长王兆国、乌云其木格、韩启德、周铁农、严隽琪、桑国卫及全国政协副主席杜青林、陈奎元、黄孟复、孙家正、林文漪分别访问德国、匈牙利、爱尔兰、波兰、西班牙、芬兰、马其顿、克罗地亚、斯洛文尼亚等十多个欧洲国家。法国国民议会议长、爱沙尼亚议长、斯洛文尼亚议长、斯洛文尼亚国民委员会主席及塞尔维亚议长分别访华。全国人大与法国参议院、法国国民议会、欧洲议会的定期交流机制进展顺利。

2011年是中国共产党建党90周年，马耳他、马其顿、波黑等欧洲国家政党领袖分别致函中共中央总书记胡锦涛表示祝贺。第二届中欧政党高层论坛第一、二次会议分别在北京、天津和布鲁塞尔顺利举行，中共中央宣传部部长刘云山出席论坛开幕式并发表主旨讲话。中共中央对外联络部部长王家瑞赴拉脱维亚、德国、比利时等欧洲国家访问。

中国经济社会理事会与欧盟经济社会委员会举行第九次和第十次圆桌会议。中国驻欧盟使团和欧洲智库“欧洲之友”在布鲁塞尔联合举办首届中欧论坛，国务院总理温家宝致信表示祝贺。外交部副部长傅莹分别出席斯德哥尔摩中国论坛、布鲁塞尔论坛和第六届布莱德战略论坛等。

经贸关系持续深入发展。虽然受到国际金融危机和欧洲主权债务问题的影响，但中欧经贸关系总体持续深入发展。2011年，中国同欧盟27国贸易额突破5000亿美元大关，达5672.13亿美元，同比增长18.3%。欧盟持续保持中国第一大贸易伙伴、出口市场、技术引进来源地，并成为中国最大的进口来源地。中英经济财金对话、中国—中东欧国家经贸论坛等相继举行。中国与欧盟、法国、奥地利、瑞典、意大利、立陶宛、罗马尼亚、塞尔维亚等欧洲国家举行不同级别的经贸联委会、混委会、磋商、研讨会等。中国同瑞士签署启动自贸协定谈判的谅解备忘录，并举行了三轮谈判。

金融与投资合作不断扩大。2011年，欧盟在华直接投资项目1743个，实际投入63.5亿美元。3月，二十国集团主席国法国倡议的国际货币体系研讨会在南京召开，国务院副总理王岐山与法国总统萨科齐共同出席开幕式。中国与德国签署关于加强财金合作的谅解备忘录，首届中德金融稳定论坛成功举行。中国与希腊、黑山等就加强基础设施建设等领域合作签署协定或谅解备忘录，并与英国、拉脱维亚等国就避免双重征税签署或修订有关协议。中国工商银行马德里分行正式营业，成为首家进入西班牙的中资银行。中国国家开发银行与爱尔兰、瑞典、塞浦路斯签署合作协议或备忘录，并继续为希腊船东采购中国船舶提供融资支持。中欧企业间达成一系列合作项目，五矿集团公司与波兰铜业集团公司签署2012 ~ 2016年电解铜长期采购协议。

人文交流日益活跃。2011年是中欧（盟）青年交流年，这是中国与欧盟建交以来双方联合举办的第一个主题年，也是最大规模的一次人文交流活动，共吸引1万多名中欧青少年直接参加活动，动员16万人通过新媒体参与交流，产生了广泛的积极影响。9月，首届中欧民间友好合作对话会在北京和天津举行，国务院副总理李克强出席会议开幕式并发表讲话，会议达成《天津共识》。中国与英国宣布建立高级别人文交流机制，这是中国与欧盟国家建立的首个类似机制。中法语言年、西班牙“汉语年”、意大利“中国文化年”活动、波兰“中国文化节”、第二届中欧文化高峰论坛和第四届中欧文化对话顺利举办，中国春节品牌系列文化活动在欧洲多国成功开展并取得良好效果。中央电视台英语新闻频道在马耳他有线电视网落户，中国国际广播电台与保加利亚国家电台首次实现两国中央媒体远程合作。

中英教育部长磋商在英举行，双方签署《中英教育合作伙伴关系行动计划》。中国与波兰签署《高等教育合作协议》。中国在奥地利、法国和比利时成功举办高等教育展。越来越多的欧洲人开始学习中文，比利时法语区启动“中国语言文化项目”，摩纳哥不少学校开设了中文班，葡萄牙举行首次汉语水平考试，中国与奥地利共同创办的汉语师范班在维也纳大学开班，瑞典举办第四届“汉语桥”世界中学生中文比赛暨第十届“汉语桥”世界大学生中文比赛。在马耳他、瑞士、瑞典、拉脱维亚、西班牙等国新设立七所孔子学院，中国孔子学院总部还与奥地利维也纳大学签署关于合作设立维也纳大学孔子学院的协议。

此外，中欧在科技、交通、军事、地方等各领域务实合作稳步推进。

科技。科技部长万钢访问法国、瑞典、德国等国。第六届中德经济技术合作论坛、中法科技合作联委会第13次会议、第二届中意创新合作高层论坛、中国—塞尔维亚科技合作委员会第一次会议顺利举行。中法高等级生物安全实验室在武汉奠基。中国分别与意大利、瑞典签署科技合作的有关文件。

交通。交通部长李盛霖访问丹麦、瑞典等国，并同立陶宛交通和通信部长在成都共同主持第二届亚欧交通部长会议。马耳他基础设施、交通和通讯部长赴厦门考察，一次性进口174辆厦门金龙客车，合同金额超1500万欧元。瑞典基础设施大臣访华，就交通合作与交通部签署谅解备忘录。

军事。中共中央政治局委员、中央军委副主席徐才厚上将，中央军委委员、解放军总参谋长陈炳德上将，解放军副总参谋长马晓天上将，解放军副总参谋长章沁生上将分别访问英国、法国、瑞典、希腊等欧洲国家。其中，陈炳德总参谋长访问瑞典系解放军总参谋长首次往访。英国、德国、瑞典、葡萄牙、希腊、意大利等10余个欧洲国家军方领导人分别访华。10月，欧盟外交与安全政策高级代表阿什顿访华，国务委员兼国防部长梁光烈上将首次会见。中法第十次国防部战略对话、中德第五轮防务战略磋商、中国与波兰第五次国防部工作对话成功举行。

地方。2011年，中欧地方交往十分频繁。北京与都柏林、重庆市与比利时安特卫普省、成都市和比利时弗拉芒布拉邦省、广州市与西班牙瓦伦西亚市、常州市与波兰耶莱尼亚古拉市、广东省与意大利普利亚大区、海南省与意大利撒丁大区分别建立友好城市（省区）关系。

6. 中国与北美大洋洲地区国家关系

2011年，中华人民共和国与美利坚合众国关系总体保持稳定发展势头。

两国高层和各级别交往密切。1月，国家主席胡锦涛对美国进行国事访问。访问期间，两国发表《中美联合声明》，同意致力于共同努力建设相互尊重、互利共赢的中美合作伙伴关系，推动中美关系步入新的历史发展阶段。11月，胡锦涛主席分别在二十国集团戛纳峰会、亚太经合组织领导人夏威夷非正式会议期间与美国总统奥巴马交谈、会晤，就中美关系、两国经贸合作、二十国集团和共同关心的国际地区问题等深入交换意见。当月，国务院总理温家宝在出席印尼巴厘岛东亚峰会期间与美国总统奥巴马会晤。8月，美国副总统拜登访华，国家主席胡锦涛、全国人大常委会委员长吴邦国、国务院总理温家宝分别会见，国家副主席习近平与拜登副总统举行会谈。5月，第三轮中美战略与经济对话在华盛顿举行，胡锦涛主席特别代表国务院副总理王岐山、国务委员戴秉国，与奥巴马总统特别代表国务卿克林顿、财政部长盖特纳共同主持对话。对话期间，中美在战略对话框架下举行首次战略安全对话，并启动亚太事务磋商机制。12月，第22届中美商贸联委会会议在四川成都召开，国务院副总理王岐山与美国商务部长布赖森、贸易代表柯克共同主持。4月，第二轮中美人文交流高层磋商在华盛顿举行，国务委员刘延东与美国国务卿克林顿共同主持。7月和11月，国务委员戴秉国分别在广东深圳、美国夏威夷与美国国务卿克林顿举行小范围会晤。11月，国务委员戴秉国在夏威夷与美国总统国家安全事务助理多尼隆举行小范围会晤。6月和10月，中美首次和第二次亚太事务磋商先后在夏威夷和北京举行。此外，全国人大常委会副委员长、全国妇联主席陈至立，外交部长杨洁篪，中共中央对外联络部部长王家瑞，国务院台湾事务办公室主任王毅，科技部长万钢，文化部长蔡武等访美。美国国防部长盖茨、参联会主席马伦海军上将、财政部长盖特纳、贸易代表柯克、能源部长朱棣文、农业部长维尔萨克等访华。

两国经贸、科技、能源、环境、反恐、执法、防扩散、人文等广泛领域交流合作继续推进，两军关系得到改善和发展。两国地方和民间交往密切，首届中美省州长论坛7月在美国盐湖城举行，作为论坛后续活动的中美省州长对话10月在北京举行。双方并就朝鲜半岛局势、伊朗核、南亚局势、苏丹等地区热点问题以及全球经济治理、国际金融危机、气候变化等全球性问题保持密切沟通和协调。

7月，美方安排领导人会见达赖。9月，美方宣布大规模售台武器计划，总额达58.52亿美元，使中美关系受到严重干扰。中方从维护国家主权、安全和利益出发，对美方错误行径进行了坚决斗争。经过双方密集沟通，美方多次表明将坚定致力于发展中美合作伙伴关系，并重申在台湾、涉藏问题上的有关承诺。

2011年,中加关系保持良好发展势头。双方高层及各级别交往频繁。国家主席胡锦涛、外交部长杨洁篪在夏威夷亚太经合组织领导人夏威夷非正式会议期间分别会见加拿大总理斯蒂芬·哈珀、外交部长约翰·贝尔德。全国人大常委会副委员长陈昌智、严隽琪，全国政协副主席杜青林、万钢，中共中央对外联络部部长王家瑞，卫生部长陈竺等分别访加。加拿大参议长诺埃尔·金塞拉、外交部长贝尔德、国际贸易部长爱德华·法斯特、财政部长詹姆斯·弗莱厄蒂等多位内阁部长以及前总督米夏埃尔·让、前总理让·克雷蒂安等分别访华。双方成功举行中加战略工作组第三次会议以及经贸、科技、环境、执法、教育、卫生、气候变化等领域的磋商和对话，推动两国各领域务实合作取得新进展。中国成为加拿大第二大贸易伙伴和第七大投资来源国。中国驻蒙特利尔总领馆开馆。双方民间交往更加活跃，在联合国改革、二十国集团等重大国际和地区问题上密切沟通与协调。

2011年，中国与澳大利亚、新西兰关系保持良好发展势头。双方高层交往密切。国家主席胡锦涛在二十国集团戛纳峰会和亚太经合组织领导人夏威夷非正式会议期间同澳大利亚总理朱莉娅·吉拉德简短寒暄。国务院总理温家宝在印尼巴厘岛出席第六届东亚峰会期间会见澳大利亚总理吉拉德。全国政协主席贾庆林、全国人大常委会副委员长严隽琪访问澳大利亚。国务院副总理回良玉，全国政协副主席、中国—大洋洲友好协会会长廖晖访问新西兰。全国政协副主席、科技部长万钢访问澳大利亚和新西兰。澳大利亚总理吉拉德正式访华。新西兰副总理比尔·英格利希访华并出席博鳌亚洲论坛2011年年会。澳大利亚副总理韦恩·斯旺赴广东出席中澳经贸友好交流会议。新西兰副议长林赛·蒂什访华。中澳、中新经贸合作不断扩大，双边贸易继续快速增长，中国继续保持澳大利亚第一大、新西兰第二大贸易伙伴地位。中新自由贸易协定总体实施顺利。中国人民银行与新西兰储备银行签署《中国人民银行与新西兰储备银行双边本币互换协议》。中澳、中新两军继续保持密切交往，在科教、文化、旅游等领域的交流合作富有成果，民间交往活跃，在应对气候变化、金融危机等国际和地区问题上保持良好沟通与协调。

2011年，中国与太平洋岛国关系继续全面、深入发展。

双方保持高层交往势头。全国政协主席贾庆林访问萨摩亚，国务院副总理回良玉过境斐济和巴布亚新几内亚，全国政协副主席、中国—大洋洲友好协会会长廖晖访问汤加、斐济和萨摩亚，外交部长杨洁篪在纽约出席第66届联合国大会期间会见瓦努阿图总理萨托·基尔曼，外交部副部长崔天凯赴新西兰出席第23届太平洋岛国论坛会后对话会并会见多位岛国领导人，中国政府特使、卫生部副部长王国强出席密克罗尼西亚联邦新一届领导人就职庆典，中共中央宣传部副部长蔡名照访问斐济和瓦努阿图，中国—太平洋岛国论坛对话会特使杜起文访问萨摩亚和库克群岛。斐济总统、总理、外长，萨摩亚总理、副总理，汤加国王、副首相、副议长，库克群岛总理，密克罗尼西亚联邦副总统、议长、副议长等政要来华访问、过境或出席有关活动。

双方贸易与投资不断扩大，文教、体育、卫生等领域合作富有成果。中国在太平洋岛国地区最大的投资项目巴新拉姆镍矿进入投产准备阶段。中国援建的斐济电子政务、萨摩亚新政府综合办公楼和国际会议中心、汤加塔布岛医疗保健中心、密克罗尼西亚联邦示范农场等项目竣工移交，巴新戈洛卡大学学生宿舍、汤加瓦瓦乌岛瓦伊普阿大桥、斐济低造价住房、瓦努阿图国家会议中心、萨摩亚国家医疗中心等项目顺利进行。中国为岛国举办高级外交官和防务官员等培训班并安排岛国学生来华留学，中国武术团、广东省艺术团等文化团组赴多个建交岛国访演，中国派出的医疗队、农业技术专家和体育教练继续在有关岛国提供高质量服务，斐济等岛国体育代表团来华参加第26届世界大学生夏季运动会，汤加皇家军乐队来华参加军乐节，增进了双方民间了解和友谊。

双方在国际和地区事务中保持良好沟通与协调。中国积极参与地区多边对话与合作，理解、支持岛国在可持续发展、气候变化等重大问题上的关切和主张，积极资助有关区域合作项目。外交部副部长崔天凯在出席第23届太平洋岛国论坛会后对话会期间会见太平洋岛国论坛秘书长图伊洛马·斯莱德，中国—太平洋岛国论坛对话会特使杜起文访问萨摩亚期间会见太平洋区域环境规划署主任大卫·谢泼德。第三届中国—太平洋岛国农业合作论坛在斐济成功召开。国家旅游局副局长祝善忠率团出席在瓦努阿图举行的第21届南太旅游组织部长理事会会议。

7. 中国与拉丁美洲和加勒比地区国家关系

2011年，中国坚持平等互利、共同发展的方针政策，推动同拉丁美洲和加勒比国家全面合作伙伴关系取得新进展，各领域成果丰硕。

中国同拉美和加勒比国家高层交往频繁。国家主席胡锦涛在金砖国家领导人第三次会晤、二十国集团领导人戛纳峰会、亚太经合组织第19次领导人非正式会议期间分别会见巴西和秘鲁总统，并派特使出席巴西、阿根廷总统就职仪式和中国援建哥斯达黎加体育场启用仪式，进一步推动了双边关系发展。国家副主席习近平访问古巴、乌拉圭和智利，中方与三国共签署40项合作协议，推进了双方各领域务实合作。习近平副主席还在总部位于智利首都圣地亚哥的联合国拉丁美洲和加勒比经济委员会发表面向整个拉美地区、题为《携手开创中拉全面合作更加美好的未来》的演讲，为中拉关系发展指明了方向。中共中央政治局委员、中央政法委副书记王乐泉访问巴西、哥伦比亚，增进了中国与上述国家在政法领域的相互了解。国务院副总理王岐山出席在特立尼达和多巴哥首都西班牙港举办的第三届中国—加勒比经贸合作论坛，代表中国政府宣布了未来三年加强中加合作的六项举措，受到加勒比国家普遍欢迎。国务院副总理回良玉访问牙买加、玻利维亚和秘鲁，促进了中国同上述国家双边关系发展。中共中央政治局委员、中央军委副主席郭伯雄上将访问古巴、玻利维亚、秘鲁，推进了中国与上述国家在军事领域的交流与合作。外交部长杨洁篪访问巴哈马。巴西和玻利维亚两国总统、巴巴多斯总理、委内瑞拉全国代表大会主席、古巴部长会议副主席等分别访华，双边政治友好与互信得到进一步增强。

中国同拉美和加勒比地区组织的交流与合作取得新进展。国家主席胡锦涛电贺拉美和加勒比国家共同体成立，获得拉美国家积极反响。外交部长杨洁篪同里约集团“扩大的三驾马车”外长在联大期间举行会晤，外交部部长助理张昆生出席东亚—拉美合作论坛第五届外长会，全国人大代表团出席拉美议会第27届年会，进一步推进了中国同拉美地区组织关系。

中国同拉美和加勒比国家在国际事务中的合作进一步加强。中国同拉美国家特别是巴西、墨西哥、阿根廷等地区新兴大国围绕二十国集团、金砖国家、全球经济治理、多哈回合谈判、德班气候变化会议以及西亚北非局势等热点议题开展良好沟通与协调，为维护广大发展中国家正当权益，促进世界和平、稳定与发展作出积极贡献。

中国同拉美和加勒比国家的务实合作深入发展。2011年，中拉贸易额突破2500亿美元，中国连续三年保持拉美第二大贸易国地位。中拉双向投资规模不断扩大，中国成为拉美第三大投资来源国。中拉金融、投资、能源、基础设施、高科技等领域合作进一步扩大。中国同哥斯达黎加自由贸易协定正式生效，第五届中国—拉美企业家高峰会在秘鲁首都利马成功举行。

中国同拉美和加勒比国家人文等领域交流不断加强。双方共同庆祝中苏（里南）建交35周年和中秘（鲁）建交40周年。中国国家男子足球队和中央民族歌舞团分别赴哥斯达黎加参加友谊赛和演出，拉美多国派文化团组来华交流或演出。双方人员交流规模持续扩大，通过互派留学生、举办研修班、研讨会、新闻记者访华团等形式，扩大青年、智库、媒体等方面的交流与合作。中国中央电视台英语国际频道在圭亚那国家电视台整频率落地，中国海军“和平方舟”号医院船访问古巴。2011年中国—拉丁美洲和加勒比经济技术合作论坛、第三届中国—拉丁美洲和加勒比民间友好论坛在中国成功举办，影响不断扩大，促进中拉人文等领域交流深入发展。

（三）专题评述

1. 胡锦涛主席出席金砖国家领导人第三次会晤

2011年4月14日，金砖国家领导人第三次会晤在海南省三亚市成功举行。中国国家主席胡锦涛主持会晤，巴西总统罗塞芙、俄罗斯总统梅德韦杰夫、印度总理辛格、南非总统祖马与会。

这是南非加入金砖国家机制后举行的首次五国领导人会晤。中国首次担任峰会东道国。五国领导人围绕“展望未来、共享繁荣”的主题，就当前国际形势、国际经济金融问题、发展问题以及金砖国家合作深入交换了意见，达成了广泛共识，发表了《三亚宣言》及“行动计划”。印度总理辛格在会上宣布，印度将于2012年主办下一届金砖国家领导人会晤。

胡锦涛主席在会上全面阐述了中国的主张和看法：第一，要努力维护世界的持久和平和稳定，坚持通过对话和协商，以和平方式解决国际争端，以民主、包容、合作、共赢的精神实现共同安全，营造支持各国根据本国国情实现和平、稳定和发展的国际环境；第二，要努力推动人类共同发展，建设公平有效的全球发展体系，建设公平、公正、包容、有序的国际货币金融体系和公正合理的国际自由贸易体系，以促进发展中国家的发展为重点，推动全球经济的复苏和繁荣；第三，要努力促进各国携手合作。充分利用联合国、二十国集团、金砖国家等各层次多边合作机制，开展务实有效的合作。

胡锦涛主席还就进一步加强金砖国家共同发展的伙伴关系提出三点建议：一是要继续坚持团结互信、开放透明、共谋发展的基本原则；二是要在国际经济、金融和发展领域加强协调，继续坚定维护金砖国家的共同利益；三是要继续深化务实合作，夯实金砖国家加强合作的基础。

2. 胡锦涛主席出席博鳌亚洲论坛2011年年会

2011年4月14 ~ 16日，博鳌亚洲论坛2011年年会在海南博鳌举行。15日，国家主席胡锦涛出席年会开幕式，发表题为《推动共同发展，共建和谐亚洲》的主旨演讲。

胡锦涛主席表示，十年前，在亚洲有关方面和人士共同努力下，博鳌亚洲论坛宣告成立。这是新形势下亚洲团结意识日益提高、合作意愿不断增强的一个重要标志。十年来，博鳌亚洲论坛在凝聚亚洲共识、传播亚洲声音、促进亚洲合作方面发挥了重要作用，已经成为全球具有重要影响的经济论坛之一。博鳌亚洲论坛之所以能够不断成长，得益于亚洲快速发展，也见证和推动了这一历史进程。

胡锦涛主席强调，亚洲的发展，得益于总体稳定的国际和地区环境，得益于深入发展的经济全球化和区域合作，得益于亚洲睦邻友好关系的发展，更与亚洲人民既坚持发扬在长期实践中形成的优良传统又注重学习借鉴世界其他地区的有益经验密不可分。胡锦涛主席阐述了亚洲人民的奋斗精神、创新精神、学习精神和团结精神，并就推动共同发展，共建和谐亚洲提出五点建议：一是尊重多样文明，促进睦邻友好；二是转变发展方式，推动全面发展；三是分享发展机遇，共迎各种挑战；四是坚持求同存异，促进共同安全；五是倡导互利共赢，深化区域合作。胡锦涛主席还介绍了中国国民经济和社会发展第十二个五年规划纲要的主要内容和发展战略。

出席会议的各国领导人和各界人士积极回应胡锦涛主席的演讲，对中国经济社会发展巨大成就和对世界经济复苏作出的贡献表示赞赏，欢迎中国为促进亚洲和世界的和平、稳定和包容性发展发挥更大作用。

年会期间，胡锦涛主席在海南分别同应邀与会的俄罗斯总统梅德韦杰夫、南非总统祖马、西班牙首相萨帕特罗、韩国总理金滉植和乌克兰总理阿扎罗夫举行双边会见，同新西兰副总理英格利希、克罗地亚前总统梅西奇、菲律宾前总统拉莫斯等外国政要进行寒暄和交谈，会见了博鳌亚洲论坛理事会成员。胡锦涛主席还分别同与会各国领导人、外国部长级代表和主要演讲嘉宾、港澳企业家代表、青年领导人圆桌会议代表、华商圆桌会议代表、中外企业家代表及台湾企业家代表集体合影，为参加金砖国家领导人第三次会晤和博鳌亚洲论坛2011年年会的贵宾举行了酒会和欢迎宴会，并与他们共同观看了文艺演出。

3. 胡锦涛主席对哈萨克斯坦、俄罗斯、乌克兰进行国事访问并出席上海合作组织阿斯塔纳峰会和第15届圣彼得堡国际经济论坛

2011年6月12 ~ 20日，国家主席胡锦涛先后对哈萨克斯坦、俄罗斯、乌克兰进行国事访问，出席在哈萨克斯坦首都阿斯塔纳举行的上海合作组织成员国元首理事会第11次会议和在俄罗斯圣彼得堡举行的第15届圣彼得堡国际经济论坛。

访问期间，胡锦涛主席分别同纳扎尔巴耶夫总统、梅德韦杰夫总统和亚努科维奇总统举行会谈，会见了哈萨克斯坦总理卡里姆·马西莫夫、俄罗斯总理弗拉基米尔·普京、乌克兰总理尼古拉·阿扎罗夫和议长弗拉基米尔·利特文，签署和发表了《中哈关于发展全面战略伙伴关系的联合声明》、《中俄关于当前国际形势和重大国际问题的联合声明》、《〈中俄睦邻友好合作条约〉签署十周年联合声明》、《中乌关于建立和发展战略伙伴关系的联合声明》。在《中俄睦邻友好合作条约》签署十周年庆祝音乐会上，胡锦涛主席发表题为《开创中俄战略协作伙伴关系发展新局面》的致辞，指出《中俄睦邻友好合作条约》倡导的互信、互利、平等、协作的新安全观，为确立新型国家关系树立了典范。中俄要进一步坚持平等互信，坦诚相待，坚定支持对方走自己的发展道路和实现发展振兴，坚定支持对方维护本国核心利益的努力，不断深化两国战略和政治互信。在第15届圣彼得堡国际经济论坛上，胡锦涛主席发表题为《共创互利共赢、共同发展的美好未来》的重要演讲，指出，当今世界正处在大发展大变革大调整时期，和平、发展、合作的理念更加深入人心。人类生存和发展面临着一系列新的全球性挑战。中国将继续高举和平、发展、合作旗帜，始终不渝奉行互利共赢的开放战略，欢迎世界各国积极参与中国发展、分享中国发展带来的机遇，中国愿与世界各国一道开创互利共赢、共同发展的美好未来。

上海合作组织阿斯塔纳峰会期间，胡锦涛主席参加了成员国领导人大小范围会谈，同与会国家领导人分别举行双边会谈或进行交谈。上海合作组织成员国元首共同发表《上海合作组织十周年阿斯塔纳宣言》，批准、发表或由政府部门签署了《2011 ~ 2016年上海合作组织成员国禁毒战略》、《关于申请国加入上海合作组织义务的备忘录范本》等七份文件。胡锦涛主席在峰会上发表题为《和平发展　世代友好》的讲话，全面回顾上海合作组织成立十年来走过的历程，强调以互信、互利、平等、协商、尊重多样文明、谋求共同发展为宗旨的“上海精神”已成为上海合作组织的核心价值观。胡锦涛主席就推动上海合作组织发展提出四点建议，即强调坚持

睦邻友好，构建和谐地区；增强本组织抵御现实威胁的能力，毫不懈怠打击“三股势力”、贩毒和跨国有组织犯罪，确保地区长治久安；推动实现区域经济一体化，促进地区各国共同发展；加强人文合作，推动人民世代友好。各方高度评价上海合作组织成立十年来取得的成就，祝贺中国接任上海合作组织轮值主席国，一致赞成胡锦涛主席关于将2011 ~ 2012年确定为本组织“睦邻友好年”的倡议。

胡锦涛主席此访是在《中俄睦邻友好合作条约》签署十周年、上海合作组织成立十周年、中哈和中乌关系持续发展的背景下进行的，是中国与俄、哈、乌三国之间和上海合作组织框架内的一次重要高层交往，对进一步提升中国与三国友好合作关系，推动上海合作组织稳定健康发展，促进本地区和平稳定和共同发展具有重要意义。

4. 胡锦涛主席出席二十国集团领导人第六次峰会

2011年11月3 ~ 4日，国家主席胡锦涛出席在法国戛纳举行的二十国集团领导人第六次峰会。会议期间，胡锦涛主席和各国领导人重点讨论了世界经济形势、欧洲主权债务危机、国际货币体系改革、控制大宗商品价格波动、贸易、发展等议题。

胡锦涛主席重点阐述了中国关于应对当前国际金融危机，加强全球经济治理，实现世界经济强劲、可持续、平衡增长的立场和主张。胡锦涛主席在峰会上发表题为《合力推动增长　合作谋求共赢》的重要讲话，指出世界经济复苏的不稳定性不确定性依然突出，世界经济发展正处在何去何从的十字路口，全球经济治理正面临十分艰巨的任务。作为国际经济合作的主要论坛，二十国集团应该继续发扬同舟共济、合作共赢的精神，共同提振市场信心，积极化解风险挑战，努力促进世界经济增长和金融稳定。胡锦涛主席在讲话中提出五个坚持，即坚持在增长中兼顾平衡，坚持在合作中谋求共赢，坚持在改革中完善治理，坚持在创新中不断前进，坚持在发展中共促繁荣，传递了中方希望二十国集团致力于保增长、促稳定的明确信号。

胡锦涛主席全面介绍了中国对促进世界经济增长、支持发展中国家发展所作的重要贡献。胡锦涛主席还就世界经济形势、贸易问题等议题作专题发言，深入介绍中国宏观经济运行情况以及加快转变经济发展方式和调整经济结构、改善民生、扩大内需的政策举措。胡锦涛主席表示，在世界经济形势依然复杂多变的情况下，中国有针对性地加强和改善宏观调控，着力稳物价、调结构、保民生、促和谐，经济增长由政策刺激向自主增长有序转变，国民经济继续朝着宏观调控的预期方向发展。加入世贸组织十年来，中国经济发展实现了新的跨越，对世界经济增长的贡献日益增大。胡锦涛主席宣布，为进一步帮助最不发达国家发展，中方愿在南南合作框架内，对同中国建交的最不发达国家97%税目的产品给予零关税待遇。这是中国为促进解决发展问题、推动多哈发展议程采取的重要实质性举措。

欧洲主权债务问题是峰会期间各方关注的焦点。胡锦涛主席同各国领导人就这一问题深入交换看法，强调欧洲经济实现复苏发展，世界经济才能实现复苏发展。中国一直支持欧洲为应对国际金融危机冲击、实现经济复苏作出的努力，相信欧洲完全有智慧、有能力解决债务问题。中方不会缺席国际社会帮助欧方的努力。

峰会期间，胡锦涛主席还出席了金砖国家领导人会晤，分别会见了法国总统萨科齐、俄罗斯总统梅德韦杰夫、巴西总统罗塞芙、美国总统奥巴马及国际货币基金组织总裁拉加德。

5. 胡锦涛主席出席亚太经合组织第19次领导人非正式会议

2011年11月12 ~ 13日，国家主席胡锦涛应邀出席了在美国檀香山举行的亚太经合组织第19次领导人非正式会议。会议是在国际金融危机深层次影响突出、世界主要经济体增速放缓、亚太地区成为最具活力和潜力的地区、亚太经合组织面临新发展机遇的背景下召开的，是中国采取的又一次重大多边外交行动。会议期间，胡锦涛主席在APEC领导人非正式会议上发表了重要讲话，在工商领导人峰会上发表了主旨演讲，并同APEC工商咨询理事会代表展开对话。

在有关讲话中，胡锦涛主席全面分析了世界经济增长面临的现实问题和推动经济强劲、平衡、可持续发展的努力方向，促进了APEC合作的健康发展，有力地推动了亚太区域合作。具体包括：

推动亚太经济实现长期平稳较快发展。在世界经济形势复杂多变、发展面临严峻挑战的情况下，实现亚太地区经济长期平稳较快发展对于世界经济具有重要意义。胡锦涛主席在会上就亚太经济增长作引导性发言，呼吁各方正视和解决国际金融危机中暴露出来的世界经济深层次问题，坚定信心和决心，切实落实2010年横滨会议通过的《亚太经合组织领导人增长战略》，通过积极完善全球治理，加快转变经济发展方式，实施有利于充分就业的发展战略，提高经济增长质量，继续推进经济全球化和区域经济一体化，努力推动经济平衡、包容、可持续、创新、安全增长，实现亚太地区经济长期平稳较快发展和社会和谐稳定。胡锦涛主席还特别强调把促进就业作为巩固和拓展经济社会发展成果的重要途径，呼吁各成员积极支持和参与亚太经合组织技能开发促进项目及其中心的活动。胡锦涛主席的讲话全面分析了世界经济增长面临的现实问题和长远需求，获得各方广泛赞同。

增进各方对中国发展政策的理解和认同。2011年是中国加入世界贸易组织10周年，也是中国加入亚太经合组织20周年，中国在国际金融危机影响下经济保持平稳增长，在世界经济格局中的影响不断扩大，受到各方的高度关注。胡锦涛主席宣介了中国深入落实科学发展观、加快转变发展方式、深化改革开放、保障和改善民生、促进经济长期平稳较快发展和社会和谐稳定的政策举措：强调中国将继续深化经济体制改革，改善商业投资环境；提高生态文明水平，大力发展绿色经济；加强知识产权保护，推进创新型国家建设；提高对外开放水平，积极参与全球治理和区域合作。各方高度评价中国经济发展对世界经济可持续复苏与增长的重要作用，普遍认同中国转变经济发展方式的发展理念，认为中国的政策目标与促进世界经济可持续增长方向一致，期待中国发挥更加积极和重要的作用。

引导亚太经合组织合作方向。随着亚太地区的影响不断上升，区域各国纷纷加大投入，亚太地区经济发展前景看好，区域贸易和投资合作进程续有发展，双边、多边自贸协定不断增多。亚太经合组织作用受到各方重视。胡锦涛主席在会上就亚太经合组织合作提出重要建议，他指出，建设一个和平、发展、繁荣、和谐的亚太，符合本地区各成员共同利益，是区域合作长远目标。作为亚太地区最重要的经济合作机制，亚太经合组织应该根据国际经济发展和贸易投资新形势，深化合作议程，发挥自身优势，推进机制改革，在支持各成员转变经济发展方式、深化区域经济一体化方面发挥独特作用。胡锦涛主席还呼吁各方继续积极推进低碳城镇示范项目合作，加强林业和人力资源开发合作，为实现亚太地区绿色和包容性增长作出积极贡献，得到各方普遍支持。

与会期间，胡锦涛主席还开展密集双边外交和公共外交活动，分别会见美国、日本、越南等国领导人，同美国各界人士深入接触。通过上述活动，加强了中国同有关国家的双边关系，增进了国际社会对中国的理解和支持。

6. 温家宝总理出席第四次中日韩领导人会议

2011年5月22日，国务院总理温家宝出席了在日本东京举行的第四次中日韩领导人会议。会议由日本首相菅直人主持，韩国总统李明博参加。

此次会议是在日本遭受特大地震海啸灾害的背景下举行的。三国领导人首先向遇难者默哀，对灾区人民表达了深切慰问。三国领导人认为，三国地缘相近，人民友好，在危难时刻互相帮助非常重要。三国领导人对三国合作全面持续发展的良好势头表示满意，决定继续推进各领域交流合作，不断提升三国面向未来的全方位合作伙伴关系。

温家宝总理在会议中表示，近年来，中日韩合作经受住了国际金融危机、重大自然灾害的严峻考验，三国相互沟通协调不断加强，合作领域日益拓宽，既促进了三国经济和社会发展，也有力地维护了地区和平与稳定。三国应坚定信念，排除干扰，增进互信，不断深化合作，维护共同利益，促进东亚地区的和平、稳定与繁荣。温家宝总理并提出支持日本灾后重建、开展核电安全合作、推进防灾减灾合作、推进贸易投资自由化和便利化、加快筹建三国循环经济示范基地、加强社会人文交流等重要合作倡议。

会议发表了《第四次中日韩领导人会议宣言》以及加强灾害管理、核安全、可再生能源合作的三个成果文件，通过了13项合作倡议，包括举行中日韩亚洲政策磋商、提前完成三国自贸区联合研究、争取年内结束三国投资协定谈判等。三国领导人欢迎三国合作秘书处筹建工作取得的进展，支持秘书处2011年在韩国建成。

三国领导人还讨论了东北亚形势、东亚合作、裁军与防扩散以及国际经济形势等地区和国际问题，达成了广泛共识。

7. 温家宝总理出席上海合作组织总理会议

2011年11月6～8日，国务院总理温家宝赴俄罗斯圣彼得堡出席上海合作组织成员国总理第十次会议。

会议期间，温家宝总理与各国领导人共同总结了上海合作组织各领域合作的进展情况，深入探讨了当前国际和地区经济形势，围绕落实上海合作组织阿斯塔纳峰会共识，对上海合作组织下一阶段发展作出部署，并发表《上海合作组织成员国政府首脑（总理）理事会会议联合公报》和《上海合作组织成员国政府首脑（总理）关于世界和上海合作组织地区经济形势的联合声明》。

温家宝总理在总理会议大小范围会谈上发表重要讲话，强调国际格局正经历大变化、大调整，上海合作组织不仅要经受住严峻考验，更要抓住机遇发展壮大，造福本地区人民，为建立公正、合理的国际政治、经济新秩序作出应有的贡献。中方愿与各方团结合作，积极制定和实施本组织政治、经济、人文等领域未来十年规划，努力实现上海合作组织既定目标和任务。温家宝总理提出进一步活跃经贸合作，建立多层次多渠道的融资合作体系，加快互联互通建设，健全粮食安全机制，加强科技、卫生合作，促进青年交流，加强同观察员国合作等一系列建议，受到与会各方的普遍关注和高度赞赏。与会期间，温家宝总理同俄罗斯总理普京举行了双边会见，就中俄关系、世界政治经济形势以及共同关心的重大问题深入交换了意见。两国总理一致认为应加强战略协作，优势互补，开展全方位的长期互利合作，全面落实达成的各项共识。温家宝总理还同哈萨克斯坦总理马西莫夫、塔吉克斯坦总理阿基洛夫、巴基斯坦总理吉拉尼进行双边会见，就加强双边关系、深化互利合作、推动上海合作组织健康稳定发展交换意见，达成广泛共识。上述双边会见巩固和深化了中国与俄罗斯、塔吉克斯坦、巴基斯坦的双边关系，有力地促进了各方在上海合作组织框架内的合作。

温家宝总理出席上海合作组织成员国总理第十次会议，是中国作为上海合作组织轮值主席国、着眼于推动上海合作组织健康平稳发展、促进地区繁荣稳定的重要外交活动，展示了中方致力于促进本地区国家共同发展的积极意愿。会议成果为上海合作组织下阶段发展打下良好基础，增添了新的动力，促进了上海合作组织国家的睦邻互信和务实合作，对推动本地区持久和平和共同繁荣产生积极重要的影响。

8. 温家宝总理出席东亚领导人系列会议

2011年11月18 ~ 19日，国务院总理温家宝出席了在印尼巴厘岛举行的第14次中国—东盟（10+1）领导人会议暨中国—东盟建立对话关系20周年纪念峰会、第14次东盟与中日韩（10+3）领导人会议、第六届东亚峰会和中日韩领导人会晤。

在中国—东盟纪念峰会上，温家宝总理高度评价20年来中国—东盟合作取得的丰硕成果以及中国—东盟关系对促进本地区和平、稳定与发展发挥的积极作用。温家宝总理就中国—东盟关系未来发展方向提出重要主张：加强战略沟通和战略互信，把促进经济发展和社会进步作为第一要务，坚持由东盟主导东亚合作进程，在多边领域维护共同利益。温家宝总理重点就深化经贸、互联互通、金融、海上、科技、可持续发展、社会民生等领域合作提出了具体倡议。

东盟各国领导人高度评价20年来中国—东盟关系取得的成就，赞同中国提出的新合作倡议，希望以对话关系20周年为契机，同中国深化政治互信，加强经贸合作和人员往来，推动互联互通、可持续发展、人文等领域交流合作取得更多务实成果，推动双方战略伙伴关系不断取得新进展。

峰会发表《联合声明》。会后举行了中国—东盟中心揭牌仪式。

在第14次东盟与中日韩（10+3）领导人会议上，温家宝总理表示，东亚国家相互帮助，加强合作，共谋发展，成功应对国际金融危机，10+3合作发挥了重要作用。东亚合作处于发展的关键阶段，坚持东盟主导，突出发展、互利、共赢的主题，继续以10+3为主渠道推进东亚一体化建设，符合各国的共同利益。2012年是10+3合作进程启动15周年，要以此为契机，进一步坚定信心，团结协作，推动10+3合作达到更高水平。温家宝总理就10+3合作下一阶段发展提出四点建议：加快推进本地区贸易自由化和便利化；进一步提升区域财金合作水平；加大对东亚互联互通建设的投入；促进地区经济发展方式转变和可持续发展。

与会各国领导人表示，10+3合作经受了国际金融危机考验，显现出蓬勃的生命力和广阔的发展前景。当前，世界经济形势依然严峻，东亚地区发展机遇与挑战并存，10+3国家有信心、有决心加强务实合作，认真落实已达成的共识，提高东亚国家整体应对危机的能力，促进可持续发展，造福本地区人民。

在第六届东亚峰会上，温家宝总理欢迎美、俄首次正式出席峰会，充分阐述了中方对东亚峰会未来发展方向的主张，重申东亚峰会应坚持战略论坛性质和现行合作原则，努力寻求和扩大利益汇合点，增进互信，推动共同发展。温家宝总理强调应把应对国际经济金融危机作为当务之急；认真实施、完善已达成的自贸安排，增加区内贸易规模；鼓励扩大投资，努力消除影响企业投资的各种障碍，保护企业合法权益，增强投资者信心；把实现可持续发展作为今后较长时期的主要合作方向，帮助各国加快实现经济发展方式的转变；携手应对非传统安全挑战，营造良好的发展环境。温家宝总理并在气候变化、教育、卫生、灾害管理等领域提出了中方倡议。温家宝总理在会上还就南海问题阐明中方立场。

会议发表了《东亚峰会互利关系原则宣言》和《东亚峰会关于东盟互联互通的宣言》。

在中日韩领导人会晤上，三国领导人审议了中日韩合作进展，规划了未来合作方向，就地区和国际问题交换了意见。温家宝总理就三国合作提出四点建议，包括增进政治互信和战略互信、为经济和金融合作注入新的活力、加强可持续发展合作、扩大社会人文交流，重点就推进三国自贸区建设，筹建循环经济示范基地以及加强货币金融、陆海联运、灾害管理、科技、文化、教育等领域合作提出了设想。温家宝总理并邀请日、韩领导人2012年来华出席第五次中日韩领导人会议。会晤坦诚务实，达成广泛共识。

9. 中国成功举办第26届世界大学生夏季运动会

2011年8月12～23日，第26届世界大学生夏季运动会在广东省深圳市举行。这是继2001年北京大运会、2009年哈尔滨大冬会之后，中国大学生体育事业走向世界的又一件大事；也是继北京奥运会、广州亚运会、亚残运会之后，中国举办的又一大型综合性国际体育赛事。152个国家和地区的7865名运动员先后参加了大运会24个大项、306个小项的角逐，是历史上规模最大的一届大运会。

本届大运会以“从这里开始”为口号，以“从这里开始，不一样的精彩”为核心理念，充分展示了中国大学生朝气蓬勃、积极向上的精神风貌，增进了世界各国大学生之间的友谊与交流，展现了中国改革开放和社会主义现代化建设成就。

中国政府高度重视深圳大运会，以国务委员刘延东为组长的国务院广州亚运会、亚残运会筹办工作领导小组下设的新闻宣传、安全保卫、外事工作协调小组继续协同配合，做好大运会筹备和组织工作。

5月4日，大运会火炬点燃暨火炬传递活动启动仪式在北京大学举行，中共中央政治局常委、国务院副总理李克强等党和国家领导人出席。李克强副总理亲自点燃主火炬。大运会还首创了虚实结合的火炬传递方式。网上虚拟火炬传递活动5月10日在深圳大学正式启动。

8月12日，大运会开幕式在深圳湾体育中心举行。中共中央总书记、国家主席胡锦涛出席并宣布开幕。国际大学生体育联合会主席基里安，莫桑比克总统格布扎、玻利维亚总统莫拉莱斯、斐济总统奈拉蒂考、斯里兰卡总统拉贾帕克萨、埃塞俄比亚总理梅莱斯、罗马尼亚总理博克等六位外国政要以及联合国教科文组织总干事博科娃也出席了开幕式。胡锦涛主席为出席开幕式的贵宾举行了欢迎午宴并在深圳会见了国际大体联主席基里安、玻利维亚总统莫拉莱斯、斐济总统奈拉蒂考、埃塞俄比亚总理梅莱斯、罗马尼亚总理博克和联合国教科文组织总干事博科娃。

8月23日，大运会在世界之窗主题公园成功闭幕。刘延东国务委员出席闭幕式，为出席闭幕式的国际大体联新任主席加利安及俄罗斯第一副总理舒瓦洛夫、老挝副总理阿桑、亚美尼亚副总理格沃尔基扬等中外贵宾举行欢迎宴会，并分别会见了上述政要。

10. 高举合作大旗，维护南海稳定

中国坚持在南海问题上的基本立场和主张，致力于与直接有关的国家通过双边谈判和协商解决南海争议。中国始终认为，对话与合作是增进南海地区国家政治互信、化解彼此分歧与矛盾、维护南海和平稳定的最现实有效的途径，符合中国和地区各国的共同利益。长期以来，中国为推动谈判解决南海争议、扩大海上务实合作、维护南海和平稳定作出了不懈努力和积极贡献。

2011年，中国与越南签署了《中越关于指导解决海上问题基本原则协议》，与菲律宾就妥善处理南海争议，防止争议损害两国关系达成了共识。在中国和东盟国家的共同努力下，落实《南海各方行为宣言》(简称《宣言》)进程取得了积极进展。7月，中国与东盟国家一致通过了落实《宣言》后续行动指针，为推进南海务实合作铺平了道路。11月，在东亚领导人系列会议上，温家宝总理宣布中方将设立30亿元人民币的中国—东盟海上合作基金。目前，中方正在与东盟国家加紧协调落实《宣言》框架下的一系列合作项目，争取早日取得实质性成果。12月，由中方承办的南海区域海洋学研讨会在青岛举行。同月，“落实南海各方行为宣言，维护南海航行自由与安全”国际研讨会在海南海口举行，来自中国及东盟国家的数十位政府官员及专家学者与会。这是落实《宣言》合作的重要举措，充分体现了中方推动南海合作的决心与诚意。

11. 妥善应对利比亚危机

自2011年2月中旬起，利比亚局势出现剧烈动荡，并迅速演变为内战。中国政府妥善应对利比亚危机，为维护海外中国公民和企业的合法权益、确保中利双边关系实现平稳过渡和继续发展而采取了一系列措施。

维护海外中国公民和企业的合法权益。2月21日，鉴于利比亚局势恶化，国务院决定启动国家涉外突发事件I级响应，并成立“国家撤离海外受困中国公民应急指挥部”，迅速全面展开撤离中国在利比亚公民行动。至3月5日，中国政府共计从利比亚撤出35860名中国公民，并协助转运12个国家的约2100名外籍人士。中国政府还积极做利比亚冲突各方工作，要求其尊重和保护中国企业在利比亚的合法权益。

支持并参与政治解决利比亚危机的国际努力。中国政府主张尊重利比亚的独立、主权和领土完整，呼吁通过和平手段解决利比亚危机，不赞成在国际关系中使用武力，积极支持非洲联盟等有关方面的斡旋努力。中国对联合国安理会第1970和第1973号决议分别投了赞成票和弃权票。7月21

日，国家主席胡锦涛与南非总统祖马通电话，就政治解决利比亚问题交换看法。外交部长杨洁篪先后与德国外长韦斯特维勒、联合国秘书长潘基文、巴西外长帕特里奥塔等通电话，就利比亚局势交换意见。9月20日，外交部长杨洁篪出席在纽约举行的联合国利比亚问题高级别会议。9月1日，外交部副部长翟隽作为中国政府代表，以观察员身份出席在巴黎举行的“利比亚之友”国际会议。

与利比亚“国家过渡委员会”建立并发展关系。中国始终尊重利比亚人民的意愿和选择，重视“国家过渡委员会”在利比亚问题上发挥的重要作用。6月21～22日，利比亚“国家过渡委员会”执行局主席马哈茂德·吉卜里勒访华，外交部长杨洁篪予以会见。7月6～7日，中国外交部亚非司司长访问利比亚东部城市班加西。7月20日，中方临时工作组抵班加西开展工作。9月12日，外交部发言人发表谈话，宣布承认“国家过渡委员会”为利比亚执政当局和利比亚人民的代表。

向利比亚及其邻国提供人道主义援助。为帮助缓解利比亚局势动荡造成的严重人道主义危机，3月18日，中国政府宣布向突尼斯、埃及两国政府提供共计5000万元人民币的援助，用于救助两国与利比亚边境地区滞留的难民。7月11日，外交部发言人宣布，中方决定向利比亚人民提供5000万元人民币的人道主义援助。

12. 在苏丹问题上发挥积极作用

2011年，苏丹和平解体，南苏丹独立建国，但双方分歧犹存，冲突时有发生。达尔富尔问题总体趋缓，但最终解决仍任重道远。

苏丹形势发展继续引起国际社会广泛关注。1月9日，苏丹南方举行公投。7月9日，南苏丹共和国独立建国。其后，北南苏丹就边界划分、石油分配等问题举行多轮谈判，但双方分歧严重，迄未取得实质性进展。5月以来，双方交界地区局势紧张，相互指责对方鼓动本国境内叛军作乱。5月21日，苏丹政府军以遭南方军队袭击为由攻占阿布耶伊地区，后经调停签署《阿布耶伊地区行政与安全临时安排》。6月27日，联合国授权埃塞俄比亚向阿区部署维和部队。11月10日，南苏丹政府指责苏丹政府军越境空袭其境内难民营，苏丹政府予以否认。11月，双方石油领域矛盾不断激化，南苏丹颁布总统令宣布将苏丹石油公司在南苏丹境内权益转给当地石油公司，苏丹随即宣布停止南苏丹政府份额油出口，南苏丹发出关井停产威胁作为回应。非盟高级别执行小组组织多轮谈判推动双方解决分歧，但收效不彰。

5月底，达尔富尔问题有关各方在卡塔尔多哈举行会议，制定了旨在实现达尔富尔地区全面和平的“多哈文件”。7月，苏丹政府与达区叛军组织“解放与正义运动”在多哈签署和平协议，但“正义与平等运动”等其他叛军组织未签署。9月11日，达尔富尔和平协议“后续执行委员会”首次会议在多哈召开，苏丹政府、“解放与正义运动”、安理会五常、有关国家和国际及地区组织派代表出席会议，中国政府达尔富尔问题特别代表刘贵今大使作为中方代表参会。其后，苏丹政府采取一系列措施执行和平协议，有关人员任命和机制建设陆续落实到位。10月23日，“解放与正义运动”领导人希西宣誓就任达区过渡权力机构主席。

中方认为，国际社会应支持和鼓励北南苏丹通过对话协商妥善解决有关问题，和睦相处，共同发展，维护地区和平稳定大局。同时，希望北南苏丹保持冷静与克制，缓和边界地区紧张局势，尽快通过协商谈判解决石油领域矛盾，维持石油正常生产。国际社会和有关各方应继续努力，推动达尔富尔问题早日得到全面妥善解决。

中方一直积极推动苏丹问题解决，通过各种方式做劝和促谈工作。1月，中方派团赴苏丹观察南方公投。6月，苏丹总统奥马尔·哈桑·艾哈迈德·巴希尔访华期间，中方就北南未决问题、达尔富尔问题等专门做了苏方工作。8月，中国外交部长杨洁篪访问南北苏丹，呼吁双方继续坚持和平选择，通过谈判和平解决彼此间分歧。年内，中国政府非洲事务特别代表刘贵今大使多次出席达尔富尔问题国际会议，并访问南北苏丹，积极劝和促谈。

13. 提升意识、健全机制、创新平台，全面推进公共外交

2011年，外交部全面推进公共外交工作，在提升意识、健全机制、创新平台等方面取得积极进展。

结合重大外交行动开展公共外交。中国国家领导人率先垂范，身体力行，在繁忙的出访日程中抽出时间与往访国各界人士广泛接触交流。外交部精心安排访问前后及期间的领导人与往访国媒体和公众互动交流等公共外交活动，增信释疑，扩大共识，传递权威声音，展现良好形象。

不断打造公共外交标志性品牌，向国内外民众阐释中国外交，传播中国理念。自2010年12月创办“蓝厅论坛”以来，迄已成功举办五届，外交部领导分别围绕中国的亚太政策、新时期中美关系、上海合作组织成立十周年、中国恢复在联合国合法席位40周年、新形势下的中欧关系等发表主旨演讲。“蓝厅论坛”已成为外交部面向国内外政府、学界和公众研讨国际形势和外交政策的高端平台。2011年8月举办的“蓝厅音乐会”也已

成为中外文化交流的重要场所。外交部公众信息网、公众开放日等传统品牌也在创新中不断发展，充分发挥了发布信息、传播理念、增进理解的作用。外交部网站获得中国信息化研究与促进网评选的2011年度中国互联网“最具影响力政府网站”和“中国政府网站领先奖”。外交部各级官员走进机关、校园、团体、企业，宣讲中国外交，增进公众对中国外交的理解和支持。

不断创新平台和方式。2011年4月，新闻司公共外交办公室开通“外交小灵通”新浪微博，并于12月以“外交部新闻司公共外交办公室”名义公开认证信息。“外交小灵通”及时发布外交动态，阐释中国外交政策，介绍外交知识，通过多种方式与民众进行互动交流，社会反响良好。“外交小灵通”微博先后荣获新浪网等机构评选的政务微博特别贡献奖“中国首个中央部委认证微博”、“最具影响力政务微博”、“微博影响力政府机构”奖项，位列“十大政府机构微博”排行榜第三名。外交部还与中央人民广播电台合作创办“外交服务站”广播节目，向公众介绍中国外交动态以及外交政策，提供涉领事保护等服务类信息。

加强公共外交调研和规划。外交部长杨洁篪、副部长张志军分别在《求是》杂志和《公共外交》季刊发表署名文章或接受采访，全面深入阐述新形势下推进公共外交的重要意义、指导思想、目标、任务。

中国驻外外交机构积极主动开展公共外交。大使、总领事等各级外交官“走出去”、“请进来”，深入驻在国各地、各行各业、高校和媒体，讲述中国故事，解读中国发展。举办文化节、开放日、图片展、知识竞赛等丰富多彩的人文活动，在文化交流中拉近与驻在国各界，特别是普通民众的距离，增进他们对中国的认知和了解。

14. 开拓创新，强化预防，整合各界资源做好领事保护工作

2011年海外安全形势复杂多变，海外中国公民寻求领事保护的需要日益增长，社会各界期待不断上升，中国政府在维护海外公民合法权益方面面临的挑战显著增多。

新形势下，中国政府始终秉承“以人为本、外交为民”理念，高度重视海外公民正当权益，积极开展领事保护工作，稳妥高效处理众多重大突发安全事件。一年来，政府将预防性领事保护摆在与应急处置同等重要的位置，一手抓机制建设，不断创新完善中央、地方、驻外使领馆和企业“四位一体”的海外安全保护工作联动机制，着力打造更加丰富立体的工作体系，提高多种条件下应急处置能力；另一手找源头，抓上游，通过加强海

外安全风险评估、预警，以及对安全防范、自我保护知识的宣传，不断强化中国公民“走出去”的风险防范意识，提高自我保护能力，最大程度减少损失。

2011年，中国政府开通了全新的领事资讯网上平台——中国领事服务网，积极引入社会专业力量，整合各界资源，通过发送海外安全手机短信、编印少数民族和企业版手册等温馨体贴、细致实用的服务举措，以及“进校园、入企业、走地方”等形式多样、覆盖面广的宣介培训，使得领事保护更加贴心、入心和暖心，有关工作主动性显著增强，赢得了社会各界的广泛赞誉。

15. 坚持一个中国原则，促进两岸关系发展

2011年，两岸关系保持和平发展的良好势头。中国政府理解台湾同胞对参与国际活动的需求和感受，重视解决相关问题，主张两岸在涉外事务中避免不必要的内耗，在不造成“两个中国”、“一中一台”的前提下，继续通过务实协商处理台参与国际活动问题。在此原则基础上，2011年，中国政府妥善处理台参与亚太经合组织（APEC）领导人非正式会议、世界卫生大会（WHA）和国际可再生能源署（IRENA）有关会议等问题。与此同时，台湾方面连续第三年未在世界卫生大会和联合国大会推动涉台提案。事实证明，两岸协商处理台湾对外活动问题有利于增进中华民族的整体利益，也得到台湾民众的欢迎和肯定。

台湾方面仍继续单方面寻求扩大参与国际活动，包括推动他国支持其加入国际民航组织（ICAO）、《联合国气候变化框架公约》（UNFCCC）等联合国专门机构和国际公约，表示力争十年内加入“跨太平洋战略经济伙伴关系协定”（TPP）等。台湾方面继续推动向美购武，谋求与一些国家发展所谓“实质关系”，上述举动不利于两岸通过协商处理相关问题，也与两岸关系和平发展的气氛不协调。

中国政府在台湾问题上继续广泛并有针对性地做国际社会工作，争取理解和支持。积极宣介对台大政方针，向国际社会表明中国政府致力于两岸关系和平发展的诚意及努力；强调无论两岸关系发生什么变化，中国政府坚持一个中国原则、反对“一中一台”和“两个中国”、反对“台独”的立场没有也不会改变，要求各国继续坚持一个中国原则，慎重处理涉台问题，以实际行动支持两岸关系和平发展。在2011年1月中美联合声明中，美方重申，美奉行一个中国政策，遵守中美三个联合公报的原则，欢迎“海峡两岸经济合作框架协议”（ECFA）成为两岸间新的沟通渠道，支持两岸

关系和平发展，期待两岸加强经济、政治及其他领域的对话与互动，建立更加积极稳定的关系。2011年11月14日，日本外务大臣玄叶光一郎称，日本欢迎并支持两岸关系继续改善和发展，期待两岸通过协商解决好存在的各种问题。

中方敦促美方以实际行动支持两岸关系和平发展，坚决反对美对台出售F-16战机等先进武器，并就美宣布新一轮对台军售进行严正交涉。美对台军售侵犯中国主权，挑动两岸军备竞赛，是影响两岸关系的重要障碍，中国政府希望美方恪守中美三个联合公报特别是“八·一七”公报原则与精神，逐步减少并最终停止对台军售。

中国政府十分关心台湾同胞在海外的经济、民生、安全问题。各驻外使领馆切实采取措施，努力做好涉台领事保护与服务工作，维护台胞在海外合法权益，照顾台胞福祉，赢得台湾民众的赞誉。2011年2月，埃及爆发大规模抗议活动，局势混乱，造成包括台胞在内的1000多名中国旅客滞留。中国政府关心这些台胞的生命财产安全，采取措施，安排他们搭乘中国政府派出的飞机回国。获救台胞感谢中国使领馆在最危急时刻提供援助，从中体会到了浓浓的同胞之爱。

2012年1月台湾地区领导人选举结果表明，两岸关系经受住了严峻考验，避免了台湾的分裂主义势力再度运用政权力量推进“台独”活动，这也是国际社会乐见的。中国政府将坚定执行两岸关系和平发展的重要思想和政策主张，进一步推进两岸协商和交流合作，让两岸关系和平发展的成果更广泛惠及两岸民众，使两岸关系保持正确方向并不断前进。

16. 大力开展安全外交，维护国家主权和安全

2011年，中国政府大力开展安全外交工作，与反华势力进行坚决斗争，继续参加国际反恐合作，有力维护了国家主权、安全和发展利益。

（1）坚决遏制达赖集团“藏独”分裂活动

达赖集团利用“3·10”、“3·14”等敏感时间节点和所谓“全球行动日”，在30多个国家纠集上万人次对中国50多个驻外使领馆进行滋扰，个别激进“藏独”分子企图冲闯使领馆。达赖年内窜访18个国家达20次，图谋推动“西藏问题”国际化，破坏中国与有关国家双边关系。西方反华势力继续纵容、支持达赖集团分裂活动，借涉藏问题干涉中国内政。

中国政府深入开展涉藏外交工作，向国际社会阐明中国在涉藏问题上的原则立场，巩固国际社会关于西藏是中国一部分的共识。以西藏和平解

放60周年为契机，宣传西藏自治区和四川、云南、甘肃、青海四省藏区经济社会发展和宗教文化保护成就，推动国际社会加深对西藏和四省藏区真实情况的了解。

中国政府指出达赖“退而不休”的实质和“西藏流亡政府”及其新头目的反华分裂本质，要求有关国家从双边关系大局出发，谨慎处理涉藏问题，不允许达赖集团头目窜访，不安排官方和政要与其进行任何形式的接触。中国政府针对少数国家在涉藏问题上的错误立场进行坚决斗争，对个别国家官方和政要会见达赖集团头目提出严正交涉，要求其停止纵容、支持“藏独”分裂活动。

针对境外“藏独”势力利用敏感时间节点滋事，中国政府要求有关国家采取有效措施，加强对“藏独”分子管控，阻止其“闯关”进入中国滋事或暴力冲闯中国驻外机构。

（2）大力开展涉疆外交

境外“东突”势力在国际敌对势力扶持下，借“7・5”事件两周年等敏感时间节点搞反华分裂活动，不断加大对境内渗透破坏，策划实施和田“7・18”、喀什“7・30”、“7・31”等暴力恐怖案件，并图谋干扰破坏首届中国—亚欧博览会。

中国政府大力开展涉疆外交工作，积极通过高层互访等渠道为新疆对外合作交流创造有利条件，成功举办首届中国—亚欧博览会，不断提升新疆对外开放水平，为新疆发展和对外开放营造有利外部环境。同时，继续深刻揭露“东突”势力反华分裂、宗教极端和暴力恐怖本质，强调涉疆问题事关中国主权和领土完整，涉及中国核心利益，敦促有关国家在涉疆问题上谨言慎行，要求其采取措施，不允许“东突”势力利用其领土从事反华分裂活动，确保中国驻外机构和人员安全。

中国政府涉疆外交工作取得显著成效，为推进新疆跨越式发展和长治久安作出积极贡献。国际社会进一步增进对中国民族、宗教政策的理解，更多国家积极与新疆开展各领域务实合作，加大对“东突”势力的限制和打击。“东突”势力借“7・5”两周年等敏感节点滋事破坏、推动“新疆问题”国际化图谋被挫败，国际舆论在涉疆问题上客观理性声音不断增多。

（3）积极开展国际反恐合作

国际反恐斗争取得积极进展，“基地”组织头目本・拉登被击毙，国际和地区恐怖势力遭受不同程度的打击。但同时，全球恐怖活动仍呈高发态势，部分地区安全形势恶化，国际反恐形势依然复杂严峻。“微恐化”、“独狼式”恐怖袭击有所增加，危害性上升。“东伊运”等“东突”恐怖势力仍不断策划和煽动袭击中国境内外目标，妄图破坏中国国家安全与稳定。

中国反对一切形式的恐怖主义，主张国际社会应遵守《联合国宪章》和其他公认的国际法和国际关系准则，采取政治、经济、社会、外交、法律等措施综合治理，努力消除恐怖主义滋生的土壤。中方反对将恐怖主义与特定的国家、民族或宗教相联系，主张加强不同文明间对话，反对在反恐问题上持双重标准。

中国高度重视国际反恐合作，本着“平等合作、双向互利”原则积极推进与各方的反恐合作。先后同日本、韩国、印度、俄罗斯、巴基斯坦等国举行了反恐磋商，就国际和地区反恐形势、各自反恐措施及双边反恐合作等问题深入交换看法。以打击“东突”恐怖势力为重点，积极做南亚、中亚、中东等国家工作，加强在情报信息交流、边境管控及执法方面的合作，加大打击“东突”恐怖势力力度，做好中国海外利益保护工作。中国深入参与联合国、上海合作组织、“全球反恐论坛”等多边机制的反恐合作，大力宣传中国政府反恐立场与举措，推动与有关国家的合作，不断提高自身反恐能力。

通过上述工作，中国政府扩大了同有关国家在反恐问题上的利益汇合点，深化了同有关国家的反恐务实合作。特别是在打击“东突”恐怖势力方面赢得了国际社会更多支持与配合，有效挤压了“东突”恐怖势力的生存空间，挫败了其对中国境内外目标发动恐怖袭击的图谋，保证了深圳大运会和首届中国—亚欧博览会等活动顺利举行，有效维护了国家主权、安全和发展利益，为维护地区和世界和平与稳定作出了积极贡献。

17. 发表《中国的和平发展》白皮书

2011年9月6日，中国国务院新闻办公室发表了《中国的和平发展》白皮书，向世界全面系统阐明中国所走的道路、追求的目标、奉行的内外政策以及如何处理与外部世界的关系，引起了国际社会高度关注。这是中国政府继2005年发表《中国的和平发展道路》之后，再次以白皮书的形式向世界郑重阐述中国走和平发展道路的必然性。

2011年是21世纪第二个十年的开局之年，也是中国共产党建党90周年，中国选择在这一时候重申自己的和平发展的理念和道路，有其重要意义。在中国的前途命运与世界的前途命运日益紧密地联系在一起的今天，中国政府通过这份白皮书再度向全中国和全世界郑重宣告，和平发展是中国实现现代化和富民强国的战略抉择，是中国为世界持久和平、共同繁荣作出贡献的必由之路。中国将坚定不移、坚持不懈、坚韧不拔地沿着和平发展道路走下去。可以说，这份白皮书也是中国和平发展的宣言书和行动指南。

白皮书全文13000多字，分为“中国和平发展道路的开辟”、“中国和平发展的总体目标”、“中国和平发展的对外方针政策”、“中国和平发展是历史的必然选择”、“中国和平发展的世界意义”五章，详细回答了“中国选择了一条什么样的发展道路，中国的发展对世界意味着什么？”这一世界集中关注的问题。

白皮书认为，和平发展道路归结起来就是：既通过维护世界和平发展自己，又通过自身发展维护世界和平；在强调依靠自身力量和改革创新实现发展的同时，坚持对外开放，学习借鉴别国长处；顺应经济全球化发展潮流，寻求与各国互利共赢和共同发展；同国际社会一道努力，推动建设持久和平、共同繁荣的和谐世界。这条道路最鲜明的特征是科学发展、自主发展、开放发展、和平发展、合作发展、共同发展。

白皮书指出，中国和平发展的不懈追求是，对内求发展、求和谐，对外求合作、求和平。具体而言，就是通过中国人民的艰苦奋斗和改革创新，通过同世界各国长期友好相处、平等互利合作，让中国人民过上更好的日子，并为全人类发展进步作出应有贡献。实现国家现代化和人民共同富裕是中国和平发展的总体目标。全面建成惠及十几亿人口的更高水平的小康社会是中国和平发展的中长期目标。实现“十二五”规划是中国和平发展的近中期目标。为了实现上述目标，中国决心加快转变经济发展方式、进一步挖掘自身资源和市场优势、加快构建和谐社会、实施互利共赢的开放战略、创造和平国际环境和有利外部条件。

白皮书强调，中国坚持与和平发展相适应的国际关系理念和对外方针政策，倡导并致力于同世界各国一道推动建设持久和平、共同繁荣的和谐世界，坚持独立自主的和平外交政策，倡导互信、互利、平等、协作的新安全观，秉持积极有为的国际责任观，奉行睦邻友好的地区合作观。

白皮书回答了中国走和平发展道路的必然性。走和平发展道路是中国政府和人民继承中华文化的优秀传统、根据时代发展潮流和中国根本利益作出的战略抉择，是中国发展的内在需要。这已经上升为中国的国家意志，转化为国家发展规划和大政方针，落实在中国发展进程的广泛实践中。

白皮书认为，和平发展道路是中国这个世界上最大的发展中国家探索出的一条新型发展道路，打破了“国强必霸”的大国崛起传统模式。随着时间的推移，这条道路已经并将进一步显示出其世界意义。这条道路的成功既需要中国人民坚持不懈努力，也需要外部世界理解和支持。

坚持走和平发展道路，已经深深融入到中国外交工作的方方面面。无论国际风云如何变幻，中国都将始终高举和平、发展、合作旗帜，恪守维护世界和平、促进共同发展的外交政策宗旨，奉行独立自主的和平外交政策，坚定维护国家主权、安全和发展利益，坚持在和平共处五项原则的基础上同所有国家发展友好合作，推动建设持久和平、共同繁荣的和谐世界。

第三章

中国与各建交国家的关系

阿富汗
(Afghanistan)

2011年，中华人民共和国与阿富汗伊斯兰共和国的全面合作伙伴关系进一步发展。中国重视发展中阿传统友好，支持阿富汗和平重建进程，并继续提供力所能及的帮助。

两国政治互信进一步增强。5月9～12日，阿富汗外交部长扎尔迈·拉苏尔正式访华，国务院副总理李克强会见，外交部长杨洁篪与其会谈。双方就进一步深化双边关系、加强两国各领域合作等交换了意见。6月，阿富汗总统安全顾问兰金·达德法尔·斯潘塔访华。10月17～18日，阿富汗副外长贾维德·鲁丁访华。

两国经贸合作蓬勃开展，援阿项目稳步推进。中国成为阿富汗第二大进口国和第五大出口国。中国公司积极参与阿富汗经济重建，中国冶金工业集团组成的联合体继续推进对埃纳克铜矿的开发工作。12月28日，中国石油天然气有限公司与阿富汗政府签署阿富汗阿姆达里油田开发协议。

2011年，中国向阿富汗提供1.5亿元人民币无偿援助，12月31日，双方就此签署《经济技术合作协定》。中国援建的阿富汗总统府多功能中心项目完成全部工程并整体移交阿方使用。帕尔旺水利项目二期增项工程进展顺利。中国承诺援建的国家科技教育中心和为喀布尔大学援建一座教学楼和招待所项目完成全部设计工作。中国在援外项下为阿富汗培训132名官员。

两国在地区和国际事务中的合作进一步加强。中方积极参与涉阿富汗的国际和地区会议，外交部长杨洁篪出席阿富汗问题波恩会议，外交部部长助理刘振民出席阿富汗问题伊斯坦布尔会议，中方还派员出席了阿富汗问题国际联络组吉达会议、喀布尔会议和阿斯塔纳会议等。阿一贯奉行一个中国政策，在台湾、涉藏、涉疆等问题上一直予以中国坚定和宝贵支持。

两国在国防、安全、文化等领域合作良好。9月，国务委员兼公安部长孟建柱在出席第二届安全事务高级代表会议期间会见阿富汗国家安全委员会副主席沙伊达·穆罕默德·阿卜达里。9月，阿富汗新闻媒体代表团访问新疆，采访报道“中国—亚欧博览会”。

阿尔巴尼亚
(Albania)

2011年，中华人民共和国与阿尔巴尼亚共和国友好合作关系顺利发展，各领域交流与合作不断扩大。

两国保持良好政治交往。8月，外交部长杨洁篪访问阿尔巴尼亚，分别同阿尔巴尼亚总统巴米尔·托皮、议长约泽菲娜·托帕利、总理萨利·贝里沙、副总理兼外交部长埃德蒙德·哈吉纳斯托会见、会谈。双方签署《中华人民共和国国家旅游局与阿尔巴尼亚共和国旅游文化青年体育部2011 ~ 2013年旅游合作协议》。

8月8日，阿尔巴尼亚新任驻华大使古伊蒂姆·扎尼向国家主席胡锦涛递交国书。12月15日，中国新任驻阿尔巴尼亚大使叶皓向阿尔巴尼亚总统巴米尔·托皮递交国书。

两国经贸关系持续发展。6月，商务部副部长钟山访问阿尔巴尼亚。9月，中国人民银行行长周小川访问阿尔巴尼亚。11月，中国和阿尔巴尼亚政府间经贸混委会第七次例会在北京举行。

妇女、卫生、新闻、地方等领域交流合作不断扩大。3月，阿尔巴尼亚妇女代表团访华。5月，广东省工商联代表团访问阿尔巴尼亚。6月，新华社总编辑何平、卫生部副部长陈啸宏分别访问阿尔巴尼亚。7月，阿尔巴尼亚费里市长巴夫蒂亚尔·泽恰伊访问兰州市。9月，国务院妇女儿童工作委员会副主任、全国妇联副主席、书记处第一书记宋秀岩访问阿尔巴尼亚。兰州市副市长李彦龙访问费里市。贵州省经贸考察团访问阿尔巴尼亚。

阿尔及利亚
(Algeria)

2011年，中华人民共和国与阿尔及利亚民主人民共和国战略合作关系继续稳步发展，各领域务实合作不断取得新进展。

政治交往日益密切，战略互信不断加深。9月，全国政协副主席、中国经济社会理事会主席王刚访问阿尔及利亚，分别会见阿总统阿卜杜勒阿齐兹·布特弗利卡、国民议会议长阿卜杜勒阿齐兹·齐阿里和民族院议长阿卜杜勒卡德尔·本萨拉赫，并与阿经济及社会理事会主席穆罕默德·塞戈伊尔·巴拜斯举行工作会谈。11月，中共山西省委常委、省委统战部长聂春玉率中共友好代表团访问阿尔及利亚。3月，外交部副部长翟隽访问阿尔及利亚，与阿外交部长穆拉德·梅德西共同主持两国外交部第七轮战略磋商。7月，阿民族解放阵线政治局委员、外事书记阿卜杜勒哈米德·西阿维夫率团访华，两党续签《中国共产党和阿尔及利亚民族解放阵线党合作备忘录》（2011 ~ 2015）。11月，阿国民议会外事、合作与移民委员会主席阿卜杜勒哈米德·西阿维夫再次访华。

经贸往来不断加深，务实合作成果丰硕。两国克服国际金融危机和西亚北非局势动荡带来的不利因素，双边贸易额持续增长，投资合作继续深化。目前，阿尔及利亚是中国在非洲第一大承包工程市场。5月，两国签署《中国政府和阿尔及利亚政府经济技术合作协定》。11月，商务部副部长姜增伟访阿。中国援阿项目进展顺利，阿外交部新办公大楼已落成并投入使用，盐碱地改造、预制件厂等项目稳步推进。

两国文教、卫生等领域的交流与合作继续发展。7月，阿国土整治与环境部长谢里夫·拉赫马尼访华。10月，卫生部副部长张茅访阿。

安道尔
(Andorra)

2011年，中华人民共和国与安道尔公国的关系稳定发展。两国政治互信牢固，在国际事务中保持良好配合与协调。

5月，全国人大常委会委员长吴邦国、国务院总理温家宝、外交部长杨洁篪分别致电安道尔新任总委员会议长比森特·马特乌·萨莫拉、首相安东尼·马蒂·佩蒂特和外交大臣希尔韦特·萨沃亚·苏涅，祝贺他们就任新职。

安哥拉
(Angola)

2011年，中华人民共和国与安哥拉共和国各领域交流合作不断扩大，两国于2010年建立的战略伙伴关系内涵进一步丰富。

两国高层交往密切，政治互信持续加深。5月22 ~ 23日，全国人大常委会委员长吴邦国对安哥拉进行正式友好访问，这是中国全国人大常委会委员长首次访问安哥拉。访问期间，吴邦国委员长分别与安哥拉总统若泽·爱德华多·多斯桑托斯、国民议会议长安东尼奥·保罗·卡索马会见、会谈。双方高度评价两国关系，并就进一步深化中安战略伙伴关系、增强两国立法机构间交流合作、提升两国各领域务实合作水平以及共同关心的国际和地区问题交换了意见。双方签署了《中华人民共和国政府和安哥拉共和国政府经济技术合作协定》、《中华人民共和国政府和安哥拉共和国政府在劳务领域的合作协定》、《中华人民共和国政府向安哥拉共和国政府提供诊疗设备和耗材的换文》等多个合作文件。

3月22 ~ 23日，国务院副总理王岐山对安哥拉进行正式访问。王岐山副总理分别与多斯桑托斯总统和副总统费尔南多·迪亚斯·多斯桑托斯会见、会谈。双方就进一步深化两国务实合作、完善两国合作机制等问题交换了意见，并签署了《中华人民共和国政府和安哥拉共和国政府经济技术合作协定》、《关于中国政府承担援助安哥拉小学校项目的立项换文》、《关于中国政府向安哥拉政府提供一批医院用诊疗设备和耗材的换文》等多个合作文件。

10月23 ~ 28日，安哥拉国务部长卡洛斯·费若正式访华。国家副主席习近平、王岐山副总理分别与费若国务部长会见、会谈。

4月15日，安哥拉人民解放运动政治局委员、安哥拉国家石油公司董事长兼总裁曼努埃尔·维森特来华访问，习近平副主席与其会见。

年内，商务部副部长钟山率中国政府经贸代表团、中共中央对外联络部副部长艾平率中共友好代表团先后访安，中国国际贸易促进委员会副会长董松根率经贸代表团出席在安哥拉首都罗安达举行的“2011中国和葡语国家企业家经贸合作洽谈会”。安哥拉人民解放运动中央政治局组织和动员书记卡洛斯·平托访华，地质、矿产和工业部长若阿金·戴维来华出席2011年中国国际矿业大会，电信和信息技术部长若泽·德卡瓦略·达罗沙来华考察，总统经济事务秘书阿曼多·曼努埃尔率安哥拉22名部级和司局级官员来华参加“安哥拉开发区建设部级官员研讨班”，外交部亚大司司长罗德里格·多明戈斯率团出席中非合作论坛第八届高官会。

8月3日，中国新任驻安哥拉大使高克祥向安哥拉总统多斯桑托斯递交国书。12月5日，胡锦涛主席接受安哥拉新任驻华大使若昂·加西亚·比雷斯递交国书。

两国经贸合作广度和深度不断拓展。中非合作论坛、中国—葡语国家经贸合作论坛涉安举措得到稳步落实。中安贸易保持增长，安哥拉是中国重要的石油供应国和在非洲最重要的贸易伙伴之一。

双方其他领域交流合作顺利推进。中安签署了两国文化合作协定2011 ~ 2013年执行计划、关于中国派遣第二期医疗队赴安哥拉工作的议定书等合作文件。安哥拉批准了《中华人民共和国和安哥拉共和国引渡条约》，条约正式生效。

安提瓜和巴布达
(Antigua and Barbuda)

2011年，中华人民共和国与安提瓜和巴布达友好关系稳步发展。

两国保持高层交往。9月，安提瓜和巴布达总理鲍德温·斯潘塞出席在特立尼达和多巴哥举行的第三届中国—加勒比经贸合作论坛，并与国务院副总理王岐山举行会见。11月，全国人大常委会副委员长陈昌智访问安巴。

两国经贸合作稳步发展。安巴是中国在东加勒比地区重要的贸易伙伴。中方援建的格雷斯水池维修、30兆瓦电厂和巴布达社区中心等项目先后竣工并交付使用，机场航站楼和排污渠项目进展顺利。

人文合作规模不断扩大。10月，天津青年京剧团在安巴举行独立30周年庆典期间赴安巴访演。

阿根廷
(Argentina)

2011年，中华人民共和国与阿根廷共和国战略伙伴关系继续保持良好发展势头，各领域交流与合作不断深化。

两国高层交往密切。12月，国家主席胡锦涛特使、全国人大常委会副委员长蒋树声出席阿根廷总统克里斯蒂娜·费尔南德斯·德基什内尔就职仪式，分别会见克里斯蒂娜总统、新任副总统兼参议长阿马多·布杜和新任众议长胡利安·多明格斯。蒋树声副委员长向克里斯蒂娜总统转交胡锦涛主席的信函。全国人大常委会副委员长路甬祥、全国政协副主席白立忱分别访问阿根廷。8月8日，阿根廷新任驻华大使古斯塔沃·阿尔韦托·马蒂诺向胡锦涛主席递交国书。

两国政治关系加深。3月，外交部副部长李金章访问阿根廷，会见阿根廷外交、国际贸易和宗教事务部长埃克托尔·蒂梅尔曼，与阿根廷副外长阿尔韦托·达罗多共同主持两国外交部间第11次政治磋商。8月，外交部部长助理张昆生出席第五届东亚—拉美合作论坛外长会议并访问阿根廷，会见阿外长蒂梅尔曼。9月，阿外长蒂梅尔曼访华，国家副主席习近平、外交部长杨洁篪分别同其会见、会谈。

两国经贸合作稳步推进。5月，商务部长陈德铭访问阿根廷。阿根廷工业部长德沃拉·乔治和农牧渔业部长胡利安·多明格斯先后访华。两国政府间经贸混委会第18次会议和两国经贸合作研讨会分别在北京和阿根廷举行。中国石油化工集团收购美国西方石油公司在阿根廷资产，徐工集团工程机械股份有限公司在阿投资建设国际客户服务中心项目。中国继续保持阿根廷第二大贸易伙伴地位。

两国在军事、新闻、司法等领域积极开展交流。中央军委委员、解放军总装备部部长常万全上将、国务院新闻办主任王晨等分别访问阿根廷。阿根廷最高法院院长里卡多·洛伦塞蒂访华。

亚美尼亚
(Armenia)

2011年，中华人民共和国与亚美尼亚共和国友好合作关系保持积极发展势头，各领域交流与合作不断深化。

政治关系健康平稳发展，两国高层保持交往势头。4月11～13日，中共中央政治局常委李长春对亚美尼亚进行正式友好访问，这是继2003年以来中国党和国家领导人对亚的最高级别访问。亚美尼亚总统谢尔日·萨尔基相、总理季格兰·萨尔基相、国民会议主席奥维克·阿布拉米扬、繁荣亚美尼亚党主席加吉克·察鲁基扬等分别会见，双方就扩大两国各领域合作等问题深入交换看法。2月16～17日，外交部长杨洁篪过境亚美尼亚，亚美尼亚总统谢尔日·萨尔基相、总理季格兰·萨尔基相、外交部长爱德华·纳尔班江分别会见、会谈，就双边关系和共同关心的问题交换看法。8月22～26日，亚美尼亚副总理阿尔缅·格沃尔基扬出席深圳第26届世界大学生夏季运动会闭幕式，国务院副总理李克强、国务委员刘延东分别会见。9月1～5日和21～26日，亚美尼亚副议长萨姆维尔·巴拉萨尼扬先后来华出席中国—亚欧博览会和欧亚经济论坛。7月2～7日，中亚外交部磋商在北京举行。

中亚在涉及对方核心利益的问题上相互支持，在联合国等多边场合保持沟通与协调。亚美尼亚在涉台、涉藏、涉疆和“法轮功”等问题上坚定支持中方立场。

中亚经贸合作持续发展，经济技术合作成果丰硕。4月，中亚政府间经贸合作委员会第六次会议和首届中亚企业家论坛先后在埃里温举行。中方向亚无偿援助的88辆医疗救护车，整体改善了亚急救服务水平，取得良好社会反响。

人文等领域交流保持良好势头。9月，中国经济社会理事会副主席阳安江率团访问亚美尼亚，与亚公众院签署合作协议，开启两国民间外交新纪元。10月24～29日，亚美尼亚上诉法院院长阿尔曼·姆克尔图米扬访华。中国国际广播电台俄语节目首次在埃里温落地播出。新华社在亚设立了记者站并派常驻记者。“亚美尼亚文化日”活动在华举行并取得圆满成功。

澳大利亚
(Australia)

2011年，中华人民共和国与澳大利亚联邦的全面合作关系继续深入发展。

双方高层交往频繁。11月，国家主席胡锦涛在法国戛纳出席二十国集团领导人第六次峰会以及在美国夏威夷出席亚太经合组织第19次领导人非正式会议期间同澳大利亚联邦政府总理朱莉娅·吉拉德简短寒暄。同月，国务院总理温家宝在印尼巴厘岛出席第六届东亚峰会期间会见澳总理吉拉德。4月，全国政协主席贾庆林访澳，分别同澳总督昆廷·布赖斯、总理吉拉德、副总理韦恩·斯旺、外长陆克文、代众议长布鲁斯·斯科特以及西澳大利亚州、昆士兰州、新南威尔士州地方领导人会晤。1月，全国人大常委会副委员长严隽琪访澳。同月，中共中央政治局委员、中央书记处书记、中央组织部部长李源潮在北京会见以全国书记卡尔·比塔尔为团长的澳大利亚工党青年政治家代表团。6月，国务委员兼国防部长梁光烈上将在出席新加坡香格里拉对话会期间会见澳国防部长斯蒂芬·史密斯。3月，全国政协副主席、科技部长万钢访澳。4月，澳总理吉拉德正式访华，胡锦涛主席、温家宝总理分别会见、会谈，国务院副总理李克强、国务委员刘延东分别与吉拉德共同出席有关活动。8月，澳副总理斯旺赴广东出席中澳经贸友好交流会议。

1月，温家宝总理、外交部长杨洁篪就澳大利亚发生严重洪灾分别致电澳总理吉拉德、外长陆克文表示慰问。3月，澳外长陆克文就云南盈江发生地震致函杨洁篪外长表示慰问。

其他重要双边交往有：3月，国家发展和改革委员会副主任解振华访澳。5月，西藏自治区党委书记张庆黎访澳，澳外长陆克文访问广东。6月，杨洁篪外长在匈牙利布达佩斯出席第十届亚欧外长会议期间会见澳外长陆克文。文化部副部长杨志今赴澳出席“中国文化年”开幕式。7月，博鳌亚洲论坛副理事长、中方首席代表曾培炎赴澳出席“博鳌亚洲论坛能源、资源与可持续发展会议”。杨洁篪外长在印度尼西亚出席第18届东盟地区论坛系列外长会期间会见澳外长陆克文。8月，外交部副部长张志军赴澳主持第三轮中澳战略对话。澳创新、工业与科研部长基姆·卡尔、贸易部长克雷格·埃默森访华。10月，全国人大外事委员会副主任委员刘冬冬赴澳主持中澳议会定期交流机制第三次会议。11月，杨洁篪外长在夏威夷出席亚太经合组织部长级会议期间会见澳外长陆克文。全国人大外事委员会主任委员、中国人民外交学会名誉会长李肇星赴澳主持中澳论坛首次会议。外交部副部长张志军在马尔代夫出席南亚联盟峰会期间会见澳外交贸易部驻议会秘书理查德·马尔斯。12月，外交部副部长张志军会见来华访问的澳国际发展署署长彼得·巴克斯特。澳高等教育部长克里斯托弗·埃文斯、内政兼司法部长布伦丹·奥康纳、农渔林业部长乔·路德维希访华。

中澳经贸合作继续取得新进展。据澳方统计，中国是澳大利亚第一大贸易伙伴、出口市场和进口来源地。中澳双边自由贸易谈判已举行17轮。

双边对话和磋商机制有序推进。双方举行了中澳议会定期交流机制第三次会议、第三轮中澳战略对话、第十轮中澳领事磋商、中澳论坛首次会议、第13次中澳经济联委会、第二届中澳工商界首席执行官圆桌会议、中澳气候变化第三次部长级对话等。

两国在文化、旅游、科技、教育等领域互利合作成果丰硕，民间交往活跃。6月，"澳大利亚文化年"成功闭幕，"中国文化年"在澳开幕。同月，中澳旅游峰会在澳举行，两国签署加强旅游合作谅解备忘录。中国成为澳第一大旅游收入来源地。8月，第八届中澳科技合作联委会在京召开，双方签署《中澳科学与研究基金管理谅解备忘录》。截至2011年底，中国已在澳开设12家孔子学院，两国已建立81对友好省州和城市关系。澳昆士兰州、新南威尔士州、维多利亚州、西澳大利亚州等地方领导人先后访华。

两军交往密切。8月，解放军副总参谋长侯树森上将访澳。11月，澳联合作战司令部司令布莱恩·鲍尔中将访华，中央军委委员、解放军总参谋长陈炳德上将会见。解放军副总参谋长马晓天上将访澳，与澳国防军副司令宾斯金空军中将和国防部副秘书长杰宁斯举行第14次防务战略磋商。同月，中澳两军在成都举行首次人道主义救援减灾联合演练。

奥地利
(Austria)

2011年是中华人民共和国与奥地利共和国建交40周年，两国友好合作关系全面加强。

两国高层交往频繁。10月30日至11月2日，国家主席胡锦涛携夫人刘永清对奥地利进行国事访问，同奥总统海因茨·菲舍尔会谈，分别会见总理维尔纳·法伊曼、国民议会议长芭芭拉·普拉默，并在菲舍尔总统夫妇陪同下访问萨尔茨堡州。访问期间，两国元首见证签署七项合作协议：《中华人民共和国环境保护部和奥地利联邦共和国农林、环境和水利部环境保护合作谅解备忘录》、《中华人民共和国水利部与奥地利共和国联邦农林环境和水利部在水资源领域合作谅解备忘录》、《中华人民共和国发展与改革委员会与奥地利共和国联邦经济、家庭和青年部关于〈中奥节能环保领域合作谅解备忘录〉的补充备忘录》、《中华人民共和国商务部与奥地利共和国联邦经济、家庭和青年部关于中奥经贸联委会框架下设立经贸领域节能环保工作组的谅解备忘录》、《中华人民共和国与奥地利共和国2012 ~ 2015年文化交流执行计划》、《中国孔子学院总部与奥地利维也纳大学关于合作设立维也纳大学孔子学院的协议》、《中国对外文化集团公司与奥地利维也纳市全资机构——维也纳控股集团及奥地利维也纳斯塔德霍尔公司之间建立长期合作谅解备忘录》。

5月5 ~ 6日，奥地利总理维尔纳·法伊曼正式访华，国家主席胡锦涛、国务院总理温家宝分别与其会见、会谈。法伊曼总理还出席了由中国人民对外友好协会与奥地利驻华使馆共同举办的中奥建交40周年招待会和音乐会。

2月22 ~ 25日，奥地利副总理兼财政部长约瑟夫·普勒尔对华进行正式访问，奥地利欧洲与国际事务部长米夏埃尔·施平德勒格同行。访问期间，国务院总理温家宝、国务院副总理张德江、外交部长杨洁篪、财政部长谢旭人和中国人民银行行长周小川分别会见。

两国议会交往密切。1月23 ~ 26日，全国人大常委会副委员长乌云其木格对奥地利进行友好访问，会见奥地利总统菲舍尔、国民议会议长普拉默、联邦议会副议长苏珊娜·诺伊维特、欧洲与国际事务部长米夏埃尔·施平德勒格。7月7 ~ 10日，全国人大常委会副委员长、中国国际交流协会会长周铁农访问奥地利，分别会见联邦议会议长苏珊娜·诺伊维特、联邦议会副议长莱因哈特·托特以及国民议会奥中议员小组主席雷纳特·屈吉茨等。

双边经贸合作富有成果。10月，商务部长陈德铭、中国国际贸易促进委员会会长万季飞等出席贸促会与奥地利联邦商会在维也纳联合举办的中国—奥地利经贸合作论坛。浙江卧龙集团投资1亿欧元收购奥电机生产商ATB公司97.94%股权。

科技、文化、教育等领域合作空前活跃。10月，奥地利交通、创新和技术部长多丽丝·布雷斯访华。中国首次在奥成功举办高等教育展。10月，中奥共同创办的汉语师范班在维也纳大学开班。

两国建交40周年庆祝活动取得圆满成功。1月，国家主席胡锦涛和奥地利总统菲舍尔分别为在奥举办的“中国年”活动题写贺词，全国人大常委会副委员长乌云其木格出席开幕式。5月，国家主席胡锦涛和奥地利总统菲舍尔为中奥建交40周年互致贺电。9月，“感知中国”活动在维也纳开幕。

截至2011年底，两国已建立17对友好省州（市）关系。

阿塞拜疆
(Azerbaijan)

2011年，中华人民共和国与阿塞拜疆共和国友好合作关系进一步发展和深化。

双方高层保持交往，政治互信不断增强。6月，全国人大常委会副委员长王兆国过境阿，阿方给予高规格接待和礼遇。8月，中国武警部队副政委吴云峰中将访阿。9月，阿副总理阿比德·沙里福夫率经贸代表团出席首届中国—亚欧博览会。10月，阿内务部队第一副司令兼参谋长哈利洛夫少将访华。11月，新阿塞拜疆党副主席兼执行秘书阿里·阿赫梅多夫率干部考察团访华。

阿塞拜疆政府奉行一个中国政策，在涉台、涉藏、涉疆、打击“东突”等重大问题上支持中方立场。两国在联合国等国际组织中保持良好沟通和协作。

中阿经贸合作发展顺利。7月，中国商务部副部长钟山率团访阿，与阿副总理沙里福夫在巴库共同主持召开中阿政府间经贸合作委员会第四次会议。双方共同签署中阿经贸混委会第四次会议纪要和中国向阿提供6000万元人民币无偿援助协议，阿总统伊利哈姆·阿利耶夫会见钟山副部长。新疆维吾尔自治区党委常委胡伟率团访阿，在巴库与阿经济发展部副部长萨法热夫共同举行中国新疆—阿塞拜疆经贸合作工作组第一次会议，并会见阿副总理沙里福夫。两国在能源、通讯、电力、建材、民航等领域合作良好。

两国人文领域交流与合作日趋活跃。4月，安徽大学与巴库国立大学合建的孔子学院正式揭牌。阿国家通讯社在北京开设记者站并派常驻记者。8月，卫生部副部长黄洁夫访阿。12月，阿总统直属国家管理学院代院长阿卜杜拉耶夫访华，与国家行政学院建立联系并签署两院交流与合作备忘录。安徽大学、上海社会科学院等教育学术机构代表团（组）访阿。中国共青团中央交流代表团访阿。中国国家拳击队、国家柔道队等来阿参加比赛并取得良好成绩。中国国庆期间，新疆艺术节代表团访阿，并在阿国家管理学院和国家音乐厅同阿艺术家同台演出，受到广泛好评。

巴哈马
(The Bahamas)

2011年，中华人民共和国与巴哈马国友好合作关系继续深入发展，各领域合作进展顺利。

两国高层交往频繁，政治互信进一步加深。6月，中共中央政治局委员、中央政法委副书记王乐泉访巴，分别会见巴哈马总督阿瑟·福克斯、总理休伯特·英格拉哈姆等巴方领导人，并与巴执政党自由民族运动党主席卡尔·贝瑟尔举行工作会谈。9月，国务院副总理王岐山赴特立尼达和多巴哥出席第三届中国—加勒比经贸合作论坛时过境巴，会见英格拉哈姆总理。10月，外交部长杨洁篪访巴。5月，中国新任驻巴哈马大使胡山向巴总督福克斯递交国书。

两国经贸合作快速发展，双边合作项目进展顺利。中国政府援建的巴国家体育场项目顺利竣工移交。中国建筑工程总公司部分带资承包的巴大型海岛度假村项目、巴政府使用中方优惠贷款建设的拿骚国际机场高速公路项目开工建设。

两国人文交流续有发展。南京市市长季建业等率团访巴。中方同意将巴哈马学院孔子课堂升级为孔子学院并继续为巴留学生来华提供奖学金。

巴　林
(Bahrain)

2011年，中华人民共和国与巴林王国友好合作关系继续稳步发展。

两国保持各层次交往。4月，巴林外交大臣哈立德·本·艾哈迈德·阿勒哈利法与外交部长杨洁篪就巴林局势互致信函。6月，巴林财政大臣谢赫·艾哈迈德·本·穆罕默德·阿勒哈利法访华，分别会见财政部长谢旭人、商务部副部长傅自应和贸促会副会长于平。中方多次表态支持巴林举行全国对话等维护国家稳定的努力。

孟加拉国
(Bangladesh)

2011年，中华人民共和国与孟加拉人民共和国更加紧密的全面合作伙伴关系得到进一步发展。

两国高层交往频繁，政治互信加深。10月，孟加拉国议长阿卜杜尔·哈米德访华。全国人大常委会委员长吴邦国、副委员长桑国卫分别同其会见。6月，孟外长迪布·莫尼来华正式访问，国家副主席习近平、外交部长杨洁篪分别同其会见、会谈。孟总理国际事务顾问古沃·利兹韦访华，外交部部长助理胡正跃会见。10月，孟外交部秘书穆罕默德·米加努尔·卡耶斯来华举行中孟第九轮外交磋商。

两国政党、军队、地方交流活跃。11月，中共中央政治局委员、北京市委书记刘淇访孟，会见总统齐鲁尔·拉赫曼，前总理、民族主义党主席卡莉达·齐亚和人民联盟总书记、孟地方政府与乡村发展部长赛义德·阿什拉夫·伊斯拉姆。12月，解放军副总参谋长马晓天上将率军事代表团访孟，会见总理哈西娜，同孟军方领导人会谈。9月，孟陆军参谋长穆罕默德·阿卜杜尔·穆宾访华，国务委员兼国防部长梁光烈上将会见。2011年中方共接纳69名孟军事留学生来华留学，有4名中国军事留学生在孟学习。4月，云南省副省长李江访孟。

两国经贸合作成果丰硕。3G开通和2.5G网络扩容项目已正式签约，沙迦拉化肥厂已完成商务合同谈判。中国为孟援建的中孟友谊七桥和两所农村小学项目即将开工。8月，中孟签署中方免除孟6.12亿元人民币到期债务的议定书。12月，中孟两国签署《中华人民共和国政府和孟加拉人民共和国政府经济技术合作协定》。

两国文化交流不断深入，人员往来稳步增加。北京市委书记刘淇访孟期间，中方在孟举行“北京之夜”文艺演出、“魅力北京”图片展。中国派代表到孟参加泰戈尔诞辰150周年研讨会，成功举办第四届“汉语桥”演讲比赛。2011年，中方共向孟提供74个奖学金名额。两国就孟在昆明设立总领馆正式达成协议。中国协助800余名在利比亚的孟籍劳工回国。

巴巴多斯
(Barbados)

2011年，中华人民共和国与巴巴多斯友好关系进展顺利，各领域交流与合作进一步深化。

两国高层往来不断。6月，巴巴多斯总理弗罗因德尔·斯图亚特对华进行工作访问，全国人大常委会委员长吴邦国会见，国务院总理温家宝与其举行会谈，双方就双边关系及共同关心的国际与地区问题深入交换意见。9月，巴巴多斯外交和外贸部长玛克辛·麦克林出席在特立尼达和多巴哥举行的第三届中国—加勒比经贸合作论坛。11月，全国人大常委会副委员长陈昌智访巴。

经贸合作成果显著。双边贸易额大幅增长。中国援建的巴巴多斯体育馆电子记分牌维修项目顺利交接。

政党、文化、教育、人力资源等领域交流合作继续深入。3月，中共中央对外联络部副部长陈凤翔访巴。中国教育交流代表团访巴。6月，天津歌舞剧院民乐小组赴巴访演。8月，中国人民对外友好协会副会长冯佐库访巴。2011年，中方向西印度大学巴巴多斯分校派遣1名中文教师，巴共有14人来华参加各种培训。

白俄罗斯
(Belarus)

2011年，中华人民共和国与白俄罗斯共和国关系健康稳定发展，各领域务实合作成果丰硕。

双方高层交往频繁，政治互信增强。9月17～20日，全国人大常委会委员长吴邦国访问白俄罗斯，分别会见白总统亚历山大·卢卡申科、总理米哈伊尔·米亚斯尼科维奇，与国民会议代表院主席弗拉基米尔·安德烈琴科、国民会议共和国院主席阿纳托利·鲁比诺夫会谈。11月6～10日，白副总理阿纳托利·托济克来华同商务部钟山副部长共同主持中白政府间经贸合作委员会第12次会议，国务院副总理回良玉与托举行会见。此外，商务部、安全部、民政部、人民银行、国家外国专家局等多个团组访白，推动双方具体合作取得丰硕成果。

中白在涉及对方核心利益的问题上相互支持，在国际组织中保持密切协作。白俄罗斯在台湾、涉藏、涉疆、人权等问题上坚定支持中方立场。

中白经贸合作深入推进。11月8日，中白政府间经贸合作委员会第12次会议在北京举行。中国企业承建的白电站改造工程圆满完成，水泥生产线建设进展顺利。确立了中白联合工业园、纯碱厂、通信卫星、水电站、“北京饭店”等新项目。

中白文化、教育、科技、军事等领域交流与合作活跃。9月，文化部派多个艺术团体赴白参加第六届“中国文化日”活动。中国在白举办纪念辛亥革命100周年国际研讨会、民族服装展、中国当代纤维艺术展、中国瓷器展等活动，引起白各界热烈反响。9月，中国在白第二所孔子学院在明斯克国立语言大学挂牌成立。白国防部第一副部长兼武装力量总参谋长彼得·季洪诺夫斯基和军工委主席谢尔盖·古鲁廖夫于年内相继访华。中白两军7月在白成功举行联合反恐军事训练。

比利时
(Belgium)

2011年是中华人民共和国与比利时王国建交40周年，两国关系保持稳步发展势头。

高层往来密切，进一步增进了相互了解。10月21～30日，比利时王储菲利普率经贸代表团访华并出席两国建交40周年庆祝活动，副首相兼外交大臣斯蒂文·瓦纳克尔随访，国家副主席习近平会见，国务院副总理王岐山会谈并宴请。12月7日，国务院总理温家宝、外交部长杨洁篪分别向比利时新任首相埃利奥·迪吕波、副首相兼外交、外贸和欧洲事务大臣迪迪埃·雷德尔斯致电祝贺。

经贸合作富有成效，相互投资步伐加快。10月，比利时近500位工商界人士随菲利普王储访华，与中方企业签订40多项合作协议。

人文和教育等领域合作取得积极进展。在庆祝中比建交40周年框架下，中国残疾人艺术团等文艺团体成功访演比利时，中比青年音乐会在布鲁塞尔皇家音乐学院音乐厅成功举行。9月，比利时法语区启动“中国语言文化项目”，在九所中小学开设汉语和中国文化课程。9月，首届中国高等教育展暨中比工程教育论坛在比利时大学城鲁汶举办，有效增进比利时各界对中国教育情况的了解，促进两国高等教育的交流合作。

两国地方省份友好交往进一步增强。成都市和弗拉芒布拉邦省、重庆市和安特卫普省分别于5月和10月建立友好省市关系。

贝　宁
(Benin)

2011年，中华人民共和国与贝宁共和国友好合作关系进一步发展，各领域合作稳步推进。

两国高层交往密切，政治互信加深。3月，国家主席胡锦涛致电祝贺托马·博尼·亚伊蝉联贝宁总统。5月，全国人大常委会委员长吴邦国致电祝贺贝宁国民议会议长马蒂兰·纳戈连任，国务院总理温家宝致电祝贺帕斯卡尔·伊雷内·库帕基就任贝宁政府总理。11月，全国人大常委会副委员长周铁农访问贝宁，亚伊总统和纳戈议长分别会见。5月，外交部副部长翟隽访问贝宁，亚伊总统及贝宁外交、非洲一体化、法语国家和侨民事务部长让—马里·埃胡祖分别与之会见、会谈，双方签署两国政府经济技术合作协定。8月，农业部副部长牛盾访问贝宁。9月，亚伊总统来华出席夏季达沃斯论坛年会并进行非正式访问，胡锦涛主席和温家宝总理分别会见，双方就两国关系和共同关心的问题交换意见。

9月2日，中国新任驻贝宁大使陶卫光向贝宁总统亚伊递交国书。

经贸合作不断深化。在中非合作论坛援非新八项举措框架下，中方免除贝方2009年底到期债务。中国援助贝宁的项目进展顺利。2月，阿卡萨托—博希孔公路首段4公里紧急整修项目开工建设。4月，纳蒂丹古女子军校宿舍项目完成并移交贝方。11月，科托努立交桥项目竣工。

人文领域交流活跃。2月，青海省经贸文化代表团访贝。驻贝宁使馆成功举办“欢乐春节月”系列活动，内容主要包括中国民俗艺术展览、国内艺术团访问演出、美食之夜、中国电影周、舞龙舞狮表演等。

玻利维亚
(Bolivia)

2011年，中华人民共和国与多民族玻利维亚国友好合作关系顺利发展。

两国高层保持交往，政治互信不断加深。8月，玻利维亚总统胡安·埃沃·莫拉莱斯·艾玛访华并出席深圳第26届世界大学生夏季运动会开幕式，国家主席胡锦涛、全国人大常委会委员长吴邦国和国务院总理温家宝分别会见，双方签署了《中国国家航天局和玻利维亚航天局关于和平利用外层空间的合作协定》、《中玻两国政府2011 ~ 2013年度文化交流执行计划》、《中信国安公司与玻方联合勘探科伊巴萨盐湖协议》等十个合作文件。9月，国务院副总理回良玉对玻进行正式访问，会见总统莫拉莱斯，同副总统阿尔瓦罗·马塞罗·加西亚·利内拉举行会谈，双方签署了《中国政府和玻利维亚政府经济技术合作协定》、《中国农业部与玻利维亚农村发展和土地部关于农业合作的谅解备忘录》、《国家开发银行与玻利维亚联合银行开发性金融合作协议》等六个合作文件。

中玻保持党际、人文、军事等领域友好交流。3月，解放军副总参谋长马晓天上将访玻。玻国防部长鲁文·萨阿韦德拉·索托、科恰班巴省省长埃德蒙多·诺维略·阿吉拉尔、武装力量总司令阿曼多·帕切科·古铁雷斯及玻争取社会主义运动干部考察团先后访华。9月，玻科恰班巴圣西蒙大学“孔子学院”正式成立。

中玻经贸务实合作进一步深化。两国通信卫星项目已进入设计制造阶段。中国公司成功中标玻天然气钻机服务项目。

3月，中国政府和红十字会分别向玻方提供25万美元和3万美元紧急现汇援助，用于帮助玻方抗洪救灾。

波斯尼亚和黑塞哥维那
(Bosnia and Herzegovina)

2011年，中华人民共和国与波斯尼亚和黑塞哥维那友好合作关系平稳推进，各领域交流合作取得新进展。

政治关系发展良好。9月，外交部副部长傅莹赴波黑举行两国外交部政治磋商，分别同波黑主席团轮值主席热利科·科姆希奇、外交部长斯文·阿尔卡拉伊、副外长阿娜·特里希奇－巴比奇会见会谈。

经贸、人文、司法领域合作增多。6月，中国国际贸易促进委员会会长万季飞访问波黑并出席中国—波黑经贸合作论坛。9月，中国人民银行行长周小川访问波黑。6月，中国残疾人艺术团赴波黑演出，天津市代表团访问萨拉热窝，南开大学与东萨拉热窝大学签署校际合作协议。7月，重庆杂技团赴波黑访演。7月和9月，中波刑事司法协助条约谈判和中波引渡条约、民商事司法协助条约谈判分别在萨拉热窝和北京举行。

博茨瓦纳
(Botswana)

2011年，中华人民共和国与博茨瓦纳共和国友好合作关系稳步发展。

两国高层交往密切。12月，国务委员刘延东访问博茨瓦纳，与博副总统蒙帕蒂·梅拉费举行会谈，就加强两国在教育、文化、科技等领域的交流与合作达成重要共识。双方签署了《中华人民共和国政府和博茨瓦纳共和国政府经济技术合作协定》、《中华人民共和国科学技术部与博茨瓦纳共和国基础设施与科学技术部关于开展科技合作的谅解备忘录》、《中国教育部与博茨瓦纳教育与技能发展部关于中非友好奖学金项目谅解备忘录》等文件。访问期间，刘延东国务委员出席了中国文化部与博方共同举办的“隔洋相看——非洲画家笔下的中国”画展开幕式，在博茨瓦纳大学孔子学院发表演讲并参观中国文化体验角、观摩汉语课、与在校师生交流，向孔子学院赠送语音实验室设备，还邀请博100名大中学生来华参加夏令营。博茨瓦纳总统伊恩·卡马先后就广西泥石流灾害和南方部分省区洪水灾害等致信国家主席胡锦涛，向中国政府和人民表示慰问。

10月，博国民议会议长玛格丽特·纳莎访华，全国人大常委会委员长吴邦国、副委员长陈至立分别予以会见。

两国其他领域的交流与合作不断加强。双边经贸合作稳步推进。中非合作论坛第四届部长级会议援非新八项举措涉博项目落实工作进展良好；中国援建的哈博罗内多功能青年活动中心项目竣工；中国公司承建的博茨瓦纳莫鲁卜勒电站B期项目进展顺利。双边人文领域交流合作继续推进。年内，博教育与技能发展部长佩洛诺米·文松—莫伊托伊和青年、体育与文化部长肖·卡蒂分别率团访华。博舞蹈艺术团来华访演，反响热烈。双边医疗卫生合作不断深化。中国卫生部在博开展“希望之光”白内障复明项目，免费为当地200名患者成功实施复明手术，受到当地政府和民众的高度评价。博外交与国际合作部长潘杜·斯凯莱马尼特别致函外交部长杨洁篪表示感谢。

巴　西
(Brazil)

2011年，中华人民共和国与巴西联邦共和国战略伙伴关系继续深入发展，各领域务实合作进一步深化。

两国高层交往良好。11月，国家主席胡锦涛同巴西总统迪尔玛·罗塞芙在法国戛纳二十国集团领导人峰会期间举行会晤，就中巴关系和共同关心的国际及地区问题深入交换意见。4月，罗塞芙总统来华进行国事访问，并出席金砖国家领导人第三次会晤和博鳌亚洲论坛2011年年会开幕式。在双边会谈中，两国元首就进一步发展双边关系等一系列重大问题达成广泛共识，并签署和发表《联合公报》。中共中央政治局委员、中央政法委副书记王乐泉，全国人大常委会副委员长韩启德先后于6月和11月访巴。中央军委委员、解放军总装备部部长常万全，中央军委委员、解放军副总参谋长马晓天上将11月访巴。1月，国家主席胡锦涛特使、水利部长陈雷出席巴西总统权力交接仪式。3月，巴西外交部长帕特里奥塔访华。中国—巴西高层协调与合作委员会经贸、财金、能矿、教育、科技、航天分委会先后召开会议。

两国在联合国、世贸组织、二十国集团、金砖国家、“基础四国”等国际组织和多边机制中合作密切，就国际金融体系改革、气候变化、新兴大国合作等重大国际问题保持良好沟通与协调。外交部长杨洁篪与帕特里奥塔外长三次通电话，就西亚北非局势、金砖国家合作等交换看法。两国外交部举行首次拉美事务磋商。

中巴务实合作深入发展。巴西是中国第九大贸易伙伴和在拉美最大贸易伙伴。中国继续保持巴第一大贸易伙伴、第一大出口对象国和第二大进口来源国地位。两国金融、能源、钢铁、电信、机械制造领域合作不断扩大，中方企业完成多起石油领域收购项目，多家机械制造企业筹备在巴设厂。

两国科技、人文交流活跃。罗塞芙总统访华期间，双方举行首次科技创新高层对话。两国地球资源卫星、农业技术、航空等领域合作取得新进展。中央电视台驻拉美中心站在巴西启动。沈阳杂技团成功在巴西举行商业演出。巴西重要媒体继续在华设记者站或派记者来华采访。

文 莱
(Brunei Darussalam)

2011年是“中文友好年”，中华人民共和国与文莱达鲁萨兰国关系稳步发展，各领域友好交流与合作持续推进。

两国高层保持密切往来。11月20～21日，国务院总理温家宝对文莱进行正式访问，其间同文莱苏丹哈桑纳尔举行会谈，见证签署《中华人民共和国政府和文莱达鲁萨兰国政府关于能源领域合作谅解备忘录》、《中华人民共和国国家林业局与文莱达鲁萨兰国工业和初级资源部关于林业合作的谅解备忘录》和《中国海洋石油总公司与文莱达鲁萨兰国国家石油公司关于石油天然气商业合作的谅解备忘录》，中国文莱睦邻友好合作关系得到进一步发展。3月，全国人大常委会副委员长华建敏访文。10月，全国政协副主席兼全国工商联主席黄孟复访文。5月，全国政协副主席陈宗兴访文。6月，文莱公主、外交与贸易部无任所大使玛斯娜访华。

双方各领域的交流与合作持续深化。5月，解放军广州军区副参谋长孔见少将作为总参谋长陈炳德的代表率团参加文莱国际军乐节，广州军区战士杂技团节目组随同前往演出。7月，南海舰队司令员蒋伟烈少将率“武汉”号驱逐舰和“玉林”号护卫舰赴文参加2011年文莱国际防务展。11月，两国卫生部签署《中华人民共和国卫生部和文莱达鲁萨兰国卫生部卫生合作2012～2015执行计划》，江苏省南京市和文莱斯里巴加湾市签署《江苏省南京市政府代表中华人民共和国政府与斯里巴加湾市管理委员会和内政部代表文莱达鲁萨兰国政府缔结友好城市协议书》。

保加利亚
(Bulgaria)

2011年，中华人民共和国与保加利亚共和国的友好合作关系顺利发展，各领域交往增多。

两国保持各级别往来。9月6～8日，中共中央政治局委员、中央军委副主席徐才厚上将访保，会见保加利亚总统格奥尔基·珀尔瓦诺夫、议长采茨卡·察切娃，同国防部长阿纽·安格洛夫举行会谈。3月19～21日，外交部副部长傅莹赴保加利亚进行两国外交部副外长级磋商。5月12～15日，中共中央委员、内蒙古自治区党委书记胡春华率中共代表团访保，会见保加利亚副总统安格尔·马林。12月8～11日，保加利亚国防部长阿纽·安格洛夫访华，中共中央政治局委员、中央军委副主席徐才厚上将和国务委员兼国防部长梁光烈上将分别与安会见、会谈。

2月23日，中国10名在利比亚工作的工人搭乘保加利亚政府派往利比亚撤离本国公民的专机抵索非亚。在驻保使馆及保外交部等部门的协助下，10名工人当日经莫斯科转机回国。

经贸、农业领域合作成果显著。6月，保加利亚地区发展与建设部副部长埃卡特里娜·扎哈里耶娃访华。11月，两国农业部代表团进行了互访。中方在保汽车生产线已安装完毕并开始试运行，海关检验设备生产企业在保海关招标中中标。中方就租用保三万亩土地进行农业生产与保方签署协议，并于11月成立驻保公司。

两国文化、新闻领域交流活跃。甘肃省剧院《敦煌韵》、中国北方昆曲剧院《牡丹亭》、内蒙古艺术团《吉祥草原·祝福友谊》三场大型文艺表演分别在保加利亚举行。6月，中国新闻出版代表团、上海市政府文化代表团分别访保。8月，中央人民广播电台少儿合唱团在保演出。10月，保文化部副部长米特克·托多罗夫来华出席第13届上海国际艺术节。中国国际广播电台与保国家电台首次实现两国中央媒体远程合作。两国作家协会首次合作翻译出版对方国家文学作品。

此外，其他领域及地方交往不断扩大。最高人民法院、解放军总政治部、国家体育总局、红十字会等政府、民间代表团相继访保。河南省、新疆维吾尔自治区、广东省、河北省、长春市等代表团分别访保。

布隆迪
(Burundi)

2011年，中华人民共和国与布隆迪共和国的友好合作关系进一步发展。

两国政治交往密切。11月，全国政协副主席罗富和访布，会见布总统皮埃尔·恩库伦齐扎和参议长加布里埃尔·恩蒂塞泽拉纳。3月，中共中央对外联络部部长王家瑞访布，会见恩库伦齐扎总统，与布执政党保卫民主力量主席莱昂斯·恩让达库马纳举行会谈。

8月，恩库伦齐扎总统就“7·23”甬温线特别重大铁路交通事故致函国家主席胡锦涛表示慰问。

两国经贸合作不断扩展。8月，商务部国际贸易谈判代表兼副部长高虎城访布，会见了恩库伦齐扎总统，并与布对外关系与合作部长奥古斯丁·恩桑泽共同主持第11届中布经贸混委会，双方签署了《中华人民共和国政府和布隆迪共和国政府经济技术合作协定》等合作文件。6月，布工商部长恩迪库马纳访华并出席“2011中国国际旅游商品博览会”。

两国文教、体育等领域交流频繁。2月，中国音乐学院艺术团访布。4月，布青年体育部长尼耶尼米加博访华，双方签署了《中布政府文化合作协定2011～2014年执行计划》。6月，布高教部长尼穆博纳访华，访问了孔子学院总部并签署了《中国孔子学院总部与布隆迪大学关于合作设立布隆迪大学孔子学院的合作协议》。

柬埔寨
(Cambodia)

中华人民共和国与柬埔寨王国自1958年建交以来，双边关系发展顺利。2010年，两国建立全面战略合作伙伴关系。2011年，两国各领域交流与合作不断扩大。

两国领导人接触频繁，双方在国际和地区事务中相互协调，密切配合。国务院总理温家宝、全国政协主席贾庆林分别看望在京休养的柬埔寨太皇西哈努克夫妇。8月，中共中央政治局常委、中央政法委书记周永康率中共代表团访柬。12月，国务委员戴秉国出席大湄公河次区域经济合作第四次领导人会议期间会见柬首相洪森。6月，全国政协副主席、中共中央统战部部长杜青林访柬。1月，外交部长杨洁篪出席中国—东盟外长会期间同柬副首相兼外交国际合作部大臣贺南洪举行会谈。11月，柬国会主席韩桑林访华。12月，首相洪森来华出席第八届中国—东盟博览会。此外，柬人民党中央常委、国会第二副主席赛冲，副首相兼国防部大臣迪班，副首相兼内阁办公厅大臣索安，柬奉辛比克党执行主席、副首相涅本才，国务大臣兼商业部大臣占蒲拉西等分别访华或出席会议。

两国各领域和地方交流与合作总体发展势头良好。双方党际交流频繁，中国共产党与柬埔寨人民党和奉辛比克党按照双方商定的计划派团互访。两国经贸合作进展顺利，双边贸易额稳步增长，中国政府贷款支持的路桥、水电站等基础设施项目进展顺利。双方立法机构多个专门委员会实现互访。

两国在对方遭遇自然灾害时相互给予帮助和支持。6月，柬首相洪森、副首相兼外交国际合作部大臣贺南洪分别致信国务院总理温家宝、外交部长杨洁篪，就中国南方部分省份遭受洪涝灾害表示慰问。10月，柬遭受洪涝灾害，中国政府宣布向柬埔寨政府提供5000万元人民币的紧急人道主义物资援助。国务院总理温家宝会见来华出席第八届中国—东盟博览会的柬埔寨首相洪森时宣布再向柬提供150万美元紧急援助，帮助柬抗洪救灾。

喀麦隆
(Cameroon)

2011年，中华人民共和国与喀麦隆共和国友好合作关系继续深入发展。

两国高层互访频繁，政治互信进一步加深。7月20 ~ 22日，比亚总统对中国进行国事访问。国家主席胡锦涛与比亚总统举行会谈，全国人大常委会委员长吴邦国、国务院总理温家宝分别会见。两国领导人就双边关系和共同关心的问题交换了意见，达成广泛共识。胡锦涛主席就进一步建设好、发展好中喀友好合作关系提出三点建议：第一，巩固政治关系，做相互信赖的好朋友；第二，深化经贸合作，做互利共赢的好伙伴；第三，密切人文交流，做心心相印的好兄弟。比亚总统完全赞同胡锦涛主席关于进一步发展两国关系的建议，表示喀方愿同中方一道，不断推进两国友好合作关系向前发展。双方签署了《中华人民共和国政府和喀麦隆共和国政府经济技术合作协定》、《中华人民共和国政府和喀麦隆共和国政府关于中国向喀麦隆提供优惠贷款的框架协议》等合作文件。

1月和12月，国务院副总理回良玉、国务委员刘延东先后访问喀麦隆，分别会见了喀总统保罗·比亚，并同喀总理菲勒蒙·扬举行会谈。4月，喀总统府负责国防事务的部长级代表埃德加·阿兰·梅贝·恩高奥访华。5月，喀运动与体育教育部长米歇尔·埃佐阿访华。

两国在经贸、文教等领域合作成果丰硕。10月，使用中方优惠性质贷款建设的克里比深水港项目举行奠基仪式。7月，双方签署《中喀文化合作协定2011 ~ 2014年执行计划》。12月，天津艺术团赴喀访问演出。

加拿大
(Canada)

2011年，中华人民共和国与加拿大关系保持良好发展势头。

两国高层交往频繁。11月，国家主席胡锦涛在出席亚太经合组织领导人夏威夷非正式会议期间会见加拿大总理斯蒂芬·哈珀。胡锦涛主席积极评价当前中加关系发展的良好势头，赞赏哈珀总理及加拿大新一届政府在发展对华关系上的积极态度，强调双方应抓住有利时机，增进互信，拓展合作，扩大共识，深化友谊，将两国合作潜力转化为现实成果，推动中加关系不断向前发展，并提出从战略高度看待和发展中加关系、保持高层交往和各级别对话磋商、加强经贸等领域务实合作、扩大人文交流、促进多边领域合作等五点主张。哈珀赞同胡锦涛主席关于发展两国关系的意见，表示加方高度重视发展加中战略伙伴关系，愿同中方一道，充分挖掘潜力，突出重点，在经贸、能源、教育、人文、多边等广泛领域开展合作，应对共同面临的挑战，深化两国战略和经济合作伙伴关系。两国领导人一致同意双方要共同推动中加战略伙伴关系不断迈上新台阶。全国人大常委会副委员长陈昌智、严隽琪，全国政协副主席杜青林、万钢分别访加。10月，加拿大参议长诺埃尔·金塞拉访华，全国人大常委会委员长吴邦国、副委员长路甬祥分别与金会见。

两国各级别交往密切。7月，加外交部长约翰·贝尔德访华，国务院副总理李克强、外交部长杨洁篪分别与贝会见、会谈。11月，外交部长杨洁篪在出席亚太经合组织领导人夏威夷非正式会议期间会见加外交部长贝尔德。中共中央对外联络部部长王家瑞、卫生部长陈竺分别访加。加国际贸易部长爱德华·法斯特、财政部长詹姆斯·弗莱厄蒂、两任渔业和海洋部长盖尔·谢伊和基思·阿什菲尔德、自然资源部长乔·奥利佛、政府间事务部长兼枢密院主席彼得·皮纳萨、外交国务部长黛安娜·阿布隆齐、小企业及旅游国务部长马克西姆·贝尼耶以及前总督米夏埃尔·让、前总理让·克雷蒂安、前副总理约翰·曼利等分别访华。9月，中加战略工作组第三次会议在渥太华举行，外交部副部长崔天凯、商务部副部长王超、国家发展和改革委员会副主任张晓强以及加外交部副部长莫里斯·罗森伯格、国际贸易部副部长路易·雷维斯科、自然资源部副部长瑟奇·杜邦共同出席会议，就双边关系以及贸易与投资、能源与自然资源、教育、司法执法、旅游、国际地区问题等广泛议题深入交换意见，取得了积极成果。

两国在经贸、能源资源、科技、环保、卫生、民航、教育、司法执法等各领域的交流与合作取得新进展。双边贸易和投资额持续增长，全年贸易额再创历史新高；中国是加拿大第二大贸易伙伴和第七大投资来源国。中国海洋石油总公司以21亿美元成功收购加拿大油砂生产企业欧普提公司，中国石油化工集团公司以21.3亿美元成功收购加拿大油气生产企业日光能源公司。双方举行中加经贸联委会第22次会议、科技联委会第四次会议、环境合作联委会第七次会议、第三次卫生政策对话、第二届教育高层磋商会议、第八次执法工作组会晤、第六次气候变化工作组会议等机制性对话，积极推进有关领域合作。两国关系出现“旅游热”、“直航热”、“留学热”，人员交流更加密切。中国驻蒙特利尔总领馆6月开馆，外交部副部长宋涛出席开馆仪式。潜逃加拿大12年之久的赖昌星7月最终被遣返回中国。双方在联合国改革、二十国集团等重大国际和地区问题上密切沟通与协调。

两国地方交往活跃。魁北克省省长让·夏雷、不列颠哥伦比亚省省长简慧芝、爱德华王子岛省省长罗伯特·吉兹、渥太华市市长吉姆·沃森分别访华。中加友好省市达到49对。

佛得角
(Cape Verde)

2011年是中华人民共和国与佛得角共和国建交35周年，两国友好往来频繁，双边关系平稳顺利发展。

两国政治交往密切。8月，国家主席胡锦涛致电佛新当选总统若热·卡洛斯·德阿尔梅达·丰塞卡，对其当选表示祝贺。

3月，全国人大常委会委员长吴邦国、国务院总理温家宝、外交部长杨洁篪分别致电佛新当选议长巴西利奥·莫索·拉莫斯、新政府总理若泽·马里亚·佩雷拉·内韦斯、外交部长若热·阿尔贝托·席尔瓦·博尔热斯，对其就职表示祝贺。

4月11 ~ 14日，全国人大常委会副委员长陈至立率全国人大代表团访问佛得角。其间，陈至立副委员长与拉莫斯议长举行会谈，并会见了时任总统佩德罗·维罗纳·罗德里格斯·皮雷斯。佛方积极评价两国关系，表示佛国民议会愿与中国全国人大积极开展交流合作。陈至立副委员长表示，中国全国人大愿与佛国民议会进一步加强各层次友好往来，积极推动中佛关系全面深入发展。

两国经贸合作成果丰硕，中非合作论坛第四届部长级会议后续行动涉佛项目全面落实。6月，商务部副部长蒋耀平访问佛得角，双方签署了《中华人民共和国政府和佛得角共和国政府经济技术合作协定》等合作文件。3月，中国在中国—葡语国家经贸合作论坛框架下为佛援建的一所农村小学竣工移交。

中　非
(Central African Republic)

2011年，中华人民共和国与中非共和国友好合作关系持续发展。

双方保持友好交往。11月，全国政协副主席罗富和对中非进行正式访问，分别会见中非总统弗朗索瓦·博齐泽·杨古翁达和总理福斯坦—阿尔尚热·图瓦德拉，同中非国民议会议长塞莱斯坦·勒鲁瓦·加翁巴莱举行会谈。5月，外交部副部长翟隽访问中非，会见博齐泽总统，与中非外交和侨民事务部长安托万·甘比会谈。12月，中非执政党劳动党总书记路易·奥盖尔·恩盖库蒙率劳动党代表团来华参加政党培训班。

4月22日，中国新任驻中非大使孙海潮向博齐泽总统递交国书。

两国经贸合作进展顺利。10月，中国援助中非的宾博医院落成并移交中非方。11月，中国援建的博阿利3号水电站及配套输变电项目开工。

乍　得
(Chad)

2011年，中华人民共和国与乍得共和国友好合作关系进一步发展。

双方友好往来频繁。2月，外交部长杨洁篪访问乍得，会见乍总统伊德里斯·代比·伊特诺，并同乍外长穆萨·法基·穆罕默德举行会谈。6月，中国人民对外友好协会副会长冯佐库访问乍得。10月，法基外长访华，国务院副总理李克强与其会见，杨洁篪外长与其举行会谈。11月，乍伊斯兰事务最高委员会主席谢依克·伊森·哈桑·阿巴卡尔访华。

两国经贸、文教、卫生等领域交流与合作进一步发展。2月，中国援建的议会大厦项目奠基。6月，中乍合资炼油厂正式落成投产。7月，深圳艺术团赴乍访问演出。

智　利
(Chile)

2011年，中华人民共和国与智利共和国全面合作伙伴关系继续深入发展。

两国保持高层交往。6月，国家副主席习近平对智利进行正式访问，分别同总统塞瓦斯蒂安·皮涅拉和众议长帕特里西奥·梅莱罗举行会谈、会见，与皮涅拉总统共同出席两国质检、矿业、金融、通信等领域多项合作文件签字仪式。

两国政治互信加深。中智议会间政治对话委员会第六次会议在北京举行。智利副外长费尔南多·施密特访华。

两国经贸合作继续深化。智利农业部长何塞·安东尼奥·加利莱亚，经济、发展与旅游部长胡安·安德列斯·丰泰内先后访华。双边贸易稳步增长，产品结构更趋优化。中国保持智利第一大贸易伙伴、第一大出口目的地国和铜的最大买主地位，智利是中国在拉美第二大贸易伙伴。

双方军事交流密切。中央军委委员、解放军总装备部部长常万全上将，副总参谋长魏凤和中将，武警部队司令员王建平中将先后访智。智利国防部长安德列斯·阿亚曼德、海军司令埃德蒙多·冈萨雷斯上将先后访华。

两国人文交流蓬勃开展。科技部副部长陈小娅率团访智。中国云南、内蒙古少数民族文化艺术团，四川大木偶剧团，中国侨联“亲情中华”艺术团，国务院侨务办公室“文化中国—四海同春”艺术团先后赴智演出。9月，上海市市长韩正访智，与智首都大区签署上海市与首都大区友好交流合作意向书。

5月，中国驻伊基克总领事馆复馆。8月，智利驻广州总领事馆正式开馆。

哥伦比亚
(Colombia)

2011年，中华人民共和国与哥伦比亚共和国友好合作关系稳步发展。

双方政治交往密切。6月，中共中央政治局委员、中央政法委副书记王乐泉率中国共产党代表团访哥，分别会见哥总统胡安·曼努埃尔·桑托斯·卡尔德龙、国会主席兼参议长阿曼多·阿尔韦托·贝内德蒂、外交部长玛丽亚·安赫拉·奥尔古因和内政部长赫尔曼·巴尔加斯·列拉斯。3月，哥外交部副部长帕蒂·隆多尼奥·哈拉米略访华，同外交部部长助理吴海龙举行联合国事务磋商。4月，哥伦比亚民族团结社会党领导人、国会主席兼参议长贝内德蒂访华，全国人大常委会副委员长乌云其木格、全国人大外委会副主任委员马文普分别会见，中共中央对外联络部副部长陈凤翔主持工作会谈。

两国经贸合作继续深化。中国已成为哥第二大贸易伙伴和第二大进口来源国。中国投资有限责任公司董事长楼继伟、国家开发银行副行长高坚访哥。哥伦比亚贸工和旅游部长塞尔希奥·迪亚斯·格拉纳多斯访华。

两国军事、党际、人文领域交流日趋活跃。中央军委副主席郭伯雄上将，解放军总参谋部军训和兵种部副部长杨绪明少将，中华全国妇女联合会副主席、书记处书记陈秀榕，最高人民法院副院长苏泽林相继访哥。哥伦比亚总统府政治事务高级顾问赫尔曼·齐卡·希拉尔多率哥执政联盟干部考察团访华。

科摩罗
(Comoros)

2011年，中华人民共和国与科摩罗联盟友好合作关系继续健康、顺利发展。

两国相互了解和友谊进一步加深。8月，国家主席胡锦涛就科摩罗沉船事故致电科摩罗总统伊基利卢·杜瓦尼纳表示慰问。5月，中国政府特使、教育部副部长郝平赴科摩罗出席伊基利卢总统就职典礼。10月，伊基利卢总统就加强科摩罗与金砖国家合作事致函胡锦涛主席。8月16日，科摩罗首任驻华大使马哈茂德·穆罕默德·阿布德向胡锦涛主席递交国书。

中科经贸合作稳步开展。双方分别续签了科摩罗广播电视中心第六期技术合作和莫罗尼机场第二期技术合作协议，办理了中方为科方援建的三所小学项目换文。中方援建的科摩罗国家旅游局办公楼基本完工。

文教、卫生、体育等领域合作发展势头良好。中方向科方提供12个奖学金名额，科方人员来华参加各类研修班达124人次。双方合作实施的科摩罗莫埃利岛快速灭源灭疟项目成效显著。科方派团参加上海游泳世锦赛和第26届世界大学生运动会。

刚果共和国
(Congo)

2011年，中华人民共和国与刚果共和国[简称刚果（布）]友好合作关系进一步发展。

两国人员往来不断。3月，刚果（布）经社理事会主席塔苏阿访华，会见全国政协副主席、中国经社理事会主席王刚。4月，刚果（布）体育部长恩多卢访华。6月，刚果（布）外交与合作部长巴西勒·伊奎贝访华，会见国务院副总理回良玉，并与外交部长杨洁篪举行会谈。

两国经贸合作成果丰硕。5月，中刚合作项目英布鲁水电站举行落成典礼。8月，商务部国际贸易谈判代表兼副部长高虎城访刚，与伊奎贝外长共同主持中刚经贸混委会第八次会议，双方签署了《中华人民共和国政府和刚果共和国政府经济技术合作协定》等合作文件。

库克群岛
(Cook Islands)

2011年，中华人民共和国与库克群岛友好合作关系继续稳步发展。

3月，全国人大常委会委员长吴邦国致电库克群岛议长杰弗里·亨利，祝贺其就任。1月，中国—太平洋岛国论坛对话会特使杜起文访问库克群岛，分别会见库克群岛女王代表古德温、总理亨利·普那、代理外交和移民部长南迪·格拉西等官员。9月，外交部副部长崔天凯在新西兰奥克兰出席第23届太平洋岛国论坛会后对话会期间会见库克群岛总理普那。9月，普那总理非正式访华，全国政协副主席郑万通会见。

两国经贸、文化等领域的交流合作逐步扩大。11月，中国远洋渔业协会与库克群岛海洋资源部签署为期三年的渔业合作协定。8月，广东省文艺代表团赴库克群岛演出，并参加库宪法日活动。11月，库克群岛文化发展部长铁里基·希瑟率团出席2011年广东国际旅游文化节。

哥斯达黎加
(Costa Rica)

哥斯达黎加共和国是目前中美洲地区唯一与中华人民共和国建交的国家。2007年建交以来，双边关系发展顺利。2011年，中哥各领域互利友好合作全面深入发展。

两国政治交往密切。3月，国家主席胡锦涛特使、全国人大常委会副委员长陈昌智访问哥斯达黎加并出席中国援建哥国家体育场移交启用仪式。全国人大常委会副委员长华建敏、全国政协副主席万钢等访哥。哥自由运动党主席奥托·格瓦拉、圣何塞市长乔尼·阿拉亚、哥立法大会三名专门委员会主席等访华。

两国经贸合作深入发展。中国已成为哥第二大贸易伙伴。8月1日，中哥自由贸易协定正式生效。

两国人文等领域交流密切。中国国家男子足球队和中央民族歌舞团访哥，并分别参加中国援建哥国家体育场移交启用仪式友谊比赛和演出。11月，中国“和平方舟”号海军医院船首次访哥，为当地民众和华人华侨开展人道主义医疗服务。

科特迪瓦
(Cote d'Ivoire)

2011年，中华人民共和国与科特迪瓦共和国关系保持平稳发展，经贸等领域合作稳步推进。

两国积极开展各层次友好交往。5月9日，国家主席胡锦涛致电科特迪瓦总统阿拉萨内·德拉马内·瓦塔拉，祝贺其正式就职。6月，科新政府成立后，国务院总理温家宝、外交部长杨洁篪分别致电科政府总理兼国防部长索罗·基格巴福里·纪尧姆和外交国务部长达尼埃尔·卡布兰·敦坎表示祝贺。6月23～25日，外交部副部长翟隽作为中国政府特使访问科特迪瓦，会见了瓦塔拉总统和索罗总理，并与外交国务部长敦坎举行会谈，双方签署了《中华人民共和国政府和科特迪瓦共和国政府经济技术合作协定》等合作文件。

两国经贸合作顺利推进。11月，中方援建的加尼瓦医院竣工并移交科方。12月，中方援助的科特迪瓦外交部办公楼维修项目正式开工。中方提供优惠贷款实施的电子政务网、住宅小区等项目进展顺利。10月，双方就使用中方提供的优惠买方信贷实施阿比让—大巴萨姆高速公路项目签署了贷款协议。

克罗地亚
(Croatia)

2011年，中华人民共和国与克罗地亚共和国全面合作伙伴关系继续稳步发展，各领域合作进展顺利。

双方保持高层交往。4月，克罗地亚前总统斯捷潘·梅西奇出席博鳌亚洲论坛2011年年会，国家主席胡锦涛同梅西奇简短交谈。9月，中共中央政治局委员、中央军委副主席徐才厚上将访问克罗地亚，分别同克罗地亚总统伊沃·约西波维奇、议长卢卡·贝比奇和国防部长达沃尔·博日诺维奇会见。全国政协副主席陈奎元访问克罗地亚，同克罗地亚议长贝比奇会见。

两国外交部合作顺畅。10月，克罗地亚外交和欧洲一体化部双边事务司司长安德雷阿·亚沃尔来华进行两国外交部司局级磋商。

经贸、人文等领域交流合作不断扩大。4月，商务部国际贸易谈判副代表崇泉访问克罗地亚。新闻出版总署副署长孙寿山访问克罗地亚，双方签署《中华人民共和国新闻出版总署与克罗地亚共和国文化部合作谅解备忘录》。6月，海关总署副署长孙毅彪，体育总局副局长、中国奥委会副主席冯建中分别访问克罗地亚。9月，人力资源和社会保障部副部长杨士秋访问克罗地亚。克罗地亚和斯洛文尼亚联合在华举行旅游推介活动。9月，克罗地亚前总统梅西奇来华出席2011年杭州世界休闲博览会。

民间、地方交往活跃。5月，上海市政协主席冯国勤访问克罗地亚。6月，云南省委常委、昆明市委书记仇和访问克罗地亚。9月，中共浙江省委常委、秘书长、省人民对外友好协会会长李强访问克罗地亚。10月，扎博克市市长伊万・汉热克访华。

古 巴
(Cuba)

2011年，中华人民共和国与古巴共和国互利友好合作关系继续深入发展，各领域交流与合作取得积极进展。

两国政治关系更加巩固，传统友谊不断加深。国家副主席习近平6月对古巴进行正式访问，同古巴国务委员会主席兼部长会议主席劳尔・卡斯特罗举行会谈，探望了古巴革命领导人菲德尔・卡斯特罗。双方签署了金融、能源等领域多项合作文件。习近平副主席表示，中古关系经受住了国际风云变幻的考验，两党两国关系达到了一个前所未有的高度。当前两国都在建设有本国特色的社会主义，中国党和政府将继续坚持中古长期友好方针，支持古巴走社会主义道路。中方愿同古方一道，加强交流与合作，推动中古互利友好合作达到新的更高水平。劳尔主席表示，古方愿同中方进一步加强治国理政和党建经验交流，促进各自国家的建设和发展。此外，中方访古的主要有：中央军委副主席郭伯雄上将，全国人大常委会副委员长、中国人民争取和平与裁军协会会长韩启德，全国政协副主席、中共中央统战部部长杜青林，中央党校常务副校长李景田，国务院新闻办公室主任王晨，农业部长韩长赋等。古方访华的主要有：古巴部长会议副主席里卡多・卡布里萨斯，古共中央第一书记劳尔特使、古共中央书记处书记、国际关系部长何塞・拉蒙・巴拉格尔，外贸外资部长罗德里戈・马尔米耶卡等。外交部长杨洁篪在出席第66届联大会议期间会见古巴外长布鲁诺・罗德里格斯・帕里利亚。

中古在国际事务中互相支持。中国在第66届联大连续第20次投票支持古巴提出的要求美国取消封锁的议案。双方在多边组织竞选中，在人权、气候变化等问题上相互配合，密切协作。

两国经贸合作发展良好。目前，中国是古巴第二大贸易伙伴，古巴是中国在加勒比地区第一大贸易伙伴。双方在农业、生物科技、旅游酒店等领域合作稳步推进。两国投资贸易促进机构通过中国国际投资贸易洽谈会、进出口商品交易会、哈瓦那国际博览会、双边企业家理事会等重要平台不断促进双方企业的相互了解和沟通。古巴在华采购散货船等项目进展顺利。12月，中古经贸混委会第24次会议在北京召开。

两国在文教、卫生、科技、军事等领域的交流与合作逐步扩大。第11届中国文化节、中国当代艺术家画展、中国电影周和上海电视周在古巴举办。浙江省婺剧团在古巴举行“欢乐春节”专场演出。深圳福永杂技团参加第十届哈瓦那夏季国际杂技节。汉语桥世界大学生中文比赛举行古巴赛区比赛。中古两国教育联合委员会第二次会议在北京举行。11月，中古生物技术工作组第六次会议在哈瓦那召开。10月，中国海军“和平方舟号”医院船访问古巴，此系中古建交以来中国海军舰船首次访古。

塞浦路斯
(Cyprus)

2011年，中华人民共和国与塞浦路斯共和国双边关系健康稳定发展，政治互信不断增强，人员往来日益密切，各领域合作取得积极进展。

2011年是中塞建交40周年。12月14日，国家主席胡锦涛、外交部长杨洁篪分别与塞浦路斯总统季米特里斯·赫里斯托菲亚斯、外交部长艾拉多·高扎库—玛尔古丽互致贺电。12月16日，中国人民对外友好协会举办纪念中塞建交40周年招待会，全国人大常委会副委员长周铁农出席。

双方各级别人员往来密切。10月10～12日，中国人民对外友好协会顾问、第十届全国人大常委会副委员长顾秀莲访塞，分别会见塞议长雅纳基斯·奥米卢、教育与文化部长德莫塞努斯，出席中塞地方政府经验交流会。中方访塞的还有：中共中央办公厅副主任赵胜轩、中国银行业监督管理委员会主席刘明康、外交部副部长傅莹、民政部副部长罗平飞。2月20～26日，塞浦路斯议长马里奥斯·卡洛扬访华，全国人大常委会委员长吴邦国、副委员长华建敏、天津市委书记张高丽分别会见。此外,9月21日，外交部长杨洁篪在纽约出席联合国大会期间会见了塞外长玛尔古丽。

受国际经济危机影响，两国经贸往来有所减少。中国国家开发银行与塞浦路斯银行签订关于在海运、可再生能源和基础设施建设领域进行融资合作的备忘录。中国国际教育交流协会代表团访塞，与塞多所高校负责人会晤，就进一步加强两国教育交流合作，相互承认学历学位等问题交换意见。

捷克共和国
(Czech)

2011年，中华人民共和国与捷克共和国关系保持发展。

受涉藏问题影响，中捷两国高级别交往处于停滞状态。2月，捷外交部副部长杜布作为驻华使馆客人访华，外交部副部长傅莹与之会见。

2011年3月联合国人权理事会第16次会议期间，捷与美国等发表声明，批评中国在新疆“限制宗教、言论和互联网自由，破坏少数民族语言文化发展”，呼吁中国解决“新疆、西藏少数民族面临的令人不满的现状”。11月，捷前总统哈维尔发起要求释放刘晓波的公开信联署。12月，达赖应捷非政府组织邀请第九次赴捷窜访，捷第一副总理兼外长施瓦岑贝格不顾中方强烈反对以“私人身份”会见了达赖，使中捷关系再受冲击。

双方在经贸、科技、文化、教育、地方等领域保持交往。目前，捷是中国在中东欧地区第二大贸易伙伴。

丹　麦
(Denmark)

2011年，中华人民共和国与丹麦王国关系全面深入发展。

各层次、各领域人员往来增多，相互了解增强。10月，外交部长杨洁篪在丹麦新政府成立后不久访丹，同丹麦首相赫勒·托宁—施密特、外交大臣维利·瑟芬达尔会见、会谈，就双边关系、中欧关系等深入交换意见，并在丹麦国际问题研究所发表题为《携手努力促进世界的和平、稳定与发展》的演讲。交通部长李盛霖、国家质量监督检验检疫总局局长支树平、中共中央对外联络部副部长刘结一、教育部副部长郝平、人力资源和社会保障部副部长胡晓义、国家能源局副局长刘琦、国家税务总局副局长王力等访丹。9月，丹麦王储腓特烈以国际奥委会委员身份赴北京出席第14届世界群众体育大会。9月，丹麦环境大臣卡伦·艾勒曼访问北京、南京、广州。8月，丹麦政府首个中国国情高官培训班访北京、上海。

经贸合作持续深化，科技、文化等领域交流富有成果。在全球经济颓势的背景下，中丹双边贸易额逆势增长。国家质量监督检验检疫总局与丹麦食品农渔部签署《中国从丹麦输入牛遗传物质的建议和卫生要求议定书》。第十届“欢乐春节”品牌活动在丹麦广受欢迎。中国电影节在哥本哈根举行。上海话剧艺术中心、上海杂技团与丹麦艺术团体在丹麦多座城市联合巡演莎士比亚名剧《暴风雨》。

地方交流活跃。四川省副省长黄小祥、江苏省副省长黄莉新、广东省人大常委会副主任钟阳胜、内蒙古自治区副主席刘新乐、西藏自治区副主席宫蒲光、北京市副市长程红、上海市副市长沈骏、天津市副市长张俊芳等访丹。11月，丹麦属地格陵兰自治政府工商和矿产资源部长奥沃·卡尔·贝特尔森访华并赴天津出席“2011中国国际矿业大会”。丹麦西兰岛大区主席斯藤·巴赫·尼尔森访问浙江。奥胡斯市市长尼古拉·哈尔比·瓦门访问哈尔滨。

吉布提
(Djibouti)

2011年，中华人民共和国与吉布提共和国友好合作关系继续保持良好发展势头。

两国高层交往密切，政治互信进一步增强。4月，国家主席胡锦涛致电祝贺吉总统伊斯梅尔·奥马尔·盖莱连任。5月，民政部长李立国作为胡锦涛主席特使赴吉出席盖莱总统就职典礼。9月，吉新任驻华大使阿卜杜拉·阿卜杜拉希·米吉勒来华履职，并于12月初向胡锦涛主席递交国书。

两国经贸合作成果显著。1月，双方签订《中华人民共和国和吉布提政府经济技术合作协定》。中方援建的外交部培训中心和人民宫修缮项目相继正式启动，科研中心大楼、阿尔塔医院项目顺利完工交付。为支持吉抗旱救灾，中方向吉提供总计6000万元人民币紧急粮食援助。

其他领域的交流与合作日益密切。7月，吉乒乓球协会运动员应邀来华培训。10月，吉政府部门25名司局级官员来华参加行政和人事官员研修班。中国海军第七、八、九批护航编队先后停靠吉布提港补给休整，并向吉海军赠送办公用品。吉海军司令阿卜杜拉曼·阿登·车尔上校率团访华，参观中国海军院校、设施，并与中国海军主要领导会谈。

多米尼克
(Dominica)

2011年，中华人民共和国与多米尼克国关系发展顺利，政治、经贸、人文等领域交流与合作进一步深化。

两国保持政治交往势头。3月，中共中央对外联络部副部长陈凤翔率中共友好代表团访多。9月，多新闻部长、执政党工党副领袖安布罗斯·乔治率多代表团参加在特立尼达和多巴哥举行的第三届中国—加勒比经贸合作论坛，并会见中方代表团团长。12月，多总理办公室议会秘书凯尔维·达鲁率多工党干部考察团访华。

两国经济技术合作进展顺利。中国政府援建的罗索至朴茨茅斯公路修复项目施工进展顺利。多利用中方优惠贷款实施的多米尼克国立大学和国宾馆项目开工建设。双边农业、医疗和体育场技术合作等项目有序开展。

人文交流继续开展。中方继续为多提供人力资源培训，并向多留学生提供奖学金名额。

朝鲜民主主义人民共和国
(DPRK)

2011年，中华人民共和国与朝鲜民主主义人民共和国的传统友好合作关系继续得到良好发展。

两国继续保持高层交往势头，政治关系进一步发展。10月23～25日，中共中央政治局常委、国务院副总理李克强对朝鲜进行正式友好访问，朝鲜劳动党总书记金正日，朝鲜劳动党中央政治局常委、最高人民会议常任委员会委员长金永南分别会见，朝鲜劳动党中央政治局常委、内阁总理崔永林举行会谈。6月10～13日，中共中央政治局委员、中央书记处书记、中共中央组织部部长李源潮率中共代表团对朝鲜进行友好访问，朝鲜劳动党总书记、国防委员会委员长金正日会见。7月10～13日，国务院副总理张德江率中国友好代表团访问朝鲜并出席《中朝友好合作互助条约》签订50周年纪念活动，朝鲜最高领导人金正日、最高人民会议常任委员会委员长金永南、内阁总理崔永林分别会见。2月13～14日，国务委员、公安部长孟建柱访问朝鲜，朝鲜劳动党总书记、国防委员会委员长金正日和朝鲜劳动党中央政治局常委、最高人民会议常任委员会委员长金永南分别会见。5月16～20日，全国政协副主席陈宗兴率中国政协代表团访问朝鲜，朝鲜最高人民会议常任委员会委员长金永南会见。11月15～18日，中央军委委员、总政治部主任李继耐上将率解放军高级军事代表团对朝鲜进行正式友好访问，朝鲜劳动党总书记、国防委员会委员长、朝鲜人民军最高司令官金正日会见。

5月20～26日，朝鲜劳动党总书记、国防委员会委员长金正日对中国进行非正式访问，并在北京、黑龙江、吉林、江苏参观考察，中共中央总书记、国家主席胡锦涛同金正日会谈并举行欢迎宴会，中共中央政治局常委、国务院总理温家宝会见，中共中央政治局常委贾庆林、李长春、习近平、李克强、贺国强、周永康分别同金正日会晤、陪同参观或参加有关活动。8月25～27日，金正日结束对俄罗斯的访问，途经并顺访中国东北地区，国务委员戴秉国专程前往陪同。9月26～30日，朝鲜劳动党中央政治局常委、内阁总理崔永林对中国进行正式友好访问，与中共中央政治局常委、国务院总理温家宝举行会谈，中共中央总书记、国家主席胡锦涛和中共中央政治局常委、全国政协主席贾庆林分别会见。7月9～12日，朝鲜最高人民会议常任委员会副委员长杨亨燮率朝鲜友好代表团访华并出席《中朝友好合作互助条约》签订50周年纪念活动，中共中央总书记、国家主席胡锦涛，全国人大常委会委员长吴邦国分别会见。12月15～20日，朝鲜内阁副总理兼电子工业相韩光福对中国进行正式访问，中共中央政治局委员、国务院副总理张德江会见。

12月17日，朝鲜最高领导人金正日逝世。中共中央、全国人大常委会、国务院、中央军委向朝鲜党中央、中央军委、国防委员会、最高人民会议常任委员会、内阁发唁电，全体政治局常委等党和国家领导人赴朝鲜驻华使馆吊唁。12月31日，中央军委主席胡锦涛电贺金正恩担任朝鲜人民军最高司令官。

两国经贸关系继续发展。两国贸易投资规模持续扩大，中国保持朝鲜最大贸易伙伴地位，双边互利合作稳步推进。“两个经济区”合作项目正式启动。

两国人文领域交流与合作更趋活跃。双方多个艺术团互访。中国舞剧《丝路花雨》在朝上演，朝鲜歌剧《梁祝》来华巡演，均广受欢迎。两国农业、科技、教育、卫生、地震、气象、园林等领域交流合作活跃。

刚果民主共和国
(D.R.Congo)

2011年，中华人民共和国与刚果民主共和国[简称刚果（金）]友好合作关系保持良好发展势头。

5月和7月，国家主席胡锦涛分别就刚果（金）发生沉船和空难特大事故向刚果（金）总统约瑟夫·卡比拉·卡邦格致慰问电。

两国政治交往频繁。1月，国务院副总理回良玉访问刚果（金），会见了卡比拉总统，与刚果（金）总理阿道夫·穆齐托举行会谈。9月，卡比拉总统在出席第66届联合国大会期间会见外交部长杨洁篪。

1月10日，中国新任驻刚果（金）大使王英武向卡比拉总统递交国书。

经贸合作进展顺利。7月，中国援建的布卡武机场路翻建项目竣工。8月，商务部国际贸易谈判代表兼副部长高虎城访问刚果（金），会见了卡比拉总统、穆齐托总理，并与外交部长阿历克西·坦布韦·姆万巴举行会谈，双方签署了《中华人民共和国政府和刚果民主共和国政府经济技术合作协定》等合作文件。

厄瓜多尔
(Ecuador)

2011年，中华人民共和国与厄瓜多尔共和国友好合作关系继续深入发展。

双方保持各级别友好交往。8月，外交部部长助理张昆生访厄，同副外长金托·恩里克·卢卡斯·洛佩斯共同主持两国外交部间第六次政治磋商。10月，厄执政党主权祖国联盟运动执行书记加洛·莫拉访华，中共中央政治局委员、国务委员刘延东，中共中央对外联络部副部长陈凤翔分别会见、会谈。

两国务实合作进一步深化。双方在能源、电信、基础设施等领域合作稳步推进。厄已成为中国在拉美地区最大的投资对象国之一。

两国人文交流活跃。6月，中纪委驻卫生部纪检组组长李熙访厄。7月，六名中国画家应邀赴厄采风，回国后举办多场“印象厄瓜多尔”画展。10月，国家广电总局副局长张丕民访厄并举办中国电影展。甘肃省京剧团赴厄演出。11月，国家体育总局副局长段世杰访厄。

埃　及
(Egypt)

阿拉伯埃及共和国是第一个同新中国建交的阿拉伯、非洲国家。1956年建交以来，中埃关系长期稳定发展，埃及成为中国在发展中国家的重要合作伙伴。1999年两国建立战略合作关系。2011年是两国建交55周年。

两国保持政治交往。5月，外交部长杨洁篪访问埃及，会见埃及武装部队最高委员会主席穆罕默德·侯赛因·坦塔维，与外交部长纳比勒·阿卜杜拉·阿拉比会谈。9月，杨洁篪外长在出席第66届联合国大会期间会见埃及新任外长穆罕默德·阿姆鲁。3月，外交部副部长翟隽访问埃及，分别会见埃及副总理叶海亚·阿卜杜勒阿齐兹·阿卜杜勒法塔赫·贾马尔、外长阿拉比，与外交部亚洲事务部长助理穆罕默德·希贾齐会谈，并代表中国政府宣布向埃及提供6000万元人民币无偿援助。4月，商务部副部长傅自应访问埃及。1月，埃及外交部亚洲事务部长助理希贾齐访华，外交部副部长张志军会见，外交部副部长翟隽与其举行两国外交部定期政治磋商。

两国在重大国际和地区问题上保持密切沟通协调，共同维护两国和广大发展中国家利益，在中阿合作论坛和中非合作论坛建设上保持良好合作。8月和10月，中国中东问题特使吴思科两次访问埃及，与埃方就地区局势等交换看法。

两国经贸合作保持增长。2011年双边贸易额继续稳步增长，双方在苏伊士经贸合作区项目上的合作稳步推进。

利比亚局势动荡后，中国向埃及提供了100万美元紧急人道主义现汇援助，用于安置埃及和利比亚边境滞留难民。

赤道几内亚
(Equatorial Guinea)

2011年，中华人民共和国与赤道几内亚共和国友好合作关系继续稳步健康发展。

两国政治交往密切，互信不断增强。3月，商务部长陈德铭访问赤几，会见赤几总统特奥多罗·奥比昂·恩圭马·姆巴索戈，并与外交、国际合作和法语国家事务部长帕斯托尔·米查·翁多·比莱会谈。6月，中国政府特使、外交部副部长翟隽赴赤几出席非盟第17届首脑会议，其间会见赤几外长米查。11月，赤几总统奥比昂就中国东南地区矿难向国家主席胡锦涛致函慰问。5月，赤几外长米查来华进行非正式访问，外交部长杨洁篪与其会谈。

两国经贸等领域合作稳步推进。双方经贸合作特殊安排框架协议进展顺利。中方继续为赤几培训各类人员。中国专家组分别赴赤几考察农业合作项目和职业技术学校项目。为支持赤几举办第17届非盟首脑会议，中方向赤几捐赠十辆礼宾用车并为其培训礼宾人员。10月，赤几执政党民主党干部考察团访华。

厄立特里亚
(Eritrea)

2011年，中华人民共和国与厄立特里亚国友好合作关系健康稳定发展。

两国保持友好交往，政治互信不断加深。9月，外交部长杨洁篪与厄立特里亚总统伊萨亚斯·阿费沃基在出席联大期间会晤。中共中央对外联络部副部长艾平访问厄特，与伊萨亚斯总统和厄立特里亚人民民主和正义阵线其他主要负责人会见、会谈。4月，厄特人民民主和正义阵线中央经济部长哈格斯·格布雷希维特访华。6月，厄特外交部长奥斯曼·萨利赫访华，与杨洁篪外长会谈。厄特能源与矿产部长艾哈迈德·哈吉·阿里、农业部长阿雷费恩·贝尔赫以及厄特人民民主和正义阵线中央政治部长耶迈尼·格布里亚布等多位高级官员分别访华或来华参加会议等活动。

两国经贸合作不断加强。由中国进出口银行提供贷款的碧沙金矿二期项目投产。厄特利用中国优惠贷款建设的戈代姆水泥厂投产，电信二期改造项目实施顺利。中非合作论坛第四届部长级会议援非新八项政策措施落实工作稳步推进。

两国人文交流不断增多。中国驻厄立特里亚使馆与厄人阵文化局联合举办第五届中国与厄立特里亚电影周，共放映13部中国优秀影片。纪念新华社建社80周年图片展在厄特举行。甘肃省艺术团赴厄特访演。厄特妇联主席访华。

爱沙尼亚
(Estonia)

2011年是中华人民共和国与爱沙尼亚共和国建交20周年，双边关系续有发展。

高层及立法机构保持接触。1月，爱议长恩娜·爱尔玛访华，全国人大常委会委员长吴邦国、中共中央政治局常委李长春分别会谈、会见。11月，爱沙尼亚议会爱中友好小组代表团访华。

经贸合作深入发展，双边贸易额持续攀高。中国海经总公司同爱方签订总额为3000万欧元的机车出口合同，成为迄今中国对爱沙尼亚单笔金额最大出口项目。

文化、教育等领域交流日益活跃。双方围绕庆祝建交20周年举行图片展、发行纪念邮封等系列活动。中国民乐团赴爱沙尼亚访演。中国杂技团参加“塔林国际花卉节”演出。

埃塞俄比亚
(Ethiopia)

中华人民共和国与埃塞俄比亚联邦民主共和国自1970年建交以来，两国关系总体发展顺利。2011年，中埃全面合作伙伴关系持续深入发展，各领域合作不断加强。

两国高层交往频繁，政治互信不断加深。8月11 ~ 15日，埃塞俄比亚总理梅莱斯·泽纳维访华并出席第26届世界大学生运动会开幕式，国家主席胡锦涛、全国人大常委会委员长吴邦国、国务院总理温家宝分别与其会见、会谈。双方签署了《中华人民共和国政府和埃塞俄比亚联邦民主共和国政府经济技术合作协定》。

8月31日至9月3日，全国政协副主席、中国国际交流协会副会长王志珍访问埃塞俄比亚，分别会见了梅莱斯总理和副总理兼外长海尔马里亚姆·德萨莱尼，并与埃塞俄比亚联邦院议长卡萨·特克勒伯尔汉会谈。

两国政党、政府部门交往不断增多。11月8～10日，中共中央政治局委员、中央书记处书记、中共中央宣传部部长刘云山访问埃塞俄比亚，会见了埃塞俄比亚人民革命民主阵线主席、梅莱斯总理，并与埃革阵党总部负责人雷德旺举行两党工作会谈。2月22～28日，埃革阵总部负责人雷德旺率领埃革阵代表团访华，中共中央政治局常委李长春会见。6月和11月，埃革阵两个高级干部研修班分别访华，考察中国共产党党建及党校建设经验。

两国经贸合作进一步加强，双边贸易健康发展，金融合作进展顺利。埃塞俄比亚成为中国在非洲的重要工程承包和经贸合作伙伴之一，中埃工程、信贷一揽子合作稳步推进。4月和11月，商务部副部长傅自应和蒋耀平分别率中国政府经贸代表团访埃。8月，梅莱斯总理访华期间，中埃签署第二期一揽子信贷合作协议。中非合作论坛第四届部长级会议援非新八项政策措施落实工作进展顺利。

两国其他领域交流与合作深入发展。10月，科技部副部长张来武访埃，双方签署了首个政府间科技合作协定，为深化科技领域合作奠定了良好基础。故宫博物院院长、中国音乐学院艺术团、河北经贸大学巡演团和浙江省艺术团等分别访问埃塞俄比亚。亚的斯亚贝巴孔子学院建设取得新进展，双方就在埃增设汉语教学点签署协议。全国妇联、中国民间组织国际交流促进会代表团分别访埃。埃塞俄比亚代表出席“中非青年领导人论坛”、“中非民间论坛”和“妇女与可持续发展”论坛。埃航空公司增开亚的斯亚贝巴至杭州航线。两国就埃塞俄比亚在重庆设立总领馆达成协议，进一步促进了中埃人员交流和地方政府合作。

斐　济
(Fiji)

2011年，中华人民共和国与斐济共和国的友好合作关系保持良好发展势头。

双方高层交往频繁。9月，国务院副总理回良玉过境斐济。同月，全国政协副主席、中国—大洋洲友好协会会长廖晖访问斐济。中共中央委员、西藏自治区党委书记张庆黎，中共中央宣传部副部长蔡名照，外交部副部长崔天凯，北京市人大常委会主任杜德印，上海市政协副主席李良园等先后访斐。8月，斐济总统埃佩利·奈拉蒂考来华出席第26届世界大学生夏季运动会开幕式，国家主席胡锦涛会见。斐总理姆拜尼马拉马3月赴香港私人访问，10月访问上海、深圳。斐外交与国际合作部长伊诺凯·昆布安博拉，代理国防、国内安全和移民部长、初级产业部长约凯塔尼·索卡纳辛加，妇女、社会福利和扶贫部长吉科·鲁温尼分别来华访问或出席国际会议。

双方经贸、人文等领域交流合作不断扩大。4月，中国贸促会与斐济贸易投资局在斐首都苏瓦联合举办“中国—斐济贸易投资论坛”。8月，斐战略规划部常秘怀斯率政府高级代表团访华，重点探讨和推动两国经贸投资合作。中国援建的斐电子政务、总统府及植物园围墙、多用途船等项目竣工移交，农村公路改造、菌草技术示范中心、低造价住房和公共租赁住房、纳务瓦医院、海岸防护工程等项目稳步实施。9月，中国农业部与斐初级产业部在斐楠迪合作举办第三届“中国—太平洋岛国农业合作论坛”。中国全国武术协会表演团、广东省艺术团、深圳艺术团等赴斐演出，中国体育总局在斐举办中国武术培训项目，斐体育代表团来华参加第26届大运会，进一步增进了两国人民间相互了解和友谊。

芬　兰
(Finland)

2011年，中华人民共和国与芬兰共和国友好合作关系发展良好。

两国保持高层交往。9月，全国人大常委会副委员长桑国卫对芬兰进行正式访问，与芬兰议长埃罗·海内卢奥马会谈，并会见总理于尔基·卡泰宁，议会外委会主席蒂莫·索伊尼。科技部长万钢、交通部长李盛霖、中共中央对外联络部副部长刘结一、教育部副部长杜占元、最高人民法院副院长南英分别访芬。芬兰欧洲事务与外贸部长亚历山大·斯图布和农林部长亚里·科斯基宁分别访华。

中芬贸易及投资稳步上升。中芬两国在加强电信、林业、机械等传统合作领域的基础上，积极开拓创新、环保、生态城建设等新兴领域。中芬经贸额恢复至国际金融危机前水平。4月，第19届中芬经济、工业和技术联委会会议在赫尔辛基召开。

人文领域合作丰富多彩。2月，由赫尔辛基市政府和北京市政府联合主办，驻芬兰使馆和芬中协会协办的“欢乐春节——赫尔辛基第五届中国春节庙会”在赫尔辛基水晶宫广场举行，北京风雷京剧团进行了精彩演出，活动吸引5万民众。同济大学近100名师生访芬，是近年来中芬青年最大规模交流。

地方交往活跃。山西省副省长牛仁亮、浙江省副省长毛光烈、河北省纪委书记臧胜业、云南省纪委书记李汉柏、河南省政法委书记李新民、河南省人大常委会副主任张程锋等分别访芬。

法　国
(France)

2011年，中华人民共和国与法兰西共和国双边关系保持良好发展势头。双方积极落实2010年两国元首互访达成的共识，高层交往频繁，经贸合作扎实推进，人文交流不断扩大，就二十国集团事务等重大国际地区问题密切沟通、积极协调。

两国高层交往频繁。国家主席胡锦涛和法国总统尼古拉·萨科齐在3月、8月和11月三次会晤，并通过热线电话、互致函电等方式，就双边关系、国际和地区热点问题保持密切沟通。

5月18日，全国人大常委会委员长吴邦国过境法国海外省留尼汪，会见留尼汪省长米歇尔·拉朗德。6月11日，国家副主席习近平过境法属波利尼西亚，会见法国政府驻法波高级专员里夏尔·迪迪埃和法波自治政府主席奥斯卡·特马鲁。7月2～5日，中共中央政治局常委、中央纪委书记贺国强访问法国，会见萨科齐总统和国民议会议长贝尔纳·阿夸耶。9月25～26日，国务院副总理回良玉经停法属波利尼西亚首府帕皮提。9月22～25日，国务委员戴秉国访法，与法国总统外事顾问让—大卫·雷维特举行磋商，会见萨科齐总统、阿夸耶议长、总统府秘书长兼二十国集团事务协调人扎维埃·穆斯卡，并在法国《费加罗报》上发表署名文章。

4月25～30日，法国国民议会议长阿夸耶访华。全国人大常委会委员长吴邦国会谈，国家主席胡锦涛，中共中央政治局常委、中央纪委书记贺国强分别会见。

两国外交部保持密切交往。1月，外交部长杨洁篪和法国外交和欧洲事务部长米歇尔·阿里奥—玛丽通话，就推动双边关系进一步发展交换看法。3月，杨洁篪外长和法国国务部长兼外交和欧洲事务部长阿兰·朱佩通话，就双边关系和国际地区形势交换意见。5月5～7日，法国外交部欧洲事务部长洛朗·沃基耶来华出席“中国欧盟未来发展国际研讨会”。9月12～14日，法国国务部长兼外长朱佩访华，国务院总理温家宝、国务委员戴秉国、外交部长杨洁篪分别会见、会谈。

双方在二十国集团事务，特别是二十国集团领导人戛纳峰会问题上保持密切沟通与协调，共同推动峰会取得总体积极平衡的成果。3月31日，法国作为二十国集团轮值主席国在南京举办国际货币体系研讨会，国务院副总理王岐山与萨科齐总统共同出席开幕式。8月26日，王岐山副总理在北京会见法国经济、财政和工业部长弗朗索瓦·巴鲁安。10月20日，王岐山副总理与巴鲁安财长通话。10月22日，法国总统特使、国务部长兼外长朱佩来华，王岐山副总理会见，双方就二十国集团领导人戛纳峰会、世界经济形势和中法经济关系等问题交换看法。两国外交部和二十国集团事务协调人也多次会晤，就戛纳峰会筹备工作交换意见。此外，中法双方还就西亚北非地区局势、欧洲主权债务问题等全球性和国际地区热点问题加强沟通。

中法经贸合作继续保持增长势头，两国相互投资稳中有升，中国对法投资加快，双方在核电合作等传统领域续有推进，环保、新能源、金融等新兴领域合作有所发展。4月11～16日，法国参议院副议长、前总理让—皮埃尔·拉法兰率团来华出席第17届中法经济研讨会。6月8～9日，法国经济、财政和工业部长克里斯蒂娜·拉嘉德访华。12月13日，中法经贸混委会第20次会议在巴黎举行，双方就进一步推动两国经贸关系发展等议题广泛交换意见。

两国人文交流不断扩大，中法语言年和法国青年访华活动顺利展开。7月4日，在法国访问的中共中央政治局常委、中央纪委书记贺国强与法国政府代表、法国前总统瓦莱里·吉斯卡尔—德斯坦在巴黎出席中法语言年法国“汉语年”开幕式。9月13日，国务委员刘延东与来访的法国外交部长朱佩在北京出席中法语言年“法语年”开幕式。10月10～18日，法国参议院副议长、前总理拉法兰率法国青年代表团访华。双方卫生、科技等领域交流合作取得新进展。3月，卫生部长陈竺访法，出席中法新发传染病防治合作项目指导委员会第六次会议。5月，科技部长万钢访法，与法国外交部、高等教育研究部共同召开中法第13届科技合作联委会。6月，中法高等级生物安全实验室在武汉奠基。

两国政党、议会、军队和地方交流活跃。5月，法国人民运动联盟副总书记埃尔韦·诺维利访华并出席第二届中欧政党高层论坛第一次会议。11

月，中共友好代表团访问法国。

7月和10月，中法议会（参议院）定期交流机制第一次会议与中法议会（国民议会）定期交流机制第二次会议分别在法国和中国举行。

9月28日至10月2日，解放军副总参谋长马晓天上将访法，与法国三军副参谋长菲利普·孔贝海军中将共同主持中法第十次国防部战略对话。

10月13日，第六届“中法市长圆桌会议”在天津举行。截至2011年底，中法两国共有友好城市和省区70对。

胡锦涛主席与萨科齐总统三次会晤

2011年，国家主席胡锦涛同法国总统萨科齐三次成功会晤，就双边关系、世界经济金融形势、二十国集团事务及重大国际和地区问题深入交换意见并达成重要共识，进一步增进了双方的相互了解和全面合作。

3月30日，胡锦涛主席在北京会见了来华出席二十国集团国际货币体系研讨会的萨科齐总统。

胡锦涛主席在会见中积极评价中法关系发展成果，表示2011年是中法关系发展的重要一年。双方要保持两国高层和各级别交往势头，加强对话沟通，增进战略互信，尊重和照顾彼此重大关切。双方要深化两国经贸、航空、航天等传统领域的合作，大力拓展新能源、新材料、循环经济等新兴产业的合作，尤其是核安全领域的合作，扩大双向投资，提升合作水平。双方要深入推进人文交流，办好中法语言年系列活动和首批百名法国青年访华活动，推动中法全面战略伙伴关系持续深入发展。中方支持法国举办二十国集团领导人戛纳峰会，愿同法方及其他成员国加强沟通和协调。

萨科齐总统赞同胡锦涛主席对双边关系的评价，表示法国非常重视发展同中国的友好合作关系，法中两国人民的友谊始终不渝。近年来，中国经济稳定发展，国力不断增强，成为世界上不可或缺的重要力量，法方对此表示高兴。双方要继续保持两国关系发展良好势头，加强高层互访和各领域交往与合作。法方愿就国际货币体系改革问题同中方保持沟通，期待胡锦涛主席出席二十国集团领导人戛纳峰会。

8月25日，胡锦涛主席会见了赴法国海外属地新喀里多尼亚视察途中过境北京的萨科齐总统。

胡锦涛主席指出，中方高度重视中法关系，愿同法方共同努力，继续推进两国经贸、核能、科技、文化、教育等领域交流合作，使中法友好更加深入人心。中方愿同法方加强多边机制和全球层面的战略协调，为应对国际经济金融风险、维护国际金融稳定、促进世界经济复苏而共同努力。中方关注欧洲主权债务问题的影响，希望欧洲经济保持稳定，希望有关国家财政金融改革取得成功。中方对欧洲经济和欧元抱有信心，相信欧洲有智慧、有能力克服当前困难，保持经济稳定和增长。中方赞同二十国集团戛纳峰会所设的核心议题，积极评价法方为峰会所做的富有成效的筹备工作，将继续支持和参与峰会各项工作，同各成员国一道，为峰会取得成功作出贡献。

萨科齐总统表示，当前法中关系发展良好，战略对话进展顺利，战略互信不断增强，各领域合作取得积极成果，法方对双边关系发展感到满意，愿意同中方加强在政治、经贸、核能等各领域对话与合作，推动双边关系迈上新的台阶。欧元区正在采取措施应对主权债务问题，推进有关国家财政金融改革，加强欧元区经济治理。感谢中方对欧洲经济和欧元抱有信心。中国在世界经济重大问题上发挥着重要作用。法国作为二十国集团主席国，愿同中方共同探讨世界经济面临的重大问题，加强同各方的沟通协调，推动戛纳峰会为世界经济复苏发挥积极作用。

11月2日，胡锦涛主席在赴法国出席二十国集团领导人戛纳峰会期间会见了萨科齐总统。

胡锦涛主席说，当前，世界经济复苏仍面临诸多不稳定不确定因素。中方积极支持法方办好峰会，希望二十国集团继续发扬同舟共济、合作共赢的精神，通过峰会向国际社会传递保增长、促稳定的明确信号。欧洲是世界第一大经济体，没有欧洲经济复苏就没有全球经济复苏，没有欧洲经济发展世界经济就会受到影响。解决欧洲债务问题主要还是要靠欧洲。我们相信欧洲完全有智慧、有能力解决债务问题。中国一直支持欧洲一体化进程。2008年国际金融危机发生以来，我们一直支持欧洲为应对国际金融危机冲击、实现经济复苏作出的努力。

萨科齐总统赞赏中方为筹备二十国集团领导人戛纳峰会所作努力，表示愿同中方加强协调合作，同有关各方共同努力，推动峰会取得积极成果。欧洲承诺解决债务危机，愿为此作出自身努力，并同国际社会加强合作。法方重视中方作用，赞赏中方对重大国际问题的关注，愿同中方保持密切沟通和磋商。

加　蓬
(Gabon)

2011年，中华人民共和国与加蓬共和国友好合作关系稳步发展。

双方友好交往不断。2月，外交部长杨洁篪访问加蓬，会见加蓬总统阿里·邦戈·翁丁巴，并与加蓬外交、国际合作和法语国家事务部长保罗·通吉举行会谈。10月，加国防部长帕科姆·吕芬·翁宗加访华。

7月，加蓬总理保罗·比约格·姆巴就“7·23”甬温线特别重大铁路交通事故致函国务院总理温家宝表示慰问。

两国经贸、文教等领域合作取得积极进展。2月，上海艺术团赴加参加“欢乐春节”演出活动。11月，中国援建的中加友谊体育场竣工，作为庆祝活动，中国国家青年足球队应邀访问加蓬，同加蓬国家青年足球队举行友谊比赛。

格鲁吉亚
(Georgia)

2011年，中华人民共和国与格鲁吉亚友好合作关系稳步发展，各领域交流合作保持良好势头。

中格政治关系平稳发展。格坚持一个中国政策，在涉我核心利益的重大问题上继续支持中方立场。7月，格执政党统一民族运动党总书记祖拉布·梅利基什维利致函中国驻格大使，祝贺中国共产党成立90周年。12月5日，格新任驻华大使马姆卡·加姆克列利泽向中国国家主席胡锦涛递交国书。

两国在联合国等国际组织中保持良好沟通和协调。格支持中国竞选国际法院、国际法委员会、国际刑庭余留机制相关职位，中方在联合国人权理事会、禁止酷刑委员会等组织竞选中予格支持。

双边经贸合作续有发展，经济技术合作规模逐步扩大，一批基础设施建设、能源资源开发、电信等领域合作项目取得新进展。中方向格提供的无偿援助取得良好效果。

地方交流活跃。6月，新疆维吾尔自治区代表团与格方企业家在第比利斯举办经贸合作论坛。9月，格方组团参加在乌鲁木齐举办的中国—亚欧博览会。

教育、旅游、新闻等领域交流进一步深化。5月，第二届“汉语桥”世界大学生中文比赛格鲁吉亚赛区决赛顺利举行。6月，双方签署《中华人民共和国政府和格鲁吉亚政府民用航空运输协定》，乌鲁木齐至第比利斯直航开通，新疆维吾尔自治区人大主任艾力更·依明巴海率团赴格出席开通仪式。9月，格公共广播电视公司组团访华，回国后制作播放的专题纪录片广受格观众好评。

德　国
(Germany)

2011年，中华人民共和国与德意志联邦共和国关系发展良好。双方高层继续保持密切接触与沟通，议会、政党、经济、科教、文化、法律、军事、地方等各领域交流与合作不断深化。

两国高层交往频繁。11月3日，国家主席胡锦涛在法国戛纳出席二十国集团领导人第六次峰会期间同德国总理默克尔进行交谈，主要就中德关系、欧洲主权债务危机交换意见。1月28日，国务院总理温家宝应约与默克尔总理热线通话，就首轮中德政府磋商、欧洲主权债务危机等交换意见。6月27～28日，温家宝总理正式访德，会见德国总统武尔夫，与默克尔总理举行小范围会谈并共同主持首轮中德政府磋商。中德双方近30位部长（含副部级）参加磋商。首轮磋商高效务实，成果丰硕，达成许多重要共识。双方共同发表《首轮中德政府磋商联合新闻公报》。双方还签署了11项政府间合作文件和5项商业合同，涉及金额约150亿美元。10月30日至11月4日，全国政协主席贾庆林访问德国，分别与总统武尔夫、联邦参议院议长泽霍夫会见、会谈，并访问巴伐利亚州和巴登—符腾堡州。1月6～9日，国务院副总理李克强访问德国，分别会见武尔夫总统、默克尔总理、副总理兼外长韦斯特维勒、联邦经济和技术部长布吕德勒及巴伐利亚州州长泽霍夫。1月17日，国务委员马凯在京应约会见德国技术救援署主席布罗默。3月31日至4月2日，德国副总理兼外长韦斯特维勒访华，国务院总理温家宝、国务院副总理李克强分别会见，国务委员刘延东与其共同出席"启蒙的艺术"展开幕式，外交部长杨洁篪与其举行首轮中德外长级战略对话。

两国外交部保持密切合作与沟通。6月，杨洁篪外长和韦斯特维勒外长在首轮政府磋商期间举行对口磋商，并互换关于同意德方在沈阳设立总领事馆的文件。9月，杨洁篪外长在出席第66届联合国大会一般性辩论期间会见韦斯特维勒外长，就双边关系及二十国集团戛纳峰会等国际问题交换意见。11月，外交部副部长傅莹在京与德外交部国务秘书哈珀尔举行两国外交部副外长级政治磋商。12月初，杨洁篪外长出席阿富汗问题波恩会议并访问德国，会见武尔夫总统、默克尔总理，并与韦斯特维勒外长举行第二轮中德外长级战略对话。3月、8月和12月，杨洁篪外长应约与韦斯特维勒外长三次通电话，就中德关系及重大国际和地区问题交换意见。

中德经贸、财政、金融等领域合作不断深化。双方在首轮政府磋商中商定，争取至2015年双边贸易额达到2800亿美元。3月，德国联邦财政部长朔伊布勒访华并出席南京二十国集团国际货币体系改革研讨会，国务院副总理李克强、财政部长谢旭人、商务部长陈德铭、中国人民银行行长周小川分别会见、会谈，双方签署关于加强中德财经合作的谅解备忘录。6月，第六届中德经济技术合作论坛在柏林举行，温家宝总理和默克尔总理出席并致辞。7月，首届"中德金融稳定论坛"在德国法兰克福举行。9月，商务部副部长陈健访问德国。

两国立法机构和政党交往密切。1月，全国人大常委会副委员长乌云其木格访德。3月，全国人大外事委员会副主任委员马文普和中共中央对外联络部副部长李进军分别会见随德副总理兼外长韦斯特维勒访华的联邦议员。4月，德联邦议院联盟党议会党团主席考德尔访华，中共中央政治局常委、国务院副总理李克强，财政部长谢旭人，中国人民银行行长周小川，上海市市长韩正和中共中央对外联络部副部长李进军分别会见。5月，全国政协副主席、中国民间组织国际交流促进会会长、中国和平发展基金会理事长孙家正访德。9月，中共中央对外联络部部长王家瑞访德，分别会见德外交部长韦斯特维勒、社民党议会党团主席施泰因迈尔等。10月，德国联邦议院自由民主党议会党团副主席兼经济政策发言人林特纳率团访华。

两国文化、法律、军事、安全、媒体、地方等各领域合作稳步推进。3月底，萨克森州州长提里希访华，中央政治局常委李长春会见。4月，柏林、德累斯顿、巴伐利亚三家博物馆首次联合在华举办"启蒙的艺术"展览，国家主席胡锦涛与德国总统武尔夫共同担任该展监护人。同月，中央政治局委员、上海市委书记俞正声访德，分别会见武尔夫总统、联邦经济和技术部长布吕德勒。5月，由环球时报和德国博世基金会联合举办的第二届中德媒体论坛在柏林举行，武尔夫总统会见两国与会媒体代表。6月，中央政治局委员、广东省委书记汪洋访德并与武尔夫总统会见。7月，第二届中德对话论坛第二次会议在柏林举行，第九次中德人权对话在华举行。9月，解放军副总参谋长马晓天上将与德联邦国防军副总监察长维勒中将在慕尼黑共同主持中德第五轮防务战略磋商。同月，第11次中德法治国家对话在青岛举行。10月，由国务院新闻办公室与德外交部共同举办的首届中德媒体对话在柏林举行。11月，解放军副总参谋长章沁生上将在京会见德国防部国务秘书施密特。同月，德国社民党副主席、汉堡市市长朔尔茨访华，国务院副总理张德江、中共中央对外联络部部长王家瑞、外交部副部长傅莹分别会见。同月，中国在德第12所孔子学院在埃尔福特应用科技大学成立。11月20～21日，慕尼黑安全政策会议第三次核心小组会议在京举行，国务委员戴秉国会见外方与会代表，外交部长杨洁篪发去贺词，外交部副部长张志军出席会议开幕式并作主旨演讲，傅莹副部长出席会议并主持闭幕午宴。

截至2011年年底，两国已建立67对友好省州（市）关系。

加　纳
(Ghana)

2011年，中华人民共和国与加纳共和国友好合作关系顺利发展，经贸等领域合作进一步加强。

两国高层交往保持良好势头。11月，全国人大常委会副委员长周铁农访问加纳，分别会见了加纳副总统约翰·德拉马尼·马哈马、议长乔伊斯·班福德—阿多。同月，中央军委委员、国务委员兼国防部长梁光烈上将访加，与马哈马副总统、国防部长约瑟夫·亨利·史密斯分别会见、会谈。2月，全国政协副主席李兆焯访加，与加纳总统约翰·埃文斯·阿塔·米尔斯、议长班福德—阿多分别会见、会谈。同月，商务部长陈德铭访加，分别与米尔斯总统、财政和经济计划部长夸贝纳·杜福尔会见、会谈。6月，加纳国防部长史密斯访华。9月，加纳卫生部长约瑟夫·耶莱·奇雷访华。

3月，中国外交部非洲司司长赴加主持两国外交部首次政治磋商。

两国经贸合作向更宽领域拓展。中国公司承建的加纳布维水电站进展顺利。9月，中方援建的加纳外交部办公大楼项目开工。11月，中非发展基金驻加纳代表处成立。12月，中国国家开发银行与加纳财政部正式签署向加方提供首期30亿美元融资贷款主协议。

两国文化、卫生等领域交流合作取得新进展。宁夏回族自治区与加纳沃尔特省缔结友好省际关系。中国残疾人艺术团成功赴加演出。两国签署第二期《中华人民共和国政府和加纳共和国政府关于派遣中国医疗队赴加纳工作的议定书》。

希 腊
(Greece)

2011年，中华人民共和国与希腊共和国全面战略伙伴关系持续发展，各领域友好合作不断扩大。

双方保持高层交往，政治互信进一步增强。10月23 ~ 27日，全国政协主席贾庆林对希腊进行正式友好访问，会见希腊总统卡罗洛斯·帕普利亚斯，与议长菲利浦斯·佩察尔尼科斯举行会谈，接受希腊议会授予的“伯里克利斯”最高荣誉勋章，会见新民主党第一副主席迪米特里斯·阿弗拉莫普洛斯和克里特省省长斯塔乌洛斯·阿尔纳武塔基斯。贾庆林主席出席希腊工商界欢迎晚宴并发表重要讲话，与希腊副总理塞奥佐罗斯·潘卡洛斯共同见证两国关于加强基础设施和制造领域合作谅解备忘录的签署。此外，贾庆林主席还视察了中远集团竞标取得特许经营权的比雷埃夫斯港2号集装箱码头，并出席经克里特岛撤离中方在利比亚人员行动优秀人员颁奖仪式，向18位希腊友好人士颁发“中希友好贡献奖”。6月15 ~ 17日，中共中央政治局委员、广东省委书记汪洋访问希腊，会见潘卡洛斯副总理，与克里特省省长阿尔纳武塔基斯共同见证了广东省与克里特省缔结友好关系协议签字仪式。11月2 ~ 7日，潘卡洛斯副总理对广东省进行友好访问，其间，与汪洋书记会见，并作为特邀嘉宾出席“2011年广东国际旅游文化节”开幕式，见证了广东与希腊加强旅游交流合作备忘录签字仪式。2月20 ~ 26日，希腊海洋、岛屿和渔业事务部长雅尼斯·迪亚曼蒂季斯访问北京和上海。国务院副总理张德江会见。4月11 ~ 15日，希腊国务部长哈里斯·巴布基斯访华，外交部副部长张志军、副部长傅莹和商务部副部长蒋耀平分别会见。

2月，利比亚安全形势恶化后，希腊总理乔治·帕潘德里欧指示本国有关部门及地方当局全力配合，协助中方将13185名中国公民经克里特岛从利比亚安全撤离。国务院总理温家宝通过中国驻希腊大使馆向帕潘德里欧总理致口信，代表中国政府和人民感谢希腊政府和人民在中方撤离在利比亚人员方面所提供的支持和帮助。

两国外交部保持密切磋商与合作。3月24日，外交部副部长傅莹访问希腊，与希腊副总理潘卡洛斯、外交部副部长斯皮罗斯·库维利斯和外交部秘书长尤阿尼斯·泽波斯共同会见。5月15 ~ 18日，希腊外交部副部长库维利斯访华，外交部副部长宋涛会见，双方共同签署《中希两国外交部关于简化签证手续的联合声明》。5月25 ~ 27日，泽波斯秘书长来华与傅莹副外长举行政治磋商，外交部长杨洁篪和中共中央对外联络部副部长刘结一分别会见。

两国议会、军事交流活跃。全国人大外事委员会副主任委员刘镇武赴希腊进行专题立法调研和友好访问。全国人大常委会前副委员长顾秀莲、许嘉璐访问希腊并出席国际会议。中央军委委员、解放军总参谋长陈炳德上将以及海军司令、军事科学院院长、南京军区政委等九个高级军事代表团访问或过境希腊。6月23 ~ 28日，希腊国防参谋长尤阿尼斯·亚科斯空军上将访华，中央军委委员、国务委员兼国防部长梁光烈上将会见，陈炳德上将与其举行会谈。

受希腊主权债务危机持续恶化影响，中希双边贸易额有所减少，希腊对华出口下降幅度较明显。海运务实合作继续深化。中国国家开发银行继续向希腊船东采购中国船舶提供融资支持。中远比雷埃夫斯港口集装箱码头公司集装箱吞吐量不断刷新纪录。

两国人文交流丰富多彩。5月11日，中国国际航空公司恢复北京—雅典航线，并分别在北京和雅典举行复航仪式，便利了两国人员往来和旅游合作。11月10 ~ 11日，第三届中国西藏发展论坛在雅典成功举办。国务院新闻办公室主任王晨和西藏自治区人大常委会副主任尼玛次仁访问希腊并出席论坛。中国新闻代表团和中国作家代表团分别访问希腊。10月14 ~ 21日，希腊青年代表团访问北京和陕西省。中国人民对外友好协会委托中国驻希腊大使馆授予希腊船运、媒体巨头阿里斯蒂迪斯·阿拉夫佐斯“人民友好使者”称号。

格林纳达
(Grenada)

2011年，中华人民共和国与格林纳达友好关系进一步加强，经贸合作成果丰富，在国际事务中保持密切沟通与配合。

两国保持高层交往，政治互信不断加深。9月，格林纳达总理蒂尔曼·托马斯出席在特立尼达和多巴哥举行的第三届中国—加勒比经贸合作论坛，国务院副总理王岐山会见。同月，格执政党民族民主大会党总书记、旅游部长彼得·戴维访华。

两国经贸合作不断扩大，双边贸易持续增长，双方在基础设施建设、农业和人力资源等领域合作续有进展。中方援建的低收入住房项目进展顺利。9月，双方签署优惠贷款框架协议，支持格四季酒店项目建设。格方积极派员来华参加各类中短期培训和研讨班。

人文等领域交流合作保持良好势头。中方援格汉语教学项目进展顺利。2011年，格林纳达共有五名留学生来华学习深造。

几内亚
(Guinea)

2011年，中华人民共和国与几内亚共和国传统友好合作关系取得积极进展。

两国高层交往密切。9月13 ~ 19日，几内亚总统阿尔法·孔戴来华出席在大连举行的世界经济论坛2011年新领军者年会，并访问北京、上海和郑州等地；其间，国家主席胡锦涛和国务院总理温家宝分别予以会见，双方就进一步加强各层次友好交往、扩大经贸、民生等领域全面合作等问题深入交换意见，达成广泛共识。

2月13 ~ 15日，外交部长杨洁篪对几内亚进行正式访问，分别会见总统阿尔法·孔戴和总理穆罕默德·赛义德·福法纳，并与外交与海外侨民部长爱德华·尼昂科耶·拉马举行会谈。双方签署了《中华人民共和国政府和几内亚共和国政府经济技术合作协定》等合作文件。

9月，几工业和中小企业部长拉玛图拉耶·巴以非洲知识产权组织董事会副主席身份访华，与国家知识产权局就加强中非知识产权交流与合作进行了深入探讨。

两国经贸合作稳步推进。4月，商务部副部长傅自应率中国政府经贸代表团访几并出席中几双边经贸混委会第五届会议。中方援建的科纳克里体育场项目进展顺利。中方还积极推进中非合作论坛第四届部长级会议成果在几落实工作，同几方就建设小学校、提供太阳能路灯、打井、提供医疗设备和抗疟疾药品等事宜签署了换文。两国企业在通讯、基础设施建设领域的合作取得积极进展。

新闻领域合作取得新进展。9月，新华社驻科纳克里分社正式成立。

几内亚比绍
(Guinea-Bissau)

2011年，中华人民共和国与几内亚比绍共和国友好合作关系发展顺利。

两国政治互信不断增强，高层交往续有开展。3月8～9日，中共中央对外联络部部长王家瑞率中共代表团访问几内亚比绍，会见了几内亚比绍总统马拉姆巴卡伊·萨尼亚，与几内亚和佛得角非洲独立党主席、政府总理卡洛斯·戈梅斯会谈，并拜会了社会革新党领袖。王家瑞部长积极评价两国友好合作关系，表示，进入新世纪以来，双方政治互信日益增强，经贸等领域合作不断扩大，在彼此关切的重大问题上相互理解和支持。中国十分重视发展同几比的友好关系，感谢几比坚定支持一个中国原则，表示愿与几比共同努力，推动两国关系长期健康、稳定发展。几比感谢中国在几比争取和捍卫民族独立斗争以及谋求国家发展的过程中所给予的大力支持，称中国已成为几比最重要的合作伙伴，几比希进一步加强两国在各领域的友好合作关系。

圭亚那
(Guyana)

2011年，中华人民共和国与圭亚那共和国友好关系顺利发展。双方在政治、经贸、人文等领域合作取得积极进展，在国际和地区事务中保持协调与配合。

两国高层交往不断。12月，国家主席胡锦涛致电祝贺唐纳德·拉莫塔当选圭亚那新总统。9月，时任圭亚那总统巴拉特·贾格迪奥出席在特立尼达和多巴哥举行的第三届中国—加勒比经贸合作论坛，国务院副总理王岐山会见。12月，圭总理塞缪尔·海因兹因私访华。

经贸合作成果显著。双边贸易额持续增长。3月，中国和圭亚那经贸混委会第11次会议在圭成功举办。中方援建的输变电项目破土动工，渡船项目顺利完成并运抵圭。

政党、文化、教育、人力资源等领域合作继续深入。3月，中共中央对外联络部副部长陈凤翔访圭。6月，重庆市市长黄奇帆访圭，第三批援圭青年志愿者抵圭，天津民乐团赴圭访演。2011年，圭共有11名留学生获中国政府奖学金来华学习，18名学员来华参加各种研修和培训。

匈牙利
(Hungary)

2011年，中华人民共和国与匈牙利共和国*友好合作伙伴关系进入新阶段，各领域务实合作不断深化。

高层交往密切，政治互信增强，双边经贸合作取得新突破。6月24～25日，国务院总理温家宝对匈牙利进行正式访问，分别会见匈牙利总统施密特·巴尔、匈牙利国会主席格维尔·拉斯洛，并与总理欧尔班·维克多举行会谈。访问期间，温家宝总理出席了中国—中东欧国家经贸论坛并致辞。中匈双方签署了12项政府和企业间合作文件，涵盖投资、基础设施、金融、物流、文化等领域，协议总金额约18亿美元。此外，温家宝总理还宣布将建立10亿欧元的中匈合作专项贷款资金和购买一定数量的匈牙利国债。5月12～15日，国务委员戴秉国出席第二轮中欧高级别战略对话并访问匈牙利，分别会见匈牙利总统施密特·巴尔和总理欧尔班·维克多。3月24～27日，全国人大常委会副委员长乌云其木格访问匈牙利。4月16～23日，匈牙利国会副主席乌伊海伊·伊斯特万访华。

两国外交部保持良好合作。6月4～7日，外交部长杨洁篪赴匈牙利出席第十届亚欧外长会议，其间，分别会见匈牙利总理欧尔班·维克多、外交部长马尔托尼·亚诺什。4月20日，外交部副部长傅莹同匈牙利外交部副国务秘书霍瓦里·亚诺什在华举行两国副外长级政治磋商，外交部副部长张志军同霍会见。

两国经贸、金融关系不断加强。4月16～22日，匈牙利国家发展部部长费莱基·道马什访华。11月9～16日，费莱基来华出席中国国际高新技术成果交易会，并与外交部副部长傅莹就落实温家宝总理访匈成果等问题交换了意见。9月13日，中国国际高新技术成果交易会2011年匈牙利分会在布达佩斯开幕。

双方在文化、教育、体育、军事、地方等领域交流与合作蓬勃开展。

---

* 英文国名为：The Republic of Hungary，自2012年1月1日起英文国名更名为：Hungary。

中国国家广播电视总局局长蔡赴朝、国家体育总局局长刘鹏、国土资源部副部长王世元、新闻出版总署副署长孙寿山、司法部副部长郝赤勇、卫生部副部长马晓伟、国务院法制办公室副主任郜风涛、解放军总政治部副主任童世平上将、成都军区政委田修思上将、武警部队副司令何映华中将、中国空军代表团、二炮指挥学院代表团、广东省省长黄华华、上海市人大常委会主任刘云耕等分别访匈。匈牙利内务部副部长贡特拉特·卡洛伊率匈牙利国家警察总局代表团访华。匈牙利德布勒森市、卡罗恰市、蒂萨铁堡市等匈牙利地方代表团分别访华。

冰　岛
(Iceland)

2011年是中华人民共和国与冰岛共和国建交40周年，两国友好合作关系发展顺利。

两国政治关系保持良好势头。9月11 ~ 13日，中共中央政治局委员、全国政协副主席王刚访冰，分别与冰岛总统奥拉维尔·拉格纳·格里姆松、总理约翰娜·西于尔扎多蒂和议长奥丝塔·约翰内斯多蒂尔会见、会谈。

两国各领域合作良好。8月，商务部国际贸易谈判副代表崇泉访冰。10月，冰岛财政部长斯泰因格里米尔·西格富松访华并出席第12届中国西部国际博览会。

两国在极地、旅游等人文领域的交流与合作持续发展。8月，国土资源部部长徐绍史、国家海洋局局长刘赐贵访冰，中冰举办海洋与极地科研合作研讨会。

印　度
(India)

2011年是“中印交流年”。双方面向和平与繁荣的战略合作伙伴关系保持健康稳定发展的良好势头，各领域友好交流与合作进一步扩大。

双方高层交往频繁。4月，国家主席胡锦涛在海南省三亚市会见来华出席金砖国家领导人第三次会晤的印度总理曼莫汉·辛格。双方同意深化中印战略合作，宣布启动“中印交流年”，争取早日举行战略经济对话机制首次会议，扩大经贸合作和人文交流，继续推进两国边界问题谈判，探讨建立中印边境事务磋商和协调工作机制，共同维护边境地区和平安宁。11月，国务院总理温家宝在印尼巴厘岛出席东亚领导人系列会议期间会见印度总理辛格。

两国间其他重要交往有：1月，印度人民党主席尼廷·加德卡里率团访华，中共中央政治局常委李长春会见。4月，中印跨境河流第五次专家会议在北京举行。7月，印度共产党（马克思主义）中央政治局委员、印联邦议员西塔拉姆·亚秋里率印共（马）干部考察团访华，中共中央政治局委员、中央书记处书记、中共中央组织部部长李源潮，国务委员戴秉国分别会见。6月，印度比哈尔邦首席部长库马尔访华。11月，印度古吉拉特邦首席部长莫迪访华。

两国外交部门保持密切沟通与协调。5月，印度外交部官员团访华。7月，中印举行第四次反恐事务磋商。9月，印度外交部实习生代表团访华。

中印双边贸易增长迅速，双方已完成中印区域贸易安排联合可行性研究，经济合作领域不断拓展。印是中国重要的海外工程承包市场。2011年，中国在印新签承包工程合同额141亿美元，完成营业额74亿美元。中国对印非金融类直接投资9590万美元。印来华投资项目130个，实际投资金额4217万美元。截至2011年底，中国对印非金融类直接投资金额5.76亿美元，主要领域有电信、机械制造、冶金和家用电器等。印来华非金融类投资项目723个，实际投资金额4.42亿美元，主要领域有金融、冶金、软件、电子、医药和化工等。

2011年9月，中印战略经济对话首次会议在北京举行。会议由国家发展和改革委员会主任张平和印度计划委员会副主任阿鲁瓦利亚共同主持。国务院总理温家宝会见印方代表团成员。11月，第五次中印财金对话在印度新德里举行。对话由财政部部长助理王保安和印度财政部副部长戈帕兰共同主持。会后，王保安部长助理与印度财政部联合秘书阿洛克·希尔共同签署《联合声明》。

两国在军事领域的交流与合作进一步发展。6月，印边防部队代表团访华。12月，中印第四次防务与安全磋商在新德里举行，解放军副总参谋长马晓天上将与印度国防秘书夏尔马共同主持。双方就地区安全形势、两军关系以及两国军队建设情况等共同关心的问题深入交换了意见。

两国人文领域的交流与合作不断扩大。9月，由印500名青年组成的代表团访华，国务院总理温家宝出席“古老文明青春辉映——中印青年传统文化交流大舞台”活动。4月，“感知中国·印度行——四川周”活动在印度举办。5月，国家新闻出版总署副署长邬书林访印，与外交部负责公共外交事务的秘书普拉萨德签署关于编纂“中印文化交流百科全书”备忘录。7月，为纪念泰戈尔诞辰150周年，印度文化关系委员会与上海档案馆共同举办“泰戈尔中国之旅”图片展。10月，那烂陀大学董事会会议在北京顺利举行。11月，中方向那烂陀大学捐款100万美元，支持“重建那烂陀大学”项目。12月，中国驻印使馆与印度“中国之友”协会举办“中印外交和中印友好”招待会。两国间已开通北京、上海、广州、成都、昆明、深圳、三亚至新德里、孟买、班加罗尔、加尔各答等城市的直航航线，每周飞行约45个班次。

中印在重大国际和地区事务中有着广泛的共识，保持良好的合作。两国在中印俄三方合作、发展中五国、金砖国家、“基础四国”、多哈回合谈判中保持密切沟通与配合，就国际金融危机、气候变化、能源和粮食安全等重大问题协调立场，共同维护广大发展中国家权益。

印度尼西亚
(Indonesia)

2011年，中华人民共和国与印度尼西亚共和国双边关系继续呈现良好发展态势。两国政治互信不断增强，各领域务实合作成果丰硕，在国际和地区事务中保持良好协调与配合。

两国高层交往频繁。4月28～30日，国务院总理温家宝访问印尼，与印尼总统苏希洛举行会谈，双方发表了《中华人民共和国政府和印度尼西亚共和国政府关于进一步加强中国印尼战略伙伴关系的联合公报》，见证签署了《中华人民共和国外交部和印度尼西亚共和国外交部关于共同行动的谅解备忘录》、《中华人民共和国政府和印度尼西亚共和国政府关于扩大和深化经济贸易合作的协定》、《中华人民共和国工业与信息化部和印度尼西亚共和国工业部关于工业和技术合作的谅解备忘录》等政府和企业间合作协议。温家宝总理还会见了印尼副总统布迪约诺和国会议长马尔祖基。11月，温家宝总理赴印尼出席东亚领导人系列会议，与苏希洛总统会见。

5月，国务委员兼国防部长梁光烈上将访问印尼。6月，中共中央政治局委员、中央书记处书记、中共中央组织部部长李源潮访问印尼。9月，全国政协副主席、中国国际交流协会副会长李金华访问印尼。4月，印尼国会议长马尔祖基、外交部长马尔迪先后访华。5月，印尼前总统梅加瓦蒂来华出席太湖文化论坛。6月，印尼总统特使、经济统筹部长哈达访华。

两国经贸合作成效显著。在中国—东盟自由贸易区的带动下，中国印尼双边贸易额稳步快速增长。中国已成为印尼非油气产品第一大进口来源地、第二大出口市场和贸易伙伴。

两国在军事、科技、海上合作等领域的交流更趋活跃。两国举行首次特种部队联合训练，并实现军舰互访。双方签署《中华人民共和国政府和印度尼西亚共和国政府关于技术合作谅解备忘录》和《中华人民共和国国家海洋局和印度尼西亚海洋渔业部关于修订海洋领域合作谅解备忘录的协定书》，并举行中国印尼海上合作技术委员会第六次会议。

伊　朗
(Iran)

2011年，中华人民共和国与伊朗伊斯兰共和国各领域友好合作关系稳步推进。

两国政治交往密切。6月，国家主席胡锦涛在上海合作组织阿斯塔纳峰会期间会见伊朗总统马哈茂德·艾哈迈迪内贾德，两国元首就双边关系及其他共同关心的问题交换意见。7月，中共中央政治局常委、中央纪委书记贺国强访问伊朗，会见总统艾哈迈迪内贾德，并与伊朗副总统穆罕默德·贾瓦德·穆罕默迪扎德举行会谈，就进一步促进两国互利合作同伊方深入交换意见。4月，全国人大常委会副委员长陈至立访问伊朗，会见总统艾哈迈迪内贾德和议长阿里·拉里贾尼，并与副议长萨义德·萨德尔会谈。9月，中共中央政治局委员、天津市委书记张高丽访问伊朗。12月，外交部长杨洁篪与伊朗外长阿里·阿克巴尔·萨利希就双边关系及地区问题通电话，外交部副部长翟隽赴伊朗举行两国外交部政治磋商。5月，伊朗外长萨利希访华，国家副主席习近平会见，外交部长杨洁篪同萨利希举行会谈，双方就双边关系等问题广泛深入交换看法。10月，伊朗副外长穆罕默德·迈赫迪·阿訇扎德访华。

两国经贸合作不断深化。4月，商务部长陈德铭与来访的伊朗财经部长萨义德·侯赛尼在北京共同主持召开中伊经贸科技联委会第14次会议。11月，商务部副部长兼国际贸易谈判副代表钟山率团访问伊朗。

两国文化、旅游等领域合作顺利。5月，中国记者协会书记李存厚率中国新闻代表团赴伊朗访问交流。8月，中国旅行社开始组团赴伊朗旅游。9月，为庆祝中伊建交40周年，“中国文化周”系列活动在伊朗举办，其间成功举行中伊政治交往和互利合作图片展、陕西省非物质文化遗产艺术展和民族声乐表演等活动。11月，中央人民广播电台台长王求率团访问伊朗。

两国各部门和地方交往密切。6月，新疆维吾尔自治区党委书记张春贤率中共代表团访问伊朗。10月，水利部副部长李国英赴伊朗出席第21届国际灌排大会。9月，伊朗信息与通信技术部部长雷扎·塔基普尔访华。3月27日至4月3日，伊朗前外长、伊朗最高领袖顾问及对外关系战略委员会主席卡迈勒·哈拉齐访华。4月，伊朗工业和矿业部副部长赛义德·马吉德·希达亚特访华。伊朗妇女代表团、伊朗东阿塞拜疆省省长、马赞德兰省省长、德黑兰市市长、库姆省省长等先后访华。

伊拉克
(Iraq)

2011年，中华人民共和国与伊拉克共和国友好合作关系继续稳步发展。

两国保持高层交往势头。7月，伊拉克总理努里·马利基访华，国家主席胡锦涛、国务院总理温家宝分别会见、会谈。这是中伊建交后伊拉克总理首次访华，双方就新时期进一步加强双边关系发展达成广泛共识。

2月，外交部副部长翟隽访问伊拉克，会见总统贾拉勒·塔拉巴尼、总理马利基和外交部长霍希亚尔·兹巴里，与副外长拉比德·阿巴维举行两国外交部第二轮政治磋商。11月，新任中国驻伊拉克大使倪坚向伊拉克总统塔拉巴尼递交国书。

两国能源、经贸等领域合作进展顺利。中国石油天然气集团公司与英国BP公司联手中标的鲁迈拉油田、绿洲石油公司开发的艾哈代布油田、上海电气集团承建的瓦西特电站等项目进展顺利。

两国政党交往密切。6月，伊拉克库尔德斯坦爱国联盟（简称“库爱盟”）政治局委员、伊拉克总统塔拉巴尼的夫人希罗·易卜拉欣·艾哈迈德率领的库爱盟代表团访华，中共中央政治局委员、国务委员刘延东会见。10月，伊拉克多党联合考察团访华。

两国在文化、教育领域合作持续发展。2011年，中国政府为157名伊拉克人员提供了各类专业培训。

爱尔兰
(Ireland)

2011年，中华人民共和国与爱尔兰关系继续平稳发展，各领域互利合作进一步深化。

两国高层保持交往。6月，全国人大常委会副委员长王兆国访问爱尔兰，分别会见了爱尔兰总统玛丽·麦卡利斯，总理恩达·肯尼，众议长肖恩·巴雷特和参议长帕特·莫伊伦。王兆国副委员长访爱期间，中国国家开发银行与爱尔兰投资贸易局签署了《中国国家开发银行与爱尔兰投资贸易局合作谅解备忘录》。9月，中共中央政治局委员、中共天津市委书记张高丽访问爱尔兰，推动双边关系进一步发展。

经贸合作逐步增长。在受国际金融危机影响、爱经济仍未走出危机的形势下，中爱贸易保持增长。2005年以来，中国连续保持爱尔兰在亚洲最大贸易伙伴地位。5月，农业部代表团访爱期间，双方签署《中国与爱尔兰农业合作行动计划》。

人文、教育、科技等领域交流活跃。1月，都柏林市与北京市建立友好城市关系。北京市市长郭金龙9月率团访问爱尔兰期间，与都柏林市签署《北京市与都柏林市合作备忘录》。2月，南京小红花艺术团出席都柏林市春节庆祝活动。6月，苏州园林参加爱尔兰一年一度的布鲁姆花卉展，其参展项目“爱苏园”获得金奖。7月，中国国家体育总局局长、中国奥委会主席刘鹏访问爱尔兰，就进一步加强中爱体育交流合作交换意见。双方还在国际医疗卫生合作等方面保持密切协作。

以色列
(Israel)

2011年，中华人民共和国与以色列国友好合作关系保持良好发展势头，双边各领域交流与合作顺利开展。

两国外交、商务、文化、国防等各部门交往频繁。8月，中央军委委员、解放军总参谋长陈炳德上将访以，以色列总理本雅明·内塔尼亚胡、副总理兼国防部长埃胡德·巴拉克、总参谋长本尼·甘茨分别会见、会谈。5月，中央军委委员、解放军海军司令吴胜利上将访以。2月，商务部长陈德铭访以，以色列总统西蒙·佩雷斯、内塔尼亚胡总理等会见。6月，文化部长蔡武出席以色列“面向未来”第三届总统会议，佩雷斯总统、内塔尼亚胡总理等会见。5月，外交部副部长翟隽出席以色列外交部在华举办的首届“以中外交关系研讨会”，并会见以色列外交部总司长拉斐尔·巴拉克。3月、8月，中东问题特使吴思科两次访以。此外，全国人大常委会法制工作委员会、国务院新闻办公室、国家发展和改革委员会、科技部、卫生部、民政部、人力资源和社会保障部等多个团组访以。6月，以色列副总理兼国防部长巴拉克访华，中共中央政治局常委、国务院副总理李克强，国务委员兼国防部长梁光烈上将等会见、会谈。以色列交通和道路安全部长伊斯雷尔·卡茨、以中议会友好小组主席大卫·罗特姆等访华。

10月6日，中国新任驻以色列大使高燕平向佩雷斯总统递交国书。

两国在经贸、科技、投资等领域交流与合作稳步推进。2月，中以经贸联委会第五次会议在以召开。8月，两国科技部签署启动合作研究计划的联合声明。9月，中国国际高新技术成果交易会以色列分会暨深圳新兴产业推介会在特拉维夫举行。上海、江苏等省市与以色列签署有关产业研发合作协议。10月，中国化工集团完成对以色列马克西姆·阿甘公司的收购，总投资24亿美元，是中以两国最大的投资合作项目。

两国文化、民间交往广泛开展。2月，“欢乐春节”文化活动在以举行。6月，《中华人民共和国政府和以色列国政府2011至2015年文化交流执行计划》在以签署。4月17日，中国人民对外友好协会会长陈昊苏向以色列中国关系促进会成立15周年致贺，促进会名誉主席佩雷斯总统等出席庆祝活动并致辞。7月，以中关系促进会主席米亚姆·艾德森博士访华。

意大利
(Italy)

2011年，中华人民共和国与意大利共和国全面战略伙伴关系继续深入发展，各领域交流与合作不断扩大和深化。

两国继续保持高层互访势头。6月，国家副主席习近平访问意大利并出席意统一150周年庆典活动。

中方其他高层访问主要有：中共中央政治局委员、全国政协副主席王刚，中共中央政治局委员、广东省委书记汪洋，全国政协副主席、中共中央统战部部长杜青林，全国政协副主席、中国民间组织国际交流促进会会长、中国和平发展基金会理事长孙家正，全国政协副主席、台盟中央主席林文漪。

意方重要访问有：意外交部长佛朗哥·弗拉蒂尼，民主党主席、众议院副议长罗西·宾迪，公共职能部长雷纳托·布鲁内塔，卫生部长费鲁乔·法齐奥等。

两国议会交流继续发展。10月，全国人大外事委员会副主任委员马文普率团赴意出席中意议会合作委员会第四次会议。

两国外交部保持密切交往与磋商。7月，中意政府委员会第四次联席会议在京召开，外交部长杨洁篪与意外交部长佛朗哥·弗拉蒂尼共同出席闭幕式。12月，外交部长杨洁篪在德国波恩出席阿富汗问题国际会议期间与意外交部长朱利奥·泰尔齐举行会晤。5月，外交部副部长崔天凯在罗马出席“全球治理与安理会改革”部长级会议期间会见意副外长温琴佐·斯科蒂。6月，外交部副部长翟隽在出席非盟第17届首脑会议期间会见意副外长斯科蒂。

经贸合作成果不断扩大，双边贸易额保持快速增长。9月，中意贸易强化工作组第一次会议在京召开，意方介绍了物流、港口、基础设施等领域10余个项目。

文化交流高潮不断。“中国文化年”活动在意多个城市全面铺开，春节品牌活动，“上海周”、“江苏周”、“湖南周”、“安徽周”、“山西周”、“西藏周”等“地方周”活动，“中国妇女周”活动，罗马“丝绸之路”大型展览等130余场活动产生广泛社会影响，受众上百万人，成为中意友好交流史中的佳话。

科技、环保和地方交流合作日益密切。双方合作设立中意设计创新中心、中意技术转移中心和中意电子政务中心。第二届中意创新合作高层论坛10月在南京召开。5月，广东省与意大利普利亚大区建立友好省区关系。11月，海南省与意大利撒丁大区建立友好省区关系。

两军关系稳步发展。解放军沈阳军区参谋长侯继振中将率仪仗队赴意参加意统一150周年庆典阅兵式。意陆军参谋长朱塞佩·瓦罗多中将访华。

习近平副主席访意

6月1～4日，国家副主席习近平访问意大利并出席意统一150周年庆典活动。访问期间，国家副主席习近平与意总统乔治·纳波利塔诺、总理西尔维奥·贝卢斯科尼举行会见、会谈，分别会见外长佛朗哥·弗拉蒂尼、经济与财政部长朱利奥·特雷蒙蒂、经济发展部长保罗·罗马尼、民主党全国总书记皮耶路易吉·贝尔萨尼等。双方签署了《中华人民共和国科学技术部与意大利教育大学科研部关于重大科研合作的谅解备忘录》等16个双边合作文件，其中商业协议涉及金额约33亿美元。除罗马外，习近平副主席还访问了米兰，出席中意工商晚宴并发表题为《开拓创新互利合作，抓住机遇共同发展》的讲话，参观了圣拉菲尔生物医药科技园。

会谈会见时，习近平副主席表示，中方始终高度重视中意关系。近年来，双方本着友好合作、优势互补、互利双赢的原则，推动双边交流合作。两国相互尊重彼此重大关切。双边贸易投资快速增长，高新科技和创新成果双向流动加强，合作成果丰硕。双方文化交流密切，特别是互办"文化年"丰富了两国民众文化生活，进一步增进了两国人民相互了解和友谊。中国十分重视意大利的作用及双边关系发展潜力，愿进一步加强中意全面战略伙伴关系。意方表示，近年来意中在各个领域以及在联合国、二十国集团等多边组织内开展了良好合作，取得丰硕成果。意方对当前两国关系在正确轨道上的快速发展感到满意。意方高度重视发展与中国的关系，愿与中方进一步加强经贸、文化、旅游等方面的合作，推动两国关系向更高水平发展。

牙买加
(Jamaica)

2011年，中华人民共和国与牙买加"共同发展的友好伙伴关系"进一步发展，各领域合作日益深化，在国际事务中相互支持与配合。

两国高层交往不断。9月，牙买加总理布鲁斯·戈尔丁赴特立尼达和多巴哥出席第三届中国—加勒比经贸合作论坛，国务院副总理王岐山会见。同月，国务院副总理回良玉访牙，分别会见牙总督帕特里克·艾伦、总理戈尔丁等领导人，双方就进一步发展两国关系交换意见，达成广泛共识。6月，牙财政部长奥德利·肖访华。5月，中国新任驻牙买加大使郑清典向牙总督艾伦递交国书。

两国经贸合作稳步发展。中国企业援建牙国家道路网改扩建与修复项目和帕利萨多斯机场路修复与岸线防护项目进展顺利。中国企业收购牙国有糖厂项目完成交接。

双方党际、人文等领域交流活跃。7月1日，牙总理戈尔丁以执政党工党和牙政府名义向中方领导人致函祝贺中国共产党建党90周年。8月，牙买加工党派团参加加勒比国家政党干部考察团访华。中方继续为牙方提供人力资源培训，并向牙留学生提供奖学金名额。

日　本
(Japan)

日本国是中华人民共和国的重要近邻。中日关系对双方而言都是最重要的双边关系之一，双方正在全面推进战略互惠关系。2011年是中日关系不断改善和稳定发展的一年。日本“3·11”大地震及海啸、核泄漏灾害发生后，中国政府与社会各界以各种形式向日方表达慰问，提供援助。9月，日本内阁更迭后，两国领导人频繁互动，中日关系实现良好开局。12月，日本首相野田佳彦成功访华，两国领导人在政治、经济、人文等领域达成广泛共识，推动两国关系取得新的重要进展。中国政府高度重视中日关系，奉行中日友好政策，愿与日方一道，根据中日四个政治文件的原则和两国领导人共识，加强各领域对话、交流与合作，妥善处理有关问题，推动中日战略互惠关系健康稳定向前发展。

政治层面保持密切交往和接触

11月4日，国家主席胡锦涛在出席二十国集团戛纳峰会期间同日本首相野田佳彦进行交谈。11月12日，国家主席胡锦涛在美国夏威夷出席亚太经合组织领导人非正式会议期间同日本首相野田佳彦举行会晤。12月25～26日，日本首相野田佳彦正式访华，国家主席胡锦涛、全国人大常委会委员长吴邦国分别会见野田佳彦首相，国务院总理温家宝与野田佳彦首相会谈。

4月12日，国务院总理温家宝应约同日本首相菅直人通电话。5月21～22日，温家宝总理赴日出席第四次中日韩领导人会议，并同日本首相菅直人举行会晤。8月30日，温家宝总理就野田佳彦当选日本首相致电祝贺。9月6日，温家宝总理应约同野田佳彦首相通电话。10月14日，温家宝总理在第110届广交会期间会见日本经济产业大臣枝野幸男。11月18日，温家宝总理在印尼巴厘岛出席东亚领导人系列会议期间同野田佳彦首相进行交谈。

7月4～7日，全国人大常委会副委员长李建国率团访日并出席全国人大与日本国会众议院合作委员会第六次会议。

3月10日，外交部长杨洁篪应约与日本外相松本刚明通电话。3月19日，杨洁篪外长在出席京都中日韩外长会议期间，同松本刚明外相举行会晤。9月9日，杨洁篪外长应约同玄叶光一郎外相通电话。9月22日，杨洁篪外长同玄叶光一郎外相在纽约联大会议期间举行首次会晤。

日本外相两次访华。7月4日，外相松本刚明访华，国家副主席习近平、国务委员戴秉国、外交部长杨洁篪分别会见会谈。11月23日，外相玄叶光一郎访华，国务院总理温家宝、国务委员戴秉国、外交部长杨洁篪分别会见会谈。

1月20日，第12次中日安全对话在北京举行。2月28日，第11次中日战略对话在东京举行。12月2日，第12次中日战略对话在北京举行。

经贸合作稳步推进

2011年，中日双边贸易额3428.89亿美元，再创历史新高。目前，中国是日本最大出口对象国，日本是中国第四大贸易伙伴。截至2011年年底，日本对华投资累计项目数46022个，实际到位金额798.9亿美元。2011年，中国对日直接投资金额1.15亿美元。

防务安全交流稳妥推进

6月4日，国务委员兼国防部长梁光烈上将在香格里拉对话会期间与日本防卫大臣北泽俊美会晤。7月26日，中日防务部门第九次防务安全磋商在东京举行。12月19 ~ 23日，日本海上自卫队军舰“雾雨”号访问青岛。

人文交流取得重要成果

6月8日，中日“影视周”、“动漫节”日方开幕式在北京举行，国务院总理温家宝出席并会见日本首相特使、前首相麻生太郎。10月23日，中日“影视周”、“动漫节”中方开幕式在东京举行，日本首相野田佳彦出席。10月23 ~ 25日，第五届中日友好21世纪委员会第三次会议在北京和湖南长沙举行，温家宝总理会见双方委员。12月25 ~ 26日，野田佳彦首相访华期间，双方将2012年确定为“中日国民交流友好年”，并签署两国外交部关于中日青少年交流活动的备忘录。2011年，中日人员往来达528万人次。截至2011年年底，中日间缔结友好城市共247对。

日本发生“3·11”地震海啸核泄漏灾害，中方支持日本抗震救灾

3月11日，日本东北地区发生里氏9.0级特大地震并引发海啸、核泄漏灾害，造成重大人员伤亡和财产损失。地震发生后，中国国家主席胡锦涛、全国人大常委会委员长吴邦国和国务院总理温家宝分别向日本天皇、众参两院议长和首相致电慰问。3月18日，胡锦涛主席亲赴日本驻华使馆吊唁地震遇难者。温家宝总理在两会记者招待会上对日本表示慰问。中国派出15人地震救援队于3月13～20日赴日本重灾区岩手县大船渡市参与救援工作。中国政府和社会各界以各种形式表达慰问并提供援助。4月12日，国务院总理温家宝应约同日本首相菅直人通电话，对日本遭受“3·11”地震、海啸、核泄漏灾害表示慰问，强调中方支持日方抗震救灾，愿同日方加强救灾和灾后重建等方面的合作，同时敦促日方高度重视向海洋排放核污水对海洋环境特别是周边国家的影响，及时向中方及国际社会全面准确通报有关信息。日方于4月11日、4月21日在《人民日报》、《国际先驱导报》、《新京报》等中国媒体上刊登菅直人首相的感谢信，对震后中方提供的慰问和援助表示感谢，并介绍了日本救灾重建情况和核泄漏事故处理进展。5月21～22日，国务院总理温家宝赴日出席第四次中日韩领导人会议，专程前往宫城县、福岛县灾区看望慰问受灾民众，并同日本首相菅直人举行会晤，就发展中日关系和加强灾后重建合作提出涉及十个领域的建议和举措，双方达成重要共识，推动中日关系取得重要进展。

约　旦
(Jordan)

2011年，中华人民共和国与约旦哈希姆王国友好合作关系稳步发展，各领域交流与合作不断深入。

两国保持高层对话，政治往来密切。6月20～26日，约旦参议长塔希尔·米斯里访华，全国人大常委会委员长吴邦国和全国政协主席贾庆林分别会见，双方就两国关系发展、议会间交往合作以及当前中东地区形势等交换了意见。3月1日，外交部长杨洁篪致函约旦外交大臣纳赛尔·朱达，对约方为中方利比亚撤侨行动提供协助表示感谢。同月，国家机关工委常务副书记杨衍银率团访问约旦，会见约旦公有部门发展兼政治发展大臣马

赞·萨基特。5月，中国外交学会前副会长、前驻约旦大使刘宝莱出席在约旦举行的西亚北非论坛2011年年会并会见约旦前王储哈桑亲王。

中约经贸关系快速发展。11月，商务部副部长钟山率团访问约旦，分别会见约旦计划与国际合作大臣贾法尔·哈桑、能源和矿产大臣艾布·古拉及工业与贸易大臣萨米·卡穆，与约方就扩大双边贸易、增加双向投资以及加强大项目合作等问题交换看法，代表中国政府与约方签署了《中华人民共和国与约旦哈希姆王国经济技术合作协定》并向约方提供了一批消防器材援助物资。9月，约中友协秘书长萨伊赫来华参加2011年中国（宁夏）国际投资贸易洽谈会暨第二届中国—阿拉伯国家经贸论坛。同月，约旦前首相、国际事务协会主席马贾利出席在山东潍坊举行的第二届“中阿、中非中小企业合作论坛”。10月，第八届中国商品展在约旦举行，近400家中国企业参展，吸引来自约旦、伊拉克、黎巴嫩、巴勒斯坦等中东各国的商人1.7万余人。中国援助约旦项目取得新进展，4月，中国援助约旦低收入家庭住宅项目一期工程交房仪式在约旦马夫拉克省举行。

两国在文化、教育、安全、民间等领域交流不断。5月，文化部长特别助理李洪峰率团访问约旦，会见约旦计划与国际合作大臣哈桑、文化大臣穆萨拉瓦，代表中国政府与约方签署《中华人民共和国政府与约旦哈希姆王国政府2011～2014年文化合作执行计划》，并向约旦文化部提供一批文化援助物资。5月，中国中央歌剧院艺术团在约旦访问演出。7月，上海师范大学艺术团参加约旦杰拉什艺术节。9月，约旦费城大学孔子学院成立签约仪式举行。9月，武警部队司令员王建平中将率团访问约旦，会见约旦国王阿卜杜拉二世及治安部队总局局长陶菲克少将，与约方主要就加强两国治安部队安全和训练合作交换了意见。7月，约中友协代表团访华。

哈萨克斯坦
(Kazakhstan)

2011年，中华人民共和国与哈萨克斯坦共和国战略伙伴关系持续快速健康发展，两国关系提升至全面战略伙伴关系的新高度，各领域合作不断扩大和深化。

两国高层交往密切，政治互信不断加深。6月12～14日，国家主席胡锦涛对哈萨克斯坦进行国事访问并出席上海合作组织成员国元首理事会第11次会议，分别同哈总统努尔苏丹·纳扎尔巴耶夫、哈总理卡里姆·马西莫夫举行会谈、会见。双方就发展双边关系、深化务实合作以及共同关心的国际和地区问题深入交换了意见。两国元首共同签署并发表了《中哈关于发展全面战略伙伴关系的联合声明》，见证签署了涉及环保、金融等领域的合作文件。9月23～27日，全国人大常委会委员长吴邦国对哈萨克斯坦进行首次正式友好访问，分别同哈总统纳扎尔巴耶夫、议会上院主席凯拉特·马米、议会下院主席乌拉尔·穆罕默德扎诺夫举行会见、会谈。11月7日，国务院总理温家宝在出席圣彼得堡上海合作组织成员国总理第十次会议期间同哈总理马西莫夫举行双边会见。8月31日，国务院副总理李克强在乌鲁木齐同来华出席首届中国—亚欧博览会的哈副总理兼工业和新技术部部长阿谢特·伊谢克舍夫举行会见。12月2日，国务院副总理张德江同哈副总理兼工业和新技术部部长伊谢克舍夫共同出席在霍尔果斯口岸举行的中哈霍尔果斯国际边境合作中心启动暨中哈铁路对接仪式，并举行会谈。3月，国务委员兼国防部长梁光烈上将访问哈萨克斯坦。4月，国务委员兼公安部长孟建柱访问哈萨克斯坦。2月21～23日，哈萨克斯坦总统纳扎尔巴耶夫来华进行国事访问。国家主席胡锦涛、全国人大常委会委员长吴邦国、国务院总理温家宝分别与其会谈、会见。双方就深化双边关系，加强务实合作以及共同关心的国际和地区问题深入交换意见。双方发表了《中哈联合公报》，签署了涉及环保、司法、金融、能源、交通等领域合作文件。纳扎尔巴耶夫总统还赴天津市进行参观访问。9月，哈外交部长叶尔让·卡济汉诺夫来华进行首次正式访问，国家副主席习近平、外交部长杨洁篪分别同其举行会见、会谈。

两国务实合作深入发展。中国已成为哈第一大贸易伙伴，哈成为中国在独联体地区第二大贸易伙伴和全球第三大投资目的地国。两国在贸易、投资、能源、非资源等领域的大型合作项目进展顺利。

两国政党、议会、人文、地方等各领域、各层次友好交往日益密切。文化部长蔡武、全国政协外事委员会主任马秀红及中央统战部、科技部、人民银行、国家能源局等部门领导分别率团访哈或出席在哈举行的有关会议。6月，第三所孔子学院在哈阿克纠宾市举行揭牌仪式。中国在哈先后举行“欢乐春节——来自春天的问候”文艺演出、“汉语桥”比赛、中国文化知识竞赛、纪念辛亥革命100周年座谈会、京剧人物造型展览、“迎国庆”中国木版年画和图片展等活动。

肯尼亚
(Kenya)

2011年，中华人民共和国与肯尼亚共和国长期稳定、互利互惠的友好合作关系持续深入发展。

两国高层往来频繁。4月，中共中央政治局常委李长春对肯尼亚进行正式友好访问，会见肯尼亚国民议会议长肯尼斯·马伦德和副总统穆西约卡。3月，国务院副总理王岐山对肯进行正式友好访问，会见肯尼亚总统姆瓦伊·齐贝吉和副总统斯蒂芬·卡隆佐·穆西约卡，与总理拉伊拉·阿莫洛·奥廷加举行会谈，并出席中非经贸合作座谈会。8月，全国政协副主席、中国国际交流协会副会长王志珍对肯进行友好访问，会见齐贝吉总统、穆西约卡副总统和马伦德议长，并出席首届“中非民间论坛”开幕式。

两国各部门、各地方交往持续发展。国家宗教局局长王作安、国家体育总局局长刘鹏、民政部副部长孙绍骋、商务部部长助理俞建华、云南省委书记白恩培、江西省纪委书记尚勇、广西壮族自治区副主席陈武、北京市政协主席王安顺、辽宁省政协主席岳福洪、广东省人大常委会副主任陈用志、天津市政协副主席陈质枫、云南省政协副主席陈勋儒等访肯。肯尼亚土地部长阿格雷·詹姆斯·奥伦戈、新闻与通讯保障部长塞缪尔·波吉西奥、住房部长彼得·索伊塔·希坦达、能源部长吉拉伊图·穆伦吉、外交部外交和政治秘书帕特里克·瓦莫托等来华。

两国在经贸、文化、教育、卫生等领域的交流与合作进一步深化。中方援肯内罗毕东区医院正式移交肯方。利用中方向肯方提供的优惠贷款实施的国家行政通信网（二期）、教育实验室设备升级改造、肯雅塔大学教学科研和转诊医院等项目开工。1月，中国国际广播电台蒙巴萨调频台正式开播。2月和9月，“文化中国·四海同春”、“亲情中华——欢聚肯尼亚”和“中国文化聚焦——风从敦煌来”三场大型文艺演出在内罗毕上演。4月，“2011中国文化聚焦：隔洋相看——非洲画家笔下的中国”画展在内罗毕大学举办。5月，第十届“汉语桥”世界大学生中文比赛地区选拔赛在内罗毕大学孔子学院举办。7月，中国教育展在肯内罗毕大学举行。8月，首届“中非民间论坛”在内罗毕举行。

为帮助肯尼亚应对严重旱灾，中国向肯提供价值1.3亿元人民币的粮食援助。

科威特
(Kuwait)

2011年，中华人民共和国与科威特国关系继续稳步发展。

2011年是中国和科威特建交40周年，双方举办了一系列庆祝活动。2月，国家主席胡锦涛特使、国家体育总局局长刘鹏赴科威特出席科国庆50周年暨解放20周年庆典。10月，外交部长杨洁篪特别代表、中国驻东盟大使佟晓玲出席在科威特举办的亚洲合作对话第十次外长会议。此外，卫生部副部长邵明立、国家能源局副局长钱智民、文化部副部长杨志今、审计署署长刘家义先后访问科威特。科威特发展与计划大臣阿卜杜瓦哈卜·哈隆、财政大臣穆斯塔法·贾西姆·什迈里、工商部次大臣阿卜杜勒·阿齐兹先后访华。

两国经贸、能源、财政、基础设施建设等领域合作成果显著。中科广东炼化一体化项目正式签约。科威特阿拉伯经济发展基金会向中国提供2500万美元优惠贷款。

两国在军事、文化、卫生等领域交流不断丰富。4月，“中国文化节”在科威特举办。11月，中国海军第九批护航舰艇编队首次对科进行正式友好访问。12月，中国黑龙江艺术团在科成功演出。

吉尔吉斯斯坦
(Kyrgyzstan)

2011年，中华人民共和国与吉尔吉斯共和国睦邻友好合作关系健康、稳定发展，各领域务实合作不断扩大。

两国高层交往频繁，政治互信不断加深。6月14日，国家主席胡锦涛出席上海合作组织阿斯塔纳峰会期间与吉尔吉斯斯坦过渡时期总统萝扎·奥通巴耶娃举行双边会晤，就中吉关系和共同关心的问题交换意见。9月14日，国务院总理温家宝在大连与来华出席夏季达沃斯论坛的吉尔吉斯斯坦总理阿尔马兹别克·阿塔姆巴耶夫举行双边会见，就深化双边关系和务实合作交换意见。4月6～7日，国家副主席习近平、国务院副总理王岐山分别与来华进行访问的吉尔吉斯斯坦第一副总理奥穆尔别克·巴巴诺夫举行会见、会谈。9月1日，国务院副总理李克强与来华出席首届中国—亚欧博览会的吉尔吉斯斯坦过渡时期总统奥通巴耶娃举行会见。4月26日，国务委员孟建柱访问吉尔吉斯斯坦，与吉总统奥通巴耶娃举行会见。12月1日，胡锦涛主席特使、全国人大常委会副委员长司马义·铁力瓦尔地出席吉新任总统阿塔姆巴耶夫的就职仪式。

两国经贸合作进展顺利，双边贸易额持续增长。交通、电力、矿产等领域合作大项目稳步实施。人文交流不断扩大。12月，吉尔吉斯斯坦主流媒体记者随中亚联合记者团访华。

老　挝
(Laos)

2011年，中华人民共和国与老挝人民民主共和国的全面战略合作伙伴关系进一步向前发展。

两国高层互访频繁。8月，中共中央政治局常委、中央政法委书记周永康访老。11月，中共中央政治局委员、北京市委书记刘淇访老。2月，国务委员、公安部长孟建柱访老。5月，全国政协副主席陈宗兴访老。9月，老挝人民革命党中央总书记、国家主席朱马里·赛雅颂对中国进行正式友好访问。中共中央总书记、国家主席胡锦涛同其会谈，国务院总理温家宝、国家副主席习近平分别会见。两党两国领导人相互通报了各自党和国家的情况，就巩固和加强两党两国关系及共同关心的地区和国际问题深入交换了意见，取得了广泛共识。访问期间，双方发表了《联合新闻公报》。8月，老挝政府副总理兼外长通伦·西苏里访华，政府副总理阿桑·劳里出席深圳大运会闭幕式。10月，老挝政府副总理宋沙瓦·凌沙瓦来华出席第八届中国—东盟博览会，政府副总理兼国防部长隆再·皮吉来华出席中老缅泰四国湄公河流域执法安全合作会议。9月，老党中央政治局委员、中央纪律检查委员会主任本通·吉马尼访华。

中老经贸合作发展顺利。两国经贸和技术合作委员会继续加强对双边经贸合作的规划和指导。近年来双边贸易额保持较快增长，进出口趋于平衡。中国在对老挝投资的国家和地区中稳居前列。中国政府继续向老挝提供经济技术援助。

中老其他领域友好合作取得新进展。中国共产党和老挝人民革命党在干部培训和理论交流等领域合作日益密切。2011年是中老建交50周年，两国成功举办了一系列丰富多彩的庆祝活动。两国文化、教育、卫生、交通、体育等部门团组互访频繁，务实合作不断深入。两国地方省份友好交往进一步扩大。

拉脱维亚
(Latvia)

2011年是中华人民共和国与拉脱维亚共和国建交20周年，两国关系继续稳步发展，各领域合作进一步深化。

高层保持往来。5月，全国人大常委会副委员长韩启德访问拉脱维亚，会见拉脱维亚总统瓦尔蒂斯·扎特列尔斯、总理瓦尔蒂斯·托姆布洛夫斯基斯、议长索尔维塔·阿波尔金娜，同副议长古达尔斯·达乌泽举行会谈。

立法机构、政党间互访不断。3月，中共中央对外联络部部长王家瑞访拉，会见总统扎特列尔斯、总理托姆布洛夫斯基斯和副议长达乌泽。4月，全国人大外事委员会主任委员李肇星访拉，会见副议长达乌泽和外交部长基尔茨·瓦尔蒂斯·克里斯托夫斯基斯。5月，拉脱维亚经济部长阿提斯·卡姆帕尔斯来华出席第二届“中欧政党高层论坛”。

经贸、交通、文化、地方等领域合作续有发展。3月，中国藏学家代表团访拉。5月，国家开发银行副行长高坚、中国作家协会副主席丹增分别访拉。7月，中国人民银行副行长马德伦访拉。8月，国家税务总局局长肖捷访拉，双方签署《关于修订〈中华人民共和国政府和拉脱维亚共和国政府关于对所得和财产避免双重征税和防止偷漏税的协定〉的议定书》。9月，拉脱维亚经济部长卡姆帕尔斯来华出席第七届吉林·东北亚贸易投资博览会。人力资源和社会保障部副部长杨士秋访拉。10月，北京市副市长夏占义访拉。中国广播民族乐团赴拉脱维亚访演。11月，拉脱维亚大学与华南师范大学合作建立的孔子学院在里加正式挂牌。

黎巴嫩
(Lebanon)

中华人民共和国与黎巴嫩共和国1971年建交后，双边关系平稳发展，两国在各领域的友好合作不断深化。

2011年是中国和黎巴嫩建交40周年，两国继续保持政治交往。6月，国务院总理温家宝、外交部长杨洁篪分别致电黎巴嫩新任总理纳吉布·米卡提及外交与侨民事务部长阿德南·曼苏尔，祝贺其就任。11月，国家主席胡锦涛、国务院总理温家宝和外交部长杨洁篪分别与黎巴嫩总统米歇尔·苏莱曼、总理米卡提、外交部长曼苏尔就中黎建交40周年互致贺电。3月，中东问题特使吴思科访问黎巴嫩，会见了黎巴嫩外交和侨民事务部长阿里·沙米。

中黎两国在共同关心的国际和地区问题上保持着良好的沟通与合作。中方支持黎巴嫩捍卫国家主权和领土完整、维护政治和社会稳定、促进民族和解、发展国民经济的努力。黎方坚持一个中国原则，在涉台、涉藏、涉疆等问题上支持中国政府立场。

两国在其他领域互利合作顺利发展。双边贸易额较2010年稳步增长。首届中黎旅游论坛11月在贝鲁特举行。

莱索托
(Lesotho)

2011年，中华人民共和国与莱索托王国友好合作关系平稳发展。

两国政治关系密切，在国际事务中相互支持。9月2～7日，莱索托副首相兼内政大臣莱绍·莱霍拉出席在长春举行的东北亚博览会并访问深圳。6月7～13日，莱索托地方政府与酋长事务大臣庞措·塞卡特里女士访华。两国在联合国等国际组织中继续保持相互协调与配合。

两国经贸合作稳步发展，双边合作项目进展顺利。中国援建的莱议会大厦项目竣工，中非合作论坛第四届部长级会议援非新八项举措涉莱项目正在积极落实中，双方就中国政府提供优惠贷款建设莱全国通讯网络二期项目达成框架协议。

两国其他领域交流与合作继续发展。9月，中国第八批医疗队赴莱工作。根据两国文化交流协定，中方向莱赠送一批陶艺设备并派3名陶艺专家赴莱开展技术人员培训。全年，莱共有135名人员来华接受培训。

利比里亚
(Liberia)

2011年，中华人民共和国与利比里亚共和国友好合作关系稳步发展。

两国高层交往密切。11月，国家主席胡锦涛、副主席习近平分别致电利比里亚总统埃伦·约翰逊·瑟利夫、副总统约瑟夫·尼乌马·博阿凯，祝贺其当选连任。3月29日至4月3日，利比里亚外交部长托加·盖伊维亚·麦金托什访华，其间，习近平副主席予以会见，外交部长杨洁篪举行会谈。麦金托什高度评价两国友好合作关系，感谢中方对利援助，希扩大双方在各领域的合作。双方签署了《中华人民共和国政府和利比里亚共和国政府经济技术合作协定》等合作文件。

11月5日，胡锦涛主席接受利新任驻华大使贾贾尔·卡马拉递交国书。

两国经贸领域合作取得积极成果。2月，中方援建的塔佩塔医院隆重开业。9月，中国驻利比里亚大使赵鉴华和利外长托加·盖伊维亚·麦金托什代表各自政府签署了《中华人民共和国政府和利比里亚共和国政府经济技术合作协定》。

两国在其他领域的交流与合作深入发展。3月，中共中央对外联络部部长王家瑞访利。利比里亚财政部副部长弗朗西斯·卡佩、利独立全国人权委员会主席勒洛伊·尤瑞分别访华。11月，中国政府、利比里亚政府和联合国粮农组织签署《中华人民共和国政府、利比里亚共和国政府与联合国粮食及农业组织为支持利比里亚共和国“国家粮食安全计划”而实施“南南合作”项目的三方协议书》。

利比亚
(Libya)

2011年，利比亚政局动荡，中华人民共和国妥善应对利比亚危机，中利双边关系实现平稳过渡。

6月21～22日，利比亚“国家过渡委员会”执行局主席马哈茂德·吉卜里勒访华，外交部长杨洁篪予以会见。7月6～7日，中国外交部亚非司司长访问利比亚东部城市班加西。7月20日，中方临时工作组抵班加西开展工作。9月1日，外交部副部长翟隽作为中国政府代表，以观察员身份出席在巴黎举行的“利比亚之友”国际会议。9月12日，外交部发言人发表谈话，宣布承认“国家过渡委员会”为利比亚执政当局和利比亚人民的代表。9月20日，外交部长杨洁篪出席在纽约举行的联合国利比亚问题高级别会议。11月22日，国务院总理温家宝、外交部长杨洁篪分别致电利比亚过渡政府总理阿卜杜拉海姆·凯卜、外交部长阿舒尔·本·海亚勒，向其就职表示祝贺。

利比亚危机期间，中国政府向利比亚及其邻国提供了人道主义援助。3月18日，中国政府宣布向突尼斯、埃及两国政府提供共计5000万元人民币的人道主义援助，用于救助两国与利比亚边境地区滞留的难民。7月11日，外交部发言人宣布，中方决定向利比亚人民提供5000万元人民币的人道主义援助。

列支敦士登
(Liechtenstein)

2011年，中华人民共和国与列支敦士登公国关系发展良好。

6月9日，外交部副部长傅莹访问列支敦士登，与列政府委员兼外交、文化、司法部长奥蕾利亚·弗里克举行会谈。傅莹副部长表示，中方坚持大小国家一律平等，愿在增进了解、相互尊重、平等互利的基础上进一步加强中列各领域友好合作关系。弗里克表示，列政府十分重视发展同中国的关系，中国外交部副部长时隔14年后再次访列将进一步推动两国关系发展。

立陶宛
(Lithuania)

2011年是中华人民共和国与立陶宛共和国建交20周年，以此为契机，两国友好互利合作关系进一步加强。

政治关系平稳发展。5月，立陶宛外交部长奥德罗纽斯·阿茹巴利斯访华，外交部长杨洁篪、商务部长陈德铭分别会见。

经贸合作势头良好，双边贸易额持续增长。4月，商务部国际贸易谈判副代表崇泉访立。5月，两国政府间经贸合作委员会第11次会议在北京举行。11月，中国国际贸易促进委员会会长万季飞访立，双方举办中立经贸合作论坛。

文化、农业、交通、地方等领域交流与合作取得积极进展。2月，中国民乐音乐会巡演在维尔纽斯举行。3月，中国藏学家代表团访立。5月，文化部长蔡武在深圳会见来华出席第七届中国文化产业博览会的立陶宛文化部长阿鲁纳斯·盖鲁纳斯，双方签署2012 ~ 2016年度文化交流执行计划。6月，广东省政协主席黄龙云访立。8月，国家税务总局局长肖捷访立。9月，农业部副部长牛盾在北京会见来华参加第六届中国—中东欧国家农业经贸合作论坛的立陶宛农业部长卡济斯·斯塔尔凯维丘斯。人力资源和社会保障部副部长杨士秋访立。10月，交通运输部长李盛霖和立陶宛交通和通信部部长埃利吉尤斯·马修利斯在成都共同主持第二届亚欧交通部长会议，国务院副总理张德江在会议期间会见马修利斯。

卢森堡
(Luxembourg)

2011年，中华人民共和国与卢森堡大公国关系发展良好，各领域交流合作取得积极进展。

两国政治关系保持发展势头，经贸合作不断加强。10月16 ~ 21日，卢森堡大公储纪尧姆和经济与外贸大臣让诺·克雷格率经贸代表团访问香港、深圳、重庆和上海，来自汽车、信息技术、旅游等领域的30余名企业家随行。10月19 ~ 22日，卢财政大臣吕克·弗里登率团访华，与中方探讨加强金融合作。

文化、教育、卫生等各领域交流活跃。7月，“卢森堡中国语言文化中心”在卢正式成立，该中心在中文教学基础上，扩大招生规模，增设书法、绘画和武术等文化课程。8月，欧盟研发框架下的“中医药抗癌研讨会”在卢举行。10月，卢积极承办“第四届中欧文化对话”，中欧代表就多个专题进行深入探讨，取得丰硕成果。

双方在国际事务中继续保持良好合作。卢森堡对中方候选人竞选国际法院法官、世卫组织总干事、国际大学生体育联合会副主席、国际刑庭余留机制法官等均予以支持。

马其顿
(Macedonia)

2011年，中华人民共和国与马其顿共和国友好合作关系顺利发展，各领域交流合作取得积极成果。

两国保持良好政治交往。9月，全国人大常委会副委员长桑国卫访问马其顿，分别同马其顿总统格奥尔盖·伊万诺夫、总理尼古拉·格鲁埃夫斯基和议长特拉伊科·韦利亚诺斯基会见。

9月6日，中国新任驻马其顿大使崔志伟向马其顿总统格奥尔盖·伊万诺夫递交国书。

经贸合作势头良好。7月，商务部国际贸易谈判代表兼副部长高虎城访问马其顿。9月，马其顿经济部长法特米尔·贝希米来华出席在大连举行的第五届夏季达沃斯论坛。中国有关公司在基础设施建设、交通、家电和通讯等领域积极同马其顿开展合作。

文化、军事、农业、妇女、地方等领域合作扩大。5月，广东省委常委、广东海外联谊会会长周镇宏访问马其顿。11月，马其顿总统夫人玛雅·伊万诺娃访华并出席“妇女与可持续发展”国际论坛。“马其顿文化日”活动在北京和大连举行，马其顿文化部长伊丽莎白·坎切斯卡—米莱夫斯卡出席开幕式。农业部副部长高鸿宾访问马其顿。12月，马其顿国防部长法特米尔·贝希米访华。

马达加斯加
(Madagascar)

2011年，中华人民共和国与马达加斯加共和国关系保持平稳发展。

两国继续保持友好往来。5月，中国武术代表团赴马访问演出。马达加斯加外交与战略研究中心代表团赴华考察访问。8月，中国工会代表团赴马参加国际工会研讨会。

双边务实合作稳步推进。国际会议中心、体育馆和杂交水稻示范中心第二期等技术合作项目顺利进行。中方向马方提供价值650万元人民币的无偿援助，用于提供112吨杂交水稻稻种，并派三名专家赴马进行技术指导。

两国在教育、人力资源培训等领域的合作进展顺利。中方共向马提供了27个奖学金名额，马方人员赴华参加各类培训班达184人次。

马拉维
(Malawi)

2011年，中华人民共和国与马拉维共和国的关系继续得到巩固和发展，各领域交流合作富有成效。

双方高层保持交往，政治互信增强。3月，中共中央对外联络部部长王家瑞、国防部外办副主任贾晓宁少将分别率政党、军事代表团访问马拉维。6月，马拉维总统宗教事务顾问比利·加玛访华。10月，马工业与贸易部长约翰·班德、民主进步党总书记伊力亚斯·卡曼加、首都利隆圭市首席执行官凯尔文·曼吉萨相继访华。

中国在马援建项目进展顺利，双边务实合作稳步推进。国际会议中心暨商务宾馆项目已于2011年底完工。马科技大学项目和中学项目、卡隆加—奇提帕公路项目进展顺利。中马贸易与投资规模扩大，双边贸易额较2010年同期大幅增长。中非发展基金投资的马拉维棉花公司榨油厂项目顺利投产运营。

两国文化交流与合作顺利开展。9月，中国音乐学院艺术团访马并参加马“星之湖”国际艺术节表演，取得良好效果，增进了马民众对中国的了解。

马来西亚
(Malaysia)

2011年，中华人民共和国与马来西亚关系继续保持稳定发展，两国战略性合作得到进一步深化。

两国政治交往密切。4月27～28日，国务院总理温家宝正式访马，其间同马总理纳吉布举行会谈，会见了马前总理马哈蒂尔和巴达维。两国签署了《关于扩大和深化经济贸易合作的协定》和《关于高等教育学位学历互认协议》。10月20～21日，马总理纳吉布出席广西南宁第八届中国—东盟博览会（简称“南博会”），温家宝总理同其共进工作早餐。3月，全国人大常委会副委员长华建敏访马。2月，国务委员兼公安部长孟建柱访马。4月，马副总理穆希丁和外长阿尼法访华。

两国在经贸、金融等领域的合作成果显著。马来西亚继续成为中国在东盟国家中最大的贸易伙伴。10月，商务部与马来西亚国际贸易与工业部举行中马经贸联委会第九次会议。南博会期间，双方签署《关于共同支持建立中马钦州产业园区的会议纪要》。

两国在其他领域的交流与合作进展顺利。4月，中国人民银行同马来西亚国家银行签署关于马国家银行在华设立代表处的协议，11月，两国签署《关于传统医学领域合作的谅解备忘录》。12月，马国防部长艾哈迈德·扎希迪访华，中央军委副主席郭伯雄上将和国务委员兼国防部长梁光烈上将分别予以会见。

马尔代夫
(Maldives)

2011年，中华人民共和国与马尔代夫共和国睦邻友好关系继续深入发展。

双方高层接触频繁。5月，全国人大常委会委员长吴邦国对马进行正式友好访问，同马总统穆罕默德·纳希德和议长阿卜杜拉·沙希德分别举行会见和会谈。9月，全国政协副主席李金华访马，会见马副议长纳兹姆和马总统特使扎基。10月，全国人大常委会副委员长王兆国在成都出席第12届中国西部博览会期间，会见马副总统穆罕默德·瓦希德。马议长沙希德于1月访华，全国人大常委会委员长吴邦国、副委员长华建敏分别会见。马总统特使扎基先后于5月和9月访华。11月8日，中国驻马尔代夫使馆在马累正式开馆，中国外交部副部长张志军、中国驻马大使余洪耀，马总统特使扎基、议长沙希德等出席开馆仪式。张志军副部长于11月9～11日在马尔代夫阿杜市出席第17届南盟峰会期间，会见马总统纳希德、外长纳西姆。

经贸合作稳步快速增长。截至2011年年底，中国在马累计承包工程与劳务合作合同额1.98亿美元，完成营业额1.25亿美元。中国政府继续在力所能及的范围内向马尔代夫提供经济援助。全国人大常委会委员长吴邦国访马期间，双方签署关于中国向马政府提供无偿援助的《中华人民共和国政府和马尔代夫共和国政府经济技术合作协定》。

旅游、人员交流等领域合作成果丰硕。中国首站赴马游客全年达17.8万人次，继续保持马第一大客源国地位。中国的北京、上海、广州、昆明同马累间分别开通了直航或包机往来。11月，北京至马累直航、重庆至马累航线先后开通，两国人员往来更加便利。

马　里
(Mali)

2011年，中华人民共和国与马里共和国传统友好合作关系持续稳定发展，各领域合作成果显著。

两国友好交往频繁。11月，马里外交和国际合作部长苏梅卢·布贝耶·马伊加非正式访华。马里装备和运输部长艾哈迈德·迪亚纳·塞梅加和前总理莫迪博·凯塔等年内先后访华。

经贸合作活跃，取得积极成果。4月，商务部副部长傅自应率中国政府经贸代表团访马。10月，马里工业、投资和贸易部长桑加雷·尼娅莫托·巴女士应邀来华出席第110届广交会开幕式。中方援建的巴马科第三大桥于9月下旬竣工，马方安排在9月22日马里国庆节当日举行隆重的交接仪式，中国商务部部长助理俞建华率团出席。中方提供优惠贷款实施的第三糖厂项目进展顺利，巴马科—塞古公路、骨干光纤通讯网等项目陆续启动。

马耳他
(Malta)

2011年，中华人民共和国与马耳他共和国传统友好合作关系继续发展，各领域交流与合作不断深化。

两国高层保持交往。2月26日，国务院总理温家宝向马耳他总理劳伦斯·冈奇致口信，就马政府积极配合中方撤离近5000名滞留利比亚的中国公民表示感谢。3月，外交部副部长傅莹访马，向冈奇总理转交了温家宝总理的亲笔感谢信。8月底9月初，马国民党副领袖、副总理兼外交部长托尼奥·博奇访华，中共中央对外联络部部长王家瑞主持工作会谈，中共中央政治局常委、中央政法委书记周永康和外交部长杨洁篪分别予以会见。

经贸合作保持良好发展势头。在全球经济不景气背景下，中马经贸合作继续逆势增长。1月，中国国家开发银行副行长郑之杰访马，与马方探讨开展新能源领域重大项目和基础设施建设合作。4月，马基础设施、交通和通讯部长奥斯汀·盖特亲赴厦门考察，一次性进口174辆厦门金龙客车，合同金额超过1500万欧元。此外，马中商会在马成立、汇丰银行（马耳他）跨境贸易人民币结算业务启动、中国国际投资促进会代表团赴马考察，进一步便利了双边贸易往来，拓展了两国经贸合作。

双方文化、青年、警务等领域交流取得新进展。1月，第五届“欢乐春节”活动在马首都瓦莱塔隆重举办；9月，中央电视台英语新闻频道在马有线电视网落户；10月，马耳他大学孔子学院正式揭牌。5月，作为“2011中欧青年交流年”活动一部分，中华全国青年联合会代表团访马。6月，全国政协经济委员会主任张左己访马。9月，天津市公安代表团访马。

毛里塔尼亚
(Mauritania)

2011年，中华人民共和国与毛里塔尼亚伊斯兰共和国友好关系进一步发展，各领域合作不断加强。

政治往来不断。9月，毛里塔尼亚总统穆罕默德·乌尔德·阿卜杜勒·阿齐兹来华出席在宁夏举行的“2011年中国（宁夏）国际投资贸易洽谈会暨第二届中国—阿拉伯国家经贸论坛”并访问安徽、北京。国家主席胡锦涛、全国政协主席贾庆林分别予以会见，双方就发展中毛友好合作关系交换看法并达成广泛共识。

经贸合作继续扩大。双边贸易额持续增长，在基础设施建设、渔业、矿业等领域的互利合作不断深化。4月，商务部副部长傅自应访问毛里塔尼亚，与毛经济事务与发展部长西迪·乌尔德·塔赫签署两国政府经济技术合作协定等六份文件。

教育、新闻等领域的交流与合作进展顺利。赴毛里塔尼亚的中国汉语教师人数有所增加，中国国际广播电台在毛落地续有突破。

毛里求斯
(Mauritius)

2011年，中华人民共和国与毛里求斯共和国友好互利合作关系进一步得到拓展和深化。

两国保持高层交往势头，政治互信继续加深。毛里求斯总统阿内罗德·贾格纳特于7月来华参加毛航空公司直航上海首航仪式并访问浙江和海南，9月再度来华出席在山西举行的第六届中国中部投资贸易博览会，并赴浙江、上海参观访问。

1月，国务院副总理回良玉访问毛里求斯，与总统贾格纳特总统、总理纳文钱德拉·拉姆古兰和反对党领袖保罗·贝朗热会见，并与副总理普拉文·贾格纳特举行会谈，就进一步提高政治互信、全面推动中毛务实合作交换了意见。11月，全国政协副主席罗富和访问毛里求斯。

经贸合作稳步推进。双边贸易稳定增长，根据毛方统计，2011年中国仍是毛第三大贸易伙伴和第二大进口来源国。中方援毛项目逐步落实。城市安全监控系统、无线电通信指挥系统和广电大厦等项目已经开始启用，其他项目进展顺利。中非合作论坛第四届部长级会议援非新八项举措涉毛项目正在积极落实中，第三批十名青年志愿者抵毛。

政党、司法、文化、教育、旅游、体育等领域的交流与合作活跃。2月，中共中央对外联络部副部长艾平应邀赴毛出席工党建党75周年庆祝活动。最高法院副院长万鄂湘和最高检察院副检察长孙谦分别访毛。文化部副部长赵少华访毛，毛艺术和文化部长穆赫斯瓦尔·丘尼访华。中国残疾人艺术团和福建省艺术团分别赴毛访演。2011 ~ 2012年度，中方向毛方提供了26个中国政府奖学金留学名额，国家汉办续派两名志愿者到设在毛里求斯的中国文化中心担任汉语教师。毛旅游部长南德库马尔·博达来华出席毛旅游推介活动。应毛方要求，中方向毛派出排球、羽毛球教练。在中方教练执教下，8月，毛男女羽毛球队在印度洋岛国运动会上获团体冠军。

墨西哥
(Mexico)

中华人民共和国与墨西哥合众国1972年建交，2003年建立战略伙伴关系。2011年，中墨关系总体保持积极发展势头，各领域交流与合作不断深化。

两国继续增进政治交往。7月，墨西哥副外长玛丽亚·德洛德斯·阿兰达访华。外交部长杨洁篪、副部长崔天凯分别会见，副部长李金章和部长助理张昆生分别同阿兰达主持中墨第二次战略对话和两国外交部间第11次政治磋商。中共中央对外联络部副部长陈凤翔会见。

双方重要团组互访频繁。农业部副部长牛盾、水利部副部长周英、文化部副部长欧阳坚、海关总署副署长孙毅彪、中央精神文明建设指导委员会办公室副主任王世明、全国人大常委会法制工作委员会副主任朗胜、国家文物局副局长单霁翔等访墨。墨西哥银行行长阿古斯丁·卡斯滕斯、卫生部长何塞·科尔多瓦、环境与自然资源部长胡安·埃尔维拉等访华。

中墨在多边领域继续保持协调与合作。双方就联合国改革、气候变化、国际金融危机等重大问题保持密切沟通。

9月，达赖喇嘛窜访墨西哥，卡尔德龙总统以“私人身份”会见。中方向墨方提出严正交涉，外交部新闻发言人发表谈话，对墨有关错误做法表示强烈不满和坚决反对，要求墨方采取措施消除不良影响，以实际行动维护中墨关系健康稳定发展。墨西哥总统府发表公报，重申墨政府将坚持一个中国原则，承认中国对西藏自治区行使完全主权。

两国贸易继续增长，经贸合作不断扩大。中国是墨西哥第二大贸易伙伴，墨西哥是中国在拉美第二大贸易伙伴。1月，商务部副部长蒋耀平率中国政府贸易投资促进团访墨，并出席中墨贸易投资促进论坛。3月，商务部副部长王超和墨经济部副部长贝阿特丽丝·莱塞吉在墨西哥城共同主持召开高层工作组第五次会议。同月，第21届中墨企业家会议在墨西哥城举行，中国国际贸易促进委员会副会长张伟率团出席。

两国人文、军事及地方交流取得新进展。北京紫禁城民乐团、甘肃省京剧院等团组出席墨西哥塞万提斯国际艺术节并举行中国文化艺术特别展示活动。中央军委委员、解放军第二炮兵司令员靖志远上将，空军政委邓昌友上将等访墨。墨科利马州、杜兰戈州州长访华。

密克罗尼西亚联邦
(Micronesia, F. S.)

2011年，中华人民共和国与密克罗尼西亚联邦关系发展良好。

两国高层交往密切。7月，中国政府特使、卫生部副部长王国强赴密克罗尼西亚出席密克新一届领导人联合就职庆典，分别会见密克总统伊曼纽尔·曼尼·莫里、国会议长艾萨克·菲吉尔和卫生及社会事务部长维塔·斯基林等政要，就中密关系和卫生等领域交流合作交换了意见。9月，外交部副部长崔天凯在新西兰出席第23届太平洋岛国论坛会后对话会期间会见密克总统莫里。1月和2月，密克议长菲吉尔两次过境北京。10月，密克副总统阿利克·阿利克赴成都出席第12届中国西部国际博览会，全国人大常委会副委员长王兆国会见。9月，密克副议长兼奥委会主席伯尼·马丁来华出席第14届世界群众体育大会。

两国在经贸、文化等领域合作进一步发展，地方、民间交流活跃。中国援密第一期医疗队项目和第七期示范农场项目顺利完成。援密第二艘客货两用船维修项目稳步推进。12月，中国政府向密克提供5万美元紧急现汇援助，用于密克雅浦州登革热疫情防治工作。中国宁夏回族自治区、广东省分别与密克雅浦州、丘克州建立友好省（区）州关系。宁夏歌舞团、广东省艺术团、中国武术团先后赴密克访问演出。

5月，国家主席胡锦涛、全国人大常委会委员长吴邦国、国家副主席习近平分别致电祝贺密克总统莫里、议长菲吉尔、副总统阿利克再次当选。

摩尔多瓦
(Moldova)

2011年，中华人民共和国与摩尔多瓦共和国关系健康稳定发展。

两国政治关系保持积极发展势头。9月11 ~ 13日，全国人大常委会副委员长桑国卫访问摩尔多瓦，分别与摩代总统兼议长马里安·卢普、总理弗拉基米尔·菲拉特、摩共产党人党主席弗拉基米尔·沃罗宁和议会对华友好议员团主席约尼查会见，就双边关系、议会交往和其他共同关心的问题交换意见。9月21 ～ 25日，摩尔多瓦副总理米哈伊尔·莫尔多瓦努来华出席欧亚经济论坛。10月11 ～ 14日，摩尔多瓦副总理兼欧洲一体化部长尤里·良格正式访华。国务院副总理李克强、外交部长杨洁篪分别会见、会谈，就双边关系、务实合作及共同关心的国际和地区问题交换意见。3月1 ～ 3日，中摩外交部磋商在摩举行。

中摩在涉及彼此核心利益的重大问题上相互支持，在联合国等多边场合保持沟通与磋商。摩尔多瓦在涉台、涉藏、人权等问题上坚定支持中方立场。

两国党际交往保持活跃势头。9月4 ～ 17日，摩尔多瓦共产党人党中央委员会执行书记尤列·蒙泰安率摩共干部考察团访华。中央政治局委员、中央书记处书记、中共中央组织部部长李源潮，中共中央对外联络部副部长陈凤翔分别会见。12月17 ～ 20日，中共中央对外联络部副部长陈凤翔访问摩尔多瓦，代总统兼议长、民主党主席卢普，总理、自由党主席菲拉特，前总统、共产党人党主席沃罗宁，自由党主席米哈伊·金普，社会民主党主席维克托·舍林分别会见，就加强中国共产党与摩尔多瓦各党交流交换意见。

中摩经贸合作发展顺利，两国企业在基础设施建设、电信和葡萄酒贸易等领域开展积极合作。人文合作继续加强。6月，中方援建的中医中心在摩尔多瓦首都基希讷乌正式开业。9月，首届中国电影周在摩尔多瓦举办并取得圆满成功。

摩纳哥
(Monaco)

2011年，中华人民共和国与摩纳哥公国关系继续稳步发展。

双方保持政治交往。9月22日，中国驻摩纳哥大使孔泉在摩纳哥举办中华人民共和国成立62周年国庆招待会，摩纳哥国务大臣米歇尔·罗杰及多名政要出席。11月28日，新任摩纳哥驻中华人民共和国大使（非常驻）向中国外交部礼宾司递交了国书副本。

两国经贸合作进展顺利，双边经贸额继续大幅增长。双方在教育、旅游等领域合作进一步推进。中文在摩纳哥日益受到青睐，不少学校开设了中文班，学习汉语人数达100余人（摩纳哥总人口3万人）。目前有10余名中国留学生在摩纳哥国际大学就读。2011年，摩纳哥接待中国游客人数较上年上升了25%。

两国在国际事务中继续保持良好合作。摩纳哥支持中方竞选连任联合国消除种族歧视委员会委员。

蒙古
(Mongolia)

2011年，中华人民共和国与蒙古国关系发展顺利。两国宣布建立战略伙伴关系，标志着中蒙关系进入新的发展阶段。

双方高层交往频繁。8月23 ~ 26日，中共中央政治局常委、中央政法委书记周永康访蒙，蒙古总统额勒贝格道尔吉、国家大呼拉尔主席（议长）登贝尔勒及蒙人民党、民主党、公民意志党和民族新党领导人分别会见，蒙总理巴特包勒德与周永康举行会谈。7月6 ~ 8日，国务委员、公安部长孟建柱访蒙，额勒贝格道尔吉总统、巴特包勒德总理分别会见，蒙国家安全委员会秘书恩赫图布辛、法律内务部长尼亚木道尔吉分别与孟建柱国务委员举行会谈。2月24 ~ 25日，外交部长杨洁篪访蒙，额勒贝格道尔吉总统、巴特包勒德总理分别会见，蒙对外关系与贸易部长赞登沙特尔与杨洁篪外长举行会谈。

6月15 ~ 17日，蒙古总理巴特包勒德访华。全国人大常委会委员长吴邦国、国家副主席习近平分别会见，国务院总理温家宝与巴特包勒德总理举行会谈。两国总理共同宣布建立中蒙战略伙伴关系。9月5 ~ 13日，蒙古民主党主席、第一副总理阿勒坦呼亚格访华，中共中央政治局常委、国务院副总理李克强会见，中共中央对外联络部部长王家瑞与阿勒坦呼亚格举行会谈。9月6日，蒙副总理恩赫包勒德来华出席中国吉林·东北亚投资贸易博览会开幕式。12月11 ~ 16日，蒙法律内务部长尼亚木道尔吉访华，国务委员、公安部长孟建柱与尼亚木道尔吉举行会谈。

两国经贸合作继续发展。中国继续保持蒙最大贸易伙伴和投资国地位。5月30 ~ 31日，中蒙矿产能源合作委员会第二次会议在北京举行，蒙矿产能源部长卓里格特与会，国家发展改革委主任张平、副主任张晓强分别会见。6月13日，第13次中蒙经贸科技联委会在蒙古首都乌兰巴托举行。

两国人文领域交流日益活跃。两国青少年交流进一步机制化，由蒙200名社会各界青年组成的青年代表团成功访华。

黑　山
(Montenegro)

2011年是中华人民共和国与黑山建交五周年。两国友好合作关系发展顺利，各领域交流合作不断扩大。

继续保持良好政治交往。9月，全国政协副主席陈奎元访问黑山，分别同黑山总统菲利普·武亚诺维奇、议长兰科·克里沃卡皮奇和议会国际关系和欧洲一体化委员会主席米奥德拉格·武科维奇会见。1月，黑山议会国际关系和欧洲一体化委员会主席米奥德拉格·武科维奇访华。5月，黑山社会主义者民主党主席团成员努斯莱特·卡拉奇来华出席第二届中欧政党高层论坛。

两国外交部合作良好。9月，外交部副部长傅莹赴黑山举行两国外交部政治磋商，分别同总统菲利普·武亚诺维奇、外交和欧洲一体化部长米兰·罗钦、国务秘书奈博伊沙·卡鲁杰罗维奇会见、会谈。

经贸、卫生、科技、司法、军事、交通等领域合作扩大。4月，卫生部副部长马晓伟访问黑山，双方签署《中华人民共和国卫生部和黑山卫生部关于卫生合作的谅解备忘录》。5月，科技部副部长曹健林访问黑山，双方签署《中华人民共和国政府和黑山政府科学技术合作协定》。6月，商务部副部长钟山访问黑山，双方签署了《中华人民共和国政府和黑山政府关于加强基础设施领域合作协定》。10月，全国友协副会长李建平访问黑山。4月，黑山反腐败促进局局长韦斯娜·拉特科维奇访华。5月，黑山最高法院院长韦斯娜·梅戴尼察访华。6月，黑山副总理兼信息社会和电信部长武伊察·拉佐维奇，出席在匈牙利举行的中国—中东欧国家经贸论坛。7月，黑山交通和海事部长安德里亚·隆帕尔访华。10月，黑山国防部长博罗·武契尼奇、卫生部长米奥德拉格·拉杜诺维奇分别访华。

摩洛哥
(Morocco)

2011年，中华人民共和国与摩洛哥王国友好合作关系顺利发展。

两国各层次交往密切。全国人大常委会副委员长、全国妇联主席陈至立，商务部长陈德铭，卫生部长陈竺，宁夏回族自治区主席王正伟分别于1月、2月、3月和5月访问摩洛哥。6月，广州市市长、世界城市和地方政府组织（UCLG）联合主席万庆良赴摩洛哥出席UCLG执行局会议。10月，国际反贪局联合会主席、中国首席大检察官、最高人民检察院检察长曹建明赴摩洛哥出席国际反贪局联合会第五次年会暨会员代表大会，外交部部长助理刘振民、国家预防腐败局崔海容副局长赴摩洛哥出席《联合国反腐败公约》第四届缔约国大会。11月，中共中央对外联络部副部长兼当代世界研究中心主任于洪君、中国政府非洲事务特别代表刘贵今赴摩洛哥出席第四届“地中海南方发展论坛”。1月，摩洛哥工业、贸易和新技术大臣艾哈迈德·沙米访华，并出席摩中工业论坛。4月，摩洛哥外交与合作大臣塔伊布·法西·费赫里访华。5月，摩洛哥审计法院院长艾哈迈德·麦道依访华，摩洛哥国王首席顾问安德烈·阿祖莱来华出席“太湖文化论坛首届年会”。摩方继续在涉台、涉藏、涉疆、人权等问题上给予中方宝贵支持。“7·23”甬温线特大动车追尾事故发生后，摩洛哥国王穆罕默德六世向国家主席胡锦涛致慰问信。外交部长杨洁篪就摩洛哥军机坠毁事故向摩外交与合作大臣费赫里致慰问电。

两国经贸关系继续稳步发展，双边贸易额持续增长，在渔业、通信、工程承包等领域的互利合作成果显著。2月，商务部长陈德铭访问摩洛哥期间，两国签署了两国政府经济技术合作协定和举办开发区建设高级官员研讨班换文。

两国在卫生、文化、体育、教育、新闻、旅游等领域的交流与合作也不断扩大。2011年年内中国记协书记祝寿臣率新闻代表团访问摩洛哥，吉林省民乐团赴摩洛哥访问演出，中国国家体育总局向摩洛哥赠送了体育器材。

莫桑比克
(Mozambique)

2011年，中华人民共和国与莫桑比克共和国友好合作关系继续稳步发展。

两国高层交往密切。8月9 ~ 15日，总统阿曼多·埃米利奥·格布扎来华进行国事访问并出席在深圳举行的第26届世界大学生夏季运动会开幕式，这是格布扎总统首次来华进行国事访问。国家主席胡锦涛与格布扎总统举行会谈，全国人大常委会委员长吴邦国、国务院总理温家宝分别会见。访问期间，中莫双方签署了《中华人民共和国政府和莫桑比克共和国政府经济技术合作协定》、《国家开发银行与莫桑比克计划发展部金融合作框架协议》、《国家开发银行与莫桑比克财政部关于促进莫桑比克中小企业发展合作框架协议》等多个合作文件。

2月20～23日，全国政协副主席李兆焯访问莫桑比克，与莫议长维罗尼卡·纳塔尼埃尔·马卡莫举行会谈，并会见格布扎总统、莫外交与合作部长奥尔德米罗·巴洛伊等。4月21～23日，中共中央政治局常委李长春访问莫桑比克，与莫桑比克解放阵线党总书记菲利浦·帕温德举行会谈，会见解放阵线党主席、总统格布扎，总理艾雷斯·阿里。6月2～7日，巴洛伊外长访华，国务院副总理李克强与其会见，外交部长杨洁篪与其会谈。

两国经贸合作深入发展。中非合作论坛第四届部长级会议宣布的八项援非新举措涉莫项目顺利推进。中国援莫农业技术示范中心正式开始运作，援莫国家体育场如期竣工并交付使用。

两国其他领域友好交往合作积极活跃。年内，最高人民检察院副检察长孙谦、国家体育总局副局长于再清、中共中央党校副校长孙庆聚、中国法学会和现代国际关系研究院代表团等先后访莫，莫政府青年和体育部长佩德里托·卡埃塔诺、莫解阵党议会党团领袖塔拉帕等访华。

缅　甸
(Myanmar)

2011年，中华人民共和国与缅甸联邦共和国建立全面战略合作伙伴关系，双边关系迈上新台阶。两国睦邻友好在和平共处五项原则基础上不断发展，政治、经济、人文等各领域交流合作日益深化。

两国高层保持频繁接触。4月，全国政协主席贾庆林访问缅甸，分别会见缅总统吴登盛和联邦议会兼民族院议长吴钦昂敏，同人民院议长吴瑞曼举行会谈。12月，国务委员戴秉国赴缅甸内比都出席大湄公河次区域经济合作第四次领导人会议期间，会见吴登盛总统，同副总统吴丁昂敏乌举行会谈。5月，吴登盛总统对中国进行国事访问。国家主席胡锦涛同吴登盛总统举行会谈，国务院总理温家宝、全国政协主席贾庆林分别会见。两国领导人一致同意把双边关系提升为全面战略合作伙伴关系，在更高层次、更广领域拓展和推进中缅睦邻友好合作。在京期间，吴登盛总统还参拜了灵光寺佛牙舍利。10月，吴丁昂敏乌副总统来华出席中国—东盟博览会，温家宝总理会见。

两国经贸合作不断深化。2011年中缅双边贸易额保持连续增长，两国签署政府间《经济技术合作协定》等合作文件，双方在农业、交通、能源、金融等领域合作不断深化，进一步丰富了全面战略合作伙伴关系内涵。

两国加强宗教、文化等领域交流合作。11月6日至12月24日，北京灵光寺佛牙舍利第四次赴缅供奉巡礼，受到缅各界人士热烈欢迎，增进了两国人民之间的“胞波”情谊。

纳米比亚
(Namibia)

2011年，中华人民共和国与纳米比亚共和国友好合作关系蓬勃发展。

两国高层交往频繁，政治互信不断加深。5月，全国人大常委会委员长吴邦国访纳，是首位访纳的全国人大常委会委员长。吴邦国委员长分别与纳米比亚总统希菲凯普涅·波汉巴、开国总统萨姆·努乔马、全国委员会主席阿瑟·卡佩雷会见，与国民议会议长西奥本·古里拉布举行会谈，出席首届中非青年领导人论坛开幕式并致辞。

4月，全国政协副主席阿不来提·阿不都热西提访纳，分别会见波汉巴总统、卡佩雷主席、开国总统努乔马。11月，国务委员刘延东访纳，分别与波汉巴总统、总理纳哈斯·安古拉会见，与副总理马尔科·豪西库会谈。

6月，波汉巴总统以南部非洲发展共同体轮值主席身份访华，分别会见国家主席胡锦涛、全国人大常委会委员长吴邦国，并与国务院副总理王岐山共同出席中国—南共体经贸论坛开幕式。双方就中国南共体合作、中纳关系及其他共同关心的问题交换意见。波汉巴表示，包括南共体国家在内的非洲国家珍视与中国的团结友谊。南共体愿与中国在已有合作基础上，拓展经贸潜力，扩大相互投资，加强技术合作，促进双方共同发展，造福于民。中方领导人表示，中国一贯重视发展同南共体的友好合作关系，支持南共体在促进南部非洲经济社会发展、一体化建设、解决地区问题上作出的积极努力。

9月，纳米比亚副外长皮亚·穆舍伦戈访华并举行两国外交部政治磋商。纳国民议会代表团及贸易与工业部长哈格·根哥布、环境与旅游部长内通博·南迪—恩代特瓦、国防部长查尔斯·纳莫洛、农林水利部长约翰·穆托尔瓦、青年、国家服务、体育与文化部长卡泽南博·卡泽南博等内阁部长来华访问或交流。

两国经贸合作稳步推进，战略资源合作迈出重要步伐。中资企业对纳投资持续增加，矿产资源开发成为合作新领域。以中广核集团为首的中方联合体收购罗辛南铀矿项目进展顺利。中核、华东有色等中资企业在纳资源勘探工作取得重要进展。11月，“纳米比亚经济建设经验部级和高级官员研讨班”在华成功举行，纳国家计划委员会、矿能部、农林水利部等部委25名高级官员参加。

两国教科文领域交流与合作顺利推进。中国地质大学与纳米比亚大学多项合作项目启动。中资企业资助纳留学生项目顺利运行。中国航天测控站圆满完成“神州八号”和“天宫一号”交会对接测控任务，并完成对纳技术人员培训工作。中国武术代表团在纳成功演出，反响热烈。两国友好城市保持密切交往，江苏、云南、上海等多个地方省市代表团访纳。

尼泊尔
(Nepal)

2011年，中华人民共和国与尼泊尔联邦民主共和国关系继续健康、稳定向前发展。两国世代友好的全面合作伙伴关系保持良好发展势头，各领域友好交流与合作进一步扩大。

两国保持高层政治交往。8月，中共中央政治局常委、中央政法委书记周永康访问尼泊尔，会见尼总统拉姆·巴兰·亚达夫、看守政府总理贾拉·纳特·卡纳尔，并广泛接触尼泊尔主要政党领导人，就进一步加强双边关系和党际交往达成广泛共识。8月底，国务院总理温家宝向尼泊尔新当选总理巴布拉姆·巴特拉伊致电祝贺。11月，中共中央政治局委员、北京市委书记刘淇访问尼泊尔，会见尼泊尔总统拉姆·巴兰·亚达夫和总理巴布拉姆·巴特拉伊。尼总理巴特拉伊在纽约出席第66届联合国大会期间会见外交部长杨洁篪，尼副总理兼外长纳拉扬·卡基·施雷斯塔在出席南亚区域合作联盟第17届峰会期间会见外交部副部长张志军。

两国重要部门往来密切。11月，尼泊尔副总理兼外交部长施雷斯塔访华，温家宝总理会见，杨洁篪外长与其会谈。12月，尼泊尔副总理兼内政和国防部长比加亚·库马尔·加查达尔访华，中共中央政治局常委、中央政法委书记周永康，国务委员兼国防部长梁光烈上将分别会见，国务委员兼公安部长孟建柱与其会谈。

两国军队参谋长实现互访。3月，解放军总参谋长陈炳德上将访问尼泊尔，会见总统拉姆·巴兰·亚达夫、时任总理贾拉·纳特·卡纳尔，与尼泊尔军队参谋长查特拉·曼·辛格·古隆举行会谈。10月底，尼泊尔军队参谋长查特拉·曼·辛格·古隆访华，中共中央政治局委员、中央军事委员会副主席徐才厚上将会见，解放军总参谋长陈炳德上将与其会谈。

两国经贸合作续有发展。中国继续向尼经济社会发展提供力所能及的帮助。中方援尼沙拉公路等项目进展顺利。

两国人文交流不断扩大。2011年1～9月，中国赴尼泊尔游客达2.9万人次，同比增长66.6%。7月，中国青年代表团访问尼泊尔。12月11～17日，中国文化部和中国驻尼泊尔使馆在尼泊尔联合举办第五届“中国节”，尼泊尔总理巴布拉姆·巴特拉伊、副总理兼外交部长纳拉扬·卡基·施雷斯塔、中国驻尼泊尔大使杨厚兰、文化部副部长赵少华出席开幕式。

尼泊尔在台湾、涉藏等问题上继续给予中国坚定支持，承诺不允许任何势力利用尼领土从事任何反华活动。两国在国际和地区事务中保持密切沟通和配合。

荷　兰
(Netherlands)

2011年，中华人民共和国与荷兰王国关系总体稳定发展，各领域交流与合作不断深化。

高层往来密切，增进了相互了解。7月5日，中国全国人大常委会委员长吴邦国向荷兰议会一院新任议长弗雷特·德赫拉夫致贺电。10月27～30日，全国政协主席贾庆林对荷兰进行正式友好访问，会见首相马克·吕特、副首相兼经济、农业和创新大臣马克西姆·费尔哈根、外交大臣乌里·罗森塔尔、议会一院议长德赫拉夫和二院副议长维利布罗德·范贝克，两国领导人就深化双边关系达成重要共识。6月6日，外交部长杨洁篪在匈牙利布达佩斯出席第十届亚欧外长会议期间会见荷兰外交大臣罗森塔尔。5月10～14日，荷兰副首相兼经济大臣费尔哈根访华，国务院副总理回良玉会见。中国南部省份发生洪涝灾害后，荷兰女王贝娅特丽克丝·威廉敏娜·阿姆加德向国家主席胡锦涛致慰问电。两国外交部于4月举行年度政治磋商。

经贸合作继续深化，互利伙伴关系更加密切。双边贸易额持续增长，荷兰连续九年保持中国在欧盟的第二大贸易伙伴。双方合作方式在传统贸易的基础上进一步向企业并购、金融合作、人员培训等方面拓展。双向投资增长迅速。两国在水资源管理、新能源开发、农业、节能环保等领域合作成果显著。

人文、教育、科技、军事等领域合作续有进展。中国在荷兰设立的两所孔子学院办学效果良好。赴荷中国留学生人数较2010年明显增多。中国春节文化品牌在荷兰日益深入人心。两国“科技战略联盟计划”、“合作科研项目”稳步推进。军方高层互访不断，务实交流增多。

新西兰
(New Zealand)

2011年，中华人民共和国与新西兰的全面合作关系继续保持良好发展势头。

两国高层交往频繁。9月，国务院副总理回良玉访问新西兰，分别同新总理约翰·基、副总理比尔·英格利希、反对党工党领袖菲尔·戈夫会见、会谈。3月，全国政协副主席、科技部长万钢访新。9月，全国政协副主席、中国—大洋洲友好协会会长廖晖访新。1月，新副议长林赛·蒂什访华，全国人大常委会委员长吴邦国、副委员长陈至立分别会见。4月，新副总理英格利希访华并出席博鳌亚洲论坛2011年年会，国家副主席习近平、国务院副总理李克强分别会见、会谈。

2月22日，新西兰克赖斯特彻奇市发生6.3级地震，包括23名中国公民在内共181人遇难。国务院总理温家宝、外交部长杨洁篪分别致电新总理约翰·基和外长麦卡利表示慰问。中国政府向新西兰政府提供50万美元紧急人道主义援助，中国红十字会和中国人民对外友好协会分别向新西兰红十字会和新西兰—中国友好协会提供5万美元和10万元人民币援助。中国政府还向克赖斯特彻奇市地震灾区派遣国际救援队和法医专家组，协助失踪人员搜救和遗体身份鉴定工作。

其他重要双边交往有：3月，新西兰反对党工党外交、贸易和海外发展援助事务发言人玛丽安·斯特里特访华。4月，新西兰环境、气候变化事务和意外伤害赔偿事务部长尼克·史密斯访华。5月，中共中央委员、西藏自治区党委书记张庆黎访新。同月，第18次中国与新西兰外交部官员政治磋商在北京举行。7月和11月，外交部长杨洁篪分别在东盟地区论坛外长会和亚太经合组织部长级会议期间会见新西兰外长麦卡利。8月，新西兰移民、广播部长兼协理旅游部长乔纳森·科尔曼、贸易和气候变化国际谈判部长蒂姆·格罗泽分别访华。12月，中国驻克赖斯特彻奇总领馆开馆。同月，中国和新西兰第二轮领事磋商在北京举行。

经贸合作成果显著。中国—新西兰自由贸易协定顺利实施，中国继续保持新西兰第二大贸易伙伴、进口来源地和出口市场地位。1月，《中国香港与新西兰紧密经贸合作协定》正式生效。4月，中国人民银行与新西兰储备银行签署《中国人民银行与新西兰储备银行双边本币互换协议》。11月，《中国香港与新西兰避免双重征税协定》正式生效。同月，中国—新西兰自贸区联委会第三次会议在北京举行。光明乳业与新西兰信联乳业合资兴建的南半球最大的婴幼儿配方奶粉加工厂在新竣工。

教育、旅游、科技、文化等领域的交流与合作不断扩大。在教育领域，2011年，中国在新西兰各类留学人员约4.4万人，中国是新西兰最大的留学生来源国，新西兰是中国公民出国留学的主要目的国之一。3月，新西兰惠灵顿维多利亚大学孔子学院正式运营。在旅游领域，中国是新西兰第四大旅游客源国和成长最快的海外旅游市场，2011年，中国公民首站赴新旅游达10.8万人次，新西兰公民来华旅游达12.7万人次。4月，中国南方航空公司开通广州—奥克兰直航。在科技领域，3月，中国—新西兰科技圆桌会议在新举行。在文化领域，1月，《中华人民共和国政府与新西兰政府关于合作拍摄电影的协议》正式生效。

两军交往密切。9月，解放军副总参谋长侯树森上将访新。同月，新西兰国防军司令琼斯中将访华。10月，新西兰陆军司令基廷少将访华。11月，解放军副总参谋长马晓天上将与新西兰国防军副司令杰克·斯蒂尔少将在新西兰举行中新两军第四次战略对话。

尼日尔
(Niger)

2011年，中华人民共和国与尼日尔共和国友好关系及各领域交流合作顺利发展。

两国各层次交往密切。4月，国家主席胡锦涛致电祝贺穆罕默杜·伊素福当选尼日尔总统。5月，中国政府特使、外交部副部长翟隽访问尼日尔，会见伊素福总统、议长哈马·阿马杜、总理布里吉·拉菲尼，并与尼日尔外交、合作、非洲一体化和侨民国务部长穆罕默德·巴祖姆举行会谈，双方表示愿进一步深化两国友好合作，尼方领导人重申坚持一个中国政策。10月，尼日尔计划、国土整治和地方发展国务部长阿马杜·布巴卡尔·西塞访华。12月，巴祖姆外长率尼日尔执政党代表团访华，全国人大常委会副委员长陈昌智会见，中共中央对外联络部副部长艾平与之会谈。

双边经贸等领域合作成果显著。3月，中国援建的中尼友谊大桥项目竣工移交，大桥公路延长线项目于10月开工建设。中非合作论坛援非新八项举措项下中国援尼项目陆续启动。11月，巴祖姆外长率团出席在广州举行的中尼经贸合作混委会第五次会议，双方签署了《中华人民共和国政府和尼日尔共和国政府经济技术合作协定》。两国在能源资源领域的互利合作稳步推进。阿泽里克铀矿项目进入全面试生产阶段。11月28日，阿加德姆石油上下游一体化项目一期工程举行竣工仪式，伊素福总统出席。双方新闻领域交流继续加强，尼日尔媒体代表团6月访华。

尼日利亚
(Nigeria)

2011年，中华人民共和国与尼日利亚联邦共和国战略伙伴关系继续向前发展。

两国高层交往密切。5月，铁道部长盛光祖作为胡锦涛主席特使出席尼日利亚总统古德勒克·乔纳森就职典礼，并会见乔纳森总统。9月，外交部长杨洁篪在纽约出席第66届联合国大会一般性辩论期间会晤尼日利亚新任外交部长奥卢本加·阿希鲁。年内，农业部副部长张桃林、药监局副局长吴浈等访问尼日利亚，尼日利亚前总统奥卢塞贡·奥巴桑乔来华出席2011年中国（青海）国际清真食品及用品展览会，尼日利亚通信技术部长奥莫博拉·奥鲁布索拉、贸易和投资部长奥卢塞贡·阿甘加、科技部长巴锡·埃瓦等访华。

两国经贸合作稳步开展。在中非合作论坛北京峰会和第四届部长级会议成果框架下，中方援建尼日利亚的四所农村小学通过中方内部验收，援助尼太阳能设备项目正式启动。12月，中国为尼日利亚成功发射通讯卫星一号替代星。年内，中国公司在尼承建的铁路现代化阿布贾至卡杜纳段、阿布贾城铁等项目进展顺利。

两国文化和教育等领域合作进一步加强。2月，上海艺术团成功赴尼访演。5月，尼日利亚文化和旅游部长阿布巴卡尔·穆罕默德访华，同文化部副部长欧阳坚分别代表本国政府签署《中华人民共和国政府和尼日利亚联邦共和国政府关于互设文化中心的谅解备忘录》和《中华人民共和国政府和尼日利亚联邦共和国政府2011 ～ 2014年文化教育交流和合作议定书》。

纽 埃
(Niue)

2011年，中华人民共和国与纽埃友好合作关系继续稳步发展。

5月，全国人大常委会委员长吴邦国、国务院总理温家宝分别致电纽埃议长阿霍希亚瓦·莱维、总理托克·塔拉吉，祝贺其就任。10月，国务院总理温家宝致电纽埃总理塔拉吉，对纽埃宪法日表示祝贺。9月，外交部副部长崔天凯在新西兰奥克兰出席第23届太平洋岛国论坛会后对话会期间会见纽埃总理塔拉吉。2月，中国新任驻纽埃大使徐建国向塔拉吉总理递交国书。

挪 威
(Norway)

2010年10月，挪威诺贝尔委员会将诺贝尔和平奖授予因煽动颠覆国家政权罪被判刑、正在服刑的刘晓波，挪威政府高调支持，粗暴干涉中国司法主权。

2011年，中挪之间无高级别官方交往，各领域合作势头放缓。

阿 曼
(Oman)

2011年，中华人民共和国与阿曼苏丹国传统友好合作关系继续稳步发展。

两国保持高层交往。9月，中共中央政治局委员、天津市委书记张高丽访问阿曼，分别会见阿曼苏丹卡布斯·本·赛义德、内阁事务副首相法赫德·本·马哈茂德·阿勒赛义德等。12月，阿曼外交部秘书长巴德尔·本·哈马德来华同外交部副部长翟隽共同举行两国外交部第六轮战略磋商，中共中央政治局委员、天津市委书记张高丽和外交部长杨洁篪分别会见。

两国经贸、能源、工程承包等领域合作富有成果。10月，阿曼商工次大臣艾哈迈德·哈桑·迪布来华举行两国第七届经贸联委会。

两国在人文、体育、军事等领域合作取得新进展。8月，阿曼体育代表团参加深圳第26届世界大学生运动会。9月，阿中友协理事会会长穆海辛·海达尔·达尔维什访华。中国海军护航编队多次在阿曼萨拉拉港实施综合补给和人员休整。

巴基斯坦
(Pakistan)

2011年是中华人民共和国与巴基斯坦伊斯兰共和国建交60周年和“中巴友好年”，两国在政治、经济、军事和人文等领域举行了一系列纪念活动，将中巴战略合作伙伴关系推向新高度。

两国高层保持频繁交往。11月，国务院总理温家宝在圣彼得堡出席上海合作组织成员国总理第十次会议期间会见巴基斯坦总理赛义德·优素福·拉扎·吉拉尼。12月，国家主席胡锦涛代表、国务委员戴秉国访问巴基斯坦，会见了总统阿西夫·阿里·扎尔达里、总理吉拉尼、外长希娜·拉巴尼·卡尔和巴军方领导人，同总理吉拉尼共同出席建交60周年和友好年闭幕仪式并发表讲话。双方就巴当前内外形势和共同关心的国际地区问题进行深入沟通，签署了经贸、金融、能源等多项合作协议。9月，国务委员兼公安部长孟建柱访巴，会见了总统扎尔达里、总理吉拉尼、军方领导人和内政部、禁毒部负责人。双方就加强执法安全合作达成重要共识。6月，中国政府特使、国务院新闻办公室主任王晨访问巴基斯坦，与扎尔达里总统共同出席中巴建交60周年招待会。

5月，巴基斯坦总理吉拉尼正式访华并出席“太湖文华论坛”。国家主席胡锦涛、国务院总理温家宝、国务委员刘延东分别会见、会谈，全国政协主席贾庆林会见吉拉尼并共同出席庆祝中国—巴基斯坦建交60周年招待会。两国领导人就进一步发展中巴战略合作伙伴关系达成广泛共识，为两国和两国人民的友谊与合作注入新的活力。8月，扎尔达里总统来华出席在乌鲁木齐举行的首届中国—亚欧博览会，国务院副总理李克强同其会见。8月，巴基斯坦外长希娜正式访华，国务院总理温家宝、外交部长杨洁篪分别同其会见、会谈。4月，巴外交秘书萨尔曼·巴希尔同外交部副部长张志军举行第四次中巴战略对话。

两国政党、地方交流活跃。中共甘肃省委书记陆浩、中共中央对外联络部副部长艾平、新疆维吾尔自治区副主席肖开明·依明等访巴。穆斯林联盟（谢里夫派）总裁夏巴兹·谢里夫、人民党主席比拉瓦尔·布托·扎尔达里、正义运动党主席伊姆兰·汗先后访华。

两国务实合作稳步发展。中方积极落实参与巴灾后重建一揽子计划。中巴联合研制的通讯卫星顺利升空并交付巴方，中国工商银行在巴分行开业。恰希玛核电站二期并网发电，三期开工。8月，国家能源局同巴水利和电力部共同召开了中巴能源工作组第一次会议。11月，中巴两国科技部召开第17届中巴科技合作联委会。12月，戴秉国国务委员访巴期间，两国续签经贸合作五年规划并签署货币互换协议。

两军关系发展顺利。2月，巴基斯坦参谋长联席会议主席哈利德·沙米姆·韦恩上将访华，国家副主席、中央军委副主席习近平同其会见，中央军委委员、解放军总参谋长陈炳德上将同其共同举行第八届中巴防务安全磋商。3月，中巴空军举行“雄鹰—I”联合训练。中国海军护航编队赴巴参加“和平—11多国海上演习。”7月，巴军舰访华并与中方举行海上联合演习。11月，解放军副总参谋长侯树森上将访巴，观摩中巴第四次反恐联合训练。10月，为协助巴军民抗击洪灾，解放军派国际救援医疗队赴巴。

中巴人文交流继续深化。两国文化、教育、媒体、学术机构、民间团体等各界举行了一系列庆祝建交60周年和友好年活动，增进了两国人民的了解和友谊。1月和4月，两国青年百人团实现互访。3月，巴基斯坦电视有限公司（PTV）摄制组访华。6月，伊斯兰堡孔子学院“汉语桥”夏令营在巴开营。12月，“中巴友好光明行”活动在巴举行，为500多名巴白内障患者免费实施复明手术。在巴部分地区遭受严重洪灾后，中方及时向巴提供了价值3000万元人民币的人道主义救灾物资和500万美元现汇援助。中方向被堰塞湖阻断的巴北部地区居民运送了价值2000万元人民币的生活物资。

巴勒斯坦
(Palestine)

中华人民共和国是最早支持巴勒斯坦解放组织和承认巴勒斯坦国的国家之一。2011年，两国传统友好关系得到进一步巩固和发展。

两国政治往来频繁。3月，商务部长陈德铭访问巴勒斯坦，会见巴总统、民族权力机构主席马哈茂德·阿巴斯，与巴民族权力机构国民经济部长哈桑·艾布鲁布代举行会谈，并代表中方同巴民族权力机构主席府秘书长塔伊布·阿卜杜拉希姆签署两国政府经济技术合作协定。3月、8月，中东问题特使吴思科两次访问巴勒斯坦，会见阿巴斯、塔伊布等巴方领导人。7月，巴勒斯坦总统特使阿扎姆·艾哈迈德访华，外交部长杨洁篪会见。

中方继续向巴方提供力所能及的援助。中国援建的巴勒斯坦外交部大楼项目进展顺利，活动板房和交通监控中心设备等项目稳步实施。中方对巴勒斯坦人员培训达230多人次。

中巴在其他领域的交往稳步开展。巴方积极参加在深圳举行的世界大学校长论坛和第26届世界大学生运动会。

巴布亚新几内亚
(Papua New Guinea)

2011年是中华人民共和国与巴布亚新几内亚独立国建交35周年，两国关系进一步发展。

9月，国务院副总理回良玉过境巴新首都莫尔斯比港，会见巴新政府代表、副外长摩西·曼沃。同月，外交部副部长崔天凯在新西兰出席第23届太平洋岛国论坛会后对话会期间会见巴新总理彼得·奥尼尔。8月，巴新国民联盟党总书记斯蒂芬·普卡文等参加“太平洋岛国政治家联合考察团”访华。巴新财政与国库部长帕特里克·普鲁埃奇、国内安全部长马克·马伊帕卡伊、财政与国库部长彼得·奥尼尔、商业与工业部长加布里埃·卡普里斯、渔业部长本·塞姆里、矿业部长拜伦·陈等部级官员相继访华。

两国在经贸、农业、卫生、文化等领域合作取得新进展。中国冶金科工集团与巴新合作开发的拉姆镍矿项目进入投产准备阶段。中国援建的巴新国际会议中心、尤一亚公路、哈根综合农业技术合作等项目顺利实施，东高地省戈洛卡大学二至四期学生宿舍工程开工。中国援巴新第五批医疗队积极开展工作，中国政府并向巴新政府捐赠了一批药品和医疗器械。7月，广东省友好代表团及广东省艺术团赴巴新访问演出，受到当地民众欢迎。

秘　鲁
(Peru)

2011年，中华人民共和国与秘鲁共和国战略伙伴关系深入发展，各领域务实合作富有成效。

双方保持高层交往。11月，国家主席胡锦涛和秘鲁总统奥扬塔·乌马拉·塔索在夏威夷亚太经合组织领导人非正式会议期间举行双边会晤。9月，中共中央政治局委员、国务院副总理回良玉对秘鲁进行正式访问，会见代总统马里索尔·埃斯皮诺萨·克鲁斯，并与部长会议主席萨洛蒙·莱内尔·吉蒂斯举行会谈。11月，全国人大常委会副委员长华建敏访秘并出席第五届中拉企业家高峰会开幕式。7月，胡锦涛主席特使、农业部长韩长赋出席秘鲁总统权力交接仪式。8月，外交部部长助理张昆生访秘。9月，中共中央对外联络部副部长于洪君率中共友好代表团访秘。

两国经贸合作不断深化。5月，中国援秘洛阿伊萨医院新楼交付使用。双方在能矿、基础设施等领域合作进展顺利。目前，中国已成为秘鲁第二大贸易伙伴和第一大出口对象国。

两国军事交往日益密切。11月，中共中央政治局委员、中央军委副主席郭伯雄上将率团访秘。8月，中央军委委员、解放军第二炮兵司令靖志远上将访秘。5月，秘国防部长海梅·托尔内访华。

两国在人文、司法等领域的交流与合作不断发展。双方就两国建交40周年举办形式多样的庆祝活动。秘鲁文化部长胡安·奥西奥·阿库尼亚访华并出席《印加人的祖先》文物展开幕式。中纪委副书记干以胜、最高人民法院副院长苏泽林先后访秘。

菲律宾
(Philippines)

2011年，中华人民共和国与菲律宾共和国致力于和平与发展的战略性合作关系总体保持积极向好势头。

高层保持密切交往。8月30日至9月3日，菲总统贝尼尼奥·阿基诺对中国进行国事访问，国家主席胡锦涛同其举行会谈，国务院总理温家宝、全国人大常委会委员长吴邦国分别会见，国务院副总理王岐山同其共同出席了在北京举行的经贸论坛。除北京外，阿基诺分别访问了上海和福建，并赴厦门鸿渐村寻根祭祖。访问期间，两国发表联合声明，签署了《中菲经贸合作五年发展规划》、《中菲外交部关于加强合作的谅解备忘录》、《关于菲律宾总统府新闻沟通办公室与中国国务院新闻办公室友好交流的谅解备忘录》、《中国中央电视台与菲律宾人民电视网合作协议》、《关于加强两国技术合作谅解备忘录》等一系列合作文件。6月，菲律宾众议长贝尔蒙特访华。5月，全国人大常委会副委员长蒋树声访菲。同月，国务委员兼国防部长梁光烈上将访菲。7月，菲外交部长德尔罗萨里奥访华。

两国各领域互利合作继续发展，人文交流持续深入。此外，两国还在执法安全领域开展了积极合作。在双方共同努力下成功侦破“11·30”特大电信诈骗案。

两国还就一些具体问题加强沟通，一致同意把南海问题放在双边关系适当位置，妥善加以处理。

波　兰
(Poland)

2011年，中华人民共和国与波兰共和国双边关系保持良好发展势头，双方正式建立战略伙伴关系，各领域交流与合作进一步深化。

两国领导人保持密切接触，政府、立法机构等各部门人员往来密切，双方在国际事务中保持良好沟通与协调。12月18 ~ 22日，波兰总统博罗尼斯瓦夫·科莫罗夫斯基对中国进行国事访问。国家主席胡锦涛同科莫罗夫斯基总统举行会谈，两国元首就双边关系及共同关心的国际和地区问题深入交换意见，达成广泛共识。会谈后，两国元首共同签署《中华人民共和国和波兰共和国关于建立战略伙伴关系的联合声明》，并出席双方有关合作文件及商业合同签字仪式。全国人大常委会委员长吴邦国、国务院总理温家宝分别会见科莫罗夫斯基总统。国务院副总理李克强会见并同科莫罗夫斯基总统共同出席中国—波兰经济论坛。国务委员刘延东会见并同科莫罗夫斯基总统夫妇共同出席波兰交响音乐会。

7月5～8日，中共中央政治局常委、中央纪委书记贺国强访问波兰，与最高监察院院长雅采克·耶杰尔斯基会谈，会见总统博罗尼斯瓦夫·科莫罗夫斯基、众议院议长格日戈什·斯海蒂纳和副总理兼经济部长瓦尔德马尔·帕夫拉克。6月14～17日，全国人大常委会副委员长王兆国访问波兰，与众议院议长格日戈什·斯海蒂纳会谈，会见参议院议长博格丹·博鲁塞维奇。8月4～6日，外交部长杨洁篪访问波兰，与波兰外交部长拉多斯瓦夫·西科尔斯基会谈，会见波兰总统博罗尼斯瓦夫·科莫罗夫斯基和总理多纳德·图斯克。12月5日，外交部长杨洁篪在德国波恩举行的阿富汗问题国际会议期间会见波兰外交部长西科尔斯基。

双方副部级以上互访团组明显增多，其中中方访波的主要有：全国人大外事委员会主任委员李肇星、国家行政学院副院长周文彰、司法部副部长陈训秋、农业部副部长陈晓华、中华全国总工会副主席王玉普、国务院法制办副主任袁曙宏、国土资源部副部长王世元、工业与信息化部副部长尚冰、中共中央对外联络部副部长于洪君、交通运输部副部长徐祖远、国有资产管理委员会副主任邵宁、国家工商行政管理总局副局长甘霖、中国国际贸易促进委员会会长万季飞、国家广播电影电视总局局长蔡赴朝。波方访华的主要有：经济部副部长拉法乌·巴尼亚克、国库部长亚历山大·格拉德、文化与国家遗产部长博格丹·兹德罗耶夫斯基。

双边经贸合作成果显著，贸易额快速增长，相互投资有所增加。波兰继续保持中国在中东欧地区最大贸易伙伴地位。12月波兰总统访华期间，双方签署五矿集团公司与波兰铜业集团公司2012～2016年电解铜长期采购协议等合作文件。

两国人文交流持续深化。9月，“中国文化节”在波兰成功举办。12月波兰总统访华期间，双方签署《中华人民共和国政府和波兰共和国政府关于互设文化中心的谅解备忘录》和《中华人民共和国教育部与波兰科学和高等教育部长高等教育合作协议》。克拉科夫雅盖隆大学等四所孔子学院运转正常。双边科技、农业等领域合作续有发展。

两军关系继续加强，双方军队高级将领保持往来。2月，中波第五次国防部工作对话在中国举行。4月，解放军成都军区政委田修思中将访问波兰。9月，解放军海军政委刘晓江上将访问波兰。9月，中央军委副主席徐才厚上将一行过境波兰。

两国地方交往增多，友好省市人员互访频繁。2011年1月，常州市与耶莱尼亚古拉市结为友好城市。中方10余起副部级以上省市代表团访问波兰，拓展了中波地方省市间的务实合作。

葡萄牙
(Portugal)

2011年，中华人民共和国与葡萄牙共和国全面战略伙伴关系继续平稳较快发展，各领域务实合作日益扩大。

双方各级别人员往来频繁。3月27 ~ 30日，全国人大常委会副委员长乌云其木格访葡，会见葡议长雅伊梅·伽马、副议长特蕾萨·卡埃罗，并与议会外委会举行会谈。8月，全国政协副主席黄孟复访葡，与葡议会外委会主席阿尔贝托·马丁斯、议会事务和平等国秘特蕾萨·莫莱斯及公民和性别平等委员会举行会谈。葡萄牙向全国政协副主席、澳门特区前任行政长官何厚铧颁授功绩大十字勋章。

中方访葡的主要还有：全国人大常委会委员、教科文卫委员会主任委员白克明，交通部长李盛霖，中共中央对外联络部副部长李进军，中共代表、辽宁省委副书记夏德仁等。

葡方访华的主要有：科技和高等教育部长马里亚诺·加戈，总理府经济顾问若昂·迪亚士，国库和财务国务秘书卡洛斯·皮纳等。

两国外交部保持密切磋商与合作。外交部长杨洁篪出席第66届联大会议期间会见葡国务部长兼外长保罗·波尔塔斯，就双边关系和共同关心的国际地区问题交换意见。4月，葡外交合作国秘若奥·戈麦斯·克拉维尼奥来华磋商，外交部副部长傅莹与其会谈。

两国经贸合作稳步发展。6月，商务部副部长蒋耀平率团访葡，澳门特别行政区经济财政司司长谭伯源等同行，在葡期间会见葡经济部长阿尔瓦罗·桑托斯·佩雷拉和对外投资贸易局主要董事，与中国、葡萄牙、澳门地区企业家座谈并举办中葡经贸推介会。11月，中国工业经济联合会与葡经贸投资促进局共同举办“中葡经贸研讨会”。

文化、教育等领域的交流进一步加强。以“辛亥革命100周年——一个世纪的巨变和传承”为主题的葡萄牙第六届汉学国际论坛成功举行。在葡多地举办“中国文化周”及“世纪回眸——纪念辛亥革命100周年”图片展、中国乐器展、郑和下西洋展览等。首次汉语水平考试在葡成功举办。

两军继续保持交往。6月，葡陆军参谋长若泽·路易斯·平托·拉马略上将访华，中央军委委员、国务委员兼国防部长梁光烈上将与其会见，解放军北京军区政委刘福连中将与其会谈。

卡塔尔
(Qatar)

2011年，中华人民共和国与卡塔尔国双边关系快速发展。

两国各层次交往频繁。1月，国务院副总理回良玉过境卡塔尔。6月，新疆维吾尔自治区党委书记张春贤访问卡塔尔。5月，最高人民检察院检察长曹建明访问卡塔尔。3月，中东问题特使吴思科访问卡塔尔。1月，卡塔尔副首相兼能源和工业大臣阿卜杜拉·本·哈马德·阿提亚访华。8月，第66届联大主席、卡前常驻联合国代表纳赛尔访华。

两国经贸、能源合作继续保持快速发展。中国港湾集团公司中标多哈新港项目一期工程并开工建设，中石油与卡塔尔天然气公司签订的300万吨液化天然气购销协议生效执行。

两国在教育、文化、军事等领域也开展了良好的交流与合作。中科院、现代国际关系学院、中国教育国际交流协会等多个机构派团访问卡塔尔，与当地智库、媒体、高校交流；4月，中国残疾人艺术团大型歌舞《我的梦》在卡塔尔成功演出，引起巨大反响。7月底，中国海军第八批护航编队访问卡塔尔。

大韩民国
(ROK)

2011年，中华人民共和国与大韩民国的战略合作伙伴关系进一步得到巩固与发展，各领域交流合作不断深化。

两国高层交往频繁，政治互信加强。10月26 ~ 27日，国务院副总理李克强对韩国进行正式访问，分别与韩总统李明博、国会议长朴熺太、国务总理金滉植会见、会谈，就中韩关系及共同关心的国际和地区问题交换意见，达成重要共识。10月17 ~ 19日，前国务委员唐家璇赴韩出席东北亚学术会议，分别会见国务总理金滉植、大国家党前党首朴槿惠、外交通商部长官金星焕、统一部长官柳佑益等。2月23 ~ 24日，外交部长杨洁篪对韩进行正式访问，分别同李明博总统、外交通商部长官金星焕会见、会谈。12月26 ~ 27日，外交部副部长张志军赴首尔与韩外交通商部第一次官朴锡焕举行第四次中韩外交部门高级别战略对话，分别会见外交通商部长官金星焕、统一部长官柳佑益。

4月12 ~ 15日，韩国务总理金滉植正式访华并出席博鳌亚洲论坛2011年年会，国家主席胡锦涛、全国人大常委会委员长吴邦国分别会见，国务院总理温家宝会谈。3月28 ~ 30日，韩外交通商部长官金星焕正式访华，国务院总理温家宝、外交部长杨洁篪分别会见、会谈。

双方在国际多边场合保持接触。5月22日，国务院总理温家宝在出席第四次中日韩领导人会议期间会见韩总统李明博。11月19日，国务院总理温家宝在出席东亚领导人系列会议期间会见韩总统李明博。5月18 ~ 20日，全国人大常委会副委员长蒋树声赴韩出席二十国集团议长大会，会见韩国会议长朴熺太。外交部长杨洁篪3月19日出席中日韩外长会、6月6日出席亚欧外长会、7月21日出席东盟地区论坛系列外长会、9月20日出席第66届联大一般性辩论期间分别会见韩外长金星焕。

两国经贸合作势头良好。中国继续保持韩国最大贸易伙伴、最大出口市场、最大进口来源国，韩是中国第三大贸易伙伴国。10月，中韩两国央行宣布将两国本币互换规模由1800亿元人民币扩大至3600亿元人民币。

两国人文领域交流活跃。2011年双方各类团组交流互访频繁。两国已有133对省市建立友好关系。在韩孔子学院总数达17家，另有5家孔子课堂。韩在华留学生约6.8万名，中国在韩留学生约8万名，均居对方国家外国留学生人数之首。

两国议会、军事等领域友好合作持续发展。7月，中韩议会定期交流机制第六次会议在中国举行，首次中韩国防战略对话同月在韩举行。

罗马尼亚
(Romania)

2011年，中华人民共和国与罗马尼亚全面友好合作伙伴关系积极平稳发展，两国传统友好不断深化，各领域合作务实推进。

高层交往频繁。8月11～16日，罗马尼亚总理埃米尔·博克访华并出席深圳第26届世界大学生运动会开幕式，国家主席胡锦涛、国务院总理温家宝分别会见、会谈。外交部长杨洁篪会见随访的罗马尼亚外交部长特奥多尔·巴孔斯基。

4月13～15日，中共中央政治局常委李长春对罗马尼亚进行正式友好访问，分别会见罗马尼亚总统特拉扬·伯塞斯库、参议长米尔恰·杰瓦纳、总理博克、副总理马尔科·贝拉及外长巴孔斯基。访问期间，双方签署了《中华人民共和国国家文物局及罗马尼亚文化和国家遗产部关于开展文化遗产领域交流合作的共同声明》。9月23～26日，全国政协副主席陈奎元访问罗马尼亚，分别会见参议院议长杰瓦纳、副议长克里斯蒂安·迪亚科内斯库。

务实合作富有成效。10月，中罗政府间经济合作委员会第21次例会在北京成功召开，商务部长陈德铭、副部长王超以及罗马尼亚经济、贸易和商业环境部长扬·阿里通出席会议。全国人大外事委员会主任委员李肇星、新闻出版总署副署长孙寿山、司法部副部长陈训秋、中共中央对外联络部副部长兼当代世界研究中心主任于洪君、新华社总编辑何平、国防部外办主任钱利华少将、国防大学副校长王朝田中将、中国侨联副主席王永乐、解放军海军政委刘晓江上将、国土资源部总规划师胡存智、卫生部副部长刘谦、人民日报社总编辑吴恒权、北京市人大常委会副主任柳纪纲先后访问罗马尼亚。

罗马尼亚全国进步联盟执行主席、国防部长加布里埃尔·奥普雷亚、文化和国家遗产部长凯莱门·胡诺尔、电信和信息部长瓦列里安·弗雷梅分别访华。外交部国务秘书多鲁·科斯泰亚来华进行两国外交部政治磋商。参议院外委会主席蒂图斯·科尔勒采恩、布加勒斯特市长索林·奥普雷斯库、国防部国务秘书米哈伊尔·奥祖努、交通运输和基础设施部国务秘书欧塞比乌·皮斯特鲁、科研署秘书长德切巴尔·洛汉、海军参谋长奥雷尔·波帕、保罗亲王分别访华。

俄罗斯
(Russia)

2011年，中华人民共和国与俄罗斯联邦战略协作伙伴关系取得新发展。双方共同庆祝《中华人民共和国和俄罗斯联邦睦邻友好合作条约》签署十周年。两国政治互信、务实合作和人文交流全面深入发展，战略协作更加密切。

两国高层保持密切往来。4月13日，国家主席胡锦涛在海南省三亚市会见了来华出席金砖国家领导人第三次会晤和博鳌亚洲论坛2011年年会开幕式的俄罗斯总统德米特里·梅德韦杰夫。两国元首就双边关系、金砖国家合作及重大国际和地区问题深入交换意见，达成重要共识。6月15 ~ 18日，胡锦涛主席对俄进行国事访问，并出席第15届圣彼得堡国际经济论坛。访问期间，胡锦涛主席与梅德韦杰夫总统举行会谈，并会见俄总理弗拉基米尔·普京。双方全面总结《中俄睦邻友好合作条约》签署十年来两国关系发展的成果和经验，提出下一个十年将致力于发展平等信任、相互支持、共同繁荣、世代友好的中俄全面战略协作伙伴关系，并就共同关心的重大国际和地区问题深入交换意见。两国元首签署《中俄关于当前国际形势和重大国际问题的联合声明》，发表《中俄元首关于〈中俄睦邻友好合作条约〉签署十周年的联合声明》。胡锦涛主席出席了第15届圣彼得堡国际经济论坛开幕式并发表题为《共创互利共赢、共同发展的美好未来》的重要演讲。11月3日，国家主席胡锦涛与俄总统梅德韦杰夫在法国戛纳出席二十国集团领导人峰会期间举行了年度第三次会晤。

6月22日，全国人大常委会委员长吴邦国在北京会见了由俄国家杜马副主席斯维特兰娜·茹罗娃率领的俄国家杜马青年议员代表团。9月14 ~ 17日，吴邦国委员长对俄进行正式友好访问，会见了梅德韦杰夫总统和普京总理，并分别与俄国家杜马主席鲍里斯·格雷兹洛夫和联邦委员会代主席亚历山大·托尔申举行中国全国人大同俄国家杜马合作委员会第五次会议和中国全国人大同俄联邦委员会合作委员会第五次会议。

10月11 ~ 12日，国务院总理温家宝与来华进行正式访问的俄总理普京举行中俄总理第16次定期会晤。胡锦涛主席、吴邦国委员长分别会见了普京总理。两国总理签署并发表《中俄总理第16次定期会晤联合公报》，双方共签署涉及经济、投资、农业、旅游等领域14个合作文件。11月7日，温家宝总理在圣彼得堡出席上海合作组织成员国政府首脑会议期间与俄总理普京举行会见。

6月2日，国家副主席习近平在罗马出席“意大利统一150周年”庆典期间同俄总统梅德韦杰夫举行会见。

12月13日，中俄友好、和平与发展委员会第九次全体会议在北京举行。国家主席胡锦涛和俄总统梅德韦杰夫分别向会议致贺辞。委员会中方主席、全国人大常委会副委员长华建敏和俄方主席德拉切夫斯基分别率双方委员及代表出席会议。此前，国务院副总理李克强会见了中俄友好、和平与发展委员会第九次全体会议与会委员及代表。12月12日，全国人大常委会副委员长、全国妇联主席陈至立会见了来华参加中俄友好、和平与发展委员会第九次会议的俄罗斯联邦委员会副主席奥尔洛娃及部分俄方委员。

9月21～23日，中央军委副主席郭伯雄上将对俄进行正式友好访问，与俄国防部长安纳托利·谢尔久科夫举行中俄军技合作混委会第16次会议。

5月30日至6月3日，国务院副总理王岐山访俄，会见了俄总理普京，并与俄副总理伊戈尔·谢钦举行中俄能源谈判代表第七次会晤。访问期间，王岐山副总理还应邀考察了乌德穆尔特共和国格列米哈油田，并访问伊尔库茨克州。10月10日，国务院副总理王岐山在北京与俄副总理亚历山大·茹科夫举行了中俄总理定期会晤委员会第15次会议，并共同出席第六届中俄经济工商界高峰论坛开幕式。10月11日，王岐山副总理在北京与俄副总理谢钦举行了中俄能源谈判代表工作会晤，并共同参观中国实验快中子反应堆项目。

10月11日，国务委员刘延东在北京与俄副总理茹科夫举行了中俄人文合作委员会第12次会议。8月23日，刘延东国务委员在深圳会见了来华出席第26届世界大学生夏季运动会闭幕式的俄第一副总理、喀山大运会组委会主席伊戈尔·舒瓦洛夫。6月4日，国务委员兼国防部长梁光烈上将在新加坡出席香格里拉对话会期间会见俄副总理谢尔盖·伊万诺夫。9月20～21日，国务委员兼公安部长孟建柱出席在叶卡捷琳堡举行的第二届安全事务高级代表国际会议期间与俄联邦安全会议秘书尼古拉·帕特鲁舍夫举行会见。1月23～25日，国务委员戴秉国赴俄与俄联邦安全会议秘书帕特鲁舍夫举行中俄第五轮战略安全磋商。10月19～21日，国务委员戴秉国在北京与俄联邦安全会议秘书帕特鲁舍夫举行中俄第六轮战略安全磋商。8月3～4日，中央军委委员、总参谋长陈炳德上将对俄进行正式友好访问，与俄国防部第一副部长兼总参谋长尼古拉·马卡罗夫大将举行会谈。两国外长还多次在国际场合会晤，相互通话和互致函电，就重大国际和地区问题进行磋商，协调立场。在事关国家主权、安全和领土完整等重大核心利益问题上坚定相互支持。中方支持俄方打击恐怖主义，维护国家主权和安全。俄方支持中方在台湾、涉藏、涉疆等问题上的原则立场。

务实合作进一步扩大和深化，成果丰硕。两国贸易额再创历史新高。两国元首提出，至2015年和2020年将双边贸易额提升至1000亿美元和2000亿美元，确立两国贸易中长期发展目标。贸易结构持续改善，机电和高新技术产品贸易快速增长，木材深加工合作进一步深化，中国连续两年成为俄第一大贸易伙伴国。贸易秩序更加规范，莫斯科格林伍德国际商贸中心投入试运营。能源合作取得重大进展，中俄原油管道顺利投入运营，全年按计划输油1500万吨，原油上下游领域合作进展顺利。天然气谈判稳步推进。两国核能合作取得重要成果，中国实验快堆于2011年7月实现并网发电。煤炭、电力、新能源合作不断扩大。科技合作持续发展，双方在航空、航天、纳米、生物技术、通信、新材料等领域合作不断加强。金融合作进一步扩大，两国央行签订双边本币结算协定，使双边本币结算范围由边境贸易扩大到一般贸易。环保合作取得积极成果，跨界水体水质明显改善。跨境基础设施建设稳步推进，同江铁路桥项目取得重要突破，有望于2012年动工建设。地方合作不断深化，双方着力推动落实《中国东北地区与俄罗斯远东及东西伯利亚地区合作规划纲要》中共同关注的优先合作项目。

人文合作深入发展，交流活动丰富多彩。6月，国家主席胡锦涛访俄期间同俄总统、总理全面总结中俄人文合作成果和经验，对下一阶段工作作出重要规划，两国元首共同出席了《中俄睦邻友好合作条约》签署十周年庆祝音乐会并致辞。4月，中俄人文合作委员会青年合作分委会在北京举行第一次会议。5月，第12届世界俄语大会在上海召开，国务委员刘延东出席大会开幕式并致辞，俄总理普京向大会致信祝贺。同月，北京人民艺术剧院赴俄参加“契诃夫国际戏剧节”。6月，“俄罗斯影展”在北京成功举行。7月底、8月初，俄第二批500名中小学生来华参加夏令营，分别在北京、大连和上海参观游览。8月，第26届世界大学生夏季运动会闭幕式在深圳举行，俄第一副总理、喀山大运会组委会主席舒瓦洛夫率团出席。此外，两国有关部门积极筹备2012年、2013年中俄互办“旅游年”。

中俄战略协作更加密切，富有成效。双方在联合国、二十国集团、金砖国家、上海合作组织、中俄印（度）、东亚峰会和其他多边机制下的协作进一步深化，在能源与粮食安全、可持续发展、防扩散、信息安全、反导、防止外空武器化和外空军备竞赛等问题上加强协调，在朝核、伊朗核、阿富汗、西亚北非等地区热点问题上保持密切沟通与配合，共同致力于完善全球经济治理，推动国际金融体系改革，有力维护了两国的共同利益，为促进世界和地区的和平与稳定，推动建立公正合理的国际政治经济新秩序作出了重要贡献。

卢旺达
(Rwanda)

2011年，中华人民共和国与卢旺达共和国友好合作关系继续稳步发展。

两国政治交往密切。2月，全国政协副主席李兆焯访问卢旺达，与卢众议院副议长让·达马瑟纳·恩塔武库利亚约举行会谈，分别会见卢旺达参议长万桑·比鲁塔、众议长罗丝·穆甘塔巴娜和总理伯纳德·马库扎。6月，卢旺达教育国务部长马蒂亚斯·哈里巴姆古访华。9月，卢旺达执政党爱国阵线政治局代表团访华。

经贸、卫生等领域合作进展顺利。中国援建的农业技术示范中心和马萨卡综合医院项目分别竣工并交付卢方。8月，商务部国际贸易谈判代表兼副部长高虎城访卢，会见了卢旺达总统保罗·卡加梅，并与卢外交合作部长路易斯·穆希基瓦博举行会谈，双方签署了《中华人民共和国政府和卢旺达共和国政府经济技术合作协定》等合作文件。9月，中国援卢第14批和第15批医疗队顺利完成交接工作。

萨摩亚
(Samoa)

2011年，中华人民共和国与萨摩亚独立国关系继续保持良好发展势头。

两国高层交往频繁。4月，全国政协主席贾庆林对萨摩亚进行正式友好访问，其间分别会见萨国家元首图伊阿图阿·图普阿·塔马塞塞·埃菲和议长拉乌利·莱瓦蒂亚·波拉塔伊瓦奥，与萨总理图伊拉埃帕·萨伊莱莱·马利埃莱额奥伊举行会谈，就双边关系、经贸合作等问题交换意见。9月，全国政协副主席、中国—大洋洲友好协会会长廖晖访萨，外交部副部长崔天凯在新西兰出席第23届太平洋岛国论坛会后对话会期间会见萨总理图伊拉埃帕。1月，中国—太平洋岛国论坛对话会特使杜起文访问萨摩亚。5月，萨总理图伊拉埃帕过境北京并访问四川成都。9月，萨副总理兼工商劳工部长福诺托·皮埃尔·拉沃福访华并出席第15届中国国际投资贸易洽谈会，萨妇女、社区和社会发展部长托洛富艾瓦莱莱·法莱莫埃·莱亚塔瓦访华。

两国经贸、人文、卫生等领域交流与合作稳步发展。利用中国优惠贷款建设的萨摩亚新政府综合办公楼和国际会议中心项目以及卫生部办公楼项目竣工移交。中萨合作在萨摩亚建设的地震监测站项目和国家医疗中心一期项目稳步推进，农业、医疗和游泳馆等技术合作示范项目顺利实施。广东省艺术团赴萨访问演出，受到当地民众普遍欢迎。中国国际广播电台代表团赴萨举办该台英语节目在萨开播一周年庆祝活动。

3月，全国人大常委会委员长吴邦国、国务院总理温家宝、国务院副总理李克强分别致电祝贺萨摩亚议长拉乌利、总理图伊拉埃帕、副总理福诺托当选。

圣马力诺
(San Marino)

2011年，中华人民共和国与圣马力诺共和国双边关系发展顺利。双方政府和民间交流密切，各领域合作取得新进展。

5月6日是中圣建交40周年纪念日，国家主席胡锦涛、外交部长杨洁篪分别与圣马力诺执政官玛丽亚·路易莎·贝尔蒂、菲利波·塔马尼尼以及外交部长安东内拉·穆拉罗尼互致贺电。双方还共同发行建交40周年纪念封。

两国政府保持密切沟通，就政治、经济、文化等领域合作开展了广泛交流，在国际事务中相互支持。两国民间交往频繁，促进了两国人民相互了解，成为中圣关系的重要特色。5月4～8日，圣马力诺大议会外委会主席詹佛兰科·泰伦齐访华，全国人大外委会副主任委员马文普、中国人民对外友好协会会长陈昊苏分别会见。5月24日，中国人民对外友好协会副会长李建平率团访问圣马力诺。

两国贸易额受国际金融危机影响有所下降，但中国从圣马力诺进口逆势大幅增长。2011年中圣双方在税务、金融、旅游等领域合作交流密切。

两国文化交流持续发展。南京、上海等演艺团体相继在圣马力诺献上精彩演出，受到热烈欢迎。5月，中圣双方在圣马力诺国家博物馆共同主办“中国之窗”图片展，展示中国特色文化和发展成就，成为双方文化交流的亮点。

沙特阿拉伯
(Saudi Arabia)

2011年，中华人民共和国与沙特阿拉伯王国战略性友好关系持续深入发展。

两国高层交往频繁，政治互信不断加深。9月，中共中央政治局委员、天津市委书记张高丽访问沙特，会见沙特国王阿卜杜拉·本·阿卜杜勒阿齐兹·阿勒沙特、沙特协商会议主席阿卜杜拉·本·穆罕默德·阿勒谢赫。3月，沙特国王特使、国王安全事务顾问班达尔·本·苏尔坦·本·阿卜杜勒阿齐兹·阿勒沙特亲王访华，国家主席胡锦涛、国务委员戴秉国、外交部长杨洁篪分别会见。6月，沙特协商会议主席阿卜杜拉访华，全国人大常委会委员长吴邦国、国务院总理温家宝、全国人大常委会副委员长司马义·铁力瓦尔地分别会谈、会见。

10月22日，沙特王储兼副首相苏尔坦·本·阿卜杜勒阿齐兹·阿勒沙特逝世，国家主席胡锦涛向沙特国王阿卜杜拉致慰问电，胡锦涛主席特使、民政部长李立国、国务院副总理回良玉分别赴沙特及沙特驻华使馆出席吊唁活动；27日，沙特第二副首相兼内政大臣纳伊夫·本·阿卜杜勒阿齐兹·阿勒沙特继任新王储，国家副主席习近平致电祝贺。

两国经贸、能源和基础设施建设等领域务实合作进一步深化。沙特继续成为中国在全球第一大原油供应国和西亚非洲地区最大贸易伙伴。11月，由中国铁建股份有限公司承建的沙特麦加轻轨铁路项目全线建成通车，为全球广大穆斯林朝觐者提供了舒适便利的交通服务。

两国文化、教育、体育、青年、新闻合作日益丰富。10月11日，沙特在北京举办第四届“阿卜杜拉国王国际翻译奖”颁奖仪式，沙特外交副大臣阿卜杜勒阿齐兹·本·阿卜杜拉·本·阿卜杜勒阿齐兹·阿勒沙特亲王出席，北京大学教授仲跻昆获特别贡献奖。10月17 ~ 22日，中国青年代表团访问沙特，与沙特青年举行第二轮中国沙特青年论坛活动。2011年中国有组织赴沙特朝觐穆斯林人数约13000人。

塞内加尔
(Senegal)

2011年，中华人民共和国与塞内加尔共和国友好关系平稳健康发展，各领域合作稳步推进。

双方高层交往密切。1月14 ~ 16日，国务院副总理回良玉访问塞内加尔，与塞内加尔总理苏莱曼·恩德内·恩迪亚耶举行会谈，并会见总统阿卜杜拉耶·瓦德，双方对近年来两国关系的快速、全面发展表示满意，就进一步加强友好交往、拓展各领域务实合作、落实中非合作论坛第四届部长级会议成果等达成了广泛共识。4月14 ~ 16日，全国人大常委会副委员长陈至立访塞，与塞内加尔国民议会议长马马杜·塞克举行会谈，并会见瓦德总统和参议长帕普·迪奥普。5月18 ~ 19日，塞内加尔外交国务部长马迪克·尼昂访华，国家副主席习近平予以会见，外交部长杨洁篪与其会谈。

两国经贸合作顺利推进，并取得积极成果。4月，中方援建的国家大剧院项目顺利竣工并移交塞方。12月，中方援建的黑人文明博物馆项目举行开工仪式。正在实施的儿童医院、地区体育场维修、达喀尔环城输变电、达喀尔配电网改扩建等项目进展顺利。

人文等领域交流活跃。4月，中国残疾人艺术团赴塞访演。7月，“2011年中国文化聚焦——塞内加尔大学生感知中国行暨中塞青年文化交流活动”在华成功举行。9月，国家体育总局副局长于再清以国际武术联合会主席身份率团访塞，并出席在达喀尔举行的第三届非洲武术锦标赛。

塞尔维亚
(Serbia)

2011年，中华人民共和国与塞尔维亚共和国战略伙伴关系持续发展，各领域合作日益丰富。

重要交往不断。7月，中共中央政治局常委、中央纪委书记贺国强对塞尔维亚进行正式访问，分别同塞尔维亚总统鲍里斯·塔迪奇、议长斯拉维察·久基奇—德亚诺维奇、总理米尔科·茨韦特科维奇、第一副总理兼内务部长伊维察·达契奇会见、会谈，出席中塞企业家早餐会，参观贝尔格莱德大学孔子学院并赠送教材。9月，中共中央政治局委员、中央军委副主席徐才厚上将访问塞尔维亚，分别同塞尔维亚总统鲍里斯·塔迪奇、总理米尔科·茨韦特科维奇和国防部长德拉甘·舒塔诺瓦茨举行会见。5月，外交部长杨洁篪访问塞尔维亚，分别同塞尔维亚总统鲍里斯·塔迪奇、外交部长武克·耶雷米奇会见、会谈。8月，塞尔维亚议长斯拉维察·久基奇—德亚诺维奇对中国进行友好访问。全国人大常委会委员长吴邦国，国家副主席习近平，中共中央政治局常委、中央纪委书记贺国强分别会见。10月，外交部长杨洁篪会见来华出席中国—塞尔维亚政府间经济贸易合作委员会第九次例会的塞尔维亚外交部长武克·耶雷米奇。

9月14日，中国新任驻塞尔维亚大使张万学向塞尔维亚总统鲍里斯·塔迪奇递交国书。

经贸合作健康发展。6月，中国国际贸易促进委员会会长万季飞访问塞尔维亚并出席中国—塞尔维亚经贸合作论坛。10月，中国—塞尔维亚政府间经济贸易合作委员会第九次例会在北京召开。两国在基础设施建设领域合作扩大。中国企业积极参与塞尔维亚电站项目。

科技、军事等各领域合作顺利，地方交往扩大。5月，科技部副部长曹健林访问塞尔维亚并举行中国—塞尔维亚科学技术合作委员会第一届例会。10月，广东省委副书记、省长黄华华访问塞尔维亚。双方签署《中华人民共和国广东省与塞尔维亚共和国伏伊伏丁那自治省关于发展友好交流合作的谅解备忘录》。5月，塞尔维亚军队总参谋长米洛耶·米莱蒂奇上将访华。11月，塞尔维亚外交部长武克·耶雷米奇赴深圳出席第13届中国国际高新技术成果交易会。

塞舌尔
(Seychelles)

2011年，中华人民共和国与塞舌尔共和国友好合作关系顺利发展。

两国高层往来密切，政治互信不断增强。10月20日，塞舌尔总统詹姆斯·阿里克斯·米歇尔访华，国家副主席习近平会见。双方就中塞关系发展及两国共同关心的国际问题交换了意见。米歇尔总统表示，为庆祝塞中建交35周年，塞舌尔政府将向中国政府赠送塞舌尔特有的象龟一对。

3月24日，国务院副总理王岐山过境塞舌尔，与米歇尔总统进行会谈。11月28日，国务委员刘延东过境塞舌尔。12月1～4日，中央军委委员、国务委员兼国防部长梁光烈上将访塞，同米歇尔总统会见，同塞舌尔内政部长乔·摩根和外交部长让·保罗·亚当共同举行会谈。4月17～19日，塞舌尔副总统丹尼·福尔访华。

两国经贸合作发展势头良好。中方援塞项目均进展顺利。中方援建的塞舌尔司法大楼项目正式开工。中方向塞方赠送的两架运-12飞机年内顺利运抵并参加了塞国庆庆典。中非合作论坛新八项举措涉及塞舌尔的援助项目进展顺利。中方与塞方达成债务重组协议。

两国文化、司法、卫生、军事等领域交流与合作密切。4月，最高人民法院副院长万鄂湘、卫生部副部长邵立分别访塞。1月，福建省艺术团赴塞参加“欢乐春节”活动演出。同月，中国海军护航编队“舟山”和“徐州”

舰访问塞舌尔维多利亚港。

塞拉利昂
(Sierra Leone)

2011年是中华人民共和国与塞拉利昂共和国建交40周年，两国友好合作关系持续稳步向前发展。

两国政治交往密切。4月25～28日，国家主席胡锦涛特使、农业部长韩长赋出席塞拉利昂独立50周年庆典。9月，外交部长杨洁篪与塞拉利昂外交和国际合作部长约瑟夫·班达布拉·达乌达在第66届联合国大会期间举行会见。11月，外交部副部长翟隽会见来华进行非正式访问的达乌达部长。

3月29日，国家主席胡锦涛在人民大会堂接受塞拉利昂新任驻华大使约瑟夫·科罗马递交国书。

两国经贸等各领域合作进展顺利。4月，中方援建的塞议会增建办公楼竣工移交。5月，中方为塞方援建的医院竣工移交。9月，塞拉利昂议长埃贝尔·纳撒尼尔·斯特朗来华出席东北亚投资贸易博览会。

新加坡
(Singapore)

2011年，中华人民共和国与新加坡共和国关系继续保持良好发展势头，各领域友好交流与合作持续推进。

双方高层交往频繁。7月，国务院副总理王岐山赴新与新加坡副总理张志贤共同主持中新双边合作联委会第八次会议等双边合作机制会议。5月和6月，国务委员兼国防部长梁光烈上将分别访新和赴新出席“香格里拉”对话会。2月，国务委员兼公安部长孟建柱访新。4月，新副总理黄根成赴上海出席“新加坡日”活动。5月，新前总理李光耀访华。4月，新国务资政吴作栋出席博鳌亚洲论坛2011年年会并访华。9月，新荣誉国务资政吴作栋来华出席夏季达沃斯论坛并顺访内蒙古。

两国经贸、投资合作继续保持快速增长。新是中国第11大贸易伙伴。在东盟国家中，新是中国第二大贸易伙伴，中国是新第三大贸易伙伴。7月，在中新双边合作联委会第八次会议期间，双方签署了《关于修改中国—新加坡自由贸易协定的议定书》、《中国银监会与新加坡金管局关于危机管理合作的补充协议》等合作协议。双方致力于落实双边自贸协定，在中国中西部地区发展、中国企业“走出去”、清洁能源和环保技术研发等方面拓展合作，探讨金融合作新思路，不断发掘合作潜力。

两国在执法、卫生、旅游等领域也进行了密切的交流与合作。2月，双方签署了中华人民共和国公安部和新加坡共和国内政部《关于合作打击跨国犯罪的谅解备忘录》等协议。两军高层互访势头良好，在人员培训、专业技术团组交流、军舰互访、观摩演习等领域展开了卓有成效的交流与合作。

斯洛伐克
(Slovakia)

2011年，中华人民共和国与斯洛伐克共和国双边关系保持发展。

双边政治关系基本平稳，高层交往较少。9月6 ~ 9日，民政部副部长姜力访问斯洛伐克，与斯副总理兼劳动、社会事务和家庭部长约瑟夫·米哈尔会见，与劳动、社会事务和家庭部国务秘书卢恰·尼霍尔索诺娃举行会谈。9月22 ~ 26日，最高人民法院常务副院长沈德咏率高法代表团访问斯洛伐克，与最高法院院长什捷凡·哈拉宾举行会谈，签署两院合作备忘录。9月14日，两国外交部在斯洛伐克举行司级政治磋商。

双方在经贸、金融、科技、教育、地方等领域交流与合作富有成果。6月12 ~ 14日，北京市副市长程红访问斯洛伐克，分别与布拉迪斯拉发市市长米兰·弗塔切尼克和斯洛伐克工商会主席彼得·米霍克举行会谈。7月14 ~ 16日，中国国际贸易谈判代表兼商务部副部长高虎城访问斯洛伐克，分别会见国民议会副议长罗贝尔特·菲佐、经济部国务秘书克里斯蒂安·塔卡奇。10月17日，国家开发银行副行长高坚访问斯洛伐克，与经济部国务秘书克里斯蒂安·塔卡奇举行会谈。

此外，安徽省省委常委兼宣传部长臧世凯、北京大学代表团先后访问斯洛伐克。3月，斯洛伐克教育部国务秘书约瑟夫·哈巴尼克率斯洛伐克科技代表团访华。9月20 ~ 25日，斯洛伐克文化部国务秘书娜塔利亚·采赫拉里科娃来华出席“2011欧亚经济论坛文化分会”。

斯洛文尼亚
(Slovenia)

2011年，中华人民共和国与斯洛文尼亚共和国友好合作关系继续发展，各领域交流合作取得积极进展。

高层交往密切，政治互信加深。4月，中共中央政治局常委李长春访问斯洛文尼亚，分别同斯洛文尼亚总统达尼洛·图尔克、议长帕维尔·甘塔尔、总理博鲁特·帕霍尔、外交部长萨穆埃尔·日博加尔会见。双方表示愿继续本着相互尊重、平等互利的原则，扩大双边往来，深化经贸、人文等各领域合作，推动两国关系迈上新台阶。5月，全国人大常委会副委员长韩启德访问斯洛文尼亚，分别同斯洛文尼亚议长甘塔尔、副议长米兰·波特尔奇会见、会谈。6月，斯洛文尼亚议长甘塔尔对中国进行正式访问，全国人大常委会委员长吴邦国、国家副主席习近平、全国人大常委会副委员长韩启德分别会见，韩启德副委员长与甘塔尔议长共同出席庆祝斯洛文尼亚建国20周年招待会。9月，斯洛文尼亚国民委员会主席布拉日·卡弗契奇对中国进行正式访问，全国政协主席贾庆林、国家副主席习近平分别会见。

两国外交部合作密切，合作形式日益丰富。3月，外交部副部长傅莹赴斯洛文尼亚举行两国外交部政治磋商。9月，傅莹副部长出席第六届布莱德战略论坛，在主论坛及中欧关系分论坛发言。

经贸、军事、司法等领域交流合作加深，地方交往日益活跃。4月，商务部国际贸易谈判副代表崇泉访问斯洛文尼亚。5月，斯洛文尼亚卢布尔雅那市市长佐兰·扬科维奇访华并赴成都市出席2011年成都国际友城周和庆祝两市结为友好城市30周年活动。6月，斯洛文尼亚国防部长留比察·耶卢希奇访华。9月，斯洛文尼亚司法部长阿莱什·扎拉尔访华。

索马里
(Somalia)

2011年，中华人民共和国与索马里共和国友好关系继续发展。

两国政治关系进一步加深。4月，索马里过渡联邦政府副总理兼外长穆罕默德·阿卜杜拉希·奥马尔访华，外交部长杨洁篪同其举行会谈，就索马里和平进程、双边关系以及共同关心的国际和地区问题交换意见。

两国在国际事务中继续保持密切合作。中国继续支持国际社会推进索和平进程的努力，在联合国安理会主持召开索问题公开辩论会，在索问题国际联络小组会议和索海盗问题联络小组会议上呼吁国际社会加大解决索问题力度。2011年，中国向索提供1600万美元粮援现汇帮助其应对严重饥荒。索马里过渡联邦政府重视中索传统友好，坚定奉行一个中国政策，在有关重大问题和多项国际组织竞选中给予中方支持。

中国自2008年底开始向亚丁湾和索马里海域派出护航舰艇编队，截至2011年底，已派出十批，成功护航4383艘中外船舶。

南 非
(South Africa)

2011年，中华人民共和国与南非共和国全面战略伙伴关系深入发展，两国各领域交流与合作不断向前推进。

双方高层保持密切联系和交往。5月23 ~ 28日，全国人大常委会委员长吴邦国访问南非。在南非立法首都开普敦，吴邦国委员长会见了南非总统雅各布·祖马，同南非国民议会议长马克斯·西苏鲁举行会谈，会见了南非全国省级事务委员会主席姆宁瓦·马赫兰古，并在南非国民议会发表了题为《弘扬传统友谊　共创美好未来》的演讲。在南非行政首都比勒陀利亚，吴邦国委员长出席了中南工商界人士晚餐会并致辞。

9月27 ~ 30日，南非副总统卡莱马·莫特兰蒂访华。国家主席胡锦涛、国务院总理温家宝分别会见，国家副主席习近平与莫特兰蒂副总统举行会谈。其间，两国签署了《中华人民共和国政府与南非共和国政府在地质和矿产资源领域的合作谅解备忘录》，中国国家开发银行与南部非洲开发银行还签署了《中国国家开发银行与南部非洲开发银行开发性金融合作协议》。26日，外交部副部长翟隽与陪同莫特兰蒂副总统访华先期抵达的南非国际关系与合作部副部长易卜拉欣共同主持了中国南非第四次战略对话。

两国领导人还通过在多边场合会晤、通电话等方式，保持密切互动。4月13日，胡锦涛主席在海南省三亚市会见了来华出席金砖国家领导人第三次会晤和博鳌亚洲论坛2011年年会开幕式的祖马总统。双方就深化中南全面战略伙伴关系及共同关心的国际和地区问题深入交换了意见。7月21日，胡锦涛主席应约同祖马总统通电话，就双边关系及利比亚问题等交换意见。11月，胡锦涛主席在出席二十国集团戛纳峰会期间与祖马总统简短会晤。

两国外交部间沟通交流频繁。6月和10月，外交部长杨洁篪与南非国际关系与合作部长迈特·恩科阿纳—马沙巴内两次通电话，就双边关系及共同关心的地区和国际问题交换意见。9月，杨洁篪外长在纽约出席第66届联大期间与马沙巴内外长举行双边会晤。10月，马沙巴内外长以联合国气候变化德班会议主席身份来华出席"基础四国"气候变化第九次部长级磋商会议，外交部副部长张志军会见。

两国执政党交流活跃。7月，中共中央文献研究室主任冷溶率中国共产党代表团赴德班出席了南非共产党（南非执政的三方联盟成员）90周年庆典。10月，由南非非洲人国民大会总书记格维德·曼塔谢率领的非国大全国执委第四期研修班来华考察访问。习近平副主席会见。除北京外，研修班还赴上海、重庆考察。

两国立法机构间交流合作取得新进展。10月23 ~ 30日，南非国民议会副议长诺曼迪亚·姆费凯托访华。吴邦国委员长会见，华建敏副委员长同姆费凯托举行会谈，并共同启动中南立法机构定期交流机制。除北京外，姆费凯托一行还赴广东省访问。

两国经贸合作继续快速发展。在全球金融危机的背景下，中南贸易额逆势而上再创历史新高，且结构不断优化。双向投资、合作规模进一步扩大，涉及矿产、金融、家电、通信、纺织、汽车等多个领域，发展势头良好。为进一步促进南非企业与中国市场接轨，扩大双边贸易规模，优化双边贸易结构，11月，由商务部和南非贸易和工业部共同举办的中国"南非商品展"在北京、上海两地举行，这也是中国首次为单一非洲国家举办此类展会。

两国军事交流继续深入开展。4月，中国海军第七批护航编队"舟山"号和"徐州"号导弹护卫舰对南非进行正式友好访问。

两国在环保、司法、文化、艺术、新闻等领域的交流与合作取得新进展，双边关系内涵更加丰富。7月，环境保护部长周生贤率团访问南非。9月，司法部长吴爱英、中共中央宣传部副部长孙正军率文化产业考察团分别访南。8月，文化部副部长赵少华率中国政府文化代表团访问南非，双方签署《中华人民共和国政府和南非共和国政府文化艺术合作协定2011 ~ 2014年执行计划》。1月，中国新闻出版代表团访问南非。2月，"文化中国·四海同春"艺术团访问南非；《中国陕西剪纸艺术展》赴南非巡展；中国文联代表团访问南非。4月，中国残疾人艺术团赴南非访演。7月，中国国家博物馆代表团访问南非；"魅力天津—天津艺术团"参加南非国家艺术节，并在开普敦进行专场演出。12月，南非总统府部长柯林斯·沙巴纳率政府新闻办代表团访华。

两国地方交往保持良好势头。6月，海南省委书记卫留成、云南省委书记白恩培、江西省长吴新雄分别访问南非。同月，河南省政协副主席王训智访问南非林波波省，双方正式签署了建立友好省际关系的协议书。

南苏丹
(South Sudan)

2011年7月9日，南苏丹共和国正式独立建国。中国在南苏丹独立当日予以承认，两国正式建立外交关系，南苏丹成为中国第172个建交国。

2011年，中南关系平稳过渡，双边关系开局良好。1月，中方派团观察苏丹南方公投，并向公投委员会提供现汇和物资援助。5月，中国外交部亚非司工作组赴苏南方进行建交谈判。7月，国家主席胡锦涛特使、住房和城乡建设部部长姜伟新出席南苏丹共和国独立庆典，向南苏丹总统萨尔瓦·基尔·马亚尔迪特转交胡锦涛主席贺电，并代表中国政府与南苏丹外交与国际合作部部长丁格·阿鲁尔·库勒签署《中华人民共和国政府和南苏丹共和国政府关于两国建立外交关系的联合公报》和《中华人民共和国政府和南苏丹共和国政府关于两国建立外交关系的谅解备忘录》。同日，中国驻朱巴总领馆（2008年9月设立）转变为驻南苏丹大使馆，姜伟新特使与南苏丹议会议长詹姆斯·瓦尼·依加共同为中国驻南苏丹大使馆揭牌。11月，中国首任驻南苏丹大使李志国向基尔总统递交国书。

两国各层次交往频繁。8月，全国人大常委会委员长吴邦国致电瓦尼议长，祝贺南苏丹国民议会成立。8月，外交部长杨洁篪访问南苏丹，会见基尔总统并与南苏丹外交部长阿鲁尔举行会谈。9月，杨洁篪外长电贺尼亚尔·登格·尼亚尔就任南苏丹外交和国际合作部长。12月，中国政府非洲事务特别代表刘贵今大使访问南苏丹。

10月，南苏丹执政党苏丹人民解放运动总书记巴甘·阿姆姆访华；南苏丹派员来华出席中非合作论坛第八届高官会，并正式加入中非合作论坛。11月，南苏丹总统特使、人道主义事务和灾害管理部长约瑟夫·鲁阿勒·阿奎勒等访华。

两国经贸合作全面展开。据南苏丹统计，中国是其最大投资国，在当地注册的中资企业有30余家，投资涉及石油矿产、酒店餐饮、医院诊所等。中国水利水电建设集团公司中标上尼罗河州马拉卡勒市政改造项目，中国江西国际经济技术合作公司中标南苏丹政府三栋办公楼项目，中国海外工程总公司中标南苏丹培训中心项目。中国向南苏丹捐赠大批抗疟药品及蚊帐、帐篷，中方援建的板房学校（800万元人民币）业已建成，七套打井和供水系统（500万元人民币）即将完工。11月，商务部副部长蒋耀平访问南苏丹，会见瓦尼议长，与南苏丹财政和经济计划部副部长玛利亚·阿沃进行会谈，探讨双方经贸、金融等领域合作前景，并签署《中华人民共和国政府和南苏丹共和国政府经济、贸易和技术合作协定》。

两国文化、教育及卫生领域的合作正在逐步展开。驻朱巴总领馆两次邀请国内文艺团体赴南苏丹演出，引起积极反响。10月，中方承诺在湖泊州伦拜克建设的一所总投资4500万元人民币的医院已动工。

西班牙
(Spain)

2011年，中华人民共和国与西班牙王国全面战略伙伴关系持续发展，各领域交流合作日益扩大。

两国高层往来频繁，相互理解与信任加深。4月，西班牙首相何塞·路易斯·罗德里格斯·萨帕特罗来华出席博鳌亚洲论坛2011年年会并访问北京。国家主席胡锦涛在三亚会见，国务院总理温家宝、国务院副总理李克强在北京分别会见。两国领导人积极评价当前中西关系，表示愿共同努力，推动双方交流合作不断深化，共同应对国际金融危机影响。1月，国务院副总理李克强对西班牙进行正式访问。行前，李克强副总理在西《国家报》发表题为《携手互利合作　共创美好未来》的署名文章。访西期间，国务院副总理李克强会见了西班牙国王胡安·卡洛斯一世、首相萨帕特罗、外交大臣特立尼达·希门尼斯·加西亚—埃雷拉、前首相费利佩·冈萨雷斯·马克斯，同第一副首相兼经济财政大臣埃莱娜·萨尔加多·门德斯举行会谈。在会谈、会见中，李克强副总理表示，中西友好不断深化，源于相互的信赖关系，源于两国人民感情亲近。双方相互尊重，在彼此重大关切问题上相互支持。中方坚定支持西班牙政府为应对国际金融危机作出的努力和采取的经济金融调整措施，相信西班牙在政府和人民的共同努力下，一定能够克服暂时的困难，愿与西班牙加强对话和协作，共同谋求发展。西班牙领导人表示，与中国的关系是西班牙外交的重中之重，也是最成功的合作关系。西班牙感谢中方对西金融市场表明的信心，愿与中方进一步加强合作。李克强副总理出席了中国西班牙企业家早餐会，发表了题为《满怀信心　合作发展》的主旨讲话，并与萨帕特罗首相共同出席了两国在金融、电信、能源、油气、食品等领域15个合作文件的签字仪式。

1月，国务院副总理回良玉在结束对非洲五国的访问回国途中过境西班牙大加那利岛，会见了西班牙环境、农村和海洋事务大臣罗莎·阿吉拉·里韦罗和加那利自治区政府主席保利诺·里韦罗·包特。

两国立法机构交往密切。全国人大常委会副委员长乌云其木格、严隽琪，全国政协副主席黄孟复、孙家正访问西班牙。两国议会专门委员会合作良好。全国人大外事委员会主任委员李肇星、全国政协社会和法制委员会主任张福森访问西班牙。

两国政府部门间对话与接触频繁。国家统计局局长马建堂、国家地震局局长陈建民等访问西班牙。西班牙第一副首相兼经济财政大臣埃莱娜·萨尔加多·门德斯，工业、贸易和旅游大臣米格尔·塞巴斯蒂安·加斯孔，科技创新大臣克里斯蒂娜·加门迪亚·门迪萨瓦尔，环境、农村和海洋事务所大臣罗莎·阿吉拉·里韦罗等访华。

两国外交部保持密切磋商对话，在重大国际和地区问题上进行了良好合作。5月，两国外交部举行了首轮非洲事务磋商。

两国贸易克服国际金融危机影响，保持较快增长势头，结构更趋平衡。两国金融合作成效显著。中国工商银行马德里分行2011年年初正式营业，成为首家进入西班牙的中资银行。

两国语言文化交流活跃。10月，西班牙汉语年成功落幕，萨帕特罗首相出席汉语年闭幕式暨莱昂孔子学院开幕式。拉斯帕尔马斯孔子学院在西成立。西班牙参加汉语水平考试人数超过2000人，居欧洲首位。中国版话剧《堂吉诃德》在西班牙演出获得成功。电影《孔子》、10余个中国艺术展在西班牙取得较大反响。

两国地方和民间交往密切。中共辽宁省委书记王珉、湖南省长徐守盛、北京市长郭金龙先后访问西班牙。广州市和瓦伦西亚市建立友好城市关系。7月，中国—西班牙论坛第六次会议在西班牙举行。

斯里兰卡
(Sri Lanka)

2011年，中华人民共和国与斯里兰卡民主社会主义共和国真诚互助、世代友好的全面合作伙伴关系稳步向前发展。

两国高层交往频繁。6月，国家主席胡锦涛在出席圣彼得堡国际经济论坛期间会见斯里兰卡总统拉贾帕克萨。3月，全国人大常委会副委员长华建敏访问斯里兰卡，分别会见斯总统拉贾帕克萨、总理贾亚拉特纳和议长恰马尔。12月，全国政协副主席张梅颖访问斯里兰卡，分别会见斯总统拉贾帕克萨和议长恰马尔，并出席中国援斯国家艺术剧院落成典礼。8月，斯总统拉贾帕克萨访华并出席第26届世界大学生运动会开幕式，国务院总理温家宝在北京会见拉贾帕克萨总统。6月和9月，斯总理贾亚拉特纳来华出席第19届中国昆明进出口商品交易会系列活动和第15届中国国际投资贸易洽谈会，国务委员戴秉国和全国人大常委会委员长吴邦国分别会见贾亚拉特纳总理。5月，斯外长佩里斯来华工作访问。

经贸合作进展顺利。截至2011年底，中国在斯累计签订承包工程与劳务合作合同额80.05亿美元，其中2011年新签合同额15.26亿美元。两国继续在基础设施建设等领域开展合作，中方承建的普特拉姆燃煤电站、汉班托塔港口等项目按期保质进行。中国援斯国家艺术剧院顺利竣工并移交斯方。

人文、防务等领域合作进一步拓展，斯里兰卡多位部长访华或来华出席国际会议。1月，斯里兰卡遭遇特大洪水和泥石流灾害，中国累计向斯方提供价值2000万元人民币的救援物资和3万美元的现汇援助。广州至科伦坡航线开通。5月，第二届“中国教育展”在斯首都科伦坡举行。中国佛教协会组派佛乐团访问斯里兰卡并举行演出。11月，解放军海军副司令员丁一平中将赴斯出席“高尔对话”海洋会议。12月，解放军副总参谋长马晓天上将访问斯里兰卡。

双方在重大问题上继续相互支持。中方多次重申理解和支持斯政府为维护国家独立、主权和领土完整所作的努力，并继续在力所能及的范围内向斯提供援助。斯政府坚定奉行一个中国政策，继续在台湾、涉藏、涉疆等问题上支持中方立场。双方在联合国安理会改革等重大国际问题上保持密切沟通和配合。

苏 丹
(Sudan)

2011年，中华人民共和国与苏丹共和国友好合作关系稳步发展，各领域合作成果丰富。

两国高层交往不断。6月28 ~ 30日，苏丹总统奥马尔·哈桑·艾哈迈德·巴希尔对中国进行国事访问，国家主席胡锦涛与巴希尔总统会谈，全国人大常委会委员长吴邦国、国务院副总理李克强分别会见巴希尔总统。中苏双方就新形势下如何进一步巩固两国传统友谊、扩大和深化各领域务实合作进行探讨，并就北南和平进程、达尔富尔等问题交换看法。胡锦涛主席与巴希尔总统共同出席了双方在经贸领域三项合作文件的签字仪式。除北京外，巴希尔总统还赴山东青岛参访，其间中共山东省委书记姜异康等会见了巴希尔总统。

2月，外交部副部长翟隽访问苏丹，向巴希尔总统转达胡锦涛主席口信。8月，外交部长杨洁篪访问苏丹。中国政府达尔富尔问题特别代表刘贵今大使于6月、12月两次访问苏丹，并于2月、10月两次赴苏丹出席达尔富尔问题会议。4月，苏丹总统顾问、全国大会党对外关系部长穆斯塔法·奥斯曼·伊斯梅尔率全国大会党代表团访华，续签《中国共产党与苏丹全国大会党合作议定书》。10月，苏丹外交部代表团出席中非合作论坛第八届高官会。

9月，中国新任驻苏丹大使罗小光向巴希尔总统递交国书。

两国经贸合作关系深入发展，合作领域不断拓宽。中国继续保持苏丹最大贸易伙伴国地位。两国石油合作不断深化，农业、矿业合作起步良好。11月，商务部副部长蒋耀平访问苏丹，双方签署《中华人民共和国政府与苏丹共和国政府经济技术合作协定》。9月，苏丹外贸部次长杜德来华出席2011中国（宁夏）国际投资贸易洽谈会暨第二届中国—阿拉伯国家经贸论坛。

两国文化、教育、卫生等领域的交流与合作顺利开展。中国国际广播电台调频节目在苏丹落地、中央电视台在苏丹设立记者站项目积极推进。喀土穆大学孔子学院建设及办学取得积极进展。9月，苏丹高教部代表团赴宁夏出席“中国—阿拉伯国家大学校长论坛”。中国扶贫基金会与苏丹非政府组织合作，成为首家进入非洲并在苏丹成功建设医院的中国非政府组织。

苏里南
(Suriname)

2011年，中华人民共和国与苏里南共和国友好合作关系顺利发展。双方在政治、经贸、教育、文化等各领域交流合作富有成果。

双边各层级交往不断。11月，全国人大常委会副委员长陈昌智访苏。2月，中共中央对外联络部副部长陈凤翔访苏。3月，农业部副部长牛盾访苏。9月，苏里南副总统罗伯特·阿梅拉利出席在特立尼达和多巴哥举行的第三届中国—加勒比经贸合作论坛，国务院副总理王岐山会见。8月，苏新任驻华大使递交国书。苏农牧渔业部长亨德里克·塞特罗维焦约访华。

经贸务实合作稳步推进。双边贸易额持续增长。第三期道路项目进展顺利。

人文等领域交流合作进展顺利，地方交往不断。2月，苏里南大学汉语班正式开课。4月，杭州市友好代表团访苏。5月，两国为庆祝建交35周年分别举行了一系列活动。

瑞　典
(Sweden)

2011年，中华人民共和国与瑞典王国关系保持平稳发展势头，各领域合作进一步深化。

双边各层次政治交往不断。1月，外交部副部长傅莹访问瑞典并出席“斯德哥尔摩中国论坛”，分别与瑞典外交大臣比尔特、外交部国务秘书贝尔弗拉格等会见、会谈。7月，中共中央对外联络部副部长刘结一访瑞。8月，瑞典副议长哈格贝里率议会工商委员会代表团访华。

经贸关系日益深化，双边贸易额保持高速增长。两国继续互为在北欧和亚洲最大的投资伙伴，中国已成为瑞典第二大环境技术出口国和欧盟外第二大贸易伙伴。3月，瑞典投资促进署与国家开发银行签署规划合作协议，双方拟在基础设施、矿产资源、风电建设、高科技企业融资等领域开展规划合作。8、9月，商务部国际贸易谈判副代表崇泉、副部长陈健相继访瑞。9月，国务院副总理李克强会见访华的瑞瓦伦堡家族财团主席彼得·瓦伦堡一行。10月，瑞典外交部贸易事务国务秘书乌姆出席广交会并与商务部副部长钟山共同主持中瑞经贸联委会第18次会议。

人文交流密切。瑞典第二、三所孔子学院分别在卡尔斯塔德大学和布莱金厄理工学院揭牌。瑞典多个城市举办“今日中国”艺术节，引起轰动。第六届“欢乐春节”系列活动和瑞典第四届“汉语桥”世界中学生中文比赛暨第十届“汉语桥”世界大学生中文比赛在瑞举行。

交通、科技、教育、卫生等领域交流频繁。5月，交通运输部长李盛霖访瑞，与瑞方签署关于执行部门间合作谅解备忘录的行动计划。11月，科技部长万钢访瑞，与瑞方签署中瑞在可持续发展和生命科学领域加强研发创新合作的执行协议。此外，中国工程院副院长谢克昌、中国科学院副院长丁仲礼、国土资源部部长徐绍史、国家海洋局局长刘赐贵、教育部副部长郝平、教育部副部长杜占元等分别访瑞。2月，瑞典基础设施事务大臣斯维德访华，与交通部签署交通合作谅解备忘录。瑞典卫生与社会事务部儿童与老年保健大臣拉尔松、瑞典卡罗林斯卡医学院院长汉利克松等访华。

两国军方实现高层互访。5月，中央军委委员、解放军总参谋长陈炳德上将访瑞，此系解放军总参谋长首次访瑞。11月，瑞典海军司令桑奎斯特少将访华。

地方往来密切。陕西省委书记赵乐际、上海市人大常委会主任刘云耕、吉林省副省长王祖继、广东省人大常委会副主任钟阳胜、浙江省副省长毛光烈等省市领导访瑞。瑞典哥德兰省省长塞西莉亚·塞得加德、韦姆兰省省长埃里克森等访华。

5月，新任中国驻瑞典大使兰立俊向卡尔十六世·古斯塔夫国王递交国书。

瑞　士
(Switzerland)

2011年，中华人民共和国与瑞士联邦关系发展良好。

两国高层交往密切。9月8～11日，中共中央政治局委员、全国政协副主席王刚对瑞士进行正式友好访问，分别会见瑞士联邦主席兼外交部长米舍利娜·卡尔米—雷伊、联邦议会国民院议长让—勒内·热尔马尼。4月15～18日，中共中央政治局委员、上海市委书记俞正声对瑞士进行友好访问，分别会见瑞士联邦议会联邦院议长汉斯海里·英德库姆及联邦委员兼经济部长约翰·施耐德—阿曼。7月6～10日，全国人大常委会副委员长乌云其木格应邀对瑞士进行友好访问，会见瑞士联邦议会国民院议长让—勒内·热尔马尼。5月4～5日，外交部长杨洁篪访问瑞士，与瑞士联邦主席兼外长卡尔米—雷伊举行会谈。4月21～26日，瑞联邦委员兼内政部长迪迪埃·布尔克哈尔特访华，国务委员刘延东会见。7月13～19日，瑞联邦委员兼国防、民防、体育部长于利·毛雷尔访华，中共中央政治局委员、中央军委副主席郭伯雄上将，国务委员兼国防部长梁光烈上将分别会见。

3月，中瑞第六次人权对话在伯尔尼举行。5月，中瑞第五轮领事（移民）对话在伯尔尼举行。

经贸合作不断深化。1月，两国商务部签署《关于启动中瑞自贸协定谈判的谅解备忘录》，并于4月、7月、11月分别在伯尔尼、西安以及伯尔尼举行三轮谈判。

人文交流不断活跃。11月，瑞士首家孔子学院——日内瓦大学孔子学院揭牌。

截至2011年底，两国已建立7对友好省州（市）关系。

叙利亚
(Syria)

中华人民共和国与阿拉伯叙利亚共和国1956年建交。两国关系始终友好、平稳发展，双方在政治、经贸、文化等各领域进行了友好互利合作。

2011年两国继续保持友好交往。1月，全国人大常委会副委员长、全国妇联主席陈至立率中国妇女代表团访问叙利亚，分别会见了叙议长马哈茂德·艾布拉什、副总统纳贾哈·阿塔尔等，双方签署了两国妇联合作协议。3月、10月，中东问题特使吴思科两次访问叙利亚，分别会见了叙副总统法鲁克·沙雷和外长瓦立德·穆阿利姆，双方主要就双边关系及共同关心的地区问题交换了意见。9月，叙利亚总统巴沙尔·阿萨德就中国部分地区遭受洪涝灾害致电胡锦涛主席表示慰问。叙方访华的主要有：5月，叙利亚常务副外长费萨尔·米格达德访华，外交部长杨洁篪、副部长翟隽和中东问题特使吴思科分别会见。9月，叙利亚妇女代表团访华。8月，中国新任驻叙利亚大使张迅向叙总统巴沙尔递交国书。

中叙双方在涉及彼此核心和重大利益的问题上相互理解和支持。中方支持叙维护主权独立和领土完整的合理诉求。叙方坚持一个中国立场，在台湾等问题上支持中方。

两国经贸关系保持发展。3月，中国贸促会代表团访叙，举办经贸洽谈会。叙方百余名学员参加中方在北京等地举办的经贸多边培训班。

两国在文化、教育等领域保持友好交流与合作。4月，中国残疾人艺术团赴叙访问演出。

塔吉克斯坦
(Tajikistan)

2011年，中华人民共和国与塔吉克斯坦共和国睦邻友好合作关系稳步发展，各领域务实合作不断扩大。

两国高层交往密切，政治互信日益提升。6月14日，国家主席胡锦涛出席上海合作组织阿斯塔纳峰会期间与塔吉克斯坦总统埃莫马利·拉赫蒙举行双边会晤，就中塔关系和共同关心的问题交换意见。11月7日，国务院总理温家宝出席上海合作组织第十次总理会议期间与塔总理阿基尔·阿基洛夫举行双边会见，就深化双边关系和务实合作交换意见。8月20～23日，中共中央政治局常委、中央政法委书记周永康访塔，其间与塔总统，上、下院议长，总理分别举行会见、会谈。双方就深化中塔关系、扩大各领域务实合作、加强党际交流等问题交换意见。4月24～25日，国务委员孟建柱访塔，与塔领导人就地区反恐形势和深化双边安全领域合作等问题达成广泛共识。

两国经贸合作进展顺利，双边贸易额持续增长。交通、电力、矿产等领域合作大项目稳步实施。双方签署两国农业部农业合作谅解备忘录，农业合作逐步扩大。8月31日至9月2日，塔经贸发展和贸易部长法鲁赫·哈姆拉利耶夫出席在新疆乌鲁木齐市举行的首届中国—亚欧博览会。12月7日，中塔经贸合作委员会新疆与塔吉克斯坦经贸合作分委会在杜尚别举行。

两国人文领域交流合作不断扩大。5月8～12日，新疆维吾尔自治区亲情中华艺术代表团赴塔演出。6月23～29日，新疆维吾尔自治区人大副主任阿勒布斯拜·拉合木率新疆综合文化团赴塔访问演出。11月12日，河南省漯河市杂技代表团受文化部委派访问塔吉克斯坦。

坦桑尼亚
(Tanzania)

2011年，中华人民共和国与坦桑尼亚联合共和国传统友好关系继续巩固和发展。

双方高层交往密切，政治互信进一步增强。9月，国家主席胡锦涛和副主席习近平就桑给巴尔重大沉船事故分别致电坦桑尼亚总统贾卡亚·姆里绍·基奎特和桑给巴尔总统阿里·穆罕默德·谢因表示慰问。8月，全国政协副主席厉无畏访问坦桑尼亚，会见了坦桑尼亚议长安妮·马金达和总理米曾戈·卡扬扎·彼得·平达。11月，中共中央政治局委员、中央书记处书记、中共中央宣传部部长刘云山访问坦桑尼亚，会见基奎特总统、桑给巴尔现任副总统塞义夫·阿里·伊迪和前任副总统阿马尼·阿贝德·卡鲁姆，并与坦桑尼亚革命党副主席恩杜古·皮尤斯·姆塞夸会谈。刘云山积极评价两国关系，表示两国全天候友谊已深深扎根于两国人民心中。基奎特总统与姆塞夸副主席表示，中国一直是坦真诚的、全天候朋友，坦不会忘记中国为坦经济社会发展作出的巨大贡献。10月，桑给巴尔副总统伊迪来华出席第12届中国西部国际博览会，全国人大常委会副委员长王兆国会见。

两国经贸合作进一步加强。中国援建的穆索加小学和心脏诊疗中心项目顺利移交。中国援坦农业技术示范中心4月举行交接仪式。9月，四川民营企业宏达集团在坦投资开发的姆楚楚玛—利甘加煤电铁一体化项目正式签约。11月，商务部副部长蒋耀平率中国政府经贸代表团访坦，与坦财政部共同召开两国经贸联委会第四次会议，双方签署《中华人民共和国政府和坦桑尼亚联合共和国政府经济技术合作协定》等协议。坦工业和贸易部副部长拉扎罗·尼亚兰杜、交通部长奥马里·农杜先后访华。

两国在文化、卫生、军事等领域交流与合作取得新进展。1月，第二届“欢乐春节——聚焦在非洲”活动在达累斯萨拉姆市成功举行。中国第22批援坦医疗队抵达坦桑尼亚。7月，非洲画家眼中的中国画展在坦开幕。11月，国家广电总局副局长李伟出席电视剧《媳妇的美好时代》斯瓦希里语版在坦国家电视台开播仪式。1月，国防部外办主任钱利华少将率团访坦。3月，中国海军东海舰队副司令员张华臣少将率第七批护航编队访坦。6月，坦桑尼亚人民国防军司令戴维斯·姆瓦姆涅盖上将率团访华。

泰　国
(Thailand)

2011年，中华人民共和国与泰王国战略性合作关系继续保持健康稳定发展。

两国高层互访频繁。国务院总理温家宝于10月同泰国总理英拉通电话，并于11月印尼巴厘岛东亚领导人系列会议期间同英拉总理举行会晤。国家副主席习近平于12月22 ~ 24日对泰国进行正式访问，会见了王室、政府和议会领导人，并同前政要及各界友好人士广泛接触，双方就进一步提升两国关系水平达成广泛共识。全国人大常委会副委员长、全国妇联主席陈至立于1月访泰。泰国新政府于8月成立后，外交部副部长张志军作为中国政府特使访泰。泰国公主诗琳通于4月访华，公主朱拉蓬于4月来华为第五届“中泰一家亲”音乐会挑选节目。泰国副总理格威于10月来华出席中老缅泰四国湄公河流域执法安全合作会议，副总理兼商业部长吉迪拉于10月来华出席第八届中国—东盟博览会。

两国各领域合作持续发展。中国是泰国第二大贸易伙伴，泰国是中国在东盟国家中第二大贸易伙伴。双方有关部门分别签署《2011年至2013年文化交流执行计划》、《移管被判刑人条约》、《双边本币互换协议》、《海洋合作谅解备忘录》、《关于可持续发展合作谅解备忘录》等合作文件。10月泰国发生特大洪灾，中方向泰方提供资金和物资援助，并派水利专家组赴泰提供救灾咨询。中国政府决定在泰国东北部孔敬市设立总领事馆。

两国在联合国、亚太经合组织、中国—东盟、东盟与中日韩、亚洲合作对话等国际和地区合作机制中保持密切配合。

东帝汶
(Timor-Leste)

2011年，中华人民共和国与东帝汶民主共和国关系继续保持良好发展态势。

6月，全国政协副主席、前澳门特区行政长官何厚铧，商务部副部长蒋耀平分别访问东帝汶。9月，全国政协副主席李金华访问东帝汶；东帝汶总统拉莫斯·奥尔塔应邀赴南宁出席亚洲政党专题会议开幕式。10月，国防部外事办公室主任钱利华少将访问东帝汶；东帝汶国民议会议长、民主党主席费尔南多·拉萨马·德·阿劳若来华访问。

中国对东帝汶援助成效显著，中方援建的小学校项目竣工，第二期杂交水稻技术合作进展顺利，各项目有序推进。中国医疗队继续在当地提供医疗服务。

中国政府积极支持联合国在东帝汶的工作，继续向东帝汶派遣维和警察和军事联络官。

多　哥
(Togo)

2011年，中华人民共和国与多哥共和国友好合作关系和各领域务实合作继续稳步发展。

两国政治互信进一步增强。11月，全国政协副主席罗富和访问多哥，会见了多哥总统福雷·埃索齐姆纳·纳辛贝和国民议会议长阿巴斯·邦福，双方就两国关系和治国理政经验进行了深入、友好的交流。2月，外交部长杨洁篪访问多哥，会见福雷总统，与多哥外交与合作国务部长埃利奥特·奥欣举行会谈，双方就中多关系和共同关心的国际和地区问题深入交换意见，达成广泛共识，并签署了《中华人民共和国和多哥共和国政府经济技术合作协定》。9月，多哥总统外交与合作事务顾问科菲·埃萨夫和特别顾问吉尔贝·巴瓦拉访华，外交部副部长翟隽会见。

1月21日，新任驻多大使王作峰向福雷总统递交国书。

双边经贸合作不断发展。中非合作论坛第四届部长级会议上宣布的援非新八项举措项下为多哥援建的中学、太阳能和打井供水项目进展顺利。利用中国政府优惠贷款实施的多哥国家1号公路改造和洛美绕城公路、电信等项目稳步推进。

人文交流与合作富有成果。年内，第19批中国援多医疗队员抵多工作。2月，北京交通大学学生艺术团赴多访演。11月，多哥卫生部长孔迪·夏尔·阿巴赴无锡出席遏制疟疾伙伴关系年会并访华。

汤　加
(Tonga)

2011年，中华人民共和国与汤加王国关系进一步发展。

两国保持高层交往。1月下旬至2月初，汤加国王乔治·图普五世非正式访华，国家副主席习近平会见，双方就中汤关系等共同关心的问题交换意见。8月，全国政协副主席、中国—大洋洲友好协会会长廖晖访汤。2月底至3月初，汤加王太后哈拉埃瓦卢·玛塔阿霍·图伊塔因私访华。8月，汤加副议长图伊阿费图作为团长参加“太平洋岛国政治家联合考察团”访华。12月，汤加副首相兼交通和工程大臣萨米乌·瓦伊普卢访华。

两国经贸、人文等领域交流与合作稳步推进。中汤双边贸易额继续增长。中方援建的汤加塔布岛医疗保健中心、瓦瓦乌岛医院扩建、生态农业示范农场一期等项目正式移交。汤加塔布岛公路升级改造、瓦瓦乌岛瓦伊普阿大桥、首都商业中心区二期和国家公路改造等项目顺利实施。中国国际贸易促进委员会副会长董松根访汤。广东省和深圳市文艺代表团分别赴汤加访问演出取得圆满成功，汤加皇家乐队来华参加南昌军乐节，增进了两国人民的了解和友谊。

特立尼达和多巴哥
(Trinidad and Tobago)

2011年，中华人民共和国与特立尼达和多巴哥共和国友好关系稳步发展，各领域合作不断推进。

两国保持高层交往。9月，由中国政府与特多政府共同主办的第三届中国—加勒比经贸合作论坛在特多首都西班牙港成功举行。国务院副总理王岐山出席论坛开幕式并致辞。论坛期间，王岐山副总理同特多总理卡姆拉·佩萨德—比塞萨尔举行会谈，就双边关系及共同关心的问题交换意见。

双边经贸、军事、人文等领域合作保持良好发展势头。两国贸易额大幅增长。2月，解放军副总参谋长马晓天上将访问特多。11月，中国海军“和平方舟”号医院船在特多执行“和谐使命—2011”人道主义医疗服务和访问任务。两国在国际事务中保持密切协调与配合。

突尼斯
(Tunisia)

2011年，中华人民共和国与突尼斯共和国友好关系平稳发展。

两国政治交往持续。3月，外交部副部长翟隽访问突尼斯，会见了突民族团结政府新总理贝吉·卡伊德·艾塞卜西，与突外交国务秘书拉德侯安·努伊塞尔举行了会谈。5月，突民族团结政府外交部长穆勒迪·凯菲访华，国家副主席习近平予以会见，外交部长杨洁篪与其会谈。

中突两国在国际和地区事务中有广泛共识，在联合国改革等问题上保持了良好磋商和协调。两国在竞选国际组织职位方面相互支持。

中突在经贸、政党等领域的交流与合作取得进展。4月，商务部副部长傅自应访问突尼斯，分别会见了突外长凯菲、财政部长雅鲁勒·阿耶德和贸易与旅游部长麦赫迪·胡阿斯。9月，突贸易与旅游部长胡阿斯来华出席2011年中国（宁夏）国际投资贸易洽谈会暨第二届中国—阿拉伯国家经贸论坛。

5月，中国驻突大使火正德向突代总统福阿德·迈巴扎递交国书。

土耳其
(Turkey)

2011年，中华人民共和国与土耳其共和国关系继续保持积极发展势头。

两国保持高层往来，政治互信进一步增强。11月，国家主席胡锦涛在法国戛纳出席二十国集团领导人第六次峰会期间，与土耳其总理雷杰普·塔伊普·埃尔多安就双边关系交换意见。7月，中共中央政治局常委贺国强对土耳其进行过境访问，并会见土耳其安塔利亚省省长阿赫迈特·阿尔特帕尔马克和伊斯坦布尔省省长侯赛因·阿夫尼·穆特鲁。9月，中共中央政治局委员、天津市委书记张高丽访问土耳其，会见土耳其大国民议会议长杰米·奇切克，并与正义与发展党常务副主席阿布都卡迪尔·阿克苏会谈，双方就发展两国及两党关系深入交换意见。3月31日至4月1日，中共中央政治局常委李长春、国务院副总理王岐山分别在北京和南京会见土耳其副总理兼国务部长阿里·巴巴詹，双方就加强两国互利合作等问题深入交换意见并达成重要共识。

各领域交流日益活跃。3月31日至4月1日，外交部副部长张志军赴土耳其举行两国外交部联合工作组第一次会议，其间会见土耳其副总理杰米·奇切克和外交部长阿赫迈特·达乌特奥卢，并与土耳其外交部次长费利顿·斯尼尔利奥卢举行会谈，双方就双边关系和国际问题交换了意见。10月，公安部副部长孟宏伟、中国外文出版发行事业局局长周明伟先后访问土耳其。6月，土耳其宗教事务局长迈赫迈特·居尔迈茨访华。

经贸务实合作稳步发展。11月，商务部副部长姜增伟访问土耳其，分别与土耳其能源部次长塞拉哈丁·齐曼和经济部副次长杰玛莱丁·达姆拉哲举行会谈，并会见土耳其能源部长塔奈尔·伊尔迪兹，双方就加强经贸和能源合作交换了意见。7月，中国海南航空公司开通自上海经乌鲁木齐至伊斯坦布尔的航线。8月，中国银行驻伊斯坦布尔代表处成立。11月，中国南方航空公司开通自北京经乌鲁木齐至伊斯坦布尔的航线。11月，土耳其—中国贸易与投资论坛在安卡拉举行。

文化交流日益密切。12月，国家主席胡锦涛和土耳其总统阿卜杜拉·居尔分别向土耳其中国文化年开幕式致贺信，文化部副部长杨志今赴土耳其出席中国文化年开幕式。4月，中国国际广播电台台长王庚年访问土耳其，与土耳其国家广播电视机构主席伊卜拉辛·沙辛举行会谈。为庆祝中国和土耳其建交40周年，10月，中国青年代表团访问土耳其，6月，土耳其青年代表团访华。

党际和地方交往活跃。海南省委书记卫留成、甘肃省省长刘伟平分别访土。土耳其正义与发展党和民族行动党干部考察团先后访华。

土库曼斯坦
(Turkmenistan)

2011年，中华人民共和国与土库曼斯坦友好合作关系进一步深化。

两国高层交往密切。9月，国务委员兼公安部长孟建柱访问土库曼斯坦，与土总统库尔班古力·别尔德穆哈梅多夫举行会见。11月22～25日，土库曼斯坦总统别尔德穆哈梅多夫对华进行国事访问。国家主席胡锦涛、全国人大常委会委员长吴邦国、国务院总理温家宝分别同其举行会谈、会见，就两国关系、各领域务实合作及共同关心的国际和地区问题等交换了意见。双方签署了《中华人民共和国和土库曼斯坦关于全面深化中土友好合作关系的联合声明》以及涉及能源、经贸、安全、人文、金融等领域合作的多个双边文件。2月，土库曼斯坦副总理玛伊萨·亚兹穆哈梅多娃来华进行工作访问，国务委员刘延东同其举行会见。同月，土库曼斯坦总统特使、副总理拜穆拉特·霍贾穆哈梅多夫访华。国家主席胡锦涛、国务院副总理王岐山分别同其举行会见。

两国经贸合作稳步发展，双边贸易额增长迅速。据土方统计，截至2011年底，在土注册中资企业共37家，中资企业参与实施的各类经济技术合作项目66个，涉及油气、通讯、纺织、交通等领域。

两国地方交往增多。甘肃省省长刘伟平、新疆维吾尔自治区副主席靳诺分别访问土库曼斯坦。

乌干达
(Uganda)

2011年，中华人民共和国与乌干达共和国友好合作关系继续稳步发展。

两国高层交往密切，政治互信不断加深。2月，国家主席胡锦涛致电祝贺约韦里·卡古塔·穆塞韦尼再次当选乌干达总统。11月27日至12月1日，国务委员兼国防部长梁光烈上将访乌，分别会见穆塞韦尼总统、副总统爱德华·基瓦努卡·塞坎迪、总理阿马马·姆巴巴齐，并与国防部长克里斯珀斯·基永加会谈。8月21～23日，全国政协副主席、中国人民争取和平与裁军协会副会长厉无畏访乌，分别会见了乌议长丽贝卡·卡达加和姆巴巴齐总理。7月，乌干达在广州设立总领事馆。

两国经贸合作成果丰硕。中方为乌援建的政府办公楼和中乌友好医院已完工。由中方提供优惠贷款实施的乌国家通讯骨干网和电子政务网二期工程完工并启用。中方同意向乌提供优惠贷款，用于实施道路清洁设备二期采购项目。

两国其他领域交流与合作继续发展。5月，国家宗教事务局局长王作安访乌。10月，中华全国总工会经费审查委员会主任李世明访乌。

乌克兰
(Ukraine)

2011年，中华人民共和国与乌克兰建立战略伙伴关系，成立中乌政府间合作委员会，各领域互利合作成果显著。

中乌高层保持密切交往，政治互信增强。6月18～20日，国家主席胡锦涛对乌进行国事访问，同乌总统维克多·亚努科维奇、乌最高苏维埃主席（议长）弗拉基米尔·利特文、乌总理尼古拉·阿扎罗夫等领导人会晤，就发展和深化中乌关系达成重要共识，双方决定将双边关系提升至战略伙伴关系。4月18～22日，国务院副总理张德江访乌，主持召开中乌合作委员会第一次会议，并作为胡锦涛主席代表出席“安全与创新利用核能”峰会。6月6～7日，中共中央政治局委员、全国人大常委会副委员长王兆国访乌，分别会见乌总统亚努科维奇、乌最高苏维埃主席（议长）利特文、乌总理阿扎罗夫。9月22～24日，国务委员兼公安部长孟建柱访乌，与乌国家安全与国防会议秘书赖萨·博加特廖娃及乌内务、边防部门负责人就两国执法安全合作交换意见。8月8～12日，中央军委委员、解放军总参谋长陈炳德上将访乌，会见乌总理阿扎罗夫、乌国防部长米哈伊尔·叶热利。11月29～30日，外交部副部长程国平赴乌举行两国外交部磋商并出席驻敖德萨总领馆开馆仪式。

4月13～14日，乌总理阿扎罗夫访华并出席博鳌亚洲论坛2011年年会，分别与国家主席胡锦涛、国务院总理温家宝、中央纪委书记贺国强举行会见、会谈。8月18～20日，乌农业政策与粮食部长普里夏日纽克访华，举行中乌合作委员会农业分委会第一次会议。

中乌经贸合作摆脱国际金融危机影响，呈现恢复性增长。大项目投资、基础设施建设成为双方合作的主要方向。

两国人文、地方和部门交往积极。9月6～10日，中央统战部副部长斯塔访乌。11月10～14日，中宣部副部长、国家广电总局局长蔡赴朝访乌，同乌广播电视委员会主席签署合作备忘录。11月11日，文化部副部长赵少华访乌，出席中乌合作委员会文化合作分委会第一次会议。9月5～8日，北京市副市长丁向阳访乌。10月18～23日，中国人民对外友好协会副会长李建平访乌。11月7～9日，云南省政协副主席曾华率科技代表团访乌。两国地方互访团组达40余个。

两国党际交往活跃。11月22日至12月2日，乌地区党办公厅主任亚历山大·库什尼尔率团访华，在上海、贵州和北京进行考察学习。

阿拉伯联合酋长国
(United Arab Emirates)

2011年，中华人民共和国与阿拉伯联合酋长国关系继续全面快速发展，各领域合作日益深化。

两国各层次交往密切。7月，中共中央政治局常委、中央纪委书记贺国强访问阿联酋，分别会见阿联酋副总统兼总理、迪拜酋长穆罕默德·本·拉希德·阿勒马克图姆和阿布扎比酋长国王储穆罕默德·本·扎耶德·阿勒纳哈扬，双方签署了《中国银监会和阿联酋中央银行双边监管合作谅解备忘录》、《中国石油天然气集团公司与阿布扎比国家石油公司原油长期供应协议》和《华为公司与阿联酋电信公司全球战略合作框架协议》等合作文件。4月，全国政协副主席、科技部长万钢率团出席第二届清洁能源部长级会议。2月，外交部长杨洁篪访问阿联酋。2月，阿联酋阿治曼酋长胡迈德·本·拉希德·纳伊米访华。9月，沙迦酋长苏尔坦·本·穆罕默德·卡西米出席在厦门举办的国际戏剧协会第33届世界代表大会。

两国经贸、能源、工程承包、金融等领域合作继续保持良好发展势头。阿联酋继续保持中国在阿拉伯地区最大出口国地位，中国也是阿联酋第二大非石油贸易伙伴。

两国在教育、文化、体育等领域合作取得新进展。阿联酋迪拜大学孔子学院举行揭牌仪式。中国学者仲跻昆获得第五届扎耶德图书奖2010 ~ 2011年度个人文化大奖。中国侨联“亲情中华”艺术团在阿联酋举行慰问演出。

两国在有关机制框架下的合作进一步加强。5月，外交部长杨洁篪赴阿联酋主持中国—海湾合作委员会第二轮战略对话。9月，杨洁篪外长在联大集体会见阿联酋外长阿卜杜拉和海湾合作委员会秘书长阿卜杜拉提夫·扎耶尼。12月，第四届“中阿关系暨中阿文明对话研讨会”在阿布扎比成功举办。

英 国
(United Kingdom)

2011年，中华人民共和国与大不列颠及北爱尔兰联合王国关系保持平稳发展势头，两国全方位、宽领域、多层次合作顺利开展。

两国高层交往密切。6月，国务院总理温家宝访英，与英国首相戴维·卡梅伦举行中英总理年度会晤，取得了一系列积极成果。1月，国务院副总理李克强访英，分别与英首相卡梅伦、副首相尼克·克莱格举行会见、会谈。9月，国务院副总理王岐山赴英与英国财政大臣乔治·奥斯本共同主持第四次中英经济财金对话；国务委员戴秉国赴英与英国外交大臣威廉·黑格举行新一轮中英战略对话。2011年年内，英国财政大臣奥斯本、国际发展大臣安德鲁·米切尔、外交国务大臣杰里米·布朗、贸易与投资国务大臣斯蒂文·格林等内阁政要访华。两国领导人还互致信函和通电话，就中英关系和共同关心的问题及时交换意见。

经贸合作稳步推进。英继续保持欧盟第二大对华投资国和中国在欧盟第三大贸易伙伴地位。双边货物贸易稳步增长，中国企业加大对英投资，英企业在华投资热情不减。国务院总理温家宝访英期间，两国领导人重申了双边贸易额到2015年达1000亿美元的目标。中英经贸联委会、宏观经济政策对话等交流机制有序开展。两国还签署了基础设施、能源、服务贸易、避免双重征税等协议，建立了基础设施工作组、投资促进工作组和中小企业合作论坛，并成功召开中英基础设施投资大会、知识产权研讨会等活动。

人文、教育等领域合作成果丰硕。两国宣布建立中英高级别人文交流机制，这是中国与欧盟国家建立的首个类似机制。英是欧盟内最大中国留学生目的地国，中国赴英各类留学人员达12万。中英教育部长磋商在英举行，两国签署《中英教育合作伙伴关系行动计划》，举办大学校长高峰论坛和留学中国教育展。英已有17所孔子学院和57家孔子课堂，位列欧盟国家之首。“欢乐春节”、“四海同春”系列文化活动在英吸引50万人次观看。大熊猫“甜甜”和“阳光”落户爱丁堡动物园，用于开展为期十年的合作研究项目。

两国军事、地方交往深入开展。解放军副总参谋长章沁生上将率团访英。英国国防副参谋长尼古拉斯·霍顿上将、空军参谋长斯蒂芬·道尔顿空军上将、海军参谋长马克·斯坦霍普海军上将等先后访华。英国苏格兰首席部长亚历克斯·萨蒙德、威尔士首席部长卡因·琼斯分别访华。截至2011年年底，两国已缔结友城（省、郡、区）47对。

中英在国际事务中的磋商与协调加强。两国在联合国、二十国集团等框架内就气候变化、防扩散、国际发展、网络安全等问题保持密切沟通。9月，外交部长杨洁篪在出席第66届联合国大会期间会见英外交大臣黑格。中英外交部还举行了非洲事务磋商和人权对话。

美　国
(United States of America)

中华人民共和国与美利坚合众国关系总体保持稳定发展。

两国高层和各级别沟通与交往密切

两国元首三次会晤、八次通信，就中美关系及共同关心的问题保持密切沟通。1月18～21日，国家主席胡锦涛对美国进行国事访问。11月3日，胡锦涛主席在出席二十国集团领导人戛纳峰会期间与奥巴马总统交谈。11月12日，胡锦涛主席与奥巴马总统在夏威夷亚太经合组织第19次领导人非正式会议期间会晤。11月19日，国务院总理温家宝与美国总统奥巴马在印尼巴厘岛东亚峰会期间会晤。6月2日，国家副主席习近平与美国副总统拜登在罗马出席“意大利统一150周年”庆典活动期间交谈。8月17～21日，拜登副总统对中国进行正式访问。10月27～28日，全国人大常委会副委员长、全国妇联主席陈至立率中国妇女代表团赴美国华盛顿出席国际妇女论坛2011年度世界领导人会议，礼节性会见美国国务卿克林顿，就深化中美妇女交流与合作交换意见。

两国机制性对话磋商频繁。5月9～10日，国务院副总理王岐山、国务委员戴秉国作为国家主席胡锦涛特别代表在华盛顿与美国总统奥巴马特别代表国务卿克林顿、财政部长盖特纳共同主持第三轮中美战略与经济对话。美国副总统拜登出席对话联合开幕式并致辞。美国总统奥巴马在白宫会见出席对话的王岐山副总理、戴秉国国务委员，王岐山副总理、戴秉国国务委员向奥巴马总统转达了国家主席胡锦涛的口信。对话期间，双方就事关两国关系发展的全局性、战略性、长期性问题坦诚深入交换意见，取得丰富积极成果。战略对话发表了成果清单。经济对话签署了《中美关于促进经济强劲、可持续、平衡增长和经济合作的全面框架》，并发表了联合成果情况说明。11月21日，第22届中美商贸联委会在成都举行。国务院副总理王岐山与美国商务部长布赖森、贸易代表柯克共同主持，美国农业部长维尔萨克出席。4月10～16日，第二轮中美人文交流高层磋商在华盛顿举行，国务委员刘延东赴美与美国国务卿克林顿共同主持磋商并访问美国。两国还新建了中美战略安全对话、亚太事务磋商、省州长论坛等机制。5月10日，第三轮中美战略与经济对话期间，首次中美战略安全对话在华盛顿举行，外交部副部长张志军与美国常务副国务卿斯坦伯格共同主持。6月25日和10月11日，外交部副部长崔天凯与美国助理国务卿坎贝尔分别在夏威夷和北京共同主持首次和第二次中美亚太事务磋商。7月15日，首届中美省州长论坛在美国盐湖城举行。

国务委员戴秉国与美国国务卿克林顿、总统国家安全事务助理多尼隆等多次举行小范围会晤。7月25日，戴秉国国务委员与克林顿国务卿在深圳举行小范围会晤。11月11日，戴秉国国务委员在夏威夷亚太经合组织领导人非正式会议期间再次与克林顿国务卿举行小范围会晤。11月12日，戴秉国国务委员在夏威夷亚太经合组织领导人非正式会议期间与多尼隆助理举行小范围会晤。

1月3～7日，外交部长杨洁篪访问美国，会见美国总统奥巴马、总统国家安全事务助理多尼隆、国务卿克林顿、财政部长盖特纳、商务部长骆家辉和部分国会议员等，就中美关系、胡锦涛主席访美准备工作等与美方交换意见。杨洁篪外长还访问了纽约、芝加哥，广泛接触美前政要、智库学者、工商企业和媒体等各界人士，并会见联合国秘书长潘基文。7月22日，杨洁篪外长在印尼巴厘岛出席东盟地区论坛系列外长会期间会见克林顿国务卿，就中美关系等交换意见。9月26日，杨洁篪外长在纽约出席第66届联合国大会一般性辩论期间会见克林顿国务卿。11月10日，杨洁篪外长在夏威夷亚太经合组织领导人非正式会议期间会见克林顿国务卿，就中美关系及共同关心的国际和地区问题交换意见。3月16 ~ 18日，外交部副部长崔天凯在美国分别会见美国商务部长骆家辉，常务副国务卿斯坦伯格，总统国家安全事务副助理兼二十国集团事务美方协调人弗罗曼，白宫国安会亚洲事务高级主任贝德，总统科技顾问、白宫科技政策办公室主任霍尔德伦等，就中美关系及双方共同关心的问题交换意见。崔天凯副部长并同美国国务卿克林顿简短交谈。

1月27 ~ 28日，美国常务副国务卿斯坦伯格访华，4月7日，美国助理国务卿坎贝尔访华，10月27 ~ 29日，美国常务副国务卿伯恩斯访华，11月23日，美国副国务卿舍曼访华，双方就中美关系及共同关心的问题广泛交换意见。

中美两国立法机构交流保持积极发展势头

4月，美国国会参议院多数党领袖哈里·瑞德率参议院代表团访华，众议院“美中工作小组”共同主席查尔斯·布斯坦尼和里克·拉森率众议院“美中工作小组”代表团访华。7月，全国人大常委会副委员长路甬祥和全国人大外事委员会主任委员李肇星赴美举行中美议会（参议院）会议机制主席会晤及中美议会交流机制（众议院）第12次会议。10月，全国人大常委会副委员长严隽琪赴美出席第四届中美民间和平论坛。美国亚拉巴马州共和党联邦参议员理查德·谢尔比、密苏里州共和党联邦参议员罗伊·布伦特、加利福尼亚州民主党联邦参议员琳达·桑切斯、众议院民主党党团主席、康涅狄格州民主党联邦众议员约翰·拉森、田纳西州共和党众议员小约翰·邓肯、加利福尼亚州民主党联邦众议员赵美心、本田、美属萨摩亚民主党国会代表法里奥马维加等30多名国会议员和近200名议员助手访华。全国人大外事委、内务司法委、财经委、环资委、农业与农村委等与美国国会相关委员会开展了对口交流。

两国经贸合作继续深化，能源、环境、农业、人文、卫生、交通、反恐、执法等领域的交流合作取得新进展，两军关系得到改善和发展

2011年，中美贸易保持较快增长势头。中美互为第二大贸易伙伴，美国是中国的第二大出口市场和第六大进口来源地，中国是美国的第三大出口市场和第一大进口来源地，连续十年成为美国增长最快的主要出口市场。

中美双边投资保持平稳较快发展。截至2011年底，美国对华投资项目累计61068个，美方实际投入675.92亿美元。美国是中国外资最大的来源地之一。同时，中国企业赴美投资步伐加快。中美双边投资保持平衡较快发展，截至2011年底，中国企业在美非金融类直接投资约为60多亿美元，投资范围广泛。

美国国内贸易保护主义有所上升。2011年，美国发起反倾销、反补贴调查9起，涉案总金额约17亿美元。包括对中国钢制轨毂、镀锌钢丝、钢制高压气瓶、太阳能电池板等提起双反调查，对荧光增白剂提起反倾销调查等。

中美在能源、环境领域进行了卓有成效的互利合作。双方在节能减排、新能源、可再生能源、清洁能源、建筑能效、环境治理等领域的合作成为两国关系新亮点。2011年5月，在第三轮中美战略与经济对话期间，双方就能源安全、清洁能源发展等问题深入交换意见。9月，第二届中美先进生物燃料论坛和第二届中美可再生能源产业论坛先后在华盛顿举行。同月，李克强副总理会见来访的美国能源部长朱棣文。11月，第22届中美商贸联委会期间，国家发展改革委副主任、国家能源局局长刘铁男与美国贸易发展署署长扎克女士共同签署《中国国家能源局和美国贸易发展署关于支持中美能源合作项目的谅解备忘录》。

中美在教育、科技、文化、体育、卫生等领域交流与合作继续加强。3月，中美人文交流高层磋商机制中方协调人、教育部副部长郝平率工作组访美，与机制美方协调人、副国务卿麦克黑尔会谈，会见美国教育部常务副部长米勒等；文化部副部长赵少华率文化部代表团访美，就国务委员刘延东赴美主持第二轮中美人文交流高层磋商并访美筹备工作与美方进行协商。4月，第二轮中美人文交流高层磋商在华盛顿举行，国务委员刘延东和美国国务卿克林顿共同主持。双方就深化两国教育、科技、文化、体育、妇女与青年等领域合作与交流交换意见，并签署有关协定。5月，科技部长万钢访美，与美国总统科技顾问、白宫科技政策办公室主任霍尔德伦共同主持召开第二次中美创新对话并出席第三轮中美战略与经济对话。7月，国

家体育总局副局长蔡振华率中国乒乓球代表团访美，出席中美乒乓外交40周年纪念活动。9月，中美清洁能源联合研究中心指导委员会会议在北京举行，科技部长万钢与美国能源部长朱棣文共同主持。文化部长蔡武率中国政府文化代表团访美并开启“中国文化系列活动”。12月，美国乒乓球协会主席彼得·斯卡德纳率美国乒乓球代表团访华，出席在杭州举行的中美乒乓外交40周年纪念活动。

中美在反恐领域的磋商与合作继续深化。中国接受美方邀请，成为“全球反恐论坛”创始成员。9月，国务委员兼公安部长孟建柱出席在俄罗斯叶卡捷琳堡举行的第二届安全事务高级代表国际会议期间，会见美国国家情报总监克拉珀，双方就加强两国反恐合作交换意见。

两军关系继续改善和发展。1月9～12日，美国国防部长盖茨访华，胡锦涛主席、习近平副主席、中央军委副主席徐才厚上将、第二炮兵司令员靖志远上将、外交部长杨洁篪分别会见，中央军委委员、国务委员兼国防部长梁光烈上将与盖茨会谈。5月9～10日，解放军副总参谋长马晓天空军上将出席在华盛顿举行的第三轮中美战略与经济对话和首次中美战略安全对话。5月15～21日，中央军委委员、总参谋长陈炳德上将访美，分别会见国务卿克林顿、国防部长盖茨、前总统国家安全事务助理布热津斯基，与美军参联会主席马伦海军上将举行会谈，并在美国国防大学发表演讲。6月，梁光烈国务委员兼国防部长和美国国防部长盖茨在参加香格里拉对话会期间再次会面。7月9～13日，马伦海军上将访华，会见习近平副主席、中央军委副主席郭伯雄上将、梁光烈国务委员兼国防部长、戴秉国国务委员，与总参谋长陈炳德上将举行会谈，并在中国人民大学发表了题为《合作安全与亚洲地区稳定》的演讲。9月8～22日，济南军区司令员范长龙上将访美，会见美军太平洋总部司令威拉德海军上将、代理助理国防部长拉沃伊、美军参联会联合参谋部主任戈特尼海军中将等。此外，两军还按计划在院校教育、军事档案、陆军工程兵、人道主义救援减灾等领域开展了务实交流与合作，举行了第七次中美国防部工作会晤。12月，第12次中美国防部防务磋商在北京举行。

两国执法合作保持良好发展势头，双方执法部门各级别交流合作密切。5月，外交部、公安部相关司局负责人与美方代表在第三轮中美战略与经济对话期间共同主持两国执法合作对口磋商。6月，公安部与美国警方联合摧毁全球最大中文淫秽色情网站联盟——“阳光娱乐联盟”，成功抓捕该组织头目王勇，此案系中美两国执法机构在打击网络犯罪领域的首次成功联合执法行动。11月初，中美执法合作联合联络小组第九次会议在华盛顿举行，就两国在打击网络犯罪、反腐败、刑事司法协助、知识产权刑事执法、追逃、遣返非法移民、打击偷渡等领域开展合作交换意见。

双方在重大国际地区问题上保持着有效沟通与协调，中美关系的战略内涵和全球影响不断上升

中美在朝鲜半岛局势问题上进行有效沟通协调。两国在朝鲜最高领导人金正日逝世后，保持及时、密切沟通，双方均表示愿共同维护朝鲜半岛和东北亚地区的和平稳定。在伊朗核问题上，中美及有关各方保持协调沟通，积极推动恢复有关外交谈判。此外，中美还就苏丹、缅甸、南亚以及应对国际金融危机、欧洲主权债务危机、气候变化等保持密切沟通。

中美关系中的台湾、涉藏、涉疆、经贸、人权、宗教等问题仍较突出

奥巴马政府多次重申坚持一个中国政策，恪守中美三个联合公报，支持两岸关系和平发展。但同时，美方继续与台湾进行变相的官方往来和军事联系。2011年内，美允许台“副总统”萧万长“过境”美国，允许台“外长”杨进添、“外交部次长”沈吕巡、“国防部副部长”杨念祖、“立法院长”王金平、“陆委会主委”赖幸媛到美国活动，允许台“立法院副院长”曾永权、“台湾加油赞”执行长金溥聪以及民进党主席蔡英文等蓝绿阵营人士赴美为2012年台地方领导人选举造势。美方还派助理商务部长库马尔、国际开发署署长沙阿、能源部副部长波内曼等访台，并与台在美举行“国防工业会议”等活动。美方不顾中方多次严正交涉，执意于9月21日宣布总额达58.52亿美元新的大规模对台军售计划，给中美关系造成严重损害。美并继续实施已宣布的对台军售计划，包括为台升级E–2T“鹰眼”预警机等。

中国政府对美方的错误行径进行了坚决斗争，敦促美方认清台湾问题的高度敏感性，恪守中美三个联合公报原则，停止美台官方往来和军事联系，停止售台武器，以实际行动支持两岸关系和平发展。美方多次公开重申美国坚持一个中国政策，尊重中国主权和领土完整，乐见两岸关系不断改善和发展，支持两岸通过对话和平解决问题，不支持“台湾独立”。

美方允许达赖于5月和7月两次窜访美国；美国总统奥巴马7月16日在白宫地图室会见达赖；美国国会众议长博纳、众议院少数党领袖佩洛西等国会议员以及所谓“西藏事务特别协调员”玛丽亚·奥特罗于达赖7月窜访期间与其会面。11月，“西藏流亡政府”“首席噶伦”洛桑孙根窜访美国，众议院少数党领袖佩洛西及麦凯恩、范因斯坦等国会议员会见洛。

4月，美国国务院发布年度“国别人权报告”，涉华部分继续无端指责中国人权状况。美国国际宗教自由委员会和美国国务院分别于4月和9月发

表年度"国际宗教自由报告"，继续对中国宗教政策和宗教自由状况进行指责。美国继续通过双边接触和其他场合就人权问题向中方表达关切。6月4日，美国国务院发言人、国会众议院少数党领袖佩洛西发表声明，指责中国人权状况。11月，美国"国会与行政部门中国委员会"就陈光诚案举行听证会，要求美国国会和政府加大向中方施压。12月10日"世界人权日"前夕，美国国务卿克林顿、驻华大使骆家辉等分别就人权问题发表声明和演讲，干涉中国内政。中方对美方上述错误言行进行了严正交涉，表明了反对美方利用有关问题干涉中国内政、损害中方利益的坚定立场。

2011年中美关系的发展再次表明，中美两国作为具有重要全球影响的国家，双方拥有广泛共同利益。一个健康稳定的中美关系不仅符合两国和两国人民的根本利益，也有利于亚太地区乃至世界的和平、稳定与繁荣。事实再次证明，中美关系稳定发展关键是要尊重彼此核心利益和重大关切。当前，国际地区热点此起彼伏，世界经济金融形势中的不稳定、不确定因素增多，各国相互依存日益紧密。在此形势下，中美两国应继续认真落实两国领导人重要共识，加强各层级、各领域对话、交流、合作，尊重彼此核心利益和重大关切，推动中美合作伙伴关系持续健康稳定发展。

胡锦涛主席访美

1月18 ~ 21日，国家主席胡锦涛对美国进行国事访问。胡锦涛主席访问了华盛顿、芝加哥两地，出席近20场活动。胡锦涛主席与奥巴马总统举行会谈并共同会见记者，出席奥巴马总统举行的欢迎晚宴及拜登副总统、克林顿国务卿举行的午宴，会见美国国会众议院议长博纳、参议院多数党领袖瑞德、芝加哥市长戴利等政界人士，就中美关系及共同关心的问题进行深入探讨。胡锦涛主席还广泛接触美国社会各界，并与奥巴马总统共同会见中美企业家。访问芝加哥期间，胡锦涛主席还走访了佩顿中学。访问前夕，胡锦涛主席接受美国《华尔街日报》和《华盛顿邮报》联合书面采访，就推动中美关系长期健康稳定发展、外资企业在华投资环境、中国应对国际金融危机政策举措、中国经济社会发展、中国和平发展和政治体制改革、中国同亚太国家关系、朝鲜半岛局势等回答了提问。

两国元首就中美关系及共同关心的重大国际和地区问题坦诚深入交换意见。胡锦涛主席就两国关系未来发展提出五点建议，强调双方要发展求同存异、平等互信的政治关系；深化全面合作、互利共赢的经济关系；开展共同应对挑战的全球伙伴合作；推进人民广泛参与的中美友好事业；建立深入沟通、坦诚对话的高层交往模式。胡锦涛主席表示，中方愿同美方一道，加强对话、增进互信，扩大交流、深化合作，妥善处理敏感问题，共同推动中美关系长期健康稳定发展，开创两国伙伴关系新局面。

奥巴马总统完全赞同胡锦涛主席关于进一步发展两国关系的重要意见，表示美方珍视两国关系，愿意在相互尊重和共同利益基础上，加强高层接触，增进战略互信，在推动解决全球经济可持续增长、促进亚太和世界繁荣、防止大规模杀伤性武器扩散、应对全球性环境和气候变化等问题上加强合作。

访问期间，两国元首全面规划了今后一个时期发展中美关系的重点方向和深化双方合作的重点领域。两国发表《中美联合声明》，确认双方将共同努力建设相互尊重、互利共赢的中美合作伙伴关系。

乌拉圭
(Uruguay)

2011年，中华人民共和国与乌拉圭东岸共和国关系继续深入发展。

两国保持高层交往。6月，国家副主席习近平对乌拉圭进行正式访问，分别同总统何塞·阿尔韦托·穆希卡·科尔达诺，副总统兼国会主席、参议长达尼洛·安赫尔·阿斯托里·萨拉戈萨举行会谈，并同穆希卡总统共同出席两国经济技术、文化、旅游、科技、金融等合作文件的签字仪式。

两国议会、军事等领域交流密切。7月，全国人大常委会副委员长路甬祥访问乌拉圭，分别会见总统穆希卡、副总统兼国会主席、参议长阿斯托里和众议长路易斯·阿尔韦托·拉卡列·波乌。3月，解放军副总参谋长马晓天上将率团访问乌拉圭。

两国经贸合作深入发展。双边贸易快速增长，中国继续保持乌拉圭第二大贸易伙伴和乌羊毛最大进口国地位。两国在汽车制造、金融领域合作取得新进展。中国继续向乌拉圭提供力所能及的经济技术援助。

乌兹别克斯坦
(Uzbekistan)

2011年，中华人民共和国与乌兹别克斯坦共和国友好合作伙伴关系快速健康发展，各领域合作不断扩大。

双方高层往来密切，政治互信不断加深。9月，全国人大常委会委员长吴邦国访问乌兹别克斯坦，分别与乌总统伊斯拉姆·卡里莫夫、乌最高会议参议院主席伊尔吉扎尔·萨比罗夫、立法院主席基洛拉姆·塔什穆哈梅多娃举行会见，并在乌议会发表《弘扬睦邻友好，实现共同发展》主题演讲。4月，乌兹别克斯坦总统卡里莫夫访华，国家主席胡锦涛、全国人大常委会委员长吴邦国、国务院总理温家宝、外交部长杨洁篪分别与卡举行会谈会见。双方就两国关系、各领域务实合作及共同关心的国际和地区问题等交换了意见。两国签署了《中华人民共和国与乌兹别克斯坦共和国联合声明》。7月，乌最高会议参议院主席萨比罗夫访华，全国人大常委会委员长吴邦国、国务院副总理李克强、全国人大常委会副委员长陈至立分别与萨举行会谈会见。10月，乌第一副总理兼财政部长鲁斯塔姆·阿济莫夫来华出席中乌政府间合作委员会第一次会议，国家副主席习近平会见，国务委员孟建柱与阿共同主持召开了第一次会议。

中乌人文领域合作顺利开展。7月，乌文化和体育事业部长图尔苏纳利·库济耶夫来华出席“乌文化日”等活动。12月，乌主流媒体记者随中亚联合记者团访华，其间访问了北京、上海、乌鲁木齐三市。

中乌两军关系继续加强。3月，国务委员兼国防部长梁光烈上将访乌。4月，乌国防部副部长鲁斯塔姆·尼亚佐夫少将来华出席上海合作组织成员国军队总参谋长会议。

瓦努阿图
(Vanuatu)

2011年，中华人民共和国与瓦努阿图共和国关系发展良好。

两国保持高层和各级别交往势头，政党交流活跃。9月，外交部长杨洁篪在纽约出席第66届联合国大会一般性辩论期间会见瓦努阿图总理萨托·基尔曼，就中瓦关系等问题交换意见。2月，湖北省副省长张通访瓦。5月，中共中央宣传部副部长蔡名照率中国新闻代表团访瓦。11月，全国人大外事委员会副主任委员刘冬冬、查培新一行访瓦。8月，瓦努阿图共和党、瓦努阿库党、温和党联盟三名议员参加“太平洋岛国政治家联合考察团”访华。9月，瓦库党主席、前总理爱德华·纳塔佩来华出席亚洲政党专题会议。

两国经贸、文化等领域交流合作稳步推进；双边贸易额持续增加。中方援建的瓦努阿图国家会议中心、电子政务、南太大学埃马路斯分校扩建、医疗队、乒乓球教练技术合作等项目进展顺利。8月，广东省艺术团参加瓦独立31周年庆典表演活动。

2月，瓦努阿图塔法省发生飓风灾害，中国政府向瓦努阿图政府提供5万美元紧急现汇援助，帮助灾区开展救灾工作。

委内瑞拉
(Venezuela)

2011年，中华人民共和国与委内瑞拉玻利瓦尔共和国各领域互利友好合作继续深化，两国共同发展的战略伙伴关系内涵更加丰富。

双方保持友好交往，政治互信进一步加强。10月，委内瑞拉全国代表大会主席索托·罗哈斯访华，全国人大常委会委员长吴邦国和副委员长陈昌智分别会见。3月，全国人大常委会副委员长陈昌智过境委内瑞拉并会见委全国代表大会主席索托·罗哈斯。11月，中委政府间高级别混合委员会第十次会议在加拉加斯举行，国家发展和改革委员会副主任张晓强与委人民政权计划财政部长豪尔赫·希奥尔达尼共同主持会议。双方签署了涉及能源、矿产、金融和科技等领域的十余项合作文件。

两国经贸合作继续深化。2月，进出口银行行长李若谷访委。9月，商务部副部长傅自应、国家开发银行董事长陈元访委。两国在能源、农业、基础设施和高科技等领域的互利合作稳步推进，委内瑞拉已成为中国在拉美重要的贸易伙伴和投资对象国。

两国在体育、卫生、文化等领域交流活跃。5月，国家体育总局副局长兼中国奥委会副主席肖天访委。6月，卫生部纪检组长李熙访委。浙江婺剧团和甘肃京剧团赴委演出，委国家舞蹈团和加拉加斯青年交响乐团来华访演，受到两国民众热烈欢迎。

两军保持友好交往。3月，解放军副总参谋长马晓天上将过境委内瑞拉。7月，解放军仪仗方队赴委参加委独立200周年庆祝活动。

越　南
(Vietnam)

2011年，中华人民共和国与越南社会主义共和国全面战略合作伙伴关系深入发展，各领域务实合作不断扩大。

两国高层交往频繁。国家主席胡锦涛在出席亚太经合组织第19次领导人非正式会议期间同越南国家主席张晋创举行会晤，就深化中越友好交换意见。12月，中共中央政治局常委、国家副主席习近平访越，会见越共中央总书记阮富仲、越南国家主席张晋创、政府总理阮晋勇、国会主席阮生雄，同越共中央政治局委员、中央书记处常务书记黎鸿英、国家副主席阮氏缘举行会谈。习近平副主席表示，新形势下推动中越全面战略合作伙伴关系进一步发展，双方要把握大局，增进政治互信；要加强战略沟通，牢牢把握中越关系发展的正确方向；要深化合作，实现共同发展；要着眼未来，扩大人文交流；要妥处分歧，维护稳定大局。越方完全赞同习近平副主席对发展两党两国关系的主张，表示双方应从战略高度和长远角度出发，推动两国关系不断发展，让中越友好世代相传。双方签署了经贸、卫生、新闻等领域合作文件。9月，国务委员戴秉国访越并主持中越双边合作指导委员会第五次会议，并在大湄公河次区域经济合作第四次领导人会议期间会见越南总理阮晋勇，就推进各领域务实合作达成广泛共识。外交部长杨洁篪和越南外长范平明在联合国会议等多边场合见面，就双方共同关心的问题交换意见。

10月，越共中央总书记阮富仲正式访华。访问期间，中共中央总书记、国家主席胡锦涛同阮富仲总书记举行会谈。全国人大常委会委员长吴邦国、国务院总理温家宝和全国政协主席贾庆林分别会见了阮富仲总书记。国家副主席习近平、国务院副总理李克强分别出席有关活动。会谈时，胡锦涛总书记表示，中国党和政府始终从战略高度和长远角度看待中越关系。中方愿同越方一道，按照“十六字”方针和“四好”精神，把中越全面战略合作伙伴关系维护好、发展好。胡锦涛总书记为此提出五点建议：第一，保持高层交往，增进战略互信。第二，加强两党交流，相互学习借鉴治党治国经验。第三，深化各领域务实合作。第四，坚持通过对话和协商，妥善处理两国关系中的问题。第五，加强协调配合，共同推动建设持久和平、共同繁荣的和谐亚洲、和谐世界。阮富仲完全赞同胡锦涛总书记关于发展双边关系的建议，表示越南党和政府高度重视发展对华关系，将此置于越对外关系的优先位置。越方愿同中方共同努力，把越中全面战略合作伙伴关系提升到新水平。双方发表《联合声明》，签署了党际、经贸、教育、交通等领域合作文件。4月，越共中央政治局委员、公安部长黎鸿英（时任）访华。11月，越共中央政治局委员、中央书记处书记、中央宣教部长、中央理论委员会主席丁世兄率团来华出席第七届两党理论研讨会。10月，越南政府副总理阮春福来华出席第八届中国—东盟博览会并访问福建省。

经贸合作进展顺利。双方签署《2012 ~ 2016年经贸合作五年发展规划》，确定了农业和渔业、交通运输、能源、矿业、制造业和配套工业、服务业合作以及“两廊一圈”等七大重点合作领域，为深化经贸合作奠定了坚实基础。双边贸易额稳步增长，中国连续八年成为越南第一大贸易伙伴。两国大型项目合作取得进展，河内轻轨二号线项目开工。

两国各领域和地方交流合作不断深化。中国共产党和越南共产党签署五年合作计划，举办第七次理论研讨会。两军交往密切，中央军委副主席郭伯雄上将访越，两国国防部举行第五次防务安全磋商，两国海军迄今已在北部湾举行12次联合巡逻。两国教育、卫生等部门签署合作协议。民间交往活跃，双方举办第三届中越人民论坛，第11、12届中越青年友好会见。广西、云南与越南北部省份合作机制运转良好，在经贸、旅游等领域务实合作不断深化。

两国边界领土问题谈判取得积极进展。两国政府边界谈判代表团团长多次举行会晤，就妥善处理南海争议深入交换意见。10月越共中央总书记阮富仲访华期间，双方签署《关于指导解决中华人民共和国和越南社会主义共和国海上问题基本原则协议》，对妥善处理和解决海上问题具有重要指导意义。

也 门
(Yemen)

2011年，中华人民共和国与也门共和国友好关系平稳发展。

两国保持各级别交往。10月，全国政协主席贾庆林向新任也门协商会议主席阿卜杜拉赫曼·穆罕默德·阿里·奥斯曼发贺电。12月，国务院总理温家宝、外交部长杨洁篪分别向也门政府新任总理穆罕默德·萨利姆·巴桑杜、外交部长艾布·贝克尔·阿卜杜拉·科尔比发贺电。

9月，也门社会党中央委员、萨那市委书记艾哈迈德出席在山东潍坊举行的第二届“中阿·中非中小企业合作论坛”。同月，中国政府向也门政府提供价值3000万元人民币的人道主义物资援助。

双方卫生、宗教等领域合作取得积极成果。1月，卫生部副部长张茅访问也门，会见也门总理穆贾瓦尔，与副总统哈迪共同出席“中国—也门眼科合作中心”启用揭牌仪式和为该中心援助的总额为200万元人民币的眼科医疗设备交接签字仪式。同月，全国政协委员、中国伊斯兰教协会会长陈广元访问也门。

赞比亚
(Zambia)

2011年是中华人民共和国与赞比亚共和国建交47周年，两国友好合作关系继续稳步发展。

两国高层继续保持密切交往。9月，赞比亚举行总统大选，反对党爱国阵线领袖迈克尔·奇卢菲亚·萨塔获胜，首次上台执政，国家主席胡锦涛致电祝贺萨塔就任总统。

1月，国务院副总理回良玉访问赞比亚，会见赞时任总统鲁皮亚·班达，并与赞时任副总统乔治·孔达举行会谈，双方签署了两国政府间经济技术合作协定以及关于加强农业合作的谅解备忘录。3月，全国政协副主席阿不来提·阿不都热西提访赞，会见赞时任总统班达，并与其共同出席“中赞光明行”活动庆祝仪式。12月，外交部副部长翟隽访赞，会见萨塔总统，与代外长恩格萨·辛巴库拉举行会谈，与财政部长亚历山大·契克万达签署两国政府间经济技术合作协定。

11月，萨塔总统派遣开国总统肯尼思·戴维·卡翁达作为其特使访华，国家副主席习近平、国务委员戴秉国、全国政协副主席阿不来提·阿不都热西提、外交部长杨洁篪分别予以会见。卡翁达转达了赞新政府致力于与中国发展友好关系的明确信息，强调赞比亚和中国一直是相互信赖的好朋友，相信在双方共同努力下，赞中传统友谊一定会不断得到巩固和发展。中方领导人表示，由中赞两国老一辈领导人共同缔造的中赞“全天候”友谊，在中非关系中具有重要地位和广泛影响。中方高度重视发展中赞关系，愿与赞新政府一道，深化两国传统友谊和务实合作，不断增进两国人民福祉。12月，赞比亚副总统、爱国阵线副主席盖伊·斯科特率爱国阵线代表团访华。中共中央政治局常委、中央政法委书记周永康，北京市委书记刘淇，国务委员戴秉国分别予以会见，中共中央对外联络部部长王家瑞与其举行会谈。斯科特表示，赞中悠久的交往历史是双方关系发展的良好基础，赞新政府重视对华关系，愿与中方进行坦诚、友好交流，共同推进双边合作。赞爱国阵线也愿与中国共产党建立持久稳定的党际关系，学习借鉴治国理政经验，为赞中关系全面发展作出积极贡献。斯重申赞坚定奉行一个中国政策。中方领导人表示，萨塔总统就职以来，就巩固发展中赞友好合作发出了一系列积极信号，中方对此表示赞赏，愿同赞方一道，把中赞传统友谊一代代传承下去。

6月1日，中国新任驻赞比亚大使周欲晓向赞时任总统班达递交国书。

两国经贸互利合作深入发展，中国对赞比亚各类投资不断增加。在赞中资企业超过300家，涉及矿业、农业等各个领域。2011年两国贸易额较2010年同期大幅增长。中国援赞流动医院、卢萨卡综合医院、农业示范中心等项目陆续交付使用。恩多拉体育场、国际会议中心等项目亦已竣工，中非合作论坛框架下合作项目顺利落实。

两国各领域友好交往稳步推进。党际交流活跃。6月，吉林省委副书记巴音朝鲁率中共代表团访赞。3月，赞比亚爱国阵线全国总书记文特·卡宾巴率团访华。双方商务、教育、水利、新闻等部门进行了对口交流与合作。

津巴布韦
(Zimbabwe)

2011年，中华人民共和国与津巴布韦共和国传统友好关系继续平稳发展。

两国高层保持频繁交往。3月20 ~ 22日，国务院副总理王岐山对津巴布韦进行正式访问，分别会见了津总统罗伯特·加布里埃尔·穆加贝、总理摩根·茨万吉拉伊，并与副总统乔伊斯·穆菊茹举行会谈，双方就进一步发展两国友好合作关系达成重要共识。双方签署了《中华人民共和国政府和津巴布韦共和国政府经济技术合作协定》等合作文件。

11月7 ~ 10日，全国人大常委会副委员长周铁农访问津巴布韦，分别会见了穆加贝总统、参议院议长埃德娜·玛宗圭和众议院议长莱夫莫·莫约。11月14 ~ 18日，中共中央政治局委员、中央书记处书记、中共中央宣传部部长刘云山率中共友好代表团访问津巴布韦，会见津代总统、津非洲民族联盟—爱国阵线（简称:“民盟”），第二副主席约翰·恩科莫，并与津民盟全国主席西蒙·莫约举行工作会谈。8月24 ~ 27日，全国政协副主席厉无畏访问津巴布韦，会见了参议院议长玛宗圭。

2月10 ~ 11日，外交部长杨洁篪访问津巴布韦，分别会见了穆加贝总统和茨万吉拉伊总理，并与津外交部长辛巴拉谢·蒙本盖圭举行会谈，双方表示将进一步加强两国在各个领域的合作，推动双边关系不断深入发展。双方签署了《中华人民共和国政府和津巴布韦共和国政府经济技术合作协定》。

11月15 ~ 18日，穆加贝总统因私访华，其间与习近平副主席进行了亲切友好会见。7月4 ~ 16日，恩科莫副总统赴甘肃出席第17届兰州投资贸易洽谈会，并顺访安徽省合肥市。9月11 ~ 16日，津巴布韦副总理亚瑟·穆坦巴拉赴大连出席夏季达沃斯论坛年会。7月，津巴布韦非洲民族联盟—爱国阵线全国主席莫约访华，中共中央政治局常委李长春、中共中央对外联络部副部长艾平分别与其会见、会谈。

年内，全国人大华侨委员会副主任委员喻林祥、全国政协外事委员会委员刘古昌、国家工商行政管理总局局长周伯华、商务部副部长钟山、文化部副部长赵少华、国家广电总局副局长李伟、共青团中央书记处书记周长奎以及贵州、安徽、福建、吉林等多省负责人分别赴津访问，津矿业部长奥伯特·姆波夫、环境与自然资源管理部长弗朗西斯·涅马、旅游部长沃尔特·穆赞比、总统府国家安全国务部长悉尼·塞克拉玛依、科学与技术部长赫内里·齐诺提韦、内政部长肯博·莫哈迪、马尼卡兰省、东马绍纳兰省、西马绍纳兰省和中马绍纳兰省省长等访华。

两国经贸合作成果显著。中国援津项目顺利推进，中非合作论坛框架下援津两所小学校交付津方，农业示范中心项目完成验收。两国贸易稳步增长，在矿产、能源、农业、基础设施建设等方面合作取得积极进展。

两国人文领域交流全面展开。2011年双边人文领域互动频繁。3月，“中津友好光明行”活动再次走入津巴布韦，为500余名津白内障患者带来光明。4月，甘肃摄影家协会代表团在津举办“中国西部风光摄影展”，新华社在津举办“非洲人在中国”图片展。5月，中国残疾人艺术团、中国武术代表团赴津访演。7月，“津巴布韦风光摄影及石雕艺术展”在兰州举行。中国文化部与哈拉雷国际艺术节签署了合作框架协议。11月，浙江文化艺术团在津举行“2011中国文化聚焦——浙江艺术节”演出。

第四章

中国与国际和地区组织的关系

（一）中国与联合国

1. 政治与安全领域

（1）积极参与联合国维持和平行动

联合国维和行动是实践多边主义、维护集体安全的有效手段，在缓和紧张局势、解决地区冲突方面发挥了重要作用。截至2011年底，联合国共部署66项维和行动，正在实施的有15项，共有来自115个国家的82047名军事人员、1971名军事观察员、14304名警务人员、18379名文职人员和2337名联合国志愿者参加。2011年7月至2012年6月，联合国维和预算约70.6亿美元。

中国重视并支持根据《联合国宪章》的宗旨和原则部署维和行动，积极参加联合国安理会、联大和联合国维和行动特委会的有关审议和磋商。

2011年，安理会多次就维和问题举行会议，并于8月26日发表关于联合国维和行动的主席声明。中国常驻联合国代表李保东大使在安理会关于联合国维和行动问题公开辩论会中发言表示，维和行动已成为联合国维护国际和平与安全的重要手段之一。联合国维和行动的规模不断扩大，授权日益广泛，面临的挑战也日益增多。各方应继续坚持“当事国自愿、中立、非自卫时不使用武力”的维和行动三原则，更加重视维和行动与建设和平的统筹协调，切实履行保护平民授权，加强联合国维和行动能力建设，加强安理会出兵国及秘书处之间的合作。

中国常驻联合国副代表王民大使在2月联合国维和行动特委会一般性辩论中发言表示，联合国维和行动面临的困难与挑战日益突出，欢迎会员国及联合国秘书处就改革维和行动提出倡议，认为继续坚持维和行动三原则是确保维和行动健康发展的前提和保障，赞同在会员国广泛协商并达成共识的基础上对维和行动坚持的原则进行必要的完善和发展。应统筹协调，确保维持和平向建设和平与发展重建及时过渡，妥善履行保护平民的授权，慎重推动“强势维和”理念，加快联合国维和行动能力建设。

中国积极参与联合国维和行动，自1989年以来共向28项联合国维和行动派出军事人员、警察和民事人员两万余人次。目前，中国派遣的近2000名维和人员在中东、黎巴嫩、戈兰高地、西撒、刚果（金）、利比里亚、科特迪瓦、海地、苏丹达尔富尔、南苏丹、东帝汶11个任务区执行任务。

（2）安理会改革

2011年，各国继续围绕安理会改革问题展开讨论，并进行政府间谈判。联大分别于3月2日和11月28日举行第七轮和第八轮政府间谈判相关会议，各方在谈判中继续阐述各自立场和关切，就安理会改革下步走向等问题交换看法。

9月12日，第65届联大协商一致通过决定，要求第66届联大根据前几届联大相关决定授权，在第65届联大取得的进展及会员国所提立场和提案的基础上，继续就安理会改革问题进行政府间谈判。

中国积极参与了安理会改革政府间谈判。中国常驻联合国副代表王民大使在联大辩论中发言表示，中国支持安理会进行合理、必要的改革，改革应优先增加发展中国家，特别是非洲国家在安理会的代表性。安理会改革涉及全体会员国的切身利益，所涉及的五大类核心问题相互关联，应继续坚持民主、耐心协商，兼顾各方利益和关切，达成“一揽子”解决方案。“分步走”或“零散处理”的做法行不通。政府间谈判应坚持开放、包容、透明和会员国主导的原则，寻求有利于会员国团结，符合会员国整体利益和联合国长远利益的改革方案。

（3）安理会处理的相关工作

利比亚问题

2011年，利比亚发生大规模动乱，联合国安理会就利比亚问题通过第1970、1973、2009、2016、2022号决议，并通过一个主席新闻谈话。

2月22日，安理会应利比亚常驻联合国副代表、临时代办塔巴希要求讨论利比亚局势，会后发表主席新闻谈话，谴责暴力行为和针对平民使用武力，呼吁利政府立即停止暴力并采取措施回应人民的合法诉求，为各国撤侨提供便利等。

2月27日，安理会一致通过第1970号决议，决定对利比亚实施全面武器禁运、对利比亚领导人卡扎菲等16人实行旅行限制和资产冻结。中国常驻联合国代表李保东大使在解释性发言中表示，中方十分关切利比亚动荡的局势，认为当务之急是立即停止暴力，避免进一步流血和平民伤亡，尽快恢复社会稳定和正常秩序，通过对话等和平手段解决当前危机。在此过程中，必须确保各国在利比亚侨民的安全和利益。考虑到利比亚当前极为特殊的情况和阿拉伯及非洲国家的关切和主张，中国代表团对安理会第1970号决议投了赞成票。

3月18日，安理会以10票赞成、5票弃权（中国、俄罗斯、印度、巴西、德国）、0票反对的表决结果通过第1973号决议，决定在利设立“禁飞区”并扩大对利制裁。此外，还授权有关国家采取一切必要措施保护利国内受攻击威胁的平民和平民居住地区。李保东大使在解释性发言中表示，中国一直强调，安理会有关行动应遵循《联合国宪章》和国际法准则，尊重利比亚的主权、独立、统一和领土完整，通过和平手段解决利比亚当前危机。中国一贯反对在国际关系中使用武力。中国对决议的部分内容有严重困难。同时，中方高度重视由22个成员组成的阿拉伯联盟关于在利比亚设立禁飞区的相关决定，也高度重视非洲国家和非盟的立场。鉴此并考虑到利比亚局势的特殊情况，中国对第1973号决议投了弃权票。

9月17日，安理会一致通过第2009号决议，授权建立联合国驻利比亚支助团（UNSMIL），任期三个月。决议还决定解除对利当局的武器禁运，解除用于保护联合国人员、人道救援人员及外交人员的轻小武器禁运；解除对利国家石油公司等两家实体的资产冻结措施；适当放宽对利中央银行等四家实体的资产冻结措施，允许其资金用于利人道主义和民生领域等。

10月27日，安理会一致通过第2016号决议，决定在10月31日后终止在利设立“禁飞区”以及安理会在利保护平民授权。

12月2日，安理会一致通过第2022号决议，决定将UNSMIL任期延长三个月至2012年3月16日，并授权UNSMIL协助利过渡政府处理武器扩散问题。

6月15日，安理会举行利比亚问题会议，听取非盟利比亚问题高级别特设委员会部长级代表团通报。

外交部副部长翟隽出席会议并发言。翟隽表示，2010年底以来，西亚北非地区陷入持续动荡。其中，利比亚的冲突最为激烈、局势最为严峻。目前，利比亚的战事仍在继续，平民仍在伤亡，影响仍在扩散。在此重要时刻，安理会与非盟和平安全理事会高级别代表团进行对话，为国际社会探讨利问题的解决之道提供了重要平台。

翟隽强调，武力解决不了问题，国际社会要推动利问题的政治解决，认真执行安理会决议，不采取超出决议授权的行动，要加大对利人道救援，并积极支持非盟的外交斡旋努力。

翟隽表示，中方一直高度关注利局势的发展，始终秉持客观、公正的立场，呼吁利问题的政治解决。作为安理会常任理事国，中方愿与国际社会一道，继续为解决利比亚问题提供建设性帮助，尽快推动利局势实现稳定，走上政治解决轨道。

叙利亚问题

2011年3月以来，叙利亚局势发生动荡并急剧恶化。中国、俄罗斯在安理会否决了英国、法国、德国、葡萄牙提交的决议草案。安理会就叙利亚问题通过一个主席声明和两个主席新闻谈话。

7月13日，安理会就美国、法国驻叙利亚使馆受袭事发表主席新闻谈话，强烈谴责在大马士革发生的袭击美国、法国驻叙利亚使馆并造成馆舍损害、外交人员受伤的事件，呼吁叙利亚当局采取适当措施保护驻叙外交使团人员和财产安全。

8月3日，安理会通过关于叙利亚问题的主席声明，谴责叙利亚当局广泛侵犯人权和对平民使用武力，呼吁立即停止所有暴力，敦促各方保持最大克制，避免采取袭击国家机构等报复行为，强调解决叙危机的唯一办法是开启由叙主导的包容性政治进程。黎巴嫩未参加协商一致。

10月5日，安理会就法国、英国、德国、葡萄牙提出的涉叙利亚问题决议草案进行表决。中国、俄罗斯行使否决权，印度、巴西、南非、黎巴嫩四国弃权，其他九国投赞成票。决议草案未获通过。该决议草案强烈谴责叙政府严重侵犯人权，要求叙政府停止侵犯人权和对平民使用武力，呼吁各国对叙出口武器保持警惕和克制，在30天内审查叙执行决议情况并考虑根据《联合国宪章》第41条对叙采取措施等。中国常驻联合国代表李保东大使在解释性发言中表示，安理会是否在叙利亚问题上采取进一步行动，应看是否有助于缓和叙利亚紧张局势、有助于推动政治对话化解分歧、有助于维护中东地区的和平与稳定，更应看是否符合《联合国宪章》及不干涉内政原则。中国认为在当前形势下，制裁或威胁使用制裁无助于叙利亚问题的解决，反而可能导致局势进一步复杂化。当前决议草案一味对叙利亚施压甚至威胁使用制裁，不利于叙利亚局势走向缓和。因此，中国对这一决议草案投了反对票。中国愿同国际社会一道，继续为妥善解决叙利亚问题发挥积极和建设性作用。中国也将继续支持有关地区国家和组织的斡旋努力。

也门问题

2011年，也门局势持续动荡，安理会就也门问题通过第2014号决议，并通过五个主席新闻谈话。

6月24日，安理会发表主席新闻谈话，对也门安全和人道局势恶化深表关切，敦促各方最大限度保持克制，参与包容性政治对话解决危机，欢迎海合会帮助各方寻求共识的努力，欢迎秘书长及其特别顾问同海合会合作，继续参与解决危机。

8月9日，安理会发表主席新闻谈话，敦促也门各方确保人道救援顺利进行，避免袭击破坏重要基础设施；敦促也门各方摒弃暴力，体现最大限度克制，尊重国际法义务，加快政治过渡。

9月24日，安理会再次发表主席新闻谈话，呼吁也各方摒弃暴力，呼吁各方立即推进包容、和平、有序和也门主导的政治过渡进程。

10月22日，安理会一致通过第2014号决议。主要内容包括：强调解决也门危机的最佳办法是推进具有包容性、由也门主导的政治进程；谴责也门政府持续侵犯人权，要求各方立即停止使用武力；要求也门总统萨利赫或其代表立即签署以海合会倡议为基础的政治协议，实现和平权力过渡；要求也门反对派为达成和落实政治过渡协议发挥建设性作用，避免挑衅，停止以武力手段实现政治目的。

11月23日，也门总统萨利赫正式签署海合会倡议。11月28日，安理会发表主席新闻谈话，对萨利赫总统签署海合会倡议表示欢迎，呼吁相关协议及其执行机制以一种严肃、透明和及时的方式得到落实。

12月7日，也门成立全国和解政府。12月22日，安理会发表主席新闻谈话，欢迎也门政治过渡进程取得积极进展，成立全国和解政府，敦促也门各方摒弃暴力，避免挑衅，全面执行安理会第2014号决议。

中国代表在安理会审议也门问题时表示，希望也门所有各派继续落实海合会倡议及其实施机制，遵守安理会2014号决议，通过对话协商等和平方式化解分歧，确保政治过渡按期、顺利完成。

巴以问题

2011年，巴以和平谈判一直停滞。9月23日，巴勒斯坦民族权力机构主席阿巴斯向联合国秘书长潘基文提交了加入联合国的申请。同日，潘基文秘书长致函安理会当月轮值主席、黎巴嫩常驻联合国代表萨拉姆，转交了巴“入联”申请。9月28日，安理会就巴“入联”申请举行公开会议，决定将巴申请提交安理会“接纳新会员国委员会”审议。11月11日，安理会“接纳新会员国委员会”经讨论通过了有关报告，强调各成员国在此问题上未能达成一致。

2011年，联合国大会及安理会持续关注巴以问题，并多次开会审议。中国常驻联合国代表李保东大使10月24日在安理会中东问题公开辩论会上阐述了中方在巴以问题上的原则立场，强调欢迎和支持一切有助于弥合巴以间分歧、推动重启对话和谈判的国际促和努力。中国一贯支持巴勒斯坦独立建国的正义事业，支持通过政治谈判推进“两国方案”，建立以1967年边界为基础、以东耶路撒冷为首都、拥有完全主权、独立的巴勒斯坦国。中方支持巴勒斯坦成为联合国会员国。有关各方应为对话与谈判努力创造条件，结束中东地区长期对峙和紧张的状态。

阿富汗问题

2011年，安理会多次审议阿富汗问题。3月22日，安理会通过第1974号决议，决定将联合国阿富汗援助团任期延长至2012年3月23日。10月12日，安理会通过第2011号决议，决定将国际安全援助部队任期延长至2012年10月13日。12月19日，安理会通过主席声明，欢迎阿富汗问题波恩会议及其总结。

12月19日，中国常驻联合国代表李保东大使在安理会阿富汗问题公开辩论会上发言表示，阿富汗全面实现稳定与重建将是一个长期过程，需要阿自身不懈努力，也需要国际社会继续支持。有关方面从阿撤军必须以确保阿安全为前提，以负责任的态度进行，同时要进一步帮助阿加强安全能力建设。阿应继续推进和平进程，为和解创造有利环境。中方坚定支持阿在相互尊重、平等互利的基础上发展对外关系，特别是加强同地区国家的睦邻友好。有关地区合作倡议应充分尊重阿主权和自主权，广泛吸收地区国家参与，尊重地区国家的合理关切，在各方充分磋商并达成一致的基础上进行。中方希联合国阿富汗援助团授权评估有利于加强联合国在协调国际社会援阿努力方面发挥中心作用，希联合国与阿方加强协调，多听取并尊重其意见。

苏丹、南苏丹及达尔富尔问题

2011年7月，南苏丹正式独立并加入联合国。安理会就苏丹和南苏丹问题通过第1978、1990、1996、1997、1999、2024、2032号决议，就达尔富尔问题通过第1982、2003号决议，安理会并就苏丹和南苏丹问题及达尔富尔问题通过四个主席声明。

6月27日，安理会一致通过第1990号决议，授权向阿布耶伊地区部署由4200名埃塞俄比亚士兵组成的联合国阿布耶伊临时安全部队（UNISFA），以支持苏丹和南苏丹执行6月20日签署的《阿布耶伊地区行政和安全临时安排》。

7月8日，安理会一致通过第1996号决议，授权成立联合国驻南苏丹特派团（UNMISS）。UNMISS的任务是巩固和平与安全，帮助为南苏丹发展创造条件。

7月11日，安理会一致通过第1997号决议，决定结束联合国驻苏丹特派团（UNMIS）任期。

7月9日，南苏丹正式独立。中国常驻联合国代表李保东大使向媒体表示，中国人民与南苏丹人民有着深厚的传统友谊，中方欢迎南苏丹建国，支持南苏丹加入联合国，成为国际社会的一员。中方愿同南苏丹在和平共处等原则基础上不断发展友好合作关系，我们也愿意与南苏丹在联合国框架下全面加强沟通与合作。我们祝愿南苏丹人民在建国的事业中，不断取得新的成就。我们也希望南苏丹人民通过自己的努力，与地区国家和国际社会一道，为促进该地区的和平、稳定与发展作出贡献。7月13日，安理会一致通过第1999号决议，建议联大接纳南苏丹为联合国会员国。

中国代表在安理会审议苏丹和南苏丹问题时表示，中方呼吁苏丹和南苏丹双方尊重对方主权和领土完整，避免任何挑衅性言行，并积极配合非盟高级别执行小组的斡旋努力。通过对话妥善解决石油利益分配等问题，是消除北南关系紧张的关键所在。我们支持尽快建立北南苏丹边界非军事区及监督机制，希双方尽快就有关未决问题达成一致。中国代表在安理会审议达尔富尔问题时表示，中方赞赏苏丹政府及有关方面所做的努力，对部分达尔富尔地区叛军拒绝参与和平进程深表关切，呼吁其立即加入和平进程，希望对叛军有影响的国家为此发挥积极作用。

科特迪瓦问题

2011年上半年，科特迪瓦2010年底大选后危机不断升级并愈演愈烈，时任科特迪瓦总统巴博拒不向当选总统瓦塔拉交权，两派严重对立并发生大规模激烈冲突，国内局势持续动荡，人道主义危机严峻。安理会多次审议科特迪瓦问题，先后通过第1967、1968、1975、1980号决议和四个主席新闻谈话，谴责在科发生的暴力行为，呼吁各方保持克制，要求巴博交权，对巴博及其侧近人士进行旅行限制和金融等定向制裁，向联合国驻科特迪瓦特派团临时增派维和人员，授权联合国驻科特派团收缴针对平民使用的重武器，延长对科制裁措施。4月11日，巴博在总统官邸被俘，瓦塔拉随后正式就任总统，科大选后危机终告结束，局势趋于平静。安理会又先后通过第1981、1992和2000号决议，对联科特派团的授权予以延期。

中国常驻联合国代表李保东大使在安理会审议科特迪瓦问题时表示，中国对科安全局势不断恶化表示严重关切，呼吁科有关各方立即停止暴力和武力对抗，通过对话和协商解决分歧。中方主张通过和平方式解决科特迪瓦大选危机，赞赏并支持非盟和西共体致力于政治解决危机的努力，呼吁科有关各方予以积极、全面配合。联合国维和行动应恪守中立的原则，希联科特派团严格、全面履行授权，避免成为冲突的一方。

刚果（金）问题

2011年，刚果（金）政局总体保持稳定，卡比拉连任总统，但东部安全形势仍不容乐观。安理会多次审议刚果（金）问题，发表一个主席声明及多个主席新闻谈话，通过第1991、2021号决议。

5月18日，安理会通过主席声明，认为刚果（金）和平与安全局势得到改善，在消除外国和本地武装团伙问题上取得成果，对暴力行为表达关切，敦促刚果（金）政府开展公正、包容、透明、及时的大选。6月28日，安理会一致通过第1991号决议，决定联合国驻刚果（金）特派团延期至2012年6月30日。11月29日，安理会一致通过第2021号决议，将对刚果（金）实施的制裁措施及刚果（金）制裁委专家小组任期延长至2012年11月30日。

中国代表在安理会审议刚果（金）问题时表示，刚果（金）总体安全局势保持稳定，经济实现较快增长，人道主义形势进一步改善。刚果（金）在维护国家稳定和促进经济发展方面仍面临不少困难和挑战，国际社会应继续向刚果（金）政府提供切实帮助。应支持刚果（金）选举筹备工作，协助刚果（金）实现持久稳定，推动经济社会发展。中方赞赏和支持联刚稳定团工作，对于联合国在刚果（金）存在和未来发展，联合国应继续听取并尊重刚果（金）政府的意见。

厄立特里亚问题

2011年12月5日，安理会以13票赞成、2票弃权（中国、俄罗斯）通过了第2023号决议，谴责厄特破坏地区和平并为索马里反对派“沙巴布”等武装组织提供支持，要求厄特全面履行安理会对索马里的武器禁运措施，呼吁各国在其境内检查进出厄特的货物，决定各国将代表厄特向厄侨民征税的责任人绳之以法，要求各国在厄特从事采矿业相关活动时提高警惕，防止有关资金被用于破坏地区和平与稳定，敦促各国防止向厄特提供可能用于违反安理会决议行为的金融支持等。

中国常驻联合国代表李保东大使在决议通过后的解释性发言中表示，中方高度关注非洲之角局势，反对一切危及地区和平与稳定的言行，主张非洲国家保持团结，通过对话和协商妥善解决分歧，希望非盟等地区组织发挥积极作用。中方一贯对制裁持慎重态度，认为制裁可能导致局势更加复杂，并影响当事国的经济发展和民生，因此对第2023号决议投了弃权票。

索马里问题

2011年，索马里局势仍不稳定。安理会多次审议索马里问题，并通过第1972号、2002号及2010号决议和多个主席声明和新闻谈话。9月，索马里问题峰会在联合国总部举行。

3月17日，安理会一致通过第1972号决议，决定对索的全面武器禁运措施在16个月内不适用于联合国及其伙伴对索的人道主义援助物资。7月29日，安理会一致通过第2002号决议，决定将索马里/厄立特里亚制裁委监测小组任期延长12个月。9月30日，安理会一致通过第2010号决议，决定将非盟驻索马里特派团再度延期至2012年10月31日。

中国常驻联合国代表李保东大使在相关审议时表示，索马里面临的诸多问题彼此关联，相互影响，中方主张制定并实施全面战略，充分发挥联合国的重要作用。应切实推进索政治和解进程，加强安全部门能力建设，促进经济社会发展，打击索沿海海盗，并支持非盟发挥主导作用。

打击索马里海盗问题

2011年，索马里海盗威胁继续存在，对地区和平与稳定及国际运输与贸易构成较大威胁，并呈现出暴力倾向增强、活动范围扩大等趋势，亟需国际社会加强合作予以打击。安理会先后通过第1976、2015、2020号决议及多个主席声明和新闻谈话。

4月11日，安理会一致通过第1976号决议，呼吁各国积极考虑根据适用的国际人权法，起诉在索马里沿海抓获的海盗嫌犯和监禁被定罪的海盗。10月24日，安理会一致通过第2015号决议，要求索过渡联邦政府制定反海盗法律，敦促各国将海盗定为犯罪并对海盗嫌犯进行起诉和拘押，决定考虑在索和区域国家设立反海盗特别法庭。11月22日，安理会一致通过第2020号决议，将各国在索海域打击海盗的授权延长12个月。

2011年，根据安理会1851号决议成立的索马里海盗问题联络小组共举行了三次全体会议和多次工作组会议，讨论了打击海盗的军事行动协调、地区能力建设、商船自保措施、司法、加强公众宣传、涉海盗金融等问题。中国派代表团参与联络小组历次会议，积极参与有关讨论和工作。

中国常驻联合国副代表王民大使在安理会有关审议中表示，国际社会打击海盗努力任重道远，亟需进一步加强协调与合作，凝聚共识。索海盗问题源头在陆上，其根本解决之道在于索实现政局稳定、经济发展、社会安宁。呼吁国际社会继续高度重视索局势，继续从多个领域采取综合战略向索提供支持，标本兼治，并切实兑现援索承诺。

中国积极参与打击海盗的各项国际交流与合作。自2009年1月起，中国向亚丁湾、索马里海域派出护航舰艇，向航经索海域的中外船舶提供军事保护，为有效打击索海盗、维护该海域的航运秩序和安全作出重要贡献，获国际社会广泛肯定。

塞浦路斯问题

2011年，安理会多次审议塞浦路斯问题，通过第1986号和第2026号两个决议，将联合国驻塞浦路斯维和部队任期延长至2012年7月19日。

中国代表在安理会审议塞浦路斯问题时表示，塞浦路斯的独立、主权和领土完整应得到充分尊重。塞问题应在联合国有关决议基础上得到公正、合理的解决。中方注意到塞问题谈判继续取得进展。希望塞问题双方继续展现政治意愿，保持对话，进一步凝聚共识，缩小分歧。中方赞赏秘书长斡旋努力。塞问题由来已久，联合国和国际社会应保持耐心，认真听取各方意见，特别是在召开塞问题国际会议问题上，应避免人为设定时限，给双方谈判增添复杂因素。联合国驻塞浦路斯维和部队为维护缓冲区稳定、促进双方互信、推动双方谈判作出了重要贡献，中方支持联塞部队延期，希塞问题双方积极配合联塞部队工作。

（4）积极参与安理会反恐工作

2011年，中国继续积极参与国际反恐合作，支持联合国及其安理会在反恐中发挥主导作用。中国参加了针对基地组织和塔利班制裁措施延期决议的谈判磋商，为安理会顺利通过拆分制裁基地组织和塔利班委员会的有关决议作出了贡献。中国认真、负责地参与有关制裁委内列、除名工作，既最大限度地发挥制裁的效力，同时尽量减少制裁对普通民众和第三国的负面影响。

2011年是反恐委员会成立十周年，中国积极评价反恐委员会过去十年来工作的成效，支持进一步加强反恐委员会在反恐领域的作用。2010年12月，中国政府向安理会反恐委员会提交了第七份反恐国别报告，全面、详细阐述了中国政府在执行安理会相关反恐决议中的具体做法。中国认真参与了反恐委员会有关国别报告的审议工作，主张反恐委员会在审议有关报告时，应尊重会员国对本国反恐策略和方法的选择，充分考虑各国国情和实际困难，提出公平、合理的建议。中国支持安理会反恐执行局和联大反恐执行工作组的有关工作，推动全球反恐战略的全面、平衡落实，使安理会与联大的反恐努力互为补充、协调一致，继续维护联合国在国际反恐合作中的核心作用。

2. 经济领域

（1）综合性国际经济发展领域的活动

联合国亚洲及太平洋经济社会委员会

2011年5月23 ~ 25日，联合国亚太经社会（ESCAP）第67届会议部长级会议在泰国曼谷举行。外交部部长助理吴海龙率团出席并发表讲话。他指出，当前亚太地区政治形势总体稳定，经济增长势头强劲，但亚太地区经济复苏与增长存在不确定性，粮食和能源价格高企，通货膨胀压力加大，地震、海啸等自然灾害频发。总体看，亚太地区实现千年发展目标和可持续发展任务仍很艰巨。吴海龙部长助理并就如何实现包容性可持续发展提出三点主张：一是保持经济适度增长，二是探索新的经济增长方式，三是切实改善民生。吴海龙部长助理并结合中国“十二五”规划，重点介绍了中国加快经济发展方式转变、改善民生、走可持续发展道路的发展战略。

联合国第66届大会经济和金融委员会（第二委员会）

联合国第66届大会经济和金融委员会（第二委员会）于2011年10月3日至12月9日在纽约联合国总部举行，审议了包括可持续发展、国际发展合作、宏观经济政策、全球化和相互依存等议题。中国常驻联合国副代表王民大使在一般性辩论发言中阐述了对当前世界经济形势的看法以及对全球经济治理和国际发展合作的政策主张，呼吁国际社会凝聚共识，采取行动，促进世界经济复苏，夯实发展基础；转变发展方式，提高发展质量；切实履行承诺，加大发展投入；提高政治意愿，健全发展体系。

（2）在环境与可持续发展领域中的活动

联合国环境规划署

联合国环境规划署（简称“环境署”）于1973年1月成立，总部设在肯尼亚首都内罗毕。宗旨为促进环境领域国际合作，在联合国系统内提供有关环境规划总政策的指导和协调，审查世界环境状况并提出政策建议等。

中国自1973年以来一直是环境署理事会成员。1976年，中国在内罗毕设立驻联合国环境规划署代表处，由中国驻肯尼亚大使兼任代表。长期以来，中国与环境署保持了良好合作关系。2003年9月，环境署在北京设立代表处。

2011年2月21 ~ 24日，联合国环境署理事会第26次会议暨全球部长级环境论坛在肯尼亚首都内罗毕举行。会议围绕环境署筹备2012年联合国可持续发展大会、绿色经济、国际环境治理三大主题展开政策对话，并举行了四场圆桌会议。全体委员会围绕国际环境治理、化学品和废物管理、生物多样性和生态系统服务政府间科学—政策平台等政策性议题进行讨论，共通过15项决议。中国常驻联合国环境规划署代表处代表刘光源率由环保部、外交部、发展改革委等部门组成的中国代表团出席会议。

联合国可持续发展委员会

联合国可持续发展委员会于1993年2月成立，是联合国经社理事会下设的八个职司委员会之一。宗旨是加强可持续发展领域国际合作，协调开展联合国环境与发展大会后续行动，使环发大会事务的决策合理化，审查《21世纪议程》等可持续发展领域国际共识的执行进展情况。

2002年可持续发展世界首脑会议之后，可持续发展委员会进行了改革，决定今后委员会针对同一类主题以两年为周期进行讨论，第一年审议执行情况，第二年进行政策讨论。2010 ~ 2011年主题为“可持续生产和消费、矿业、交通运输、废弃物管理、化学品”。

中国一直积极参与可持续发展委员会的各项活动。2011年5月2 ~ 13日，委员会第19届会议在纽约举行。会议主要就可持续生产和消费、矿业、交通运输、废弃物管理、化学品等主题进行了讨论。全国政协副主席郑万通在会议高级别部分开幕式上发言，介绍了中国加快转变经济发展方式的政策措施，并呼吁国际社会加强伙伴关系，促进共同发展。

中国环境与发展国际合作委员会

中国环境与发展国际合作委员会（简称“国合会”）是中国政府在环境领域的高级国际咨询机构，成立于1992年，主要职责是针对中国环发领域的重大问题进行研究，开展政策示范和项目示范，向中国政府提出政策建议，促进中国可持续发展与决策科学化。国合会每四年改选一届，现任主席为国务院副总理李克强，委员包括中外政府部门官员和国内外环发领域的知名专家。

2011年11月15 ~ 17日，国合会2011年年会暨20周年主题论坛在北京召开。国务院总理温家宝会见了国合会外方委员，副总理李克强出席会议开幕式并发表讲话。国合会中外方委员、有关国家和国际组织代表、专家学者等200余人参加了会议。会议主题是“经济发展方式的绿色转型”。会议听取了中外专家关于环境与发展领域的政策报告，并讨论通过了给中国政府的相关政策建议。

联合国可持续发展大会高级别研讨会

为筹备2012年联合国可持续发展大会，中国政府与联合国可持续发展大会秘书处于2011年9月8 ~ 9日在北京共同举办联合国可持续发展大会高级别研讨会。来自30多个国家、10多个国际组织和机构的代表以及国际环发领域知名专家学者共上百人参加了研讨会。外交部长杨洁篪与国家发展改革委主任张平出席会议开幕式并讲话。会议讨论了“可持续发展和消除贫困背景下的绿色经济”和“促进可持续发展机制框架”两大主题与“就可持续发展作出新的政治承诺”、“评估可持续发展领域的进展与差距”和“应对新挑战”三大目标，通过了主席总结并提交联合国可持续发展大会秘书处。

3. 人权领域

（1）积极参与联合国人权机构工作

2011年，中国继续本着积极和建设性态度参与联合国人权机构各项工作。

2月28日至3月25日，人权理事会在日内瓦举行第16次会议（主会）。会议听取了人权高专皮雷提交的年度报告，与反恐、任意拘留、酷刑、缅甸、朝鲜问题等16个人权特别机制进行了互动对话，审议了少数人论坛、社会论坛等下属机构报告，选举产生咨询委员会部分新成员，核可了美国、蒙古等16国接受国别人权审查的工作组报告，任命结社和集会自由、人权卫士等特别机制人选，通过了缅甸人权状况等39项决议、决定和主席声明。会议还讨论理事会重审问题。中国代表团深入参与各项议题的审议和磋商，发言介绍中国在人权领域取得的最新成就，积极参加与人权高专和有关特别机制互动对话。

5月30日至6月17日，人权理事会在日内瓦举行第17次会议。会议听取了利比亚、科特迪瓦国际调查委员会报告，与言论自由、任意处决、非法贩运等特别机制进行了互动对话，核可了澳大利亚、缅甸等16国接受国别人权审查的工作组报告，任命了伊朗人权状况等八个特别机制人选，举行了妇女权利等三场专题讨论会，通过25项决议、决定和主席声明。中国代表团建设性地参与各项议题的讨论并与特别机制对话，积极宣传中国人权成就和主张，维护发展中国家的正当利益。

9月12～30日，人权理事会在日内瓦举行第18次会议。会议审议了人权高专关于叙利亚、也门、白俄罗斯问题报告，与利比亚国际调查委员会等进行了互动对话，举行了“和平抗议中促进和保护人权”等两场专题讨论会，核可了希腊等16国接受国别人权审查的工作组报告，任命了反对种族主义问题特别报告员和科特迪瓦问题独立专家，通过了35项决议、决定和主席声明。

1月24日至2月4日、5月2～13日、10月3～14日，人权理事会分别举行第10、11、12轮国别人权审查工作组会议，对缅甸、叙利亚等49国进行了审查。中国积极参与有关审议，客观评价受审国的人权状况，并担任圣多美和普林西比、苏丹、津巴布韦等国审议报告员，发挥建设性作用。

2月25日、4月29日、8月22日、12月2日人权理事会分别召开第15次（利比亚人权状况）、第16次（叙利亚人权状况）、第17次（叙利亚人权状况）特别会议、第18次（叙利亚人权状况）特别会议。中方积极参加特别会议讨论和有关决议磋商，发挥了建设性作用。

6月17日，第65届联大以154票赞成、4票反对、0票弃权通过“人权理事会重审”决议，维持人权理事会作为联大下属机构地位不变，核可人权理事会工作评估重审结果。中国建设性参与人权理事会重审进程，投票支持决议通过。

10月3日至11月22日，第66届联大三委在纽约举行，审议了人权、儿童权利、妇女领域、土著人和反对种族主义等各项议题并通过47项决议。中国常驻联合国副代表王民大使在人权议题下作综合性发言，介绍中国在人权问题上的立场和主张以及建国60年来人权领域的显著进展，强调尊重《联合国宪章》和不干涉内政原则，呼吁通过平等和相互尊重基础上的对话和交流，妥善解决各国在人权问题上的分歧，反对将人权问题政治化。中国代表团在人权理事会报告议题下发言，肯定人权理事会重审成果，在人权文书、人权理事会报告、儿童权利、反对种族主义等议题下发言并参加了与人权高专、粮食权、教育权、极端贫困等特别报告员的互动对话，支持发展中国家提出的合理主张，对针对朝鲜、缅甸和伊朗等国的国别人权提案投反对票，对针对叙利亚的国别人权决议投弃权票。

1月31日至2月9日、5月16～24日，联合国非政府组织委员会2011年届会和续会分别在纽约联合国总部举行。中国作为委员会成员出席会议。会议审议了包括中国扶贫基金会、北京青少年法律援助与研究中心、北京致诚农民工法律援助与研究中心在内的288个组织的新申请和367个组织的四年期报告。中国扶贫基金会、北京青少年法律援助与研究中心、北京致诚农民工法律援助与研究中心被授予咨商地位。中国前外交官联谊会、中国人民争取和平与裁军协会、中国人权研究会、中国残疾人联合会等的四年期报告获得顺利通过。

9月3～5日，第64届联合国新闻部/非政府组织（DPI/NGO）年会在德国波恩举行。本届年会由联合国新闻部主办，德国政府、联合国志愿者项目（UNV）、年会执委会等协办，主题为“可持续发展的社会，积极响应的公民”。来自100多个国家约150个非政府组织共2200多人与会。中国民间组织国际交流促进会（中促会）等国内非政府组织参会。

中国专家陈士球出席了人权理事会咨询委员会第六、七次会议以及人权理事会来文工作组第八、九次会议，中国专家丛军出席了联合国经济、社会及文化权利委员会第46、47届会议，从专家层面为国际专题人权问题研究作出积极贡献。

（2）与联合国人权特别机制合作

2011年，中国继续积极开展与人权特别机制合作。在认真调查的基础上，中国政府继续及时答复人权理事会特别机制的来函。中国重视国际人权文书对促进和保护人权的积极作用，已加入包括《经济、社会及文化权利国际公约》在内的25项国际人权公约。中国继续与联合国人权条约机构加强合作，积极履行已加入的公约义务。

9月22日，外交部人权事务特别代表、国际司副司长祁小夏会见来华参加第四届“北京人权论坛”的联合国人权高专办公室特别机制司司长康妮（澳大利亚籍）。最高人民法院、最高人民检察院、公安部、司法部等单位相关部门负责人参加。双方就答复人权理事会特别机制涉华来函、特别机制工作等问题交换看法。

11月23～25日，第11届亚欧非正式人权研讨会在捷克首都布拉格举行，主题为“国家和区域人权机制”。亚欧40多个国家约120名官方和非官方人士出席。中国外交部陈士球大使作为政府代表出席，中国社会科学院和中国政法大学教授作为民间组织代表参会。研讨会设四个工作组，分别讨论国家人权机制、区域人权机制、区域人权机制的程序效力和人权机制的多层次建设等问题。

12月1～2日，中国—联合国司法研讨会在浙江杭州举行。外交部国际司司长陈旭、外交部人权事务特别代表祁小夏以及联合国人权高专办代表麦加利出席研讨会并致辞。全国人大常委会、最高人民法院、最高人民检察院、公安部、司法部等部门及中国社会科学院、北京师范大学、武汉大学、中国政法大学、西北政法大学、国家检察官学院等学术机构代表以及来自英国、德国、加拿大等国的专家与会。研讨会围绕世界范围内死刑改革等问题进行了坦诚深入的讨论，取得积极效果，开启了下阶段中国与联合国人权高专办公室合作的新篇章。

根据联合国1993年《维也纳宣言和行动纲领》的要求，2011年，中国政府对首份《国家人权行动计划（2009～2010年）》进行终期评估并发布评估报告。7月12日，《国家人权行动计划（2009～2010年）》评估总结会议在人民大会堂举行，国务院新闻办主任王晨、外交部部长助理吴海龙出席并讲话。2011年9月，国家人权行动计划联席会议启动制订新一期《国家人权行动计划（2012～2015年）》。

（3）开展国际人权领域对话与交流

中国继续在平等和相互尊重的基础上开展国际人权领域对话与交流。2011年，中国与美国、欧盟、英国、瑞士、德国、新西兰、日本等举行人权对话或磋商，与瑞典人权大使交流，还与美国举行中美法律专家交流，与欧盟举行中欧司法研讨会，与澳大利亚开展人权技术合作，起到了增信释疑和相互借鉴的作用。中国与俄罗斯以及古巴、巴基斯坦等发展中国家进行人权磋商，达到了增进了解、扩大共识的目的。

4. 社会领域

（1）国际难民保护

联合国难民事务高级专员公署（简称“难民署”）于1951年成立，负责保护难民并促使难民问题的永久解决，总部位于瑞士日内瓦。据难民署统计，目前全球难民总数达到1540万，其中外来干涉、战争和武装冲突、贫困等问题是重要因素。

中国是联合国《1951年关于难民地位公约》（简称《公约》）及其《议定书》的缔约国，高度重视难民保护问题，严格履行应尽义务。

2011年，中国政府继续积极支持难民国际保护工作，与难民署保持良好合作。

10月3～7日，第62届难民执委会会议在日内瓦召开。84个执委会成员国、55个观察员国及有关国际组织和非政府组织派代表参加。难民高专古特雷斯做年度报告。中国驻日内瓦代表团何亚非大使率团与会并发言，积极评价难民署工作和难民高专所做工作，强调国际难民形势日益复杂，国际社会应继续推进国际关系民主化，发展经济，消除贫困。坚持“国际团结、责任共担”原则，加强合作。难民署应发挥作用，防止国际庇护体系被滥用。

1月15日，外交部与难民署驻华代表处在京联合举办庆祝《关于难民地位的公约》通过60周年研讨会。外交部、公安部、民政部、商务部、国务院法制办、中国红会及联合国难民署、联合国开发计划署、联合国妇女署、联合国教科文组织等联合国驻华机构代表、部分中外学者专家等共约50人与会。

12月7～8日，难民署在日内瓦举行纪念《关于难民地位的公约》通过60周年和《减少无国籍状态的公约》通过50周年部长级会议。来自各国政府、国际和非政府组织800多名代表参加，70多个国家派部级官员与会。联合国秘书长潘基文通过视频简短致辞，瑞士联邦主席兼外长雷伊、美国国务卿克林顿、芬兰前总统阿赫蒂萨里作为特别代表到会致辞。中国驻日内瓦代表团何亚非大使率团与会，并代表中国政府作出“国家承诺”，表示中国将积极参与国际热点问题的解决，致力于共同发展与繁荣；建设性参与国际对话，推动难民问题持久解决；推动在华印支难民问题的最终解决；加快相关国际立法；与国际社会分享减灾备灾经验，共同应对国际人道危机。

（2）妇女权益保护

联合国妇女地位委员会成立于1946年，是联合国经社理事会职司委员会之一，系联合国系统处理妇女问题的主要机构。该机构职责是促进妇女在政治、经济、社会及教育等方面实现男女平等，就有关妇女权益问题向经社理事会提出建议和报告。中国积极参与该委员会的各项活动。

2011年2月22 ~ 26日，第55届联合国妇女地位委员会在纽约联合国总部举行。国务院妇儿工委副主任、全国妇联副主席、书记处第一书记宋秀岩率团出席并在一般性辩论会和高级别圆桌讨论会上发言，着重介绍中国在落实《北京行动纲领》及妇女问题特别联大成果文件方面的新举措和新进展，强调中国在培养科技人才中始终坚持男女平等原则，积极采取措施为女科技人员创造发展机会和空间。

2011年1月1日，联合国妇女署开始正式运作。作为联合国系统内负责妇女事务的主要机构，联合国妇女署致力于推进全球妇女事业发展，特别是在联合国各层面纳入性别观念及向各国提供政策指导和技术支持。该机构的创设是联合国经社领域改革的重要进展，标志着联合国系统内性别主流化趋势进一步加强。该机构下设执行局作为理事单位，由41个成员国组成。

中国积极参与联合国性别机构改革进程和联合国妇女署的建章立制，并于2010年11月当选为首届执行局成员。

（3）劳工权益保护

国际劳工组织成立于1919年，1946年成为联合国负责劳工等社会事务的专门机构。总部设在瑞士日内瓦，现有183个成员。成员国代表团按“三方性”原则由政府、雇主组织和工人组织的代表组成，三方代表有平等独立的发言权和表决权。国际劳工大会为该组织的最高权力机构，理事会为大会闭会期间的执行机构，国际劳工局是该组织常设秘书处。

中国是国际劳工组织的创始会员国，也是理事会政府组的常任理事国。中国重视并积极参与国际劳工组织的各项活动，与其保持着良好的合作关系。

2011年，中国政府派团参加了国际劳工组织第310、311、312届理事会和第100届国际劳工大会等活动。

第100届国际劳工大会于2011年6月1 ~ 17日在日内瓦举行。中国人力资源和社会保障部部长尹蔚民、中国企业联合会会长王忠禹、中华全国总工会副主席王玉普率团组成中国三方代表团与会。中国代表团发言从不同角度介绍了中国在后危机时代积极转变经济发展方式，保障和改善民生等一系列政策和措施，提出了中国对国际劳工问题的主张和建议。会议选举了新一届理事会。中华全国总工会书记处书记江广平，中国企联代表、国际事务专员刘寒松分别当选工人组正理事和雇主组副理事（中国为政府组常任理事）。

（4）残疾人权益保护

《残疾人权利公约》（以下简称《公约》）由第61届联合国大会于2006年12月13日通过，2008年5月3日正式生效。这是联合国历史上第一个专门和系统保护残疾人权利的国际文书。中国政府于2007年3月30日签署《公约》，全国人大常委会于2008年6月26日批准《公约》。同年8月31日，《公约》对中国正式生效。

2011年，中国政府制定并开始实施《残疾人事业“十二五”发展纲要》，将残疾人保障体系和服务体系建设作为发展残疾人事业的指导思想，核心目标和基本原则。发布实施了《残疾人残疾分类和分级》国家标准，加快推进《无障碍环境建设条例》、《残疾预防和残疾人康复条例》制定工作。

（5）移民与发展全球论坛

移民与发展全球论坛由联合国秘书长于2006年倡议发起，旨在呼吁国际社会更加关注移民与发展问题。

2011年12月1 ~ 2日，论坛第五届会议在瑞士日内瓦举行，一百余个国家、有关国际组织和非政府组织代表参加。会议主题为“在移民与发展问题上采取行动——一致性、能力与合作”，主要讨论促进移民与社会融合、保护移民权益、开展国际合作和论坛未来发展等问题。中国驻日内瓦代表团参赞夏敬革率团与会。

（6）联合国互联网治理论坛

联合国互联网治理论坛是根据联合国信息社会世界峰会突尼斯阶段峰会的决定于2006年成立。该论坛是多利益攸关方参与机制，专门讨论互联网全球治理框架问题，为期五年。2010年10月，第65届联合国大会讨论并决定延续该论坛。

2011年9月27 ~ 30日，联合国互联网治理论坛第六届会议在肯尼亚内罗毕举行。会议以“互联网担当变革催化剂：接入、发展、自由与创新”为主题，就网络关键资源管理、接入、安全、开放、隐私等议题进行讨论。肯尼亚副总统穆西约卡、联合国助理秘书长施特尔策、国际电信联盟秘书长图埃，以及来自有关国家，政府间、非政府间国际组织，民间组织和私营部门的代表共两千余人出席会议。中国工业和信息化部、外交部、国务院新闻办组团与会。

（二）中国与其他国际和地区组织、会议

1. 世界贸易组织

2011年，世界贸易组织（WTO）多哈回合谈判的进展仍是各方关注的焦点之一。为推动世界经济全面复苏，反对贸易保护主义、尽快完成多哈回合谈判成为二十国集团领导人戛纳峰会、亚太经合组织第19次领导人非正式会议等重要多边国际会议的重要议题。各次峰会均向国际社会释放政治信号，表明了包括中国在内的WTO主要成员坚持多哈发展授权、推动多哈回合取得进展的决心。

中国积极参与多哈回合谈判，并参与了对日本、加拿大、澳大利亚、欧盟、印度、泰国等十余个成员的贸易政策审议。

中国重视WTO在促进多边自由贸易体制发展方面的作用。2011年是中国加入WTO十周年，中国开展了一系列以加入WTO十周年为主题的纪念活动，包括在世界经济论坛、博鳌亚洲论坛、厦洽会、广交会等场合举办“十周年”专题论坛，在12月的WTO第八届部长级会议期间开展相关宣传活动等。12月11日，中国政府在人民大会堂举行了以“面向未来的中国对外开放战略”为主题的中国加入WTO十周年高层论坛，胡锦涛主席出席并发表主旨演讲。

WTO总干事拉米重视中国在多哈回合谈判中的重要作用，多次访华同中国就如何推动谈判进程交换看法。

2. 世界卫生组织

世界卫生组织（WHO）创建于1948年，是联合国专门机构，系国际卫生工作的指导和协调机构，现有193个会员国和2个准会员国。

2011年，中国与世界卫生组织合作关系继续发展，中国政府积极参与世界卫生组织活动。

5月16 ~ 24日，第64届世界卫生大会在日内瓦召开。会议审议并通过了预防和控制非传染性疾病、实施《国际卫生条例》、世卫组织筹资前景等28项决议和3项决定。中国卫生部长陈竺率团出席会议，在一般性辩论中作了主题为“慢性非传染性疾病防控刻不容缓”的发言，呼吁国际社会必须增强使命感和紧迫感，坚定实施慢性非传染性疾病全球战略行动计划，将慢性非传染性疾病防控纳入衡量本国经济社会发展状况的核心指标，进一步加强卫生体系建设。经两岸协商，中华台北卫生署继续以观察员身份参加本届世界卫生大会。

7月9 ~ 16日，世界卫生组织总干事陈冯富珍访华。国务院总理温家宝、卫生部长陈竺、外交部长杨洁篪分别会见了陈冯富珍。温家宝总理正式宣布，中国政府支持陈冯富珍竞选连任世界卫生组织总干事。

3. 世界旅游组织

世界旅游组织（UNWTO）是一个政府间国际组织，于2003年11月成为联合国专门机构，其宗旨是促进和发展旅游事业，使之有利于经济发展、国际间相互了解以及和平与繁荣。目前，世界旅游组织有正式成员155个。1983年10月5日，该组织第五届全体大会通过决议，接纳中国为正式成员国。

2011年9月1日，国务院副总理王岐山在中南海会见联合国世界旅游组织秘书长塔勒布·瑞法，表示中国政府高度重视旅游业的发展，明确把旅游业培育成国民经济的战略性支柱产业。王岐山副总理感谢世界旅游组织对中国旅游业发展的支持，愿继续与世界旅游组织加强合作。

10月9 ~ 13日，第19次联合国世界旅游组织全体大会在韩国庆州召开。大会通过2011 ~ 2015年度执委会16个席位的选举决议，中国成功连任为执委会成员国。

国家旅游局率团出席了3月在柏林举行的世界旅游组织“丝绸之路部长级峰会”、6月在肯尼亚蒙巴萨召开的世界旅游组织第90次执委会会议、10月在韩国召开的第91次和第92次执委会会议、10月在新加坡召开的亚洲地区高级别研讨会、10月在桂林举行的第五届联合国世界旅游组织/亚太旅游协会旅游趋势与展望国际论坛。

4. 国际电信联盟

国际电信联盟（简称“国际电联”）（ITU）成立于1865年，是联合国专门机构，现有193个成员国。理事会是该组织管理机构，由48个成员国组成。中国是国际电联成员国并担任理事会成员，一直积极参加国际电联各项活动。

2011年10月11～21日，国际电联理事会在瑞士日内瓦举行，来自48个理事国、33个观察员国和部门成员的343名代表与会。中国工业和信息化部国际合作司司长陈因率团出席。会议审议通过了国际电联2010～2011年活动报告和战略规划实施情况报告，审议批准了2012～2013年双年度财务预算，听取审议了九个理事会工作组的工作报告，并研究确定了今后几年重要活动安排。

5. 国际海事组织

国际海事组织（IMO）成立于1959年，原名“政府间海事协商组织”，1982年更名为“国际海事组织”，是联合国负责海上航行安全和防止船舶造成海洋污染的专门机构，其通过的条约对国际航运行为具有强制性约束力。截至2011年底，该组织共有170个成员国和3个联系会员（中国香港、中国澳门和法罗群岛）。

国际海事组织大会是该组织最高决策机构，每两年举行一次会议；理事会由大会选举组成，是该组织执行机构。

中国于1973年恢复在国际海事组织中的成员国地位，并从1989年起连续11届担任该组织A类理事国。中国批准或加入了该组织几乎所有的重要公约。

2011年4月4～8日，国际海事组织法律委员会第98届会议在英国伦敦召开，会议主要修正了《〈1976年海事索赔责任限制公约〉1996年议定书》责任限额等内容。

2011年5月11～20日，IMO海上安全委员会第89届会议在英国伦敦召开，会议主要探讨了加强海上保安的措施、目标型标准和综合安全评估、船舶远程识别和跟踪系统以及审议和批准各分委会报告等内容。

2011年6月27日至7月1日，IMO理事会第106届会议在英国伦敦召开，会议选举日本的候选人关水康司为IMO下一任秘书长。中国交通运输部驻部纪检组组长杨利民率团出席会议并参与了多轮投票。会议还确定2012年世界海事日的主题为“国际海事组织：百年回溯，泰坦尼克之殇”，并决定于2012年在南非召开《2009年香港国际安全与无害环境拆船公约》外交大会等。

2011年7月11 ~ 15日，IMO海上环境保护委员会第62届会议在英国伦敦召开，会议主要讨论了船舶温室气体减排、压载水中有害水生物、拆船、防止船舶造成大气污染、强制性文件修正案的审议和通过等内容。

2011年9月5 ~ 9日，IMO便利运输委员会第37届会议在英国伦敦召开，会议重点讨论了《便利运输公约》的审议和修订、海上便利运输电子商务可行性、人员抵离手续、船舶证书和文书等议题。

中国派代表团出席了上述历次会议。

2011年11月21 ~ 30日，IMO第27届大会在英国伦敦召开，中国交通运输部部长李盛霖出席大会开幕式并作主旨发言。大会选举产生了新一届理事会成员，中国再次成功当选为A类理事。大会还通过了IMO高级行动计划和未来战略规划等事宜，审议并通过了2012 ~ 2013年度财务预算案以及部分修订的标准指南等。

6. 国际民航组织

国际民航组织（ICAO）于1947年成立，是联合国系统中负责处理国际民航事务的专门机构，现有191个成员国。

国际民航组织的最高权力机构是所有成员国参加的大会，每三年召开一次。大会的常设机构为理事会，由36个理事国组成，理事国可连选连任。中国自1974年起恢复在国际民航组织活动以来，在历届大会选举中连选连任二类理事国，在2004年第35届大会上首次成功竞选担任一类理事国，并于2007、2010年成功连任。

2011年5月11 ~ 12日，国际民航组织秘书长雷蒙·邦雅曼来华参加了在北京举行的“2011中国民航发展论坛”。

7. 联合国教科文组织

联合国教科文组织（简称“教科文组织”）（UNESCO）1946年成立。该组织旨在通过教育、科学及文化促进各国间合作，对和平与安全作出贡献，以增进对正义、法治及《联合国宪章》所确认的世界人民不分种族、性别、语言或宗教均享人权与基本自由的普遍尊重。

8月11日，胡锦涛主席在深圳会见了来华出席第26届世界大学生运动会开幕式的教科文组织总干事博科娃。胡锦涛主席赞赏教科文组织对世界的教育普及提高、科技发展进步、文化传承创新所做的工作，表示中国高度重视与该组织的友好合作，积极支持和参与教科文组织举办的一系列重要项目，如全民教育、自然文化遗产工作等。国务委员刘延东、外交部长杨洁篪、教育部长袁贵仁、教育部副部长郝平及教科文组织助理总干事唐虔、战略规划助理总干事汉斯、教科文组织驻北京办事处主任辛格等会见时在座。

10月24 ~ 25日，中国与教科文组织共同在巴黎举办了教科文组织—非洲—中国大学校长研讨会。教科文组织总干事博科娃出席会议。来自非洲和中国共25所大学领导及部分非洲国家常驻教科文组织使节与会，就中非大学毕业生就业能力现状、面临的挑战和三方高等教育领域内的务实合作进行了研讨。

10月25日至11月10日，教科文组织第36届大会在巴黎举行，来自近190个会员国的代表团、有关国际组织及与该组织保持密切合作关系的国际非政府组织的代表出席了会议。教育部长袁贵仁率团出席，并在发言中全面介绍了中国政府颁布《国家中长期教育改革和发展规划纲要（2010 ~ 2020年）》的情况等。

11月28日至12月6日，国务委员刘延东访问纳米比亚、博茨瓦纳和喀麦隆期间宣布，为落实胡锦涛主席8月会见博科娃总干事时双方达成的加强合作的共识，中国政府将于2012 ~ 2015年在教科文组织设立信托基金，每年提供200万美元，为期四年，重点支持非洲教育发展项目。

8. 世界知识产权组织

世界知识产权组织（WIPO），成立于1967年，1974年成为联合国专门机构，是致力于促进使用和保护人类智力作品的国际组织，现有185个成员国。中国自1980年加入世界知识产权组织以来，双方始终保持友好合作关系。

2011年9月26日至10月5日，世界知识产权组织成员国大会第49次系列会议在瑞士日内瓦召开。国家知识产权局局长田力普率团与会并在高级别会议上发言，介绍了中国政府在推进知识产权发展与保护方面采取的积极举措及取得的成绩，表示中国愿与各国加强交流与合作，实现共同发展。

2011年11月10日，全国人大常委会副委员长路甬祥会见世界知识产权组织总干事高锐。路甬祥副委员长感谢世界知识产权组织对中国产权事业发展的支持，表示中国政府一直支持知识产权体系的建立，并深知知识产权对鼓励发明的重要性，希望加强与世界知识产权组织的合作。

9. 万国邮政联盟

万国邮政联盟（简称“万国邮联”）（UPU），成立于1874年，是有关国际邮政事务的联合国专门机构，现有191个成员国，其宗旨是促进、组织和改善国际邮政业务，并向成员提供邮政技术援助。

中国1914年加入万国邮联，1972年恢复合法席位。自1974年以来，中国当选历届邮政经营理事会理事国，除一届轮空外，均当选行政理事会理事国。在2008年7月23日至8月12日召开的第24届万国邮联大会上，原国家邮政局国际司司长黄国忠连任万国邮联国际局副总局长，任期四年。

2011年4月12日至5月13日，国家邮政局外事司副司长林洪亮率团参加万国邮联邮政经营理事会年会。10月24日至11月11日，林洪亮副司长率团参加在瑞士伯尔尼举行的万国邮联行政理事会年会。

10月9日，万国邮联第40届“国际少年书信写作比赛”颁奖活动在北京举行，国家邮政局徐建洲副局长出席活动并为获奖选手颁奖。

10. 国际红十字组织

国际红十字组织包括红十字国际委员会（简称“国际红会”）（ICRC）和红十字会与红新月会国际联合会（简称“国际联合会”）（IFRC）。

国际红会成立于1863年，是国际红十字与红新月运动的发起者和创始组织。主要依据《日内瓦公约》所赋予的职责和权力，向战争和武装冲突受害者提供人道主义保护和救助，致力于发展和传播国际人道法。

国际联合会成立于1919年。主要宣传红十字运动原则，救灾，备灾，与各国红十字会或红新月会合作开展各项人道主义工作。

2011年，中国继续积极参与国际红十字运动，进一步发展与国际红会和国际联合会的友好合作关系。

2月17～18日，国际红会行动部主任皮埃尔访华，外交部部长助理刘振民、中国红十字会总会副会长郝林娜分别会见。

5月5日，国际联合会主席近卫忠辉应邀来华参加中国红十字会汶川地震三周年国际研讨会。

8月25～26日，国际红会主席克伦贝格尔来华出席中国红会第43届南丁格尔奖章颁奖大会。国家主席胡锦涛为中国获奖者颁奖，并在颁奖大会前与克寒暄。25日下午，外交部长杨洁篪会见克一行。

11. 联合国文明联盟

“9·11”事件后，文明冲突问题引起国际社会关注。联合国等国际和地区性组织积极倡导文明对话。2001年，联合国大会通过“不同文明对话全球议程”决议。2004年，在西班牙、土耳其等推动下，联大决定建立文明联盟。中国于2007年加入文明联盟。

2011年12月11～13日，联合国文明联盟第四届论坛在卡塔尔多哈举行。卡塔尔副首相阿提亚，埃米尔夫人莫扎，联合国秘书长潘基文，文明联盟高级代表、葡萄牙前总统桑帕约及德国、奥地利、蒙古总统，巴西副总统，哈萨克斯坦议长，土耳其副总理，西班牙副首相，澳大利亚外长等近30位政要及各国政府代表、部分非政府组织、学者、青年代表等共2500多人参加。中国驻卡塔尔大使张志良率中国政府代表团、对外友协会长李小林率友协代表团与会。

12. 阿拉伯国家联盟

2011年，中国与阿拉伯国家联盟（以下简称“阿盟”）的友好合作关系稳步推进，并在中国—阿拉伯国家合作论坛（以下简称“中阿合作论坛”）框架下共同举办了多项重要活动。

第135、136届阿盟外长理事会会议分别于3月2日、9月13日通过决议，重申阿盟各成员国重视加强同中华人民共和国在各领域的关系及阿拉伯国家坚持一个中国政策的原则立场。

（1）加强磋商与协调，努力深化政治互信

5月2日，外交部长杨洁篪访问埃及期间会见阿盟时任秘书长穆萨，双方就中阿关系和地区局势深入交换了看法；5月16日，杨洁篪外长致电祝贺阿拉比就任阿盟新任秘书长。杨洁篪外长在贺电中赞赏阿盟的重要作用，表示愿与阿拉比共同努力，推动中阿战略合作关系不断深入发展；9月26日，第66届联大期间，杨洁篪外长在纽约联合国总部会见阿盟秘书长阿拉比，双方就中阿关系、中东问题等交换了看法；3月10日，外交部副部长翟隽访问埃及期间会见阿盟时任秘书长穆萨，双方就中阿关系、利比亚问题等交换了意见；8月28日，中国中东问题特使吴思科在开罗阿盟总部会见阿盟秘书长阿拉比，双方就中阿关系、“中阿合作论坛”建设以及巴勒斯坦问题等交换了意见；10月29日，中国中东问题特使吴思科访问沙特期间与阿盟秘书长阿拉比通电话，向阿拉比秘书长通报了访问叙利亚有关情况，表示愿与阿盟密切协调，推动叙利亚问题得到妥善解决；8月22日，中国驻埃及大使在阿盟总部向阿盟秘书长阿拉比递交其驻阿盟全权代表任命书。

（2）稳健推进中阿集体对话与合作

5月22 ~ 23日，“中阿合作论坛”第八次高官会在卡塔尔首都多哈举行。中国外交部、商务部、文化部、国务院新闻办、贸促会、全国友协及来自17个阿拉伯国家外交部、阿盟秘书处、阿拉伯农业发展组织和阿拉伯国家驻华使节委员会的官员与会。会议回顾了“论坛2010 ~ 2012年行动

执行计划”有关活动执行情况，讨论了论坛机制发展举措与前景，就共同关心的国际和地区问题举行了政治磋商，并就将于2012年在突尼斯举行的“论坛”第五届部长级会议筹备工作交换了意见，会议通过了《成果文件》。

10月23～29日，阿盟秘书长顾问哈里德率团访华。外交部副部长翟隽会见哈一行。在京期间，代表团就加强中阿在质检、卫生等领域合作与中方相关部门和机构进行了接洽。哈一行还访问了西安和上海。

12月27～28日，“中阿合作论坛”第四届“中阿关系暨中阿文明对话研讨会”在阿联酋首都阿布扎比召开。来自中国、阿拉伯国家和阿盟的官员以及专家、学者共计近百人与会。外交部前副部长杨福昌大使、阿盟副秘书长本·哈里以及阿联酋外交事务国务部长卡尔卡什共同主持会议开幕式并致辞。会议发表了最终报告，高度评价中阿双方文化交流和文明对话取得的丰硕成果，强调不同文明的对话有利于共同维护文化多样性，倡导加强对话，为拓展和深化“全面合作，共同发展”的中阿战略合作关系奠定坚实基础。会议欢迎第五届“中阿文明对话研讨会”2013年在中国举行。

13. 上海合作组织

2011年，上海合作组织保持健康、稳定的发展势头，政治、安全、经济、人文领域合作以及对外交往取得新进展。成员国团结互信与务实合作水平进一步提高，该组织在国际和地区事务中的影响力持续上升。

6月15日，上海合作组织成员国元首理事会第11次会议在哈萨克斯坦阿斯塔纳举行。此次会议召开正值上海合作组织成立十周年，成员国回顾总结了该组织十年来取得的成就和发展经验，就国际和地区形势深入交换意见，对上海合作组织未来发展方向作出战略规划。成员国元首签署《上海合作组织十周年阿斯塔纳宣言》，发表峰会新闻公报并批准《2011～2016年上海合作组织成员国禁毒战略》、《关于申请国加入上海合作组织义务的备忘录范本》等重要文件。11月7日，上海合作组织成员国政府首脑（总理）理事会第十次会议在俄罗斯圣彼得堡举行。会议全面总结了上海合作组织各领域合作的进展情况，深入探讨了当前国际和地区经济形势，围绕落实上海合作组织阿斯塔纳峰会共识，对上海合作组织下一阶段发展做出部署，并发表《上海合作组织成员国政府首脑（总理）理事会会议联合公报》和《上海合作组织成员国政府首脑（总理）关于世界和上海合作组织地区经济形势的联合声明》。

2011年，上海合作组织还举行安全会议秘书、总检察长、最高法院院长、外交部长、国防部长、经贸部长、文化部长、交通部长、紧急救灾部门领导人会议和上海合作组织论坛，举行“天山—2号”执法安全部门联合反恐演习，深化和拓展了各领域合作，扩大了国际影响力。

2011年，中国作为上海合作组织轮值主席国，倡议将2011～2012年确定为该组织的“睦邻友好年”，并积极组织和参与上海合作组织框架内的各项合作。中国国家领导人提出建立多层次、多渠道融资体系，推动交通、能源、通信等重大基础设施项目合作，形成互联互通网络格局，得到各方积极回应。

14. 东南亚国家联盟

2011年是中国与东南亚国家联盟（以下简称“东盟”）建立对话关系20周年。双方共同举办了贯穿全年的庆祝活动，包括纪念峰会、领导人互致贺电、纪念招待会、互联互通战略研讨会、“感知中国”印尼行等活动。这些友好交流活动进一步提升了中国—东盟战略伙伴关系。

11月18日，第14次中国—东盟领导人会议暨中国—东盟建立对话关系20周年纪念峰会在印尼巴厘岛举行。会议发表《联合声明》，规划了双方关系的未来发展。国务院总理温家宝就深化双方在经贸、互联互通、可持续发展、社会人文等领域交流与合作提出了一系列倡议和举措，重点包括：2012年设立中国常驻东盟使团，将2012年作为中国—东盟科技合作年，新增对东盟国家100亿美元信贷，建立中国—东盟互联互通合作委员会，加强中国—东盟海上互联互通，设立30亿元人民币的中国—东盟海上合作基金等。

10月21～26日，第八届中国—东盟博览会、中国—东盟商务与投资峰会在广西南宁举行，温家宝总理出席并致辞。

1月25～26日，双方共同组织了外长考察昆曼公路，并在昆明举行了外长会晤，外交部长杨洁篪出席。3月30～31日，第17次中国—东盟高官磋商在杭州举行，外交部部长助理胡正跃出席。7月21日，中国—东盟外长会在印尼巴厘岛举行，杨洁篪外长出席。上述会议回顾和展望了中国—东盟关系，并就共同关心的国际地区问题交换了意见。

2011年，双方贸易额达3628.5亿美元，同比增长23.9%。创历史新高。其中东盟向中国出口1928亿美元，中国向东盟出口1701亿美元，东盟对华顺差227亿美元。中国是东盟第一大贸易伙伴，东盟成为中国第三大贸易伙伴。

中国—东盟其他领域合作全面推进。5月，中国—东盟环境保护合作中心成立。8月，第四届中国—东盟教育交流周在贵阳举行。10月，以“东盟文化周”为主要内容的第12届亚洲艺术节在重庆举行，其间举行了中国—东盟文化部长会晤。11月，中国—东盟中心成立。中国还派团出席了第七届中国—东盟总检察长会议、中国—东盟防长非正式早餐会、第十次中国—东盟经贸部长会议、第二届中国—东盟打击跨国犯罪部长级会议、第十次中国—东盟交通部长会议等。

15. 南亚区域合作联盟

南亚区域合作联盟（简称“南盟”）成立于1985年12月，包括阿富汗、孟加拉国、不丹、印度、马尔代夫、尼泊尔、巴基斯坦和斯里兰卡八个成员国。中国、日本、美国、欧盟、伊朗、韩国和毛里求斯为观察员国。

2011年11月，中国外交部副部长张志军率团出席在马尔代夫阿杜市举行的第17届南盟峰会。中方在会上宣布将于2012年再次向南盟发展基金捐款30万美元，支持南盟发展进程。建议在继续办好现有合作项目基础上，将经贸、农业、基础设施建设、环保、人力资源培训和扶贫减灾作为中国—南盟务实合作的重点领域，探讨建立双方务实和更有效的合作机制。2011年，中方还同南盟各国举行了第六届中国—南亚商务论坛、第四届南亚国家商品展、中国—南亚国家农业合作工作会议、南亚国家政党干部研修班、中国南盟人文合作研讨会、“南亚外交官了解现代中国研修班”等一系列合作项目。

16. 海湾合作委员会

2011年，中国与海湾阿拉伯国家合作委员会（简称“海湾合作委员会”）关系深入发展。

双方政治互信进一步加深。5月，外交部长杨洁篪赴阿联酋，与海湾合作委员会轮值主席国阿联酋外交部长阿卜杜拉·本·扎耶德·阿勒纳哈扬共同主持中国—海湾合作委员会第二轮战略对话，科威特副首相兼外交大臣穆罕默德·萨巴赫·萨利姆·萨巴赫、巴林外交大臣哈立德·本·艾哈迈德·阿勒哈利法、海湾合作委员会候任轮值主席国沙特外交国务大臣尼扎尔·本·欧拜德·迈达尼、海湾合作委员会秘书长阿卜杜拉提夫·扎耶尼出席。9月，外交部长杨洁篪在纽约出席联合国大会期间集体会见海湾合作委员会轮值主席国阿联酋外交部长阿卜杜拉、沙特外交副大臣阿卜杜勒阿齐兹·本·阿卜杜拉·本·阿卜杜勒阿齐兹·阿勒沙特亲王及海湾合作委员会秘书长扎耶尼，就共同关心的国际和地区问题深入交换了意见。

17. 非洲联盟

2011年，中国与非洲联盟友好合作关系顺利发展，各领域交流与合作不断扩大和深化。

高层交往和对话进一步加强。6月，国务院总理温家宝致电祝贺非盟第

17届首脑会议成功召开。9月，外交部长杨洁篪在纽约出席第66届联合国大会一般性辩论期间会见非盟委员会主席让·平。5月，外交部副部长翟隽访问非盟总部并与让·平共同主持中国—非盟第四次战略对话。6月，非盟委员会副主席姆温查来华进行工作访问。1月，双方举行首次中国—非盟外交政策磋商。

各领域合作稳步发展。10月，中非合作论坛第八届高官会通过会议纪要，接纳非盟委员会为论坛正式成员。中国援建的非盟会议中心是目前中国在非洲最大援助项目，已于2011年12月26日如期竣工。非盟会议中心项目体现了中国对非洲走联合自强道路的坚定支持，是中非友谊和中国与非盟友好合作的新象征。中国与非盟在气候变化、联合国安理会改革、世界贸易组织、多哈回合谈判等重大国际问题以及非洲热点问题上加强沟通协调。非盟继续在涉及中国核心和重大利益问题上坚定支持中国。中国向非盟能力建设和有关维和行动提供了援助。

18. 欧洲联盟

2011年，中国同欧洲联盟全面战略伙伴关系保持良好稳定发展，各领域务实合作成果丰硕。

同欧盟机构领导人保持密切接触。9月，国务院总理温家宝应约同欧盟委员会主席巴罗佐通电话，重点就世界和欧洲经济金融形势以及第14次中欧领导人会晤交换看法。5月，欧洲理事会主席范龙佩访华，这是其上任以来首次访问欧洲以外的国家。国家主席胡锦涛会谈并宴请，国务院总理温家宝、国家副主席习近平分别在北京会见，双方着重就中欧关系及中国与欧盟各自内部发展广泛深入交换了意见。范龙佩主席并赴四川、上海参观访问，对汶川地震灾后重建工作的印象尤为深刻。范龙佩主席将此次中国之行定位为“合作之旅、认知之旅”，结束访华时还在微博上赋俳句短诗一首“今日之中国，日新月异换新颜，古今共融汇”。10月，受欧洲债务问题影响，欧方提出推迟原计划于25日在天津举行的第14次中欧领导人会晤。10月21日，范龙佩主席专门就此打电话给温家宝总理解释并表示歉意。温家宝总理表示理解，强调中方支持欧盟为应对危机所做的努力，愿与欧方加强协调与合作，共同促进世界经济持续发展。

各级别政治对话与磋商持续深入开展。5月，国务委员戴秉国同欧盟外交与安全政策高级代表兼欧盟委员会副主席阿什顿在匈牙利举行第二轮中欧高级别战略对话，就中欧关系和国际形势等问题深入交换意见。阿什顿高级代表表示，“欧盟致力于发展与中国的战略伙伴关系，欧中关系应成为21世纪国际关系的典范”。10月24～25日，阿什顿高级代表访华，国务委员兼国防部长梁光烈上将、国务委员戴秉国、外交部长杨洁篪分别会见。5

月和9月，杨洁篪外长先后在匈牙利亚欧外长会议和联合国大会期间同阿什顿高级代表举行了两次会晤。10月，杨洁篪外长应邀与欧盟及其成员国驻华使节举行工作午餐。

3月和10月，外交部副部长傅莹两次访问欧盟总部，与欧盟对外行动署首席运营官奥沙利文磋商，并出席布鲁塞尔论坛。中国同欧盟商签伙伴合作协定继续推进，双方先后举行中欧伙伴合作协定第12轮工作组磋商和第六轮指导委员会会议。此外，中欧人权对话、中欧外交政策磋商、中欧非洲事务磋商、中欧司法研讨会、中欧军控与防扩散磋商等机制性对话持续深入开展。

各领域务实合作继续深化。欧盟继续保持中国第一大贸易伙伴、出口市场和技术引进来源地，中国保持欧盟第二大贸易伙伴和出口市场地位。中欧双边贸易额首次突破5000亿美元大关，2011年贸易额达5672.13亿美元，同比增长18.3%。第25届中欧经贸混委会、第五次中欧能源战略对话、第七次中欧竞争政策对话、第六次中欧财金对话、中欧工业产品和WTO/TBT磋商机制第九次年度会议、中欧工业对话磋商机制第一次会议、第六次中欧区域政策研讨会、中欧农业与农村发展对话第六次会议、中欧市场经济工作组第11次会议、中欧第六次贸易与投资政策对话等顺利举行。欧盟委员会内部市场和服务委员巴尼耶、农业与农村地区发展委员乔洛什、经济与货币事务委员雷恩、科研创新委员奎因、欧洲金融稳定基金主席雷格林等欧盟机构官员相继访华。

人文交流有声有色。10月，欧盟委员会教育、文化、语言多样性及青年事务委员瓦西利乌访华，国务委员、国务院秘书长马凯会见并与其共同出席“2011中欧社会管理论坛”开幕式，国务委员刘延东会见并与其就建立中欧高级别人文交流对话机制交换意见，文化部长蔡武与瓦西利乌委员共同出席第二届中欧文化高峰论坛开幕式。11月，中国驻欧盟使团与欧盟智库“欧洲之友”联合举办第一届布鲁塞尔“中欧论坛”，国务院总理温家宝致信表示祝贺。

2011年为“中欧青年交流年”。2月，中欧青年交流年中方开幕式在北京举行，国务院总理温家宝出席并致辞。温家宝总理强调，这是中国与欧盟“建交以来双方联合举办的第一个主题年，也是中欧最大规模的一次人文交流活动，两个‘第一’都属于青年，表明中欧关系将更加富有活力、更加充满希望”。交流年期间，双方签署《中华全国青年联合会和欧盟委员会关于中欧青年领域对话合作的联合声明》，首次集中举行中欧使领馆、团青年开放日活动，共吸引五千余名中欧青年参与。双方还举办了中欧青年周、中欧青年联欢节、中欧青年创业论坛、中欧青年未来营、中欧青年志愿者大会、中欧青年辩论赛等百余项配套交流活动，组织了一万多名中欧青少年直接参加活动，动员了16万人通过新媒体参与交流。“中欧青年交流年”总体活动覆盖亿万中欧青少年，产生了广泛的积极影响，增进了中欧青年的相互了解和友谊。

议会、政党等各界交流稳步开展。2月底，中华全国妇女联合会副主席宋秀岩访问欧洲议会，会见欧洲议会副议长马丁内斯。6月和9月，全国人大—欧洲议会关系小组和欧洲议会对华关系代表团分别在布鲁塞尔和北京举行双方定期交流机制第31、32次会议。7月，全国人大常委会副委员长、中国国际交流协会会长周铁农对欧盟总部进行友好访问。此外，欧洲议会社会党党团主席舒尔茨、人民党党团议员布鲁克等分别率团访华。

4月，国务院发展研究中心副主任卢中原率中共友好代表团访问欧洲议会，并与马达里亚加基金会共同举办以中国“十二五”规划为主题的专题研讨会。5月，第二届中欧政党高层论坛第一次会议在北京、天津两地分阶段举行，国家副主席习近平会见与会欧方政党领导人，中共中央宣传部部长刘云山出席论坛开幕式并发表主旨讲话。11月，由欧洲议会五大党团联合承办的第二届中欧政党高层论坛第二次会议在布鲁塞尔举行，中共中央宣传部部长刘云山出席论坛开幕式并发表主旨讲话，中共中央对外联络部部长王家瑞率中国代表团出席会议。

此外，5月，中国经济社会理事会与欧盟经济社会委员会在西安举行第九次圆桌会议，全国政协副主席、中国经济社会理事会主席王刚在北京会见来访的欧盟经济社会委员会主席尼尔森一行。12月，第十次圆桌会议在德国慕尼黑举行。5月，中国人民对外友好协会会长陈昊苏访问欧洲议会，会见欧洲议会欧中友好小组主席德瓦。

19. 美洲国家组织

美洲国家组织成立于1948年，成员包括全美洲35个国家（2009年美洲国家组织废除了1962年关于中止古巴成员国资格有关决议，但古巴拒绝重返该组织），是美洲最重要的政府间政治组织。截至2011年，该组织有64个观察员。2004年5月，中国成为该组织第60个常驻观察员国。

中国重视美洲国家组织的作用，双方友好合作关系不断加强。2011年6月，中国常驻美洲国家组织观察员、驻美大使张业遂代表中国政府率团出席在萨尔瓦多举行的该组织第41届年会。此外，中国参加了美洲国家组织主办的第三届美洲公共安全部长会议。

2011年，“中国—美洲国家组织合作基金”先后资助了涉及选举、减灾、文化、教育等领域的八个项目。

20. 太平洋岛国论坛

太平洋岛国论坛（PIF）成立于1971年，是太平洋岛国地区最具影响力的政治性地区组织，成员包括澳大利亚、新西兰及其他14个太平洋岛国。论坛宗旨是加强论坛成员间在政治安全、经贸及其他发展问题上的合作与协商。中国等14个国家是论坛正式对话伙伴。

中国重视发展与太平洋岛国论坛关系。2011年，中国与太平洋岛国论坛关系继续发展。9月，外交部副部长崔天凯率中国政府代表团出席了在新西兰奥克兰举行的第23届太平洋岛国论坛会后对话会及外长非正式会议，在会上重申中方高度重视发展同太平洋岛国关系，介绍了中国支持岛国经济可持续发展、应对气候变化、实现千年发展目标等方面的举措，表示中国作为本地区一支积极和建设性力量，将继续在和平共处五项原则基础上，与论坛成员国及其他对话伙伴密切协调与合作，为促进岛国地区稳定、发展与繁荣作出不懈努力。岛国领导人积极评价中国与岛国关系，高度赞赏和欢迎中国政府为帮助岛国发展经济、改善民生所作努力以及在国际地区事务中给予的支持和帮助，希与中方进一步加强交往、增进合作，推动双方友好关系不断向前发展。对话会期间，崔天凯副部长还分别会见了巴布亚新几内亚总理彼得·奥尼尔、萨摩亚总理图伊拉埃帕·萨伊莱莱·马利埃莱额奥伊、密克罗尼西亚联邦总统伊曼纽尔·莫里、库克群岛总理亨利·普那、纽埃总理托克·塔拉吉、太平洋岛国论坛秘书长图伊洛马·内洛尼·斯莱德，就双边关系等问题交换意见。

21. 亚太经济合作组织

亚太经济合作组织（APEC）是亚太地区级别最高、影响最大的经济合作机制，成立于1989年，现有21个成员及3个观察员，主要活动包括领导人非正式会议、部长级会议以及高官会等。

2011年11月12～13日，APEC第19次领导人非正式会议在美国檀香山举行。胡锦涛主席出席会议并发表题为《转变发展方式　实现经济增长》的重要讲话。会议围绕“紧密联系的区域经济”主题，重点讨论了亚太经济增长、深化区域经济一体化和扩大贸易、促进绿色增长、加强规制合作和规制衔接性、能源安全等问题，并取得了丰富、务实、平衡的成果。会议发表了《檀香山宣言——迈向紧密联系的区域经济》及四个附件，附件分别涉及创新政策、中小企业、环境产品和服务、规制合作。

会议取得以下成果：

第一，关于深化区域经济一体化和扩大贸易。会议通过了《亚太经合组织领导人促进有效、非歧视和市场导向的创新政策的声明》、《亚太经合组织关于下一代贸易投资问题加强中小企业参与全球生产链》等文件，在创新政策和中小企业发展方面形成诸多共识，并就承诺反对贸易保护主义达成一致。此外，领导人还就改善供应链、降低物流成本、启动亚太经合组织旅行便利化倡议、实施《亚太经合组织经济结构改革新战略》、落实亚太经合组织关于粮食安全的《新潟宣言》和推进航空货运服务自由化等方面达成广泛共识。

第二，关于促进绿色增长。绿色增长是《亚太经合组织领导人增长战略》的核心内容，也是经济社会发展的趋势。会议通过了《亚太经合组织领导人关于环境产品和服务贸易与投资的声明》，同意在2012年为制定一个对绿色增长和可持续发展目标有直接和积极贡献的亚太经合组织环境产品清单而开展工作，并强调考虑到各经济体经济状况，在不影响各经济体在世界贸易组织的立场的情况下，致力于在2015年底前将这些产品的实施税率降至5%或5%以下。这体现了亚太经合组织在环境产品和服务自由化方面的雄心，也兼顾了各经济体存在的差异，是各成员协商一致的成果。会议同时呼吁促进环境技术的传播，为亚太经合组织可持续发展目标作出贡献。

第三，关于能源安全。维护全球能源安全对推动世界经济全面复苏和长远发展具有重要意义。会议同意到2035年将亚太经合组织地区总能源强度降低45%作为意向性目标，既体现了各成员致力于促进绿色增长、实现可持续发展的政治意愿，也强调了各成员在经济结构等方面的差异，体现了自主自愿、非约束性和共同但有区别的责任原则。会议还在取消低效和鼓励浪费的化石燃料补贴、支持节能能源低碳社区发展、实施低排放发展战略、推进亚太经合组织低碳城镇示范项目、打击非法采伐及相关贸易等方面取得积极成果。

第四，关于规制合作和规制衔接性。会议通过了《亚太经合组织关于加强实施良好规制实践》的文件，鼓励各成员在2013年前采取行动落实亚太经合组织良好规制实践有关原则，在确保规制制定的内部协调、实施规制影响评估、开展公众咨商等方面开展工作。各方还同意加强在智能电网、绿色建筑、太阳能技术、食品安全、反腐败与开放治理等方面的规制合作。

本次亚太经合组织领导人非正式会议还在加强经济技术合作、增强妇女参与经济发展、私营企业在亚太经合组织内发挥更大作用以及防灾减灾等方面取得积极成果。

中国一贯高度重视并积极参与亚太经合组织各领域合作，中国国家主席出席了历次APEC领导人非正式会议。中方近年来多次主办APEC重要会议，2011年主办首届APEC林业部长级会议，胡锦涛主席出席开幕式并致辞。会议在林业合作方面提出重要建议，为推动本地区包容性增长和可持续增长作出重要贡献。同时，中方还在APEC框架下成立了十多个合作机制，设立“中国APEC合作基金”，为APEC经济技术合作提供资金支持，推动了亚太地区经济合作和社会发展，获得各成员高度赞赏，在促进中国对外合作的同时，也展示了负责任的大国形象。

22. 美洲开发银行

美洲开发银行成立于1959年，宗旨是促进拉美和加勒比经济社会发展，现有48个成员国。

中国重视发展与美洲开发银行的友好合作关系。1991年，中国人民银行成为美洲开发银行观察员。2009年1月，中国人民银行代表中国成为美洲开发银行正式成员。2011年3月，中国人民银行行长助理郭庆平率团出席在加拿大卡尔加里举行的美洲开发银行第52届年会。9月，美洲开发银行行长路易斯·阿尔贝托·莫雷诺访华并参加大连世界经济论坛年会，外交部长杨洁篪会见。

23. 国际移民组织

国际移民组织（IOM）成立于1951年，1989年改称现名，是移民领域唯一的全球性政府间国际组织，现有146个成员国，其宗旨是在世界范围内确保移民有序流动，并协助有关国家处理移民问题。2001年，中国成为国际移民组织观察员国。

2011年3月，中方与国际移民组织签署了《中国移民管理能力建设二期项目执行计划谅解备忘录》。4月26日，项目正式启动。10月，中方与国际移民组织在北京举办“查验伪假旅行证件培训班”，国际移民组织、欧盟和中方有关部门的官员和专家共同探讨查验伪假旅行证件的技术性问题，交流工作经验和实践做法。

4月26 ~ 29日，国际移民组织总干事斯温访华，出席《中国移民管理能力建设二期项目》启动仪式并致辞。中国外交部副部长张志军、部长助理吴海龙、国家人口和计划生育委员会副主任赵白鸽、民政部副部长孙绍骋、商务部部长助理俞建华、公安部出入境管理局及中国武警学院负责人分别与其会见。

12月5 ~ 7日，国际移民组织第100届理事会在瑞士日内瓦举行，纪念国际移民组织成立60周年。中国驻日内瓦代表团何亚非大使率团与会，呼吁国际社会充分肯定移民所作出的贡献，以更加开放和理性的态度看待移民问题，加强合作，促进共同发展，并介绍了中国便利人员往来的举措及在利比亚危机中快速、高效撤出中国公民及部分外国公民的情况，强调中方愿继续积极参与移民领域国际合作。

24. 亚欧会议

亚欧会议成立于1996年，是亚洲与欧洲之间的政府间论坛，旨在通过对话增进了解、加强合作，促进建立亚欧新型全面伙伴关系。亚欧会议现有成员48个，政治对话、经贸合作、社会文化及其他领域交流是其三大支柱。

2011年，中国继续全面深入参与亚欧会议各项活动，认真落实第八届亚欧首脑会议中方倡议，为不断巩固和加强亚欧新型全面伙伴关系发挥了重要作用。

积极参与政治对话。6月6 ~ 7日，外交部长杨洁篪率团出席在匈牙利格德勒举行的第十届亚欧外长会议，这是亚欧会议第三轮扩大后首次外长会议。杨洁篪外长指出，随着新成员加入，亚欧会议的地位和影响进一步上升，亚欧合作大有可为，应从战略高度和长远角度推进亚欧合作。各方应加强沟通协调，全面提升亚欧战略合作水平；密切经贸往来，稳步提高亚欧贸易投资规模；深化交流互鉴，共同促进世界文化文明进步；改善工作方法，平稳推动亚欧合作健康发展。杨洁篪外长还介绍了中方落实第八届亚欧首脑会议各项倡议的进展情况。

中国亚欧会议高官张小康大使率团出席了4月和6月在匈牙利格德勒举行的亚欧会议高官会，协调落实第八届亚欧首脑会议成果，筹备第十届亚欧外长会议。张小康大使还率团出席了10月在日本东京举行的亚欧高官会，就第九届亚欧首脑会议筹备、亚欧会议扩员等问题同各方交换意见。

推动经贸与可持续发展合作。11月24 ~ 26日，第二届亚欧交通部长会议在四川成都召开。国务院副总理张德江出席会议并致辞。会议以“亚欧连接：绿色、安全和高效”为主题，就亚欧交通运输面临的挑战和未来发展与合作方向展开讨论。会议通过了《成都宣言》和《行动计划》。

8月22 ~ 23日，亚欧水资源研究和利用中心揭牌仪式在湖南长沙举行。该中心是在中国设立的首个亚欧会议实体机构，为未来推动亚欧水资源合作提供了机制保障。

中国还派团出席了第九届亚欧海关署长会议、亚欧贸易投资非正式高官会、第五次亚欧海关事务工作组会议、亚欧生物能源标准统一与汽车应用技术研讨会，并于6月28 ~ 30日在浙江临安举办了亚欧森林可持续管理应对气候变化高级研讨会。

促进社会人文交流。1月11 ~ 12日，中国在山东青岛举办了亚欧职业技术教育研讨会。

5月9～10日，第三届亚欧教育部长会议在丹麦哥本哈根召开。教育部副部长郝平率团与会。会议围绕“促进平衡的人员流动”、“质量保证与认证”、“教育与产业结合”、“包括职业教育与培训的终身学习”等议题交流意见，并通过了《主席声明》。

10月12～14日，第七届亚欧不同信仰间对话会议在菲律宾马尼拉召开，重点讨论通过不同信仰和文化间对话应对移民挑战。

中国还派团出席了亚欧教育高官会、第九届亚欧反恐会议、第十届亚欧移民管理局长会议、亚欧社会安全网论坛、第五届亚欧文化部长会议筹备会、亚欧劳动和就业高官会及相关高级别论坛等活动。

中国积极支持和参与亚欧基金的活动。中国亚欧基金董事吕永寿大使出席了基金执行董事会会议和第26、27次董事会会议。吕大使还参加了亚欧基金在中国北京举办的“欧洲人眼中的亚洲”课题组方法论研讨班并致辞。联合国人权专家陈士球大使代表中方出席了亚欧第11届非正式人权研讨会。

25. 东亚峰会

东亚峰会现有参与国18个，即东盟10国（文莱、柬埔寨、印尼、老挝、马来西亚、缅甸、菲律宾、新加坡、泰国、越南）、中国、日本、韩国、印度、澳大利亚、新西兰、美国、俄罗斯。其中，美、俄两国作为新成员，于2010年10月正式加入东亚峰会。

2011年11月召开的第六届东亚峰会是扩员后的首次峰会，峰会未来发展成为各方关注的焦点。国务院总理温家宝欢迎美、俄首次正式出席峰会，充分阐述了中方对东亚峰会未来发展方向的主张，重申东亚峰会应坚持战略论坛性质和现行合作原则，努力寻求和扩大利益汇合点，增进互信，推动共同发展。温家宝总理强调应把应对国际经济金融危机作为当务之急；认真实施、完善已达成的自贸安排，增加区内贸易规模；鼓励扩大投资，努力消除影响企业投资的各种障碍，保护企业合法权益，增强投资者信心；把实现可持续发展作为今后较长时期的主要合作方向，帮助各国加快实现经济发展方式的转变；携手应对非传统安全挑战，营造良好的发展环境。温家宝总理并在气候变化、教育、卫生、灾害管理等领域提出了中方倡议。温家宝总理在会上还就南海问题阐明中方立场。

会议发表了《东亚峰会互利关系原则宣言》和《东亚峰会关于东盟互联互通的宣言》。

2011年，峰会各领域合作取得进展，召开首次非正式教育部长会，并将东盟互联互通纳入峰会重点合作领域。

2010年12月温家宝总理访问印度期间，宣布为峰会框架下的重建那烂陀大学项目捐款100万美元。2011年，中印确定将捐款用于有中国特色的图书室建设。中方于2011年10月接待那烂陀大学董事会来北京举行会议并赴西安参访。2011年11月中方主办“东亚峰会灾害社会心理干预研讨会”。

26. 博鳌亚洲论坛

博鳌亚洲论坛成立于2001年，是一个非官方、非营利的国际组织。论坛以平等、互惠、合作、共赢为主旨，立足亚洲，面向世界，旨在为亚洲各国提供一个共商发展大计的场所，推动亚洲各国同其他地区国家的相互了解和合作。

论坛2011年年会于4月14 ~ 16日举行，主题为“包容性发展：共同议程与全新挑战”。国家主席胡锦涛出席论坛年会开幕式并发表题为《推动共同发展　共建和谐亚洲》的主旨演讲。胡锦涛主席指出，十年来，博鳌亚洲论坛在凝聚亚洲共识、传播亚洲声音、促进亚洲合作方面发挥了重要作用，已经成为全球具有重要影响的经济论坛之一。胡锦涛主席强调，亚洲人民历来具有自强不息的奋斗精神、开拓进取的创新精神、开放包容的学习精神、同舟共济的团结精神。推动共同发展，共建和谐亚洲，是时代赋予亚洲人民的共同使命。胡锦涛主席提出五点建议：尊重多样文明，促进睦邻友好；转变发展方式，推动全面发展；分享发展机遇，共迎各种挑战；坚持求同存异，促进共同安全；倡导互利共赢，深化区域合作。胡锦涛主席指出，未来五年，中国将着力实施扩大内需特别是消费需求的战略，着力实施“走出去”战略，着力参与全球经济治理和区域合作，着力建设资源节约型、环境友好型社会。中国将坚定不移走和平发展道路，坚定不移奉行互利共赢的开放战略，始终把亚洲放在对外政策的首要位置，坚持与邻为善、以邻为伴的周边外交方针，积极发展同亚洲各国的睦邻友好和互利合作，努力维护有利于亚洲和平与发展的地区环境。

9月15日，博鳌亚洲论坛与香港菁英会在香港共同主办“2011博鳌青年论坛（香港）”。会议的主题为“转型中的亚洲经济：青年的使命与角色”。来自25个亚洲国家和地区的1500多位政、商、界代表和30家国内外媒体的80余位记者出席了论坛。全国政协副主席董建华、香港特区署理行政长官唐英年和外交部部长助理吴海龙等出席会议并发表演讲。

7月和11月，博鳌亚洲论坛分别在澳大利亚珀斯和法国巴黎举办了“能源、资源与可持续发展会议”和“第三届博鳌亚洲论坛国际资本会议”。

27. 东盟与中日韩合作

东盟与中日韩（10+3）合作是东亚合作的主渠道。自1997年召开首届10+3领导人会议以来，经过10多年发展，10+3目前有领导人会议、部长级会议、高官会等各层级会议机制，并在20多个领域开展务实合作。

2011年11月18日，第14次10+3领导人会议在印尼巴厘岛举行，国务院总理温家宝出席。温家宝总理表示，东亚国家相互帮助，加强合作，共谋发展，成功应对国际金融危机，东盟与中日韩（10+3）合作发挥了重要作用。温家宝总理就10+3合作下一阶段发展提出四点建议：加快推进本地区贸易自由化和便利化；进一步提升区域财金合作水平；加大对东亚互联互通建设的投入；促进地区经济发展方式转变和可持续发展。温家宝总理指出，东亚合作处于发展的关键阶段，坚持东盟主导，突出发展、互利、共赢的主题，继续以10+3为主渠道推进东亚一体化建设，符合各国的共同利益。2012年是10+3合作进程启动15周年，要以此为契机，进一步坚定信心，团结协作，推动10+3合作达到更高水平。

2011年10+3合作取得新进展。5月，10+3宏观经济研究办公室成立，为清迈倡议多边化实施提供支持。7月，首届10+3教育部长非正式会议在印尼巴厘岛召开，会议通过了《10+3教育部长非正式会议媒体声明》。10月，10+3各方正式签署《东盟与中日韩大米紧急储备协定》，标志着10+3粮食安全合作取得实质性进展。

中国积极参加2011年10+3合作各层级会议。7月，外交部长杨洁篪率团出席在印尼巴厘岛举行的第12次10+3外长会，会议就10+3合作进行了回顾和展望，就共同关心的地区和国际问题交换了看法。6月、7月、10月，中国派团出席三次10+3高官会，会议就10+3合作回顾和未来发展、区域合作架构等问题交换了意见。

中国于6月举办第八届10+3外交学院院长会议，7月举办东亚思想库网络工作组会议，9月举办第九届东亚论坛和10+3“了解中国”培训项目，10月举办第六期10+3文化人力资源开发合作研讨班，11月举办10+3粮食安全合作战略圆桌论坛、第四届10+3媒体合作研讨会、10+3大学校长论坛和10+3慢性非传染性疾病防治合作研讨会等。

28. 大湄公河次区域经济合作

大湄公河次区域经济合作机制（GMS）成立于1992年，成员包括中国、缅甸、老挝、泰国、柬埔寨、越南六个国家。亚洲开发银行是GMS机制的发起者、协调人和秘书处。最高决策机构为领导人会议，目前已举行四届。日常决策机构是部长级会议，下设高官会、各领域工作组及专题论坛等。

中方重视并积极参与GMS合作，资助了昆曼公路境外段建设，出资对泛亚铁路多个缺失段进行了可行性研究，积极推动次区域信息高速公路建设和应用，大力发展次区域电力联网和贸易市场，扎实推进生物多样性保护走廊项目，与次区域国家在边境地区共同开展传染病跨境防控合作。2008～2010年，中方为次区域国家提供了超过1000人次的专业培训，并为近900名次区域国家学生赴中国留学提供了政府奖学金。

2011年12月，大湄公河次区域经济合作第四次领导人会议在缅甸内比都举行，国务委员戴秉国率团出席。缅甸总统吴登盛、柬埔寨首相洪森、老挝总理通辛、泰国总理英拉、越南总理阮晋勇和亚行行长黑田东彦与会。各方对GMS20年合作进行了回顾和总结，就进一步推进次区域合作广泛交换了意见，并通过了《GMS新十年（2012～2022）战略框架》，发表了GMS第四次领导人会议联合宣言——《内比都宣言》。戴秉国国务委员在会上做了题为《促进互利合作　共创美好未来》的讲话，提出了一系列重要合作倡议。

2011年，中方还组团出席了第17届GMS部长级会议和第三届GMS环境部长级会议，主办了首届GMS信息通信部长级会议，并参加了GMS框架下各重点合作领域的相关工作组会议。

29. 东亚—拉美合作论坛

东亚—拉美合作论坛（以下简称“论坛”）于1999年正式成立，是目前唯一跨东亚和拉美两区域的官方多边合作论坛，旨在增进两区域之间的了解，促进政治、经济对话及各领域合作，推动东亚和拉美国家之间建立更为密切的关系。截至2011年，论坛共有36个成员国。

中国一直积极参与东亚—拉美合作论坛活动，支持加强两区域间的交流与合作。2011年8月，外交部部长助理张昆生率团出席在阿根廷布宜诺斯艾利斯举行的论坛第五届外长会，发表题为“深化亚拉合作，共创美好未来”的主旨讲话，表示中国将继续高度重视并积极参与论坛活动，为推动亚拉合作和论坛发展作出应有的贡献。外长会前，中国还派员出席了论坛第12次高官会和相关工作组会议。2011年，中国在论坛框架下先后举办了拉美高级外交官研讨班、拉美青年外交官讲习班、东亚—拉美区域经济与金融合作研讨会、第五届中拉企业家高峰会、第三届中拉民间友好论坛、拉美和加勒比对华友好组织负责人研修班、拉美和加勒比经贸官员研修班等项目。

30. 东盟地区论坛

2011年7月，东盟地区论坛（ARF）第18届外长会在印尼举行，会议审议并通过了《ARF预防性外交工作计划》、《ARF海上安全工作计划》、《ARF反恐与打击跨国犯罪工作计划（2011 ~ 2012）》等文件。

外交部长杨洁篪出席了ARF第18届外长会。杨洁篪外长在讲话中指出，过去几十年来，亚太地区总体保持和平、稳定局面，地区经济持续高速增长，充满活力，已成为全球经济增长的重要引擎。区域合作蓬勃发展，东盟、10+1、10+3、中日韩、东亚峰会、ARF、APEC等各种机制日益完善，协调并进。本地区经济持续增长得益于亚太几十年来相对和平与稳定的大环境，各国都从中受益。亚太地区的和平与稳定来之不易，是有关各方共同努力的结果，须予倍加珍惜。不可否认，亚太地区也存在不稳定因素，包括历史遗留的领土争端、传统和非传统安全威胁等，但通过对话谈判解决分歧，通过合作应对共同挑战，是本地区国家的共识。维护亚太地区的良好局面符合各方利益，也是各方的责任。亚太地区当前最重要的议程仍是发展经济、改善民生。我们必须始终把维护地区和平稳定作为出发点，实践新安全观，相互信任而不是彼此猜疑，相互合作而不是彼此对抗，尊重和照顾彼此安全关切，以和平方式解决国家间争端，共同维护亚太地区的和平稳定。过去三十多年来，中国为亚太地区的和平、稳定与发展作出了重要贡献。中国将坚持走和平发展道路，奉行互利共赢的开放战略，坚持与邻为善、以邻为伴的睦邻友好政策，在和平共处五项原则基础上与所有亚太国家开展友好合作，共同营造和平稳定、平等互信、合作共赢的地区环境。会上，杨洁篪外长还就朝鲜半岛局势、缅甸问题和南海问题阐述了中方看法及主张。

2月23 ~ 25日，中国与美国、新加坡在美国共同举办了ARF第三届防扩散与裁军会间会。

2011年，ARF还举办了高官会、建立信任措施与预防性外交会间辅助小组会议、安全政策会议、国防官员对话会、第三届海上安全会间会、第九届反恐与打击跨国犯罪会间会、第二次救灾演习、第五届专家名人会等活动，中国均派团参加。

31. 拉丁美洲议会

拉丁美洲议会成立于1964年，由拉美和加勒比22个国家和地区的议员组成，宗旨是促进拉美和加勒比国家的团结和地区一体化。

中国重视与拉美议会发展关系。2004年3月，中国全国人民代表大会成为拉美议会观察员。2011年12月，全国人大外事委员会副主任委员马文普代表中国全国人大以观察员身份率团出席了在巴拿马城举行的拉美议会第27届年会，并在年会开幕式上发表讲话。

32. 里约集团

里约集团成立于1986年，是拉美和加勒比地区最重要的政治磋商和协调机制之一，旨在就地区政治、经济、社会领域及国际事务中的重大问题进行磋商，协调立场，推动地区合作和一体化建设，同时代表拉美同有关国家和地区组织开展政治对话，共有25个正式成员。2011年12月，拉美和加勒比国家共同体诞生，里约集团完成转型并停止活动。

1990年中国同里约集团建立对话机制，双方迄今共举行17次政治对话。2011年9月，杨洁篪外长同里约集团“扩大的三驾马车”外长在纽约联大期间举行会见，双方就地区形势等议题交换了看法。

第五章

中国外交中的军控、裁军与防扩散工作

（一）概述

2011年，国际安全形势发生深刻变化，全球经济和国际力量格局演变的不确定性因素进一步增加，传统安全和非传统安全威胁相互交织。在此背景下，国际军控、裁军和防扩散领域形势复杂，地区核热点问题依然突出，国际社会对核安全和核能安全问题的关注上升，信息和网络安全问题备受重视，美俄围绕欧洲反导计划问题的分歧凸显，各方围绕多边裁军机制改革和“禁产条约”谈判的矛盾进一步加剧。

中国继续以建设性姿态参与国际军控与防扩散进程，致力于维护国际军控与防扩散法律体系，认真履行有关国际义务，加强防扩散出口管制，对外积极开展相关交流与合作，为维护国际和平、安全与稳定作出了新的贡献。

（二）中国参与联合国框架内的军控与裁军工作

1. 联合国大会第一委员会

第66届联合国大会第一委员会（裁军与国际安全委员会）于2011年10月3～31日在纽约联合国总部举行。会议举行了一般性辩论，并就核武器、其他大规模杀伤性武器、外空、常规武器、地区裁军与安全、其他裁军措施和裁军机制7个问题举行了专题辩论。会议审议通过了47项决议和5项决定。

中国代表团以积极和建设性姿态参与会议各项工作。在一般性辩论中，中国代表团阐述了中国对国际安全形势的看法，指出国际社会应以“命运共同体”的新视角，为国际军控、裁军和防扩散进程作出进一步努力：继续深化国际核裁军努力，防止大规模杀伤性武器扩散；增进政治互信，运用正确的思想和工作方法，努力推进有关各方普遍参与的多边裁军谈判；积极开展预防性外交，避免信息和网络空间及外空成为新战场；循序渐进地推进生物和常规领域军控进程。

在核裁军专题讨论中，中国代表团全面阐述了对核裁军问题的立场，并就推进核裁军进程提出一系列具体主张。

在其他大规模杀伤性武器专题讨论中，中国代表团阐述了对《禁止化学武器公约》化武逾期销毁、禁止化学武器组织未来发展及《禁止生物武器公约》第七次审议大会的立场主张。

在外空专题讨论中，中国代表团强调确保外空和平利用、防止外空武器化和军备竞赛符合各国共同利益，阐述了中国对防止外空军备竞赛以及外空透明和建立信任措施问题的立场。

在常规武器专题讨论中，中国代表团介绍了中国在扫雷援助、集束弹药、打击轻小武器非法贸易、武器贸易条约和军事透明等问题上的立场和举措。

在其他裁军措施议题下，中国代表团阐述了对信息和网络空间安全问题的看法，指出国际社会应共同致力于构建一个和平、安全、公正的信息和网络空间，遵循和平、主权、平衡处理信息自由流动和安全流动、合作以及公平发展的原则，并介绍了中国、俄罗斯等向第66届联大提交的“信息安全国际行为准则”的有关情况。

此外，在联大审议“国际原子能机构报告”议题时，中国代表团发言对国际原子能机构一年来的工作表示肯定，介绍了中国在保障核能安全方面的努力，并对机构下一步工作提出了具体建议。

中国是《全面禁止核试验条约》、“防止外空军备竞赛”、“外空透明与建立信任措施”、“从国际安全角度看信息与电信领域的发展”、“裁谈会报告”、《东南亚无核区条约》和“联合国亚太地区裁军中心”七项决议草案的共提国。中国代表团还就缅甸、日本、新议程联盟分别提出的三项核裁军决议草案的投票立场做综合解释性发言；就“禁止生产核武器及其他核爆炸装置用裂变材料条约”、“重振裁谈会工作和推进多边裁军谈判”决议草案做投票后解释性发言。

2. 日内瓦裁军谈判会议

日内瓦裁军谈判会议（简称“裁谈会”）是国际上唯一的多边裁军谈判机构，冷战后曾谈判制定《禁止化学武器公约》、《全面禁止核试验条约》等重要多边军控条约。现有65个成员国。

2011年，由于各方在会议应处理的优先议题上存在不同关切，裁谈会未能达成工作计划，仅就“禁止生产核武器及其他核爆炸装置用裂变材料条约”（简称“禁产条约”）、防止外空军备竞赛、无核国家安全保证、核裁军等七项议题进行了非正式讨论。

中国高度重视裁谈会作用，支持裁谈会尽早达成工作计划，早日就“禁产条约”、防止外空军备竞赛、核裁军、无核国家安全保证等议题开展实质性工作。

2011年3～5月，中国在担任裁谈会轮值主席期间，以公开透明、稳妥有序的方式开展各项工作，积极促进各方共识，努力推动裁谈会早日开展各项实质性工作。中国代表团并以建设性姿态积极参加裁谈会全年工作，就核裁军、“禁产条约”谈判、防止外空军备竞赛等问题阐述了相关立场和主张。

3. 联合国裁军审议委员会

2011年联合国裁军审议委员会于4月4～22日在纽约联合国总部举行。作为本轮三年审议周期的最后一年会议，2011年裁审会继续审议“关于实现核裁军和防止核武器扩散目标的建议”、“宣布2010年代第四个裁军十年宣言要素草案”和“常规武器领域切实可行的建立信任措施”三项议题。由于各方在核裁军、核不扩散和常规军控等问题上分歧依旧，会议未达成实质性成果，仅通过程序性报告。

中国代表团以积极和建设性姿态参加了2011年裁审会工作。在一般性辩论和各议题讨论中，中国代表团阐述了对国际安全形势、多边军控进程以及核裁军、核不扩散等问题的看法，介绍了中国有关积极政策举措。中国并就“裁军十年宣言”的原则和内容、裁审会工作和作用等提出看法和主张。

4. 联合国常规武器登记册

联合国常规武器登记册系联合国大会根据其第46/36L号决议于1992年设立。该决议呼吁所有会员国每年提交其上一日历年涉及作战坦克、装甲战斗车、大口径火炮、作战飞机、攻击直升机、军舰、导弹及发射架七大类常规武器的转让情况，并请各国自愿提供有关军事财产、国内采购、轻小武器转让等情况。自1994年开始，联合国每三年成立政府专家组对登记册的继续运作和发展进行审议。

联合国常规武器登记册作为常规武器转让领域的一项透明机制，在增进国家间互信方面发挥了积极作用。中国政府一贯高度重视，并以积极和建设性姿态参加了登记册相关工作，包括历次联合国政府专家组，对登记册的健康运作和发展作出了重要贡献。2011年，中国政府继续向登记册提交了相关登记数据。

5. 联合国军事开支标准报告制度及相关政府专家组

根据联合国大会第35/142B号决议，联合国于1981年设立“联合国军事开支标准报告制度”。该制度是联合国框架内的军事透明机制之一，各国自愿以表格形式向联合国报告最近一个财政年度的军事开支。

根据联合国大会第62/13号决议，联合国秘书长于2010年首次成立政府专家组，审议制度的运行情况和未来发展。2011年，专家组举行两次会议，达成最后报告并已提交第66届联大审议通过。该报告对进一步提高制度的普遍性和有效性提出了一些改进措施和建议，并对制度表格进行了修改。

中国于2007年起参加联合国军事开支标准报告制度，并从2008年起在报告中说明军事开支的主要用途。2011年，中国向联合国提交了2010年度军事开支报告，并首次以注释方式主动说明中国军事开支占国内生产总值比重。中国参与了联合国政府专家组工作，为专家组达成最后报告发挥了积极和建设性作用。

6. 联合国"武器贸易条约"大会第二次、第三次筹委会

2004年以来，英国、欧盟等推动在联合国框架内谈判一项全面的"武器贸易条约"，以建立统一的国际武器转让原则和标准。根据联大决议，2012年将召开"武器贸易条约"大会，以协商一致方式制订关于常规武器转让国际标准的法律文书。

"武器贸易条约"大会第二次筹委会于2011年2月在纽约举行，各方重点围绕适用范围、转让标准、国际合作与援助问题深入交换了意见。第三次筹委会于2011年7月在纽约举行，各方重点讨论了条约执行和最后条款问题，并以主席文件方式总结了筹委会阶段性讨论成果。

中国赞成国际社会采取必要措施，规范国际武器贸易行为，打击非法武器转让和贩运。中国本着积极、建设性的姿态，参加了联合国"武器贸易条约"大会第二次、第三次筹委会。中国将继续与各方充分协调，在联合国框架内认真研究有关常规武器贸易的各方面问题。

7. 联合国"重振裁军谈判会议工作、推进多边裁军谈判"高级别会议后续会议

2011年7月27 ~ 29日，联合国大会在"2010年9月联合国多边裁军问题高级别会议后续行动"议程下举行全会，进一步讨论重振日内瓦裁军谈判会议工作、推进多边裁军谈判等问题。联合国大会主席戴斯、联合国秘书长潘基文、裁军谈判会议秘书长托卡耶夫，美国、俄罗斯、英国、法国、澳大利亚、荷兰、巴基斯坦、埃及等与会。各方普遍欢迎近年来国际军控与防扩散领域的积极进展，并就如何推动裁谈会工作和多边裁军进程发表了看法。

中国常驻联合国副代表王民大使出席该会并发言，阐述了中国对裁军谈判会议工作的立场和主张，呼吁各方尊重和维护裁军谈判会议及其议事规则的权威，积极发挥创造性思维，推动裁军谈判会议尽早开展各项实质性工作。

（三）中国履行国际军控和防扩散法律文书的工作

1.《不扩散核武器条约》

《不扩散核武器条约》（NPT）于1968年达成，1970年生效。1995年NPT审议和延期大会决定条约无限期有效。NPT规定每五年召开一次审议大会，审议条约实施情况。中国于1992年加入。

2011年，中国继续致力于维护和加强《不扩散核武器条约》的普遍性、权威性和有效性，忠实履行条约规定的各项义务，积极在各领域落实NPT第八次审议大会最后文件，并参加了五核国落实NPT审议大会成果文件巴黎会议。

在核不扩散领域，中国积极参与加强国际核不扩散机制和防止核扩散的国际努力，建立和完善核出口管制法制体系，确保有关防扩散政策有效实施。

在核裁军领域，中国主张并积极倡导全面禁止和彻底销毁核武器，坚定奉行自卫防御的核战略，中国始终恪守在任何时候任何情况下不首先使用核武器、承诺无条件不对无核武器国家和无核武器区使用或威胁使用核武器。支持无核武器国家建立无核武器区的努力。中国积极支持多边核裁军努力，为推进多边核裁军进程作出应有贡献，并不断增进核透明，加强有关国家间的战略互信。

在和平利用核能领域，中国认真履行国际原子能机构《规约》，积极参与国际原子能机构的各类活动。在恪守NPT不扩散义务的前提下，积极与有关国家和国际原子能机构开展和平利用核能的合作与交流，并为推动国际和本地区和平利用核能事业的发展作出了积极贡献。

2. 国际原子能机构

国际原子能机构（简称“机构”）于1957年10月正式成立，总部设在奥地利维也纳。机构的主要职责包括促进和平利用核能、保障监督以及加强核安全与核安保。截至2011年11月，机构共有152个成员国，中国于1984年加入。

中国重视机构作用，与机构保持密切合作，积极参与机构各项活动。2011年10月，中方再次接待机构总干事天野之弥访华，双方就核能安全、核安保以及中国与机构合作深入交换了意见，并签署了《中国国家原子能机构与国际原子能机构在核电站安全建设领域进行合作的实际安排》。2011年，中国继续与机构合作，多次在华举办地区性保障监督、核安保培训班，为本地区国家提供相关培训。

2011年9月，国家原子能机构秘书长王毅韧率中国代表团出席第55届大会并作主题发言。王毅韧回顾了机构一年来为促进核能发展所做的工作，强调在福岛核事故后的新形势下，机构应在提高全球核安全水平、进一步促进核能发展及其相关国际合作方面发挥主导作用，重塑国际社会发展核能的信心。王毅韧还就今后机构的重点工作提出三点建议：一是总结福岛核事故经验教训，落实核安全《行动计划》，提升全球核安全水平；二是加大对发展中国家的技术援助，完善国家核基础结构，促进核能安全发展；三是加强核保障监督体系，妥善解决敏感热点核问题，防止核武器扩散。

3.《全面禁止核试验条约》

《全面禁止核试验条约》（下称“条约”）禁止任何核武器试验爆炸及任何其他核爆炸，是实现全面禁止和彻底销毁核武器过程中的一个重要步骤，于1996年达成并开放签署。条约迄今已有182国签约，156国批约。条约生效所必需的44国中，已有36国批约。中国于1996年9月24日签署条约，是筹委会首批成员国之一。1996年11月，条约组织筹委会成立，总部设在奥地利维也纳。

中国政府高度重视履约筹备工作，为条约生效创造条件。中国积极开展并稳步推进境内监测台站建设等履约筹备工作，并建设性地参与条约组织筹委会各项工作，赞成国际监测系统和国际数据中心的临时和实验性运行。在2011年初日本福岛核电站事故发生后，中国应条约组织筹委会临时技秘处要求，按日向其传输了有关数据，为有关研究和分析工作作出了贡献。2011年9月23日，中国参加了在纽约举行的促进条约生效大会第七次会议。中国还积极参加了2011年筹委会会议、相关工作组会议、相关技术研讨会，深入参与筹委会预算、核查技术手册的编撰、人事以及核查系统建设等，并发挥了建设性作用。

4.《禁止细菌（生物）及毒素武器的发展、生产及储存以及销毁这类武器的公约》

该公约简称《禁止生物武器公约》，于1971年达成，1975年生效。中国于1984年加入该公约。

2011年，公约总体执行情况良好。缔约国总数为165个。73个国家建立了国家履约联络点。63个国家提交了建立信任措施宣布。公约履约支持机构运行平稳，得到缔约国普遍支持。

中国继续致力于公约的全面、有效实施。中国外交部军控司充分发挥作为国家履约联络点的作用，保持同公约履约支持机构和其他缔约国的联络，协调国内相关部门的履约工作。

2011年4月，中国按时向履约支持机构提交建立信任措施宣布资料，更新有关生物战防御计划、高封闭实验室、突发传染病背景资料、疫苗生产设施的宣布。

中国继续以积极务实态度参与并促进多边生物军控进程。2011年4月13～15日，公约第七次审议会筹备会在日内瓦举行。会议讨论了七审会有关程序性问题，确定了会期和地点以及主席团人选。中国代表团参会，呼吁制定全面平衡、现实可行的七审会议程。

2011年12月5～22日，公约七审会在日内瓦举行。本次审议会是在生物领域传统与非传统安全威胁相互交织、现代生物技术快速发展、公约履约内涵与外延不断扩大、西方国家力推生物防扩散进程的背景下举行的。会议审议了过去五年来公约执行情况，协商一致通过最后报告，制订了今后五年的履约工作计划，在建立国际合作数据库、改进建立信任措施宣布等方面取得一定实质性成果。会议决定最晚不迟于2016年举行公约第八次审议会。

中国代表团积极与会，向七审会提交了“中国履行《禁止生物武器公约》情况的国家报告”、“中国关于《禁止生物武器公约》相关新科技发展的国家报告”、“中国履行《禁止生物武器公约》第十条情况的国家报告”，以及“中国关于加强《禁止生物武器公约》有效性的看法及主张”工作文件，全面介绍中国履约工作情况，展示中国认真、严格履约的积极形象，阐明了中国在支持加强公约有效性、促进国际合作、进行科技审议、改进建立信任措施、制订全面均衡的履约工作计划等问题上的立场，并推动会议达成了较为全面、平衡的最后报告。

中国还分别于2011年4月、6月和9月派人参加了在瑞士、德国、菲律宾和荷兰举行的相关国际研讨会，介绍了中国履约情况以及对公约七审会的立场主张。

5.《关于禁止发展、生产、储存和使用化学武器及销毁此种武器的公约》

该公约简称《禁止化学武器公约》，于1992年达成，1997年生效。中国于1997年批准公约，是公约原始缔约国。

2011年，《禁止化学武器公约》履约工作总体平稳推进。化武销毁继续取得进展，已销毁世界全部库存化武的71.10%。公约核查机制行之有效，禁止化学武器组织技术秘书处对缔约国进行的现场核查已超过4680次。

如何处理美国和俄罗斯化武销毁逾期问题系禁化武组织年内讨论的主要问题。经缔约国全面、深入讨论，最终在公约第16届缔约国大会通过了相关决定，达成解决方案。该决定要求在2012年4月29日逾期发生后即召开执理会，当事国应在尽可能最短时间内完成销毁并向该届执理会提交详细销毁计划，缔约国大会及公约审议大会审议上述决定的执行情况等。

中国高度重视公约履约工作。2011年，中国继续全面、忠实履行公约各项义务，按时向禁化武组织提交各类工业宣布和日本遗弃在华化学武器的后续宣布，接受了禁化武组织39次现场视察。中国认真履行公约规定的防扩散义务，不断加强出口管制能力建设，依照相关出口管制法规严格审查化学品进出口。中国政府高度重视公约在香港、澳门特别行政区和台湾地区的适用问题。香港特区履约工作全面顺利开展，澳门特区履约准备工作正有条不紊进行。在坚持一个中国原则前提下，中国政府一直积极、务实寻求妥善解决公约适用于台湾的问题。

2011年6月13 ~ 18日，禁化武组织新任副总干事阿瑟瓦森访华。外交部部长助理胡正跃会见阿瑟瓦森，重申了中国政府对公约和禁化武组织工作的一贯支持，并就处理日遗化武等中国关心的问题与其交换了意见。阿瑟瓦森高度评价中国履约工作及在禁化武组织中发挥的重要作用。阿瑟瓦森访华期间还赴西安出席中国与禁化武组织合办的“援助与化武防护研讨会”开幕式并致辞，参观当地一家化工企业，并考察了南京日遗化武移动式销毁设施。

2011年11月28日至12月2日，公约第16届缔约国大会在荷兰海牙举行。中国代表团在发言中阐述了中国政府在化武销毁、日遗化武销毁、工业核查、化工国际合作和禁化武组织未来发展等问题上的立场和主张，并对日本无法按期于2012年销毁最后期限内完成日遗化武销毁表示严重关切，敦促日本尽快与中国达成多双边安排。香港特区代表作为中国代表团成员向大会介绍了特区履约情况。大会期间，中国还举办了日遗化武图片展。

2011年6月15 ~ 16日，中国与禁化武组织在西安联合举办“援助与化武防护研讨会”，来自20个国家的40余名代表与会，与会代表交流了援助与化武防护方面的经验，并就如何有效开展此领域工作提出相关建议。2011年，中国还积极支持和响应在公约框架下开展对非援助活动，邀请2名非洲缔约国学员来华参加化工研修项目。

中国政府高度重视处理日本遗弃在华化学武器问题。中国、日本与禁化武组织技秘处就日遗化武销毁核查办法等问题举行了两轮三方磋商，讨论了日遗化武销毁进展、下步工作计划、核查安排等问题。中国政府根据公约和禁化武组织执理会有关决定，按时提交“处理日遗化武进展报告”，并接待禁化武组织对日遗化武双边作业、托管库、销毁工作的现场视察9次。在中国协助下，日本派团完成了19次日遗化武现场探测、挖掘、鉴别和回收双边作业，共确认包装700余枚日遗化武。在中国协助下，南京日遗化武移动式销毁设施销毁工作稳步进行。日遗化武销毁虽已启动，但整体进程严重滞后，仍有大量工作尚待完成。中国一直敦促日方切实履行公约义务，加大投入，在公约规定期限内，全面、彻底、安全销毁日遗化武。2011年1月，日本正式向中国表示其难以在2012年最终销毁期限内完成日遗化武销毁。中国对此表示严重关切，本着建设性和务实态度，要求日本尽快与中国就日遗化武销毁逾期问题达成妥善多双边安排。为此，中国和日本已启动相关磋商。

6.《禁止或限制使用某些可被认为具有过分伤害力或滥杀滥伤作用的常规武器公约》

该公约简称《特定常规武器公约》，1983年生效，目前共有113个缔约国。公约现有《关于无法检测的碎片的议定书》、《禁止或限制使用地雷、诱杀装置和其他装置的议定书》、《禁止或限制使用燃烧武器的议定书》、《关于激光致盲武器的议定书》和《战争遗留爆炸物议定书》五个附加议定书。2001年公约第二次审议大会通过第一条修正案，将公约及其附加议定书的适用范围扩大至包括非国际武装冲突。

中国批准了公约、所附五个议定书及公约第一条修正案。

2011年11月14 ~ 25日，公约第四次审议大会在日内瓦举行。中国代表团在发言中指出，当前，国际和地区形势发生了深刻、复杂的变化，给国际安全、军控与防扩散工作带来新的挑战。与人道主义相关的常规军控问题引起国际社会越来越多的关注，公约的宗旨和目标得到国际社会广泛认同，公约框架内的多边努力已成为国际军控领域的亮点之一，常规军控努力取得显著成果。公约政府专家组开展了卓有成效的工作，对集束弹药等重要问题进行了深入讨论，凝聚了各方共识，为在公约框架内解决集束弹药问题做了充分准备。但加强公约普遍性和有效性，实现公约宗旨和目标依然任重而道远。国际社会应携手努力，坚持平衡处理人道主义关切和正当军事安全需要的原则，推动公约框架内的各项工作不断取得进展。中国代表团并介绍了2011年中国履约工作。

（1）地雷问题

目前国际上关于地雷问题的法律文书，除《特定常规武器公约》所附《地雷议定书》外，还有《渥太华禁雷公约》。前者主要对地雷的使用进行限制，而后者要求立即、全面禁止杀伤人员地雷。中国不是渥约缔约国。

2011年11月11日，经修订的《地雷议定书》第13次缔约方会议在日内瓦举行。中国代表团在发言中积极评价经修订的《地雷议定书》的履约工作进展，介绍了过去一年来中国在履约宣传培训、国际扫雷援助与合作等方面的履约情况。

2011年11月28日至12月2日，《渥太华禁雷公约》第11次缔约国会议在柬埔寨金边举行，中国派观察员代表团与会。中国观察员代表团在发言中表示，中国认同公约的宗旨和目标，赞赏公约体现的人道主义精神，将继续加强与《公约》缔约国和有关国际组织的合作与交流，为早日彻底解决地雷造成的人道主义问题作出应有贡献。

（2）国际人道主义扫雷援助

中国政府高度重视地雷引发的人道主义关切，积极参与国际扫雷援助活动，帮助有关国家摆脱雷患困扰。自1998年来，中国政府建立了长期的、机制化的国际扫雷援助规划，通过捐款、援助扫雷器材、举办扫雷技术培训班等方式，向近40个亚、非、拉国家提供了扫雷援助。

2011年，中国政府在华为斯里兰卡、苏丹、南苏丹举办人道主义扫雷培训班，共培训50余名专业扫雷人员。中国政府还向老挝、秘鲁、埃塞俄比亚提供了地雷受害者援助。中国愿继续与受援国和有关国际组织合作，积极开展此类人道主义援助。中国以自己的方式积极开展扫雷援助，获得了受援国、联合国和有关国际组织的高度好评。

（3）战争遗留爆炸物

《特定常规武器公约》所附《战争遗留爆炸物议定书》（五号议定书）于2003年达成，2006年生效，目前有76个缔约国。

2011年11月9～10日，《战争遗留爆炸物议定书》第五次缔约方会议在日内瓦举行。中国代表团在发言中积极评价议定书生效以来的履约工作，希各方继续在履约机制建设等方面取得新的进展，不断推进议定书普遍性和有效性。中方始终认为，为更有效解决战争遗留爆炸物问题，国际社会应建立“谁使用、谁清除”原则，以此促使各国在使用和转让相关武器时采取更加负责和克制的态度。中方将按议定书的规定，在力所能及的范围内参与国际合作与援助，共同致力于清除战争遗留爆炸物。中国并提交了首份履约国家报告。

（4）集束弹药问题

近年来，集束弹药问题成为人道主义军控领域热点。自2007年成立以来，《特定常规武器公约》政府专家组就集束弹药问题进行密集谈判。2011年公约四审会期间，各方未就公约框架下的集束弹药议定书达成一致。中国代表团积极参加了《特定常规武器公约》集束弹药问题政府专家组工作。

《特定常规武器公约》框架外，挪威、墨西哥等国发起“奥斯陆进程”，并于2008年底达成《集束弹药公约》，公约于2010年8月1日正式生效。截至目前共111国签署、67国批准。公约禁止发展、生产、使用、储存和转让集束弹药。公约第二次缔约国会议于2011年9月12～16日在黎巴嫩贝鲁特召开。中国派观察员代表团出席了本次会议，并在会上介绍了中方对集束弹药问题的一贯立场。

（四）中国在防扩散方面的工作

1. 积极参与国际防扩散努力

中国政府坚决反对大规模杀伤性武器扩散，一贯以高度负责态度处理防扩散问题，积极参与国际防扩散努力。

中国政府支持联合国在防扩散领域发挥应有作用，认真执行安理会有关决议，并以建设性态度参与安理会1540（防扩散问题）委员会工作。2011年，中方积极参与联合国安理会关于1540委员会延期问题的讨论，为该委员会顺利延期至2021年发挥了建设性作用。

2月，中国与美国、新加坡共同举办第三届“东盟地区论坛”防扩散与裁军会间会，为推进亚太地区防扩散进程作出贡献。中方还出席了北约年度防扩散研讨会、亚洲防扩散问题高级别对话会和“东盟地区论坛”核分析鉴定研讨会，与各方就防扩散问题交换了看法。

2. 开展防扩散出口管制国际交流与合作

中国重视防扩散出口管制领域的国际交流与合作，与美国、欧盟等国家、组织保持着对话与交流。

作为落实2004年中欧领导人会晤联合声明的后续行动，2011年10月，中国和欧盟在长沙联合举办出口管制许可及企业外联研讨会，在北京联合举办出口管制法规手册汇编启动仪式，计划用时一年，联合编撰出版中英双语出口管制手册。11月，中国外交部、商务部及海关组成的代表团应邀赴英国、意大利等欧盟国家进行出口管制交流，进一步深化了中欧在防扩散出口管制领域的互信与共识。

3. 加强防扩散出口管制工作

中国政府高度重视防扩散出口管制工作，已建立起一整套涵盖核、生物、化学、导弹等相关敏感物项和技术及所有军品的完备的出口管制法律法规体系，并根据承担的国际义务和实际工作需要，对该体系不断予以修订和完善。中国的出口管制法规广泛采取国际通行的许可证管理制度、最终用户和最终用途证明制度、清单控制方法、全面控制原则等。2011年，中国商务部对《两用物项和技术进出口许可证管理目录》进行了更新。

2011年，为确保出口管制政策法规得到切实、有效执行，中国政府一方面着眼于严格执法，采取切实措施完善跨部门出口管制协调机制，加强出口管制执法人员培训，加大违法个案查处力度；另一方面，不断加强防扩散出口管制宣传教育，指导企业建立出口管制内部自律机制和开展对外交流工作，争取从源头出发，实现自觉、有效的出口管制。

（五）中国与有关国家开展战略安全、军控和防扩散对话

中国与十余个国家有副部级、司级战略安全、军控与防扩散磋商机制，对增进相互理解与合作发挥了重要作用。2011年，中国继续开展战略安全、军控、网络安全等领域的对外交流与合作。

1月14日，外交部军控司与日本外务省裁军、防扩散与科学部在东京举行司级军控与防扩散磋商，主要就核裁军、地区核、日遗化武、外空等问题进行了交流。

1月17日，外交部部长助理吴海龙与俄罗斯副外长里雅布科夫在莫斯科举行战略稳定磋商。双方就战略安全、国际军控和防扩散、伊朗核等问题深入交换了意见。双方认为，中俄应在战略安全、军控与防扩散领域加强沟通与合作，推动两国全面战略协作伙伴关系发展。

4月6日，外交部军控司与俄罗斯外交部新威胁与新挑战司在北京举行中俄信息安全问题磋商，就国际信息安全形势及中俄应对策略等交换了看法。

6月7日，外交部军控司与英国外交部国防与情报总司在北京举行军控与防扩散磋商，重点就伊朗核、《不扩散核武器条约》八审会后续、"禁产条约"谈判、"武器贸易条约"等问题交换了意见。

11月22日，外交部部长助理吴海龙与法国外交部政治总司长奥迪贝尔在北京举行磋商，就伊朗核以及网络安全等军控和防扩散问题深入交换了意见。

（六）其他问题

1. 全球核能合作框架

全球核能合作框架的前身为"全球核能伙伴计划"（GNEP）。GNEP旨在通过多边国际合作机制，采取安全、可靠和防止核扩散的方式，推动先进核能技术联合研发，促进核能在全球的发展，由美国于2006年提出，并于2007年成立。2010年，GNEP更名为"全球核能合作框架"（IFNEC）。截至2011年底，共有31个伙伴国、30个观察员国，另有国际原子能机构、欧洲原子能共同体、第四代核能国际论坛等三个国际观察员组织参与其活动。

2011年10月28 ~ 29日，IFNEC第二次部长级会议在波兰华沙举行，发表《联合声明》，认为IFNEC为确保各国以有效、安全、可靠和不扩散方式开发利用核能发挥了重要作用。此外，指导组、基础结构开发工作组、可靠核燃料服务工作组等多次召开会议，并向执行委员会部长级会议提交了报告。

作为创始国之一，中国重视并积极参与IFNEC有关活动，出席了历次会议，并参加了相关文件的起草工作。

2. 打击核恐怖主义全球倡议

"打击核恐怖主义全球倡议"（GICNT，简称"倡议"）系俄美两国总统于2006年7月共同提出，同年10月成立。"倡议"通过组织全会、研讨会、桌面及实地演练等活动交流实践经验，提升各国能力，推动各国采取有效措施共同打击核恐怖主义。中国、美国、俄罗斯、英国、法国、德国、意大利、日本、加拿大、澳大利亚、土耳其和哈萨克斯坦12国是创始伙伴国。

中国政府一贯坚决反对包括核恐怖主义在内的任何形式的恐怖主义，支持"倡议"的宗旨和目标。作为"倡议"创始伙伴国，中国积极参加"倡议"举行的历次全会以及有关研讨会和演练等活动。

2011年6月29 ~ 30日，"倡议"全会在韩国大田举行。会议回顾了"倡议"过去一年的工作进展，并同意在核分析鉴定和核探测两个领域的基础上，将"应对和减缓核恐怖主义"新增为"倡议"第三个优先工作领域，以帮助各国提升对核恐怖主义事件的应对能力。

第六章

中国外交中的条约法律工作

（一）中国对外缔结条约概况

1. 对外缔约概况

中国政府重视发展与世界各国的友好关系，积极参与区域性、全球性国际组织的活动，对外缔结了大量政治、经贸、文化、司法协助等领域的双边条约和多边公约，为保持国民经济的平稳较快发展，全面建设小康社会，加深中国与世界各国及国际组织的全方位合作提供了良好的法律保障。

2011年，中国对外缔结的国家、政府和政府部门间的双边条约、协定及其他具有条约性质的文件近650项。

多边条约方面，2011年中国参加的多边条约有两项，即2011年8月26日全国人大常委会批准的《东南亚友好合作条约》第三修改议定书以及2011年6月15日在阿斯塔纳签署的《上海合作组织成员国政府间卫生合作协定》。

2. 涉及香港和澳门特区的条约法律事务

中央人民政府严格根据《中华人民共和国香港特别行政区基本法》、《中华人民共和国澳门特别行政区基本法》和“一国两制”方针处理涉及香港特区和澳门特区的条约和法律事务，为香港特区和澳门特区在有关领域参与国际合作、开展对外交往提供支持。

（1）双边协定方面

2011年，中央人民政府授权香港特区政府分别与俄罗斯谈判投资保护协定，与韩国谈判刑事司法协助协定和移交逃犯协定，与津巴布韦、乌克兰签署民航协定，与俄罗斯签署刑事事宜相互法律协助协定，与英国、德国修订民航协定；确认授权香港特区政府与捷克签署移交就刑事法律程序而被通缉的人的协定；授权澳门特区政府分别与欧盟谈判民航平行协定，与老挝、佛得角签署民航协定，与瑞典、挪威、丹麦、法罗群岛、格陵兰、芬兰、冰岛、牙买加、印度、澳大利亚签署税收信息交换协定。

（2）国际公约方面

根据基本法有关规定，在征询特区政府意见后，中央政府办理了中国参加的《生物多样性公约》和《卡塔赫纳生物安全议定书》适用于香港特区的有关手续，办理了根据《关于凭ATA报单证临时进口货物海关公约》指定出证和担保机构以及12项海事公约修正案分别适用于香港特区和澳门特区的有关手续。

（二）中国在联合国机构的法律工作

1. 第66届联大的法律议题

（1）概述

2011年10月3日至12月6日，第66届联合国大会共审议19项法律议题，其间还就消除国际恐怖主义的措施、普遍管辖权原则的范围和适用等议题举行了若干工作组磋商，最终通过了20多项决议。其中，联大全会审议了国际法院的报告、国际刑事法院的报告、前南斯拉夫问题国际刑事法庭和卢旺达问题国际刑事法庭的报告等。联大第六委员会审议了联合国内部司法、国内和国际法治、消除国际恐怖主义的措施、国际法委员会第63届会议工作报告等议题。联大第四委员会审议的法律议题主要涉及和平利用外空的国际合作。

中国代表团全面参加了上述议题的审议和决议草案的磋商，在消除国际恐怖主义的措施、国内和国际法治、普遍管辖权原则的范围和适用、国际法委员会第63届会议报告等八项议题下发言，阐述了中国政府的有关政策主张，介绍了中国的有关实践。

（2）关于“消除国际恐怖主义的措施”

中国代表团重申，中国政府历来反对一切形式的恐怖主义，主张反恐应符合《联合国宪章》的宗旨和原则以及公认的国际法准则，依法进行；主张反恐要标本兼治，预防和惩治并重，从根本上消除恐怖主义的根源；支持联合国在反恐中发挥主导和协调作用，支持《联合国全球反恐战略》作为指导国际反恐合作的指针。中国代表团还介绍了通过双边与多边渠道和机制开展反恐交流与合作的情况。

（3）关于“国内和国际法治”

中国代表团肯定加强国内和国际法治对促进一国和国际社会的稳定和发展具有重要意义，指出坚持以《联合国宪章》的宗旨和原则为核心的国际法治有利于维护世界和平、稳定和发展，加强一国国内法治则有利于维护该国社会稳定，促进经济发展，实现社会正义；建议国际社会推动国际法治和国内法治的良性互动，共同发展。中国代表团并就冲突和冲突后情况下的法治和过渡司法问题发表了看法。

（4）关于“普遍管辖权原则的范围和适用”

中国代表团发言阐释了对普遍管辖权的含义、范围及适用等问题的看法，包括：基于有关国际法规则，各国可对公海上的海盗等犯罪行为行使普遍管辖权，但对普遍管辖权的含义和范围仍缺乏共识；应将普遍管辖权和国际条约包含的“或引渡或起诉”原则相区分；一国在行使管辖权时，必须尊重另一国根据国际法所享有的豁免，不能损害另一国根据国际法享有的相关权利，滥用普遍管辖权构成对国际法的违反。中国代表团主张，在各国就该问题达成一致前，任何一国均应切实防止滥用普遍管辖权，避免给国际关系造成负面影响。

（5）关于“和平利用外空的国际合作”

中国代表团高度评价人类首次载人航天和联合国和平利用外层空间委员会成立50年来和平利用外空事业取得的长足发展，阐述了探索和利用外空实现包容性发展的观点，主张外空活动的利益应惠及所有国家，特别是尚未具备空间能力的国家及其人民，以实现探索和利用外空对空间环境、所有国家乃至全人类的包容。中国代表团还介绍了一年来中国的航天事业取得的进展以及双边、多边合作情况，并表示愿意就和平利用外空继续加强与各方的合作，共同致力于实现外空领域的包容性发展。

（6）关于“联合国国际贸易法委员会第44届会议工作报告”

中国代表团赞赏联合国国际贸易法委员会作为联合国系统在国际贸易法领域的核心法律机构所做的工作，积极评价贸法会第44届会议通过的《联合国国际贸易法委员会公共采购示范法》，认为《示范法》将在各国制订政府采购立法中起到重要的参考作用，对于完善各国政府采购立法具有重要意义。中国代表团欢迎贸法会根据实践需要在电子商务工作组等方面开展的工作，表示将一如既往地重视并参与贸法会各项工作。

（7）关于“联合国宪章和加强联合国作用特别委员会报告”

中国代表团对联合国宪章和加强联合国作用特别委员会在维护宪章权威、维持国际和平与安全、促进和平解决争端方面发挥的积极作用表示赞赏，并针对特委会2011年届会讨论情况发表评论：关于制裁，中国代表团认为安理会应慎重使用制裁措施，尽量避免制裁对第三国和平民产生不利影响；关于增设新议题，中国代表团表示对具有现实意义和可行性的新提案持开放态度；关于工作方法，中国代表团支持探索新思路和新方法，以改进特委会工作方法和提高工作效率。

（8）关于“国际法委员会第63届会议工作报告”

中国代表团在该议题下就委员会总体工作、国际组织的责任、武装冲突对条约的影响、发生灾害时的人员保护、国家官员的外国刑事豁免等专题发表了评论。

关于国际法委员会的总体工作，中国代表团赞赏委员会在本届任期内的工作及取得的丰硕成果，包括委员会在任期内通过了《国际组织责任条款草案》等成果文件，并对灾害中的人员保护等议题开始讨论。中国代表团还欢迎委员会今后选取一些对实践具有指导意义的新议题开展研究，为国际法的编纂和逐渐发展作出更大的贡献。

关于国际组织的责任专题，中国代表团对委员会第63届会议二读通过的《国际组织责任条款草案》及其评注表示欢迎，指出作为国际法中一项较新的问题，国际组织的责任还未产生丰富的实践，国际社会关于国际组织责任规则的共识也有待进一步增强，支持将委员会二读通过的《国际组织责任条款草案》及其评注列入向联大建议的决议案文的附件。

关于武装冲突对条约的影响专题，中国代表团欢迎委员会第63届会议二读通过《武装冲突对条约的影响》条款草案及附件，同时认为该草案还有进一步完善的空间，如在条款草案的条约范畴中宜增列国际组织与国家缔结的条约；发生非国际性武装冲突的国家和卷入国际性武装冲突的国家面临的实施条约的情况很可能不同，两种情况下是否应适用相同的标准尚有待研究。中国代表团支持将条款草案列入决议附件，并愿本着开放的态度，与各国探讨解决该条款草案未来形式等有关问题。

关于发生灾害时的人员保护专题，中国代表团指出，应对自然灾害是各国共同面临的一个重要问题，加强救灾中的国际合作，拯救生命、减小损失，是包括受灾国在内的国际社会的共同目标，委员会在研究这一专题时，应平衡处理加强国际合作和尊重国家主权之间的关系。中国代表团指出，委员会正在讨论的某些条款草案案文未能正确处理国际社会和受灾国之间的关系，呼吁委员会切实从受灾国和受灾民众的实际需要出发，从促进救灾领域国际合作的实效出发，审慎起草后续条款。

关于国家官员的外国刑事豁免专题，中国代表团认为，这是当前具有重要实际意义的国际法问题，国际社会对此迄无统一的成文规范并不时产生争议，建议委员会的工作重点应放在编纂既有国际规则方面。中国代表团欢迎特别报告员提交的三份报告，认为上述报告从实体和程序两方面较全面地分析了国家官员在外国的刑事豁免问题，反映了国际法规则和国际实践发展的现状，为委员会下一步的编纂工作打下较好基础。中国代表团还对“属人豁免”的范围、豁免的例外、豁免的程序等问题发表了意见。

本届联大期间，按惯例还举行了三个非正式例行磋商。安理会五常外交部条法司长（法律顾问）举行了会议，就国际刑事司法正义、联合国安理会制裁、国际法委员会的工作、国际人道法等问题交换了意见。各国外交部条法司长（法律顾问）举行了非正式磋商，听取了国际法院院长小和田恒的专题报告，并就“保护的责任”、国际刑事司法、国际人道法的新发展等问题交流看法。亚非法律协商组织成员国也举行了外交部条法司长（法律顾问）会议，就国际法委员会“武装冲突对条约的影响”等议题以及亚非法协的工作进行了讨论。中国外交部条法司长参加了上述会议。

2. 联合国国际法委员会

（1）第63届会议情况

联合国国际法委员会第63届会议于2011年4月26日至6月3日、7月4日至8月12日分两期在联合国日内瓦办事处举行。中国籍委员黄惠康博士出席了会议。作为本届委员会五年任期内最后一届会议，本届会议主要审议了条约的保留、国际组织的责任、武装冲突对条约的影响、国家官员在外国法院的刑事管辖豁免、驱逐外国人、发生灾害时的人员保护、或引渡或起诉的义务、条约随时间演变、最惠国待遇等专题。

关于条约的保留专题，委员会研究成果采用名为《实践指南》的准则草案形式，没有法律约束力，旨在为条约保留实践提供指导。本届会议未对准则草案实质内容作进一步讨论，仅审议了加强“保留对话”、协助解决保留争端和《实践指南》导言草案。委员会最终通过了《实践指南》正文及相关附件，决定提交第66届联大审议。

关于国际组织的责任专题，特别报告员向委员会提交了第八次报告，综述了有关国家和国际组织对委员会一读通过的《国际组织责任条款草案》的评论和意见，并提出供委员会二读审议参考的建议。委员会二读通过了一套共67条的《国际组织责任条款草案》及评注，并决定建议联合国大会通过一项决议，表示注意到该条款草案，还建议联合国大会考虑在以后某个阶段根据该条款草案拟订一项公约。

关于武装冲突对条约的影响专题，委员会在2010年工作的基础上完成了对特别报告员拟订的条款草案的二读，通过了一套共18条的武装冲突对条约的影响条款草案、附件及评注，并决定建议联合国大会通过一项决议，表示注意到该条款草案，还建议联合国大会考虑在以后某个阶段根据该条款草案拟订一项公约。

关于国家官员的外国刑事管辖豁免专题，特别报告员向委员会提交了第二次和第三次报告。其中第二次报告涉及国家官员外国刑事管辖豁免的范围和例外、豁免的属地范围等问题，第三次报告主要涉及提出管辖豁免的时间、援引及放弃豁免的方式等程序问题。委员们集中对豁免的范围和例外问题展开讨论，但因意见不一而未能在本届会议上形成统一结论。

关于驱逐外国人专题，委员会讨论内容涉及驱逐的程序（包括执行驱逐决定、对驱逐决定提出上诉、确定目的地国以及在过境国保护人权等问题）及驱逐的法律后果（尤其是对受驱逐的外国人的财产权和类似权益的保护、如发生非法驱逐情况下受驱逐人是否有权重返驱逐国以及驱逐国对非法驱逐的责任、向受驱逐人提供外交保护等问题）。该专题特别报告员在本届会议上提交了经修订的条款草案。起草委员会已开始对该专题相关条款草案的起草工作，有望在下届会议上提交委员会一读。

关于发生灾害时的人员保护专题，委员会围绕特别报告员新提交的草案案文，就受灾国寻求援助的责任、受灾国不得任意拒绝外来援助和国际社会提供援助的权利等问题进行了讨论，并在上届会议已通过的第1至第5条草案基础上，暂时通过了第6至第11条草案。

关于或引渡或起诉专题，特别报告员提交了第四次报告，阐述了或引渡或起诉义务的来源问题。委员会围绕该报告中打击有罪不罚的合作义务、现有条约及国际习惯中的或引渡或起诉义务进行了讨论。

关于条约随时间演变专题，委员会所设研究组讨论了研究组主席就国际法院和其他司法或准司法裁决机构判例编写的报告。讨论涉及以下方面：条约的特殊性在何种程度上影响有关裁决机构对条约的解释，不同裁决机构对不同条约解释方式的侧重有何不同，各方就条约解释达成一致的嗣后惯例的概念等。

关于最惠国条款专题，研究组主席提交了“投资协定中最惠国条款的解释和适用”的工作文件，内容涉及最惠国待遇的来源及范围、最惠国条款能否适用于投资争端解决等。研究组经讨论认为，未来需进一步研究最惠国待遇、公正和公平待遇及国民待遇等三种待遇标准间的关系等问题。

本届会议还决定将习惯国际法的形成与证据、大气层的保护、条约的临时适用、国际投资法律中的公正和公平待遇标准及与武装冲突有关的环境保护等五个新专题列入委员会长期工作方案。

（2）选举情况

2011年11月17日，委员会委员换届选举在联合国大会举行。193个会员国到场投票，选举产生了34名新任委员，任期从2012年1月1日开始，为期5年。中国籍委员黄惠康博士在此次选举中成功连任。

3. 联合国和平利用外层空间委员会

联合国和平利用外层空间委员会下辖科学和技术小组委员会和法律小组委员会。2011年，中国派代表团出席了外空委第54届会议、科技小组委员会第48届会议和法律小组委员会第50届会议。

（1）第54届外空委会议情况

2011年6月1 ~ 10日，联合国和平利用外层空间委员会第54届会议在维也纳举行。中国代表团积极参与了各议题的讨论，作了一般性发言，并在科技小组委员会第48届会议报告、法律小组委员会第50届会议报告和空间与水等议题下作了专门发言。中国代表团在发言中提出并深入阐述了和谐外空和包容性发展理念，介绍了在探月工程、北斗卫星导航系统等方面取得的成就及在外空领域开展的国际合作；重申中国和平利用外空的原则立场，呼吁加强外空法治建设；强调提高发展中国家的空间能力建设，肯定国际合作在促进和平利用外空方面的重要作用。

（2）第48届科技小组委员会会议情况

联合国外空委科技小组委员会第48届会议于2011年2月7 ~ 18日在联合国维也纳办事处召开，主要讨论了联合国空间应用方案、借助空间系统的自然灾害管理支持、空间碎片、全球卫星导航系统、在外空使用核动力源、近地物体等议题。中国代表团在一般性发言中对中国2010年的主要航空活动进行了总结，介绍了中国在探月工程和民用航天等领域取得的成果，阐述了中国将在研制新一代运载火箭、深空探测、载人航天、高分辨率卫星系统等重大工程和民用航天领域的发展规划，阐述了中国和平利用外空立场以及航天国际合作原则，并着重就空间碎片、全球卫星导航系统等议题作了发言。

（3）第50届法律小组委员会会议情况

法律小组委员会于2010年3月28日至4月8日在维也纳举行了第50届会议。会议除一般性交换意见外，还审议了联合国五项外空条约的现状和适用、外空的定义和划界、地球静止轨道、《移动设备国际权益公约》空间资产议定书草案、空间法能力建设及各国空间立法信息交换等议题。中国代表团积极参与了各议题的审议，在一般性交换意见、五项外空条约的现状和适用、空间法能力建设及各国空间立法信息交换等议题下作了发言。

（三）中国在打击跨国犯罪领域的法律工作

1.《联合国打击跨国有组织犯罪公约》

2011年5月17 ~ 19日，《联合国打击跨国有组织犯罪公约》履约审议机制问题工作组第一次会议在维也纳举行。各国代表就建立公约履约审议机制的有关问题进行了磋商，并完成了公约履约审议机制职权范围、指导方针和蓝图草案的一读。中国代表团积极参加了会议谈判，主张履约审议机制的建立应遵守“不干涉内政”等原则，并建议机制的建立应循序渐进，不宜操之过急。2011年10月，《联合国打击跨国有组织犯罪公约》关于预防、禁止和贩运人口特别是妇女和儿童的补充议定书工作组第四次会议在维也纳举行。中国代表团积极参加了会议谈判，并应邀在国际合作议题下发言，宣传中国在履行公约及打击贩运人口议定书方面所取得的成绩和经验。

2.《联合国反腐败公约》

2011年5～9月，《联合国反腐败公约》预防腐败和资产追回工作组会议、公约实施情况审议组会议在维也纳召开。会议就公约实施过程中的预防腐败、资产追回等问题进行了专家级讨论，并根据首批接受审议的国家的履约情况，初步交流了审议中的经验、良好做法和存在的问题。中国代表团积极参加了会议各项议题的讨论，宣传中国在反腐倡廉方面取得的成就，主张国际社会应加强合作，共同打击腐败行为。

2011年10月24～28日，《联合国反腐败公约》第四届缔约国大会在摩洛哥马拉喀什举行。公约缔约国、签署国及相关联合国专门机构出席了会议。会议审议了履约审议、资产追回、预防腐败、国际合作等议题并通过相关决议。中国代表团积极参加了会议讨论，介绍中国在履约方面取得的进展和反腐倡廉建设的有关情况，全面阐述了中国加强反腐败国际合作的主张，展示了反腐倡廉的良好形象，并与广大发展中国家一道努力，推动会议设立了“国际合作专家组”。

（四）中国在国际人权法领域的工作

1. 履行国际人权条约

2011年12月，中国政府完成撰写执行《消除对妇女一切形式歧视公约》的第七、八期合并报告，其中包括香港、澳门两特区政府分别自行撰写的履约部分。该报告于2012年1月提交联合国。

2011年11月30日，在联合国总部举行的《消除一切形式种族歧视国际公约》缔约国大会上，中国候选人黄永安大使以148票的最高票连任联合国消除种族歧视委员会委员，新一届任期至2016年。

2011年9月，中国政府就禁止酷刑委员会起草的《对〈禁止酷刑公约〉第14条的一般性意见》（工作文件）向委员会提交中国政府评论，对“受害人”及“补偿”的定义、缔约国的民事赔偿义务、实现获得补偿权利的障碍等内容提出意见。

中国政府于2011年9月接待联合国消除种族歧视委员会主席克马尔先生，于2011年10月接待消除对妇女歧视委员会埃及籍委员盖布尔女士、阿尔及利亚籍委员贝尔米乌女士和孟加拉国籍委员贾汉女士，于2011年11月接待儿童权利委员会埃及籍委员马帝先生的来访。委员们在中国实地了解中国履行相关人权条约的情况，对中国的履约状况给予肯定，并提出有益建议。

2. 参与人权条约机制改革进程

2011年5月，中国政府派代表出席联合国人权高级专员办公室在瑞士锡永举办的“就加强条约机构事与缔约国的非正式技术磋商”，就人权条约机制改革阐述中国政府的立场和主张。

2011年11月，中国政府向联合国人权高级专员提交对“加强人权条约机构制度进程”的意见，就改革的方向、方式方法和具体事项提出建议。

3. 国际人权条约谈判

2011年2月，中国政府派代表出席《儿童权利公约》来文申诉程序任择议定书工作组第二次会议下半期会议，积极参与草案的磋商，并在人权理事会第17次会议和第66届联合国大会上参加协商一致通过《儿童权利公约关于来文申诉程序的任择议定书》。

4. 与联合国儿童基金会合作

中国政府继续与联合国儿童基金会驻华代表处就跟进联合国儿童权利委员会审议中国报告结论开展合作，于2011年7月在承德举办《儿童权利公约》培训班，增强儿童、家长及教师保护儿童权利的意识和能力。

（五）中国在国际私法领域的工作——海牙国际私法会议

1893年，荷兰政府主办了海牙国际私法会议第一届会议。1951年，第七届会议通过《海牙国际私法会议章程》，随着章程于1955年7月15日生效，海牙国际私法会议成为常设的政府间国际组织，其宗旨为“促进国际私法规范的逐步统一”。中国于1987年7月3日正式加入该组织，并日益深入地参加该组织的各项活动。

2011年6月，海牙国际私法会议举行《国际诱拐儿童民事方面公约》第六次特委会。与会各国介绍了本国的有关实践，并就中央机关之间的联系、家庭暴力指控在归还程序中的影响、儿童本人的意见以及国际海牙法官网络等问题进行了深入讨论。中国尚未加入公约，但香港特区和澳门特区均适用公约，特区适用公约产生的国际权利和义务由中央政府承担。中国派出包括香港、澳门两特区代表在内的代表团出席会议，代表团就涉及两特区的实践和关切作了发言。

（六）中国与外国的司法协助和法律合作

1. 与外国缔结双边司法协助条约现状

中国一贯重视加强与各国在司法领域的合作，致力于推动与各国谈判缔结双边司法协助条约和引渡条约，以便有效打击跨国犯罪，保障中国与其他国家之间人员和经贸往来的顺利进行。

2011年，中国缔结的双边司法协助类条约有：《中华人民共和国和泰王国关于移管被判刑人的条约》（12月22日签署）。

2011年生效的双边司法协助类条约有：《中华人民共和国和爱沙尼亚共和国关于刑事司法协助的条约》（3月31日生效）；《中华人民共和国和阿拉伯联合酋长国关于刑事司法协助的条约》（5月14日生效）；《中华人民共和国和阿根廷共和国关于民事和商事司法协助的条约》（10月9日生效）；《中华人民共和国和澳大利亚关于移管被判刑人的条约》（11月9日生效）。

截至2011年年底，中国已与57个国家缔结各类司法协助类条约共111项。其中，民、刑事司法协助条约64项（56项生效），引渡条约33项（26项生效），移管被判刑人条约7项（6项生效），打击三股势力条约7项（6项生效）。

2. 中美执法合作

执法合作是中美双边交往和合作的重要领域，双方在中美执法合作联合联络小组（JLG）这一重要机制和平台下不断推动中美执法合作的发展。2011年1

月胡锦涛主席访美期间发表的《中美联合声明》，肯定和欢迎中美JLG在加强执法合作方面取得的进展。

2011年5月，中美在第三轮战略与经济对话期间首次举行了执法合作对口磋商。双方总结了中美执法合作总体情况，讨论了反腐败、禁毒和知识产权刑事执法领域的合作，就进一步加强执法合作形成若干重要共识。作为中美第三轮战略与经济对话框架下战略对话的成果之一，双方宣布JLG秘书处正式成立。

10月31日至11月2日，中美JLG第九次会议在华盛顿举行。双方听取了追逃、反腐败、禁毒、网络犯罪、知识产权刑事执法、遣返非法移民、司法协助各工作组的汇报，并就JLG的工作和2012年的执法合作重点领域和方向达成多项共识。双方商定2012年在中国举行第十次会议。

3. 中加司法和执法合作

2011年7月23日，在中加两国执法部门的共同努力下，潜逃加拿大12年之久的赖昌星走私犯罪集团首要犯罪嫌疑人赖昌星被遣返回中国。赖昌星的成功遣返是中加两国司法和执法合作取得的积极成果。2011年10月，经国务院批准，中国向加拿大提交了关于返还和分享犯罪所得协定中方草案，并建议尽快启动谈判。该协定对于中国境外追逃、追赃工作具有重要意义。

（七）中国在国际海洋法领域的工作

1. 多边海洋法事务

（1）《联合国海洋法公约》第21次缔约国会议

2011年6月13～17日，《联合国海洋法公约》第21次缔约国会议在纽约联合国总部举行。会议改选了国际海洋法法庭（简称“法庭”）七名法官，中国籍候选人、法庭时任法官高之国以高票获选连任，任期至2020年。会议还听取了法庭、国际海底管理局和大陆架界限委员会（简称“委员会”）的工作报告，通过了法庭财务报告以及有关委员会工作量问题和法庭法官薪酬调整机制的决定。中国代表团支持解决委员会工作量问题，呼吁确保发展中国家委员参加委员会工作，坚持应确保委员会审议的严肃性、科学性和权威性；强调法庭法官与国际法院法官应同等对待，支持通过关于薪酬调整机制的决定。

（2）联合国海洋事务和海洋法非正式磋商进程第12次会议

2011年6月20～24日，联合国海洋事务和海洋法非正式磋商进程第12次会议在纽约联合国总部举行，会议集中讨论了“实施可持续发展首脑会议成果的进展、差距和面临的挑战”，形成了主席摘要，供2012年联合国可持续发展大会参考。中国代表团充分肯定实施环发大会和可持续发展峰会成果取得的进展，强调海洋可持续发展方面已存在较完备的法律框架，呼吁非正式磋商进程和可持续发展大会高度关注能力建设问题并寻求解决办法。

（3）全球海洋环境报告和评估经常性进程

2011年6月27～28日，全球海洋环境报告和评估经常性进程（简称“进程”）特设全体工作组会议在纽约联合国总部举行。会议就进程建章立制的未决问题进行了讨论，通过了“协助进程的研讨会指南”和“评估报告专家遴选标准”等两份文件，就主席团职能和组成问题达成一致。“首次全球海洋环境状况综合评估大纲”等文件留待下次会议继续讨论。中国积极参加了会议各项议题的讨论，强调进程的目的是为各国决策提供参考，反对进程评估海洋政策和海洋治理问题。中国还参加了2011年9月智利举办的支持进程的南太平洋区域研讨会，并已向联合国提出于2012年2月在海南三亚承办东亚与东南亚海区域研讨会。

（4）国家管辖范围外海域生物多样性养护和可持续利用问题

2011年5月31日至6月3日，国家管辖范围外海域生物多样性养护和可持续利用问题特设工作组第四次会议在纽约联合国总部举行。会议建议在工作组框架下启动一项进程，针对处理国家管辖范围外海域生物多样性（BBNJ）问题的现有法律框架查找不足，明确下步工作，其中既包括执行现有法律文件，也可能制订《联合国海洋法公约》下的多边协定。中国强调出台新的多边协定应循序渐进，平衡反映各方关切。2011年12月，第66届联大“海洋和海洋法决议”决定通过该工作组建议。

（5）第66届联大关于海洋和海洋法议题的审议

第66届联大于2011年12月6日审议了海洋和海洋法议题，并协商一致通过“可持续渔业决议”；于12月24日表决通过“海洋和海洋法决议”。可持续渔业决议涉及打击非法、不报告、不管制捕鱼、强化对渔业活动的监测、控制和管理、促进渔业养护和管理的次区域、区域合作、倡导负责任渔业等问题。海洋和海洋法决议涉及大陆架界限委员会、国际海底管理局和国际海洋法法庭工作、打击海盗、气候变化与海洋、国家管辖范围外海域生物多样性、非正式磋商进程、全球海洋环境报告和评估经常性进程及加强能力建设等问题。

中国常驻联合国副代表王民大使在海洋和海洋法议题下发言介绍了中国建设和谐海洋的立场，强调在以包括《公约》在内的国际法基础上，促进海洋和平、安全、开放，平衡海洋的科学保护与利用，实现共同发展和互利共赢；积极评价大陆架界限委员会、国际海底管理局和国际海洋法法庭工作，支持联大通过国家管辖范围以外海域生物多样性问题特设工作组建议，呼吁妥善制订全球海洋环境状况综合评估大纲，表示愿与各国一道致力于加强对渔业资源的养护、管理和可持续利用。

（6）国际海底管理局第17届会议

2011年7月11 ~ 22日，国际海底管理局第17届会议在牙买加金斯敦举行。会议审核了有关国家的矿区申请，选举产生了新一届法律和技术委员会（法技委）委员和财务委员会（财委）委员，并继续就《“区域”内富钴结壳资源探矿和勘探规章草案》进行了谈判。会上，中国位于西南印度洋的一万平方公里多金属硫化物勘探矿区申请获得核准，两名专家分别当选法技委和财委委员。中国代表团积极参与了富钴结壳规章谈判。

（7）多边渔业

中国重视渔业资源的养护和可持续利用，积极参与国际渔业组织的活动。2011年，中国派团参加了印度洋金枪鱼委员会、中西部太平洋渔业委员会、美洲间热带金枪鱼委员会等国际渔业组织年会，出席了建立南太平洋区域渔业管理组织委员会筹备会议，并积极参加北太平洋渔业公约谈判和北太平洋渔业委员会第一次筹备会议。

在多边渔业问题上，中国的总体立场是：多边渔业合作的目标是养护渔业资源，规范渔业行为，实现渔业的可持续发展和利用，确保各国、特别是发展中国家人民享有渔业资源。

（8）极地事务

第34届《南极条约》协商会议

2011年6月20日至7月1日，第34届南极条约协商会议暨第14届南极环境保护委员会会议在阿根廷布宜诺斯艾利斯举行。会议举行了南极条约生效50周年纪念活动，通过了纪念宣言及加强南极环保、提高会议机制等22项措施、决定和决议，包括将中国长城站一号栋列为历史遗址和纪念物。杨洁篪外长特别代表、中国驻阿根廷大使殷恒民在50周年纪念活动上致辞；中国代表团本着加强南极环境保护和科研合作的精神，积极参与了会议有关讨论。

南极海洋生物资源养护委员会

2011年10月23日至11月4日，南极海洋生物资源养护委员会第30届会议在澳大利亚霍巴特举行。会议通过了南极海洋保护区一般性框架，制订和修订了多项南极海洋生物资源养护措施，并对各国有关南极磷虾和犬牙鱼的年度捕捞申请进行了审议。中国继续就捕捞南极磷虾提出申请并获得委员会批准。中国代表团积极参与了有关养护措施的制订和修订，强调设立南极海洋保护区应遵循国际法，具备科学依据，充分考虑对有关资源的合理利用；中方观点在委员会通过的一般性框架中得到体现。

北极事务

2011年3月16 ~ 17日，北极理事会高官会春季会议在丹麦哥本哈根举行。5月12日，北极理事会第七次部长级会议在丹麦格陵兰首府努克举行。11月8 ~ 9日，北极理事会高官会秋季会议在瑞典吕勒奥举行。中国政府派代表出席了上述会议，强调中国高度重视北极地区的科学研究和环境保护，支持根据海洋法以及相关国际法处理北极问题，尊重北极地区国家的主权以及根据国际法享有的主权权利和管辖权，愿在平等的基础上，与有关各方就北极问题加强互利合作，为实现北极地区的和平、稳定和可持续发展作出贡献，并希望有关国家继续支持中国成为北极理事会观察员。

2. 双边海洋法和极地事务对话

（1）中英海洋法磋商

2011年1月26日，中英首次海洋法磋商在英国伦敦举行。双方就国际海洋法法庭等《联合国海洋法公约》机构的工作以及打击海盗、海洋生物多样性、航行自由等海洋法领域的热点问题深入交换意见。

（2）第二轮中美海洋法与极地事务对话

2011年5月24 ~ 25日，第二轮中美海洋法和极地事务对话在美国国务院举行，双方就国际海洋法法庭、外大陆架划界、国际海底资源规章谈判、极地事务等议题深入交换意见，达成广泛共识。中方还应邀介绍了对周边海洋问题的立场。中方表示，本轮对话是落实第三轮中美战略与经济对话成果的具体体现，中美两国在维护国际海洋秩序、促进海洋秩序有序发展方面利益相同、责任相连，就重大、敏感的多边海洋和极地事务加强双边交流有利于多边层面的务实合作。美方高度评价对话，希望进一步加强两国在海洋法和极地事务方面的对话和交流。双方原则同意2012年在中美战略与经济对话框架下举行第三轮对话。

(3) 中芬北极事务交流

2011年10月26 ~ 27日，中国与芬兰在北京举行北极事务政策性会谈及北极事务研讨会。双方就北极政策、北极理事会、北极航运、北极科研等问题交换了意见。中国重申北极国家在北极的主权、主权权利和管辖权应得到尊重，非北极国家在北极航行、科研等方面的权利也应得到承认和尊重；建议加强双边层面上的合作和多边平台中的协调，以此次交流为起点，为双方北极合作打下坚实基础，为两国关系发展注入新动力。芬兰赞赏中方立场和对芬地位的认可，认为中芬合作潜力很大、互补性很强，希望加强与中方有关合作，欢迎中方在芬投资开发；芬兰并重申支持中国成为北极理事会观察员。

3. 打击海盗国际合作

2011年，起诉和审判海盗问题继续受到国际社会关注。联合国秘书长应安理会要求发布关于设立索马里反海盗特别法庭的模式的报告。中国积极参加了联合国索马里海盗问题联络小组有关会议和磋商，呼吁国际社会继续向索马里提供支持，标本兼治，切实履行援助承诺，向沿岸国司法能力建设提供必要协助。

中国还继续派遣护航编队赴索马里和亚丁湾海域执行护航任务，保障有关船只和人员安全。

(八) 中国在国际环境法领域的工作

1. 气候变化问题

2011年11月28日至12月11日，《联合国气候变化框架公约》(下称《公约》) 第17次缔约方会议暨《京都议定书》(下称《议定书》) 第七次缔约方会议在南非德班举行。其间还举行了《公约》长期合作行动特设工作组第14次会议续会、《议定书》附件一国家进一步减排承诺特设工作组第16次会议续会以及《公约》和《议定书》附属履约机构和附属科技咨询机构第35次会议。

会议进程一波三折，各方围绕议定书第二承诺期、未来减排法律框架和资金等问题展开激烈谈判，最终达成一揽子妥协性安排：一是议定书第二承诺期起始时间为2013年1月1日，为期五年或八年，由2012年谈判确定。参加议定书第二承诺期的发达国家缔约方将在2012年5月1日前提交其量化减限排指标，2012年通过包含这些量化减限排指标的议定书附件B修正案。议定书有关机制、规则在第二承诺期继续有效。议定书工作组将于2012年京都议定书第八次缔约方会议前结束工作。二是就发展中国家关心的资金、适应、技术和能力建设等问题取得一定进展，对资金机制常设委员会、适应委员会、气候技术中心和网络、能力建设论坛等机制作出了细化安排，决定2012年启动绿色气候基金，并就基金治理模式和机制安排、资金来源、国家主导原则等问题作出规定。会议决定将公约长期合作行动特设工作组延长一年，以完成相关工作。三是决定设立加强行动德班平台特设工作组，启动一个进程，围绕减缓、适应、资金、技术转让、能力建设等内容，在公约下确定一项适用于所有缔约方的议定书、其他法律文书或具有法律约束力的成果。工作组应于2012年上半年开始工作，最迟于2015年完成工作，其成果将自2020年起生效实施。

来自195个缔约方和观察员国、761个联合国相关机构、专门机构、政府间国际组织、非政府组织和507家媒体共约12000人参会。部分国家领导人、联合国秘书长及各国部长级官员出席了高级别会议。

国家发展改革委副主任解振华、外交部部长助理刘振民率领由国家发展与改革委员会、外交部、财政部、科技部、环境保护部、农业部、商务部、交通部、国家林业局、中国民航局、中国气象局、国务院新闻办及香港、澳门特区代表组成的代表团出席会议。

中国代表团全面、积极、深入参与了各个议题的磋商，并积极开展与发展中国家的协调和与发达国家的对话，支持东道国南非为确保会议公开、透明和广泛参与所做的努力，广做各方工作，最大限度体现诚意，展现灵活，为德班会议取得成功发挥了积极、建设性作用。

2.《联合国防治荒漠化公约》

《联合国防治荒漠化公约》（以下简称“公约”，UNCCD）的核心目标是由各国政府共同制定国家级、次区域级和区域级行动方案，以防治和应对荒漠化的挑战。中国于1994年10月14日签署了公约，并于1997年2月18日交存批准书。

2011年10月10 ~ 21日，公约第十次缔约方大会在韩国昌原市举行。来自169个国家、37个联合国机构和政府间组织及非政府组织代表共6000

余人与会。韩国总理金滉植、联合国副秘书长沙祖康等到会致辞。会议重点审议了加强履约十年战略框架实施计划、第四次履约报告、全球机制管理、2012 ~ 2013两年度工作方案等议题。中国代表团由外交部、国家林业局、国家发展与改革委员会和财政部组成。会上，代表团介绍了中国在防治荒漠化领域所做努力及取得的成就，并就公约的发展方向及面临的问题阐述了立场。中国代表团团长、国家林业局副局长印红还应邀主持了高级别会议。会议总体成果积极务实，包括提出“昌原倡议”，通过了中期工作计划，通过了有关全球机制管理和机构安排的决议，并成立了旨在研究加强科技支撑的特设工作组等。

3. 生物多样性与生物安全

《生物多样性公约》旨在促进生物多样性可持续利用，并公平公正地分享利用遗传资源带来的惠益。公约于1992年6月通过，1993年12月生效，目前有193个缔约方。

2010年公约第十次缔约方会议通过了《关于遗传资源获取及公平、公正地分享其利用所产生惠益的名古屋议定书》，该议定书目前尚未生效。2011年6月6 ~ 10日，《名古屋议定书》政府间委员会第一次会议在加拿大蒙特利尔举行，会议讨论了信息交换所、能力建设、提高公众意识和遵约机制等议题，由环境保护部、外交部、农业部、林业局、海洋局、中国科学院等部门组成的中国代表团出席。

《卡塔赫纳生物安全议定书》于2000年1月通过，2003年9月生效，目前有162个缔约方。2010年10月，议定书第五次缔约方会议通过《关于赔偿责任和补救的名古屋—吉隆坡补充议定书》，确立了“改性活生物体”越境转移造成损害的赔偿责任与救济国际规则和程序，该补充议定书目前尚未生效。

4.《保护臭氧层维也纳公约》与《关于消耗臭氧层物质的蒙特利尔议定书》

《保护臭氧层维也纳公约》第九次缔约方会议暨《关于消耗臭氧层物质的蒙特利尔议定书》第23次缔约方会议于2011年11月21 ~ 25日在印度尼西亚巴厘岛举行。近130个缔约方、14个国际组织和一些非政府组织及产业界的500多名代表参加了会议。会议分为准备会议和高级别会议两部分，重点讨论了对《蒙特利尔议定书》的修正案建议、作为氟氯烃-22生产附带排放的氟化烃-23的淘汰、多边基金的增资、消耗臭氧层物质替代物质的其他信息、消耗臭氧层物质库存的环境无害化管理、必要用途豁免、甲基溴检疫和装运前用途等议题。会议经过激烈讨论，通过了33项决定。

环境保护部副部长吴晓青率由环境保护部、外交部、财政部、国家质量监督检验检疫总局、国家食品药品监督管理局、北京大学等人员组成的中国代表团参加了本次会议。吴晓青副部长在高级别会议上发言，介绍了中国在履行公约和议定书方面所做的工作和取得的成绩，呼吁发达国家充分考虑发展中国家的实际需求，为发展中国家的履约提供稳定和充足的资金支持；吁请国际社会高度重视替代技术的开发与应用，以确保公约和议定书得到顺利平稳实施。吴晓青副部长还应约与伊朗副总统兼环境部长和臭氧秘书处执行秘书就有关合作事宜交换了意见。

中国代表团积极参加了会议各项议题的讨论和接触小组的磋商，与印度、巴西等发展中国家充分沟通和协调立场，为会议通过有关决定作出了积极贡献。

5.《控制危险废物越境转移及其处置巴塞尔公约》

《控制危险废物越境转移及其处置巴塞尔公约》第十次缔约方会议于2011年10月17 ~ 21日在哥伦比亚卡塔赫纳举行。来自116个缔约方、13个国际组织和一些非政府组织及产业界共400多名代表参加了会议。会议主要审议了公约未来十年战略框架、公约修正案生效、环境无害化拆船以及相关技术问题。会议经过激烈讨论，通过了《卡塔赫纳宣言》和21项决定。

环境保护部副部长张力军率由环境保护部、外交部、交通部、中国环境科学院、中日友好环境保护中心和清华大学等人员组成的中国代表团参加了会议。张力军副部长在开幕式上作了主旨发言，介绍了中国在固体废物回收利用方面的政策和实践，就进一步加强打击废物非法越境转移提出了建议，引起了有关各方的关注和共鸣。

中国代表团参加了会议各项议题的讨论和《卡塔赫纳宣言》及接触小组的磋商，为会议通过有关决定作出了积极贡献。

6. 关于汞的国际法律文书的谈判

为解决汞污染这一全球性环境问题，联合国环境署（UNEP）自2003年起开展了汞污染控制工作。2009年2月，UNEP理事会第25次会议就全球汞污染防治做出决定，成立了关于拟定汞问题国际法律文书的政府间谈判委员会（INC），计划从2010 ~ 2013年年初召开五次政府间谈判会议，就汞污染防治问题拟定一份具有法律约束力的国际文书。第一、二次INC会议分别于2010年6月和2011年1月在瑞典斯德哥尔摩和日本千叶召开。两次会上，各方交换了在汞控制问题上的观点，并就谈判要素文件展开了讨论。

2011年10月31日至11月4日，INC第三次会议在肯尼亚内罗毕UNEP总部召开。由环境保护部、外交部、国家发展与改革委员会、财政部、工业与信息化部、国土资源部、国家能源局和国家食品药品监督管理局等部门组成的中国代表团参加了本次会议。会上，各方就秘书处提供的文书草案展开了实质性谈判，并就添汞产品和用汞工艺、大气汞排放、手工与小规模炼金、汞贮存和含汞废物处置管理、资金机制等核心议题进行了接触小组磋商，但整体上未取得显著进展。

（九）其他条约法律工作

1. 国际刑事法院

国际刑事法院是根据2002年7月1日生效的《国际刑事法院罗马规约》设立，旨在对犯有灭绝种族罪、战争罪、危害人类罪和侵略罪的个人追究刑事责任。截至2011年底，规约共有120个缔约国。

目前国际刑事法院正处理七个情势，分别是缔约国提请法院管辖的乌干达情势、刚果（金）情势、中非共和国情势，安理会提交的苏丹达尔富尔情势、利比亚情势以及由检察官自行启动调查的肯尼亚情势、科特迪瓦情势。国际刑事法院运行以来尚无审结的案件，其有望于2012年就刚果（金）情势中的“检察官诉鲁邦加案”作出首个判决。

此外，国际刑事法院的检察官办公室还在就阿富汗、格鲁吉亚、几内亚、哥伦比亚、巴勒斯坦、洪都拉斯、韩国和尼日利亚等八个情势开展初步调查。

2011年12月12 ~ 21日，国际刑事法院罗马规约第十届缔约国大会在美国纽约联合国总部召开。本届会议选举产生了国际刑事法院第二任检察官法图·本苏达、缔约国大会新一届主席团、六名法官等重要职位。中国以观察员身份与会。

2. 国际法院

国际法院根据《国际法院规约》于1946年2月成立，是联合国的主要司法机构，设在荷兰海牙，其职能包括就国家间争端行使诉讼管辖权，就联合国有关机构提交的法律问题发表咨询意见。

国际法院共有15位法官，由联合国大会和安理会共同选举产生。新中国成立后，先后有倪征燠（1985 ~ 1994）、史久镛（1994 ~ 2010）、薛捍勤（2010年至今）出任国际法院法官。

2011年11月10日，第66届联合国大会和安理会同时举行国际法院法官换届选举，就法院15个席位中的5个进行改选。薛捍勤法官作为中国籍候选人以安理会15票全票、大会162票高票当选，一同当选的还有日本籍法官小和田恒、斯洛伐克法官彼得·通卡、意大利法官乔治·加亚和乌干达法官朱立亚·赛布庭德。新当选法官的任期自2012年2月6日开始，为期九年。

3. 烟草制品非法贸易议定书

烟草制品非法贸易议定书是《烟草控制框架公约》下展开谈判的第一部议定书。自2008年至今，已举行四次政府间谈判会议和两次非正式工作组会议。由于各方仍有分歧，谈判未能按计划于2010年完成。公约第四次缔约方大会决定于2012年举行第五次谈判会议。

议定书第一次非正式工作组会议于2011年7月4 ~ 8日在日内瓦举行。27个公约缔约方和13个非缔约国、国际组织和非政府组织作为观察员与会。会议讨论了议定书第三部分（供应链控制），并就遗留条款达成一致。议定书第二次非正式工作组会议于2011年9月19 ~ 23日在日内瓦举行。30个公约缔约方和7个非缔约国、国际组织和非政府组织作为观察员与会。会议讨论了议定书的司法协助和引渡条款、议定书供资方法、个人信息保护、议定书同其他公约和机构关系、修改免税销售和烟草制品主要原料等条款。中国政府派外交部、工业和信息化部、国家烟草专卖局参加了两次非正式工作组会议，并在谈判中发挥建设性作用。

4. 亚非法律协商组织

亚非法律协商组织第50届年会于2011年6月27日至7月1日在斯里兰卡首都科伦坡召开，包括中国在内的32个成员国出席了本届年会。外交部、商务部、中国驻斯里兰卡大使馆组团与会。

本届年会讨论了国际法委员会第62届会议报告、海洋法问题、气候变化问题、民间文学保护等议题，并专门就贩运妇女儿童问题和国际贸易及仲裁举行特别会议。

中国代表团在一般性发言中充分肯定了亚非法协在促进亚非国家之间

法律交流与协调方面发挥的重要作用，重申中国继续支持亚非法协工作的一贯立场，阐述了当前国际局势的深入调整对国际法体系发展带来的机遇与挑战，并就亚非法协发展和亚非国家加强法律合作提出了看法和建议。此外，中国代表团还就各议题阐述了中国政府的主张及立场，介绍了中国政府在有关领域所作工作及取得的成绩，取得了积极的效果。

第七章

中国外交中的边界与海洋工作

（一）概述

中国与14个陆地邻国接壤，陆地国界线总长22000多公里，是世界上陆地国界线最长、邻国最多、边界情况最为复杂的国家之一。中国海域辽阔，拥有18000多公里的大陆海岸线和6500多个岛屿，与8个国家在海上相邻或相向。截至目前，中国已与12个陆上邻国彻底解决历史遗留的边界问题，划定并勘定国界线约20000公里，与越南划定了北部湾海域界线。

边界与海洋工作攸关国家主权、安全和发展利益，是中国外交的重要组成部分。中国政府高度重视边界与海洋问题，从维护双边友好关系和地区和平与稳定大局出发，主张根据国际法基本原则，在平等的基础上通过友好协商，公平合理地解决与周边国家的领土与海洋权益争端。

2011年，中国政府坚持睦邻友好、互利合作的周边外交政策，积极开展边界和周边海洋工作。完成中塔勘界议定书生效程序，保持中印边界谈判势头，有序推进同有关国家边界联检工作，维护陆地国界线清晰稳定；加强和完善边界管理，促进合作开发，服务沿边地区经济发展和开放；同有关国家加强对话，努力推动海上共同开发与合作；坚决捍卫国家领土主权和海洋权益，妥善处理同有关国家的边界与海洋权益争端，维护与有关国家友好合作关系和周边形势稳定。

（二）陆地边界工作

1. 中印边界问题谈判保持良好势头

2011年4月金砖国家领导人第三次会晤期间，国家主席胡锦涛和印度总理辛格就建立中印边境事务磋商和协调机制达成原则共识。胡锦涛主席表示，中方愿本着和平友好、平等协商、相互尊重、相互谅解的精神，继续推进两国关于边界问题的谈判，寻求公平合理、双方都能接受的解决方案。辛格表示，印方愿同中方一道共同努力，寻求双方都能接受的边界问题解决方案，在边界问题解决前共同保持边境地区的和平与安宁。

2011年11月东亚领导人系列会议期间，国务院总理温家宝会见印度总理辛格。两国总理一致表示，将继续支持两国边界问题特别代表的工作，推动边界问题解决进程，共同维护边境地区的和平与安宁。

中国与印度继续就举行中印边界问题特别代表第15次会晤保持沟通。

2. 中塔勘界议定书生效

2010年4月27日，外交部长杨洁篪和塔吉克斯坦外长扎里菲在北京正式签署《中华人民共和国政府和塔吉克斯坦共和国政府关于中塔国界线的勘界议定书》及其附图，标志着中塔勘界工作结束。

2011年2月8日，中塔勘界议定书正式生效。2011年9月，中塔双方开始按新勘定国界线实施管控。

3. 国别联检

2011年4月，中国与老挝边界第一次联检界碑揭幕仪式在磨憨磨丁边境口岸举行，标志着中国与老挝边界第一次联检工作正式启动，外交部部长助理刘振民和老挝外交部副部长蓬马占等出席。联检工作进展顺利，外业工作按时结束，内业工作有序进行。双方共召开三次联委会会议，二次首席代表会议和二次专家组会议，完成了界线实地联合检查和界碑更换工作。

中国与朝鲜边界第二次联检工作进入尾声，内外业工作接近完成。双方共举行了19次联委会会议，六次首席代表会议和二次专家组会议，并开展了联检议定书及有关成果文件的起草工作。

中国与俄罗斯国界第一次联检顺利启动。这是中俄关系史上首次国界联检工作。2011年11月，双方召开了中俄国界联检委员会第一次会议，就联检委工作条例等一系列法律文件达成一致，并对联检工作进行了规划和部署。

（三）边界管理与合作开发

中国与有关邻国积极开展边界管理与合作开发，在边界管理制度协定谈判、边境口岸及其管理制度协定谈判、跨界水资源保护和利用、跨界设施建设以及边境地区经贸合作等方面取得新进展，推进了边界管理的法律化、规范化和机制化建设，并为边境地区的稳定和发展创造了有利条件。

1. 边界管理

2011年1月、6月和12月，中国和俄罗斯边界联合委员会第七次、第八次和第九次会议分别在两国首都轮流举行。双方全面回顾和总结了一年来《中俄国界管理制度协定》的执行情况，就中俄国界第一次联合检查、界标和通视道维护、边境地区管控和执法合作、边境口岸与跨界设施建设、界河护岸工程等边界管理问题深入交换意见，并达成广泛共识。

2011年2月9日，《中华人民共和国政府和蒙古国政府关于边界管理制度的条约》生效，标志着中蒙边界管理正式走上法制化、制度化和规范化道路。双方于4月举行中蒙边界联检委员会筹备会议。

2011年3月15 ~ 17日，中国和越南陆地边界联合委员会第一次会议在北京举行。双方就落实中越陆地边界勘界后续工作、维护界标和保持界线清晰、界河工程建设、推动边境地区交通领域合作、建立边境口岸管理联系机制、加强边境地区执法合作等问题充分交换意见，并签署了会议纪要。

2011年6月9 ~ 12日，《中华人民共和国政府和蒙古国政府关于边境口岸及其管理制度的协定》执行情况第三轮司局级会晤在北京举行。双方就口岸开放、设施建设及运行秩序等问题深入交换意见，并达成广泛共识，为进一步提高口岸通关效能，发挥口岸经济的辐射和带动作用创造了有利条件。

2011年7月5日，中国和缅甸边境管理与合作协定执行情况第11轮司局级会晤在北京举行。双方高度评价协定执行情况，并就边境口岸开放和管理、维护边境地区秩序、界务工程建设、中缅边界第三次联合检查和加强边境地区合作等问题交换了意见。

2011年8月23日，外交部长杨洁篪与老挝副总理兼外交部长通伦·西苏里分别代表两国政府在北京正式签署《中华人民共和国政府和老挝人民民主共和国政府关于边界管理制度的协定》和《中华人民共和国政府和老挝人民民主共和国政府关于边境口岸及其管理制度的协定》。上述协定为今后进一步规范和加强两国边界管理和口岸事务的协调与合作奠定坚实的法律基础，有利于构建清晰稳定、安宁和睦、互利合作、发展繁荣的中老边界，有利于促进两国经贸发展和人员往来。

2011年12月29日，中国驻塔吉克斯坦大使范先荣与塔交通和通讯部长哈基莫夫代表两国政府在杜尚别正式签署《中华人民共和国政府和塔吉克斯坦共和国政府关于边境口岸及其管理制度的协定》。该协定取代两国政府2003年签订的同名协定，规定将中塔间唯一边境口岸卡拉苏—阔勒买口岸由季节性国际公路客货运输口岸升格为常年开放口岸。

2. 跨界河流合作

2011年10月27～28日，中国和俄罗斯合理利用和保护跨界水联合委员会第四次会议在北京举行。联委会中方主席、外交部部长助理刘振民与俄方主席、俄联邦水资源署署长谢莉维尔斯托娃共同主持会议。双方高度评价联委会第三次会议以来双方在跨界水领域合作方面取得的积极成果，认为联委会在合理利用和保护中俄跨界水方面发挥着独特作用，表示愿共同努力推动本机制框架下的合作进一步向前发展。双方就加强跨界水领域合作问题广泛深入地交换了意见，制定了2012年工作计划，并签署了会议纪要。

3. 中国同哈萨克斯坦、吉尔吉斯斯坦、俄罗斯、塔吉克斯坦边境裁军联合监督小组

2011年5月和11月，中国同哈萨克斯坦、吉尔吉斯斯坦、俄罗斯、塔吉克斯坦四国边境裁军联合监督小组第24次和第25次会议分别在比什凯克和北京举行。各方高度评价联监组为促进五国军事领域信任、交流与合作，维护边境地区安全稳定所发挥的积极作用，充分肯定有关协定的执行情况，并表示将继续开拓创新，扎实工作，为五国的世代友好、共同发展作出不懈努力。

（四）中国与周边国家间海洋权益问题

1. 中越签署《中越关于指导解决海上问题基本原则协议》

历经多轮谈判，2011年10月11日，中国与越南在北京签署了《中越关于指导解决海上问题基本原则协议》。中共中央总书记、国家主席胡锦涛与越共中央总书记阮富仲共同出席签字仪式。协议的签署体现了中越双方以两国关系大局为重，坚持通过友好协商，妥善处理和解决两国海上争议的政治意愿。

2. 中日海洋事务高级别磋商

2011年12月25日，国务院总理温家宝在北京与到访的日本首相野田佳彦举行会谈时，双方同意建立中日海洋事务高级别磋商机制。中日两国将利用这一机制，就两国共同关心的东海各方面问题交换意见，以增进互信、加强合作，管控海上危机，探讨解决两国海上问题，努力使东海成为和平、合作、友好之海。机制由联合指导委员会、全体会议以及工作组会议组成，中日两国外交、交通、农业、能源、海洋以及防务等部门参加。

3. “落实《南海各方行为宣言》：维护南海航行自由与安全”国际研讨会

2011年12月14～15日，“落实《南海各方行为宣言》：维护南海航行自由与安全”国际研讨会在海南省海口市举行。来自中国和东盟国家的官员、学者及部分域外学者与会。外交部部长助理刘振民和印尼外交部大使普尔诺莫到会并致辞。

会议探讨了南海航行自由与安全现状、影响南海航行安全的主要因素以及各方权利与义务，并就如何进一步加强南海航行安全合作，共同促进本地区繁荣与发展提出了看法和建议。

4. 第21届“处理南海潜在冲突研讨会”

2011年11月9～11日，第21届“处理南海潜在冲突研讨会”在印尼梭罗市举行。来自中国、东盟九国（柬埔寨除外）和中国台北的代表以个人身份参加。会议积极评价“研讨会”对推进南海各方互信与合作的作用，重申积极推进“研讨会”框架下的合作项目，坚持“研讨会”的非正式、非官方性质。

5. 亚洲地区反海盗及武装劫船合作协定

2011年3月1～3日，《亚洲地区反海盗及武装劫船合作协定》信息分享中心（下称“中心”）理事会第五届年会在新加坡举行。中国及其他16个缔约国派团出席。澳大利亚、英国及国际海事组织等国家和国际组织以“外部参与者”身份参加了有关会议。会议对“中心”在打击和抑制亚洲地区的海盗武装劫船方面发挥的积极作用给予充分肯定。中国向“中心”捐款五万美元。

第八章

中国外交中的新闻和公共外交工作

（一）概述

2011年，外交部统筹国内国际两个大局，推动新闻和公共外交工作迈上新台阶。以国家领导人出访和出席国际会议、世界大学生运动会、博鳌亚洲论坛等大型涉外活动为契机，同步设计和实施新闻和公共外交工作，宣传介绍中国基本国情、内外政策和发展理念。通过启动新闻发布新机制、举办专题吹风会、“蓝厅论坛”、创办“外交小灵通”微博、“外交服务站”广播等方式，介绍中国政府外交政策、工作以及对国际和地区问题的看法、主张，加强与社会各界包括普通民众的沟通与交流。组织外国驻华记者采访活动，为外国记者在华采访提供服务。加强对外新闻交往，与访华外国新闻团组深入交流，增进中外了解与信任。

（二）阐述外交政策

1. 国家领导人出访和出席国际会议情况介绍会

2011年，外交部领导、发言人以及有关司负责人就中国领导人出访和出席国际会议，多次向中外媒体介绍情况。

1月18～21日，国家主席胡锦涛对美国进行国事访问。1月12日，外交部副部长崔天凯向中外记者介绍情况。访问期间，设立中国代表团新闻中心，外交部副部长崔天凯、代表团发言人、外交部新闻司司长马朝旭多次向中外记者介绍情况。1月19日，商务部长陈德铭在中国代表团新闻中心接受中外媒体联合采访，科技部长万钢接受中方媒体联合采访。1月21日，外交部长杨洁篪向随访中国媒体介绍有关情况和访问成果。

4月13～14日，胡锦涛主席主持在海南三亚举行的金砖国家领导人第三次会晤。4月2日，外交部部长助理吴海龙向中外记者介绍情况。会议期间，设立中国代表团新闻中心，宣介中国与会政策立场。中国贸促会副会长于平、国家开发银行董事长陈元分别向中外记者介绍“金砖国家工商论坛”和金砖国家银行合作机制情况。4月14日，外交部部长助理吴海龙向中外记者介绍会晤成果及意义。

6月12～20日，胡锦涛主席对哈萨克斯坦、俄罗斯、乌克兰进行国事访问并出席上海合作组织阿斯塔纳峰会和第15届圣彼得堡国际经济论坛。6月7日，外交部部长助理程国平向中外记者介绍情况。6月10日，外交部长杨洁篪发表题为《睦邻友好，共创和谐——写在上海合作组织10周年纪念峰会召开之际》的署名文章。峰会期间，设立中国代表团新闻中心，宣传介绍中国与会政策立场。外交部部长助理程国平、中国进出口银行董事长、行长李若谷向中外记者介绍情况。6月20日，外交部长杨洁篪向随访中国媒体介绍有关情况和访问成果。

10月30日至11月4日，胡锦涛主席访问奥地利并出席二十国集团领导人第六次峰会。10月28日，外交部副部长崔天凯、傅莹、财政部副部长朱光耀、人民银行国际司负责人向中外记者介绍情况。峰会期间，设立中国代表团新闻中心，宣传介绍中国与会政策立场。商务部长陈德铭在中国代表团新闻中心接受中外媒体联合采访。财政部副部长朱光耀、人民银行国际司负责人向中外记者介绍情况。财政部副部长朱光耀在中国代表团新闻中心多次接受中央电视台专访。11月4日，外交部长杨洁篪向随访中国媒体介绍有关情况和访问成果。

11月10～14日，胡锦涛主席出席亚太经合组织（APEC）第19次领导人非正式会议。11月7日，外交部部长助理吴海龙、商务部部长助理俞建华向中外记者介绍情况。会议期间，设立中国代表团新闻中心，宣传介绍中国与会政策立场。中国APEC高官、外交部国际司副司长庞森，APEC工商咨询理事会中国代表、中国工商银行副行长王丽丽，中国银行董事长肖钢，代表团发言人、外交部新闻司司长马朝旭多次向中外记者介绍情况。商务部长陈德铭在中国代表团新闻中心接受中央电视台专访。财政部副部长王军等接受中央电视台和新华社专访。11月15日，外交部长杨洁篪向随访中国媒体介绍有关情况和访问成果。

4月27～30日，国务院总理温家宝对马来西亚、印度尼西亚进行正式访问。4月21日，外交部部长助理胡正跃、商务部亚洲司负责人向中外媒体介绍情况。4月30日，外交部长杨洁篪向随访中国媒体介绍有关情况和访问成果。

5月21～22日，温家宝总理出席第四次中、日、韩领导人会议。5月18日，外交部部长助理胡正跃向中外媒体介绍情况。5月22日，外交部长杨洁篪向随访中国媒体介绍有关情况和访问成果。

6月24～28日，温家宝总理对匈牙利、英国、德国进行正式访问。6月17日，外交部副部长傅莹、商务部欧洲司负责人向中外媒体介绍情况。6月23日，温家宝总理在英国《金融时报》上发表署名文章。6月28日，外交部长杨洁篪向随访中国媒体介绍有关情况和访问成果。

11月6～8日，温家宝总理出席上海合作组织成员国总理第十次会议。11月1日，外交部副部长程国平向中外记者介绍情况。11月8日，外交部长杨洁篪向随访中国媒体介绍有关情况和访问成果。

11月18～21日，温家宝总理出席东亚领导人系列会议并访问文莱。11月15日，外交部部长助理刘振民、商务部亚洲司负责人，科技部国际合作司负责人向中外记者介绍情况。11月21日，外交部长杨洁篪向随访中国媒体介绍有关情况和访问成果。

6月1～13日，国家副主席习近平访问意大利、古巴、乌拉圭、智利。6月13日，外交部副部长张志军向随访中国媒体介绍访问成果。

12月20～24日，习近平副主席访问越南、泰国。12月24日，外交部副部长张志军向随访中国媒体介绍访问成果。

5月9～10日，胡锦涛主席特别代表国务院副总理王岐山、国务委员戴秉国与美国总统奥巴马特别代表、国务卿希拉里·克林顿和财政部长蒂莫西·盖特纳共同主持第三轮中美战略与经济对话。对话期间，外交部副部长张志军、外交部副部长崔天凯、发改委副主任张晓强、科技部长万钢、财政部长谢旭人、商务部长陈德铭、中国人民银行行长周小川向中外媒体介绍情况。

5月30日至6月3日，王岐山副总理对俄罗斯进行正式访问并举行中俄能源谈判代表第七次会晤。访问期间，外交部副部长程国平和国家能源局局长刘铁男共同向中外媒体介绍情况。

7月26～28日，王岐山副总理赴新加坡主持召开中新双边合作联委会第八次会议、苏州工业园区联合协调理事会第13次会议和天津生态城联合协调理事会第四次会议。7月27日，外交部副部长张志军向新加坡、中国及第三国驻新媒体介绍中新双边合作联委会第八次会议情况及成果。

9月7～9日，王岐山副总理访问英国，并于9月8日同英国财政大臣奥斯本共同主持第四次中英经济财金对话。9月8日，财政部副部长朱光耀、商务部副部长王超、中国人民银行行长周小川等向中外媒体介绍情况。

9月13日，王岐山副总理赴特立尼达和多巴哥出席第三届中国—加勒比经贸合作论坛。9月14日，商务部副部长王超向中外媒体介绍论坛成果。

11月21日，王岐山副总理与美国商务部长布莱森、贸易代表柯克共同主持第22届中美商贸联委会。发改委副主任刘铁男、工信部副部长刘利华、财政部副部长朱光耀、农业部副部长牛盾、商务部副部长王超、国家质检总局局长支树平、新闻出版总署副署长阎晓宏向中外媒体介绍情况。

2. 例行记者会

2011年9月，外交部启动新闻发布新机制，例行记者会从每周2次增至5次，实现外交部发言人制度建立28年来的重大“升级”。2011年，外交部发言人共举行125场例行记者会，就中外媒体关注的问题发布消息，阐明中国政府立场。全年主动发布消息200余条，通过例行记者会和电话回答记者提问6000余个。主要答问内容涉及中美、中俄、中欧、中日、中朝、中印等双边关系中的重要政治和经贸问题，朝鲜半岛局势、伊朗核、西亚北非局势、欧美主权债务危机、气候变化等国际和地区热点问题以及缅甸、巴基斯坦、泰国等周边国家局势。发言人还就涉台、涉港澳外交和涉藏、涉疆等问题介绍情况并表明立场。

（三）外国记者工作

1. 外国常驻记者概况

截至2011年年底，共有58个国家421家新闻机构向中国派出常驻记者696名。其中，驻北京机构372家，记者560人；驻上海机构122家，记者120人；驻广州机构9家，记者7人；驻重庆机构5家，记者4人；驻沈阳机构3家，记者3人；驻深圳机构1家，记者1人；驻大连机构1家，记者1人。

2. 安排外国媒体采访国家领导人

2011年，外交部新闻司负责落实国家领导人会见外国记者和接受外国媒体采访活动12次；安排国家领导人与外国领导人共同会见记者活动13次。其中包括：

1月17日，在对美国进行国事访问前夕，国家主席胡锦涛接受美国《华尔街日报》和《华盛顿邮报》联合书面采访。1月19日，胡锦涛主席访问美国期间与美国总统奥巴马共同会见记者并回答提问。

6月10日，在对哈萨克斯坦、俄罗斯进行国事访问前夕，胡锦涛主席分别接受了哈《哈萨克斯坦真理报》、《主权报》和哈萨克斯坦通讯社，以及俄《俄罗斯报》、俄通—塔斯社和国际文传电讯社书面采访，就中哈关系、中俄关系、当前国际形势等回答了提问。6月13日，胡锦涛主席访问哈萨克斯坦期间与哈总统纳扎尔巴耶夫共同会见记者。6月16日，胡锦涛主席访问俄罗斯期间与俄总统梅德韦杰夫共同会见记者并回答提问。

10月31日，胡锦涛主席访问奥地利期间与奥总统菲舍尔共同会见记者。11月2日，在出席二十国集团领导人戛纳峰会前夕，胡锦涛主席接受了法国《费加罗报》书面采访，就中法、中欧关系，二十国集团领导人戛纳峰会，当前世界经济金融形势等回答了提问。

11月23日，胡锦涛主席与来华访问的土库曼斯坦总统别尔德穆哈梅多夫共同会见记者，就中土关系和会谈成果介绍情况。

4月25日，在对马来西亚、印度尼西亚进行正式访问前夕，国务院总理温家宝在中南海紫光阁接受了马来西亚新闻社、《星报》和印度尼西亚泗水电视台、《罗盘报》、《雅加达邮报》记者的联合采访。

6月27日，温家宝总理访问英国期间与英首相卡梅伦共同会见记者并回答提问。6月28日，温家宝总理访问德国期间与德总理默克尔共同会见记者并回答提问。

10月11日，温家宝总理与来华访问的俄罗斯总理普京共同会见记者，就中俄关系和会谈成果介绍情况。

1月11日，国务院副总理回良玉在访问刚果（金）期间与刚总理穆兹托共同会见记者。

9月16～30日，回良玉副总理访问牙买加、玻利维亚、秘鲁和新西兰期间，分别与牙买加总理戈尔丁、玻利维亚总统莫拉莱斯共同会见记者。

5月9～10日，国务院副总理王岐山、国务委员戴秉国与美国国务卿希拉里·克林顿和财政部长蒂莫西·盖特纳共同主持第三轮中美战略与经济对话。对话期间，王岐山副总理接受美国PBS电视台采访，王岐山副总理、戴秉国国务委员和美方代表共同会见记者。

1月25日，国务委员戴秉国接受中俄媒体联合采访。

9月22～27日，戴秉国国务委员赴法国举行磋商、赴英国举行战略对话。9月22日在法国《费加罗报》、9月25日在英国《星期日电讯报》发表署名文章，阐述中国和平发展理念。

6月8日，第五届中日友好21世纪委员会中方首席委员唐家璇接受日本共同社专访，就中日关系以及中日在日本灾后重建方面加强合作等问题回答记者提问。

10月25日，第五届中日友好21世纪委员会中方首席委员唐家璇与日方首席委员西室泰三于第五届中日友好21世纪委员会第三次会议后共同会见记者。

3. 安排外国媒体采访外交部领导

2011年，外交部新闻司负责安排外交部领导接受外国媒体采访25次。主要包括：

2月18日，外交部长杨洁篪就哈萨克斯坦总统访华接受哈萨克斯坦通讯社书面采访。

5月1～7日，杨洁篪部长赴阿联酋举行中国—海合会第二轮战略对话并访问埃及、瑞士、塞尔维亚、俄罗斯期间，分别与塞尔维亚、俄罗斯外长共同会见记者，并接受塞尔维亚《政治报》采访。

10月27日，杨洁篪部长礼节性会见《华盛顿邮报》发行人韦茅斯。

1月14日，外交部副部长崔天凯就胡锦涛主席访问美国、中美关系接受了美国有线电视新闻网专访。

6月20日，崔天凯副部长接受新华社、中央电视台英语频道和凤凰卫视联合采访，介绍首次中美亚太事务磋商目的和意义等。

6月22日，崔天凯副部长就首次中美亚太事务磋商向部分外国媒体吹风并接受美国有线电视新闻网专访。

9月14日，崔天凯副部长会见新加坡《联合早报》总编吴新迪，介绍中国经济社会发展情况。

10月10日，崔天凯副部长就第二次中美亚太事务磋商接受中外媒体联合采访。

3月30日，外交部副部长傅莹在德国《商报》发表署名文章《欧洲需要学会学习》。

4月18日，傅莹副部长会见英国广播公司国际新闻部负责人威廉姆斯。

5月26日，傅莹副部长与路透社、法新社等欧洲媒体驻京负责人座谈。

6月27日，傅莹副部长在德国《商报》发表署名文章《中国需要学习向世界解释自己》。

8月22日，傅莹副部长接受德国《明镜》周刊记者科尔伯采访。

9月12日，傅莹副部长在奥地利《信使报》发表署名文章《中国与欧洲可以走得更近》。

10月18日，傅莹副部长会见部分欧洲媒体驻京记者。

12月10日，傅莹副部长在奥地利出席第四届世界政策会议期间接受奥《信使报》专访。

1月6日，外交部副部长翟隽接受《中国与非洲》杂志采访，介绍中非关系、国务院副总理回良玉访问非洲目的和意义等。

10月24日，翟隽副部长会见非洲法语国家联合新闻团，介绍中非关系、中国对非政策等。

3月21日，外交部部长助理胡正跃会见韩国新闻团，介绍中韩关系、中国经济社会发展情况等。

3月23日，胡正跃部长助理会见英国《金融时报》总编巴伯。

6月23日，胡正跃部长助理会见美国东西方中心杰弗逊研究员春季项目记者团，就中国亚太政策、中美关系等回答提问。

7月14日，外交部部长助理程国平就《中俄睦邻友好合作条约》签署十周年接受中俄媒体联合采访。

7月4日，外交部部长助理张昆生会见拉美国家联合新闻团，介绍中拉关系、中国对拉政策等。

12月31日，张昆生部长助理接受古巴拉美通讯社驻京分社采访，介绍2011年中拉关系发展情况、取得的成果及未来发展前景。

9月27日，张昆生部长助理会见世界媒体峰会主席团成员。

11月29日，外交部部长助理马朝旭与驻京欧美主流媒体负责人座谈。

4. 外国记者赴各地采访情况

2011年，外交部新闻司共组织外国记者赴各地参观、采访57次，参加记者3000余人次，主要有：

1月10日，采访2011年春节慰问外来务工者文艺晚会。

1月10日，采访集中销毁侵权盗版出版物活动。

1月15日，采访铁道部副部长王志国“春运”媒体吹风会。

1月19日，赴北京南站采访“春运”。

1月20日，参加“亚太军控与媒体研讨会”。

1月24日，邀请外国记者观看国际新春联欢晚会。

2月2日，采访地坛庙会开幕式。

2月11日，邀请外国记者及家属到京城“百工坊”体验中国传统文化。

2月16 ~ 20日，采访北京市东城区2011年新春非物质文化遗产庙会。

2月23日，参加“走进全国政协”采访活动。

2月25日，赴朝阳区麦子店枣营北里社区和高碑店乡采访城乡社区服务。

3月2日，采访北京市丰台区红狮家园保障性住房建设。

3月20日，采访“中国发展高层论坛2011年会”。

3月22日，采访国务院总理温家宝会见“中国发展高层论坛2011年会”境外代表。

3月25日，采访新发地农贸批发市场。

4月9日，采访“国际森林年中国行动”启动仪式和义务植树活动。

4月11 ~ 12日，赴海南省采访。

4月18 ~ 21日，赴四川采访汶川地震三周年灾后恢复重建情况。

4月20日，采访“平谷第13届国际桃花音乐节”。

4月22日，采访集中销毁侵权盗版出版物活动。

4月27日，采访第11届“相约北京”联欢活动开幕式——“中澳之夜—歌剧对话京昆”。

4月29日，采访北京航天城中国航天员中心。

5月12日，观看并采访昆曲《红楼梦》。

5月12日，采访北京市公安局公安交通管理局。

5月18日，采访太湖文化论坛首届年会。

5月19日，采访北京农民工和未成年人法律援助中心。

5月30日，参观“科学重建　伟大壮举——汶川地震灾后恢复重建主题展览”。

6月1日，走访中国现代国际关系研究院。

6月10日，参加“走进中联部”开放日活动。

6月13日，参加京沪高铁开通运营新闻发布会。

6月13 ~ 18日，参加“红色之旅”系列采访活动之江西、陕西行。

6月14日，赴景山公园采访北京市民“唱红歌”活动。

6月20日，采访河北保定新能源发展情况。

6月27日，参加京沪高铁试开通运营情况并试乘。

6月27日，采访“纪念基辛格首次访华40周年座谈会”。

6月28日，参观西藏和平解放60周年成就展。

6月28日，赴地坛公园采访东城区基层党员庆祝建党90周年纪念活动。

7月1日，采访庆祝中国共产党成立90周年大会。

7月8日，参加汉语班文化体验——采访并学习中国武术。

7月21日，采访中国人民解放军三军仪仗队。

7月22日，参加汉语班文化体验——采访并学习中国剪纸、书画。

8月5日，参加汉语班文化体验——采访并学习中国茶艺。

8月28日，采访《中国外交2010》画册首发式暨蓝厅音乐会。

8月28 ~ 31日，赴黑龙江省哈尔滨市、大庆市采访。

8月31日，参观西藏和平解放60周年成就展。

9月5 ~ 9日，赴江苏、浙江采访地方反腐倡廉建设情况。

9月17日，采访“大爱无国界——资助云南贫困山寨改造”国际义卖活动。

9月19 ~ 23日，赴宁夏采访。

9月27日至10月1日，赴甘肃酒泉采访“天宫一号”发射任务。

9月30日，采访“中华人民共和国成立62周年国庆招待会”。

10月1日，采访向人民英雄纪念碑敬献花篮仪式。

10月1 ~ 7日，参加国庆期间游园活动。

10月9日，采访辛亥革命100周年纪念大会。

10月22 ~ 25日，参加“国际道教论坛”。

11月2、4日，采访北京市地方选区人大代表选举活动。

11月29日，采访中国机电产品进出口商会应对美国太阳能产品“双反”调查新闻发布会。

12月8日，观看并采访新年专场演出《什刹海》。

（四）对外新闻交往

2011年，外交部新闻司接待来自欧美、亚太和非洲的十批外国记者访华，并与有关国家新闻主管部门举行对话磋商。

3月21日，接待韩国外交通商部记者团访华。

4月7～8日，外交部新闻司有关人员在北京上海合作组织秘书处举行的上合组织成员国外交部新闻部门磋商。

5月24～28日，接待越南外交部新闻信息司司长、外交部发言人阮芳娥访华。

7月2～9日，接待拉美国家联合新闻团访华。

7月13～15日，外交部新闻司与朝鲜外务省报道局举行对口磋商。

8月30日至9月2日，接待朝鲜外务省报道局代表团访华。

9月14～24日，接待格鲁吉亚公共广播电视公司记者团访华。

9月19～25日，接待2011年“香港明天更好基金”美国记者代表团访华。

9月19～29日，接待太平洋岛国联合新闻团访华。

10月22～29日，接待非洲法语国家联合新闻团访华。

10月24日至11月4日，接待中东欧七国联合新闻团。

12月19～29日，接待中亚国家联合新闻团。

12月1日，外交部部长助理马朝旭与韩国外交通商部发言人赵炳琋举行磋商。

（五）公共外交

1. 公共外交概况

2011年，外交部围绕重大外交行动以及世界大学生运动会、博鳌亚洲论坛等大型涉外活动，加强公共外交设计，多层次推进公共外交工作，打造公共外交标志性品牌，举办了四届“蓝厅论坛”，创办了“外交小灵通”新浪微博，开通了“外交服务站”广播节目，邀请嘉宾与网民就外交议题进行在线访谈，办好主题开放日活动。外交部各级官员及公共外交咨询委员会委员通过电视、广播、报纸、网站解读外交政策，使广大民众更及时有效了解国际事务和中国立场。

中国驻外外交机构结合驻在国实际，在驻在国开展丰富多彩、形式多样的公共外交活动，以鲜活事例和翔实数据讲述“中国故事”，推动外国民众更多了解中国国情、文化和内外政策。

2011年，外交部举办的公共外交活动主要有：

1月14日，在胡锦涛主席即将对美国进行国事访问之际，以“新时期的中美关系”为主题的第二届“蓝厅论坛”在外交部举行。外交部副部长崔天凯、驻华外交使节、在华外国工商界人士、知名专家学者以及中外记者等200多人出席。北京大学国际关系学院院长王缉思主持论坛。崔天凯副部长发表题为《新时期中美关系的主旋律》的主旨演讲，全面阐释了推进中美合作应该成为新时期中美关系的主旋律。崔天凯副部长还回答了与会嘉宾提问。博鳌论坛秘书长周文重、亚太安全合作理事会中国委员会会长马振岗及有关专家学者并与嘉宾进行互动交流。

6月8日，在上海合作组织阿斯塔纳峰会即将召开之际，以上合组织成立十周年为主题的第三届“蓝厅论坛”在外交部举行。外交部部长助理程国平、驻华外交使节、工商界人士、知名专家学者以及媒体代表近270人出席。论坛由中国国际问题研究基金会和外交部新闻司公共外交办公室联合主办，基金会理事长张德广主持论坛。程国平部长助理发表题为《上海合作组织前景无限广阔》的主旨演讲，全面回顾上合组织发展取得的重要成就和经验启示，并就该组织未来十年发展方向阐述了中方立场主张。程国平部长助理还回答了与会嘉宾和记者提问。有关专家学者作专题发言，并与嘉宾交流互动。

8月26日，《中国外交2010》画册首发式暨蓝厅音乐会在外交部举行。外交部长杨洁篪、外国驻华使节和国际组织驻华代表、中央有关单位和有关部委负责人、专家学者及媒体代表等共200多人出席。杨洁篪部长与外国驻华外交团团长、多哥驻华大使阿马、新闻出版总署副署长邬书林、世界知识出版社社长高树茂共同为《中国外交2010》画册揭幕。杨洁篪部长在活动上致辞。首发式后，中国国家交响乐团现场表演了一场中西合璧、内容丰富的音乐会。

9月2日，以“中华人民共和国恢复在联合国合法席位40周年”为主题的第四届“蓝厅论坛”在外交部举行。外交部部长助理吴海龙、驻华外交使节、工商界人士、知名专家学者以及媒体代表等约200人出席。论坛由中国联合国协会和外交部新闻司公共外交办公室联合主办，协会会长陈健主持论坛。吴海龙部长助理发表主旨演讲，全面回顾和总结中国恢复在联合国合法席位40年来参与联合国事务的历程、成果和特色，并对联合国未来发展进行展望。吴海龙部长助理随后回答了与会嘉宾和记者提问。有关专家学者作专题发言，并与嘉宾交流互动。

9月17日，外交部杨洁篪部长夫人乐爱妹女士在北京市朝阳公园发起“大爱无国界——资助云南贫困山寨改造”国际义卖活动。乐爱妹女士和外交使团长多哥驻华大使阿马先生在开幕式上致辞。杨洁篪部长夫妇、外交部副部长李金章、阿马大使等为活动开幕剪彩。共有74家外国驻华使馆和国际组织驻华代表机构和9个国内单位和企业参与此次义卖活动。义卖现场设立了近百个展篷，展售来自世界各国别具特色的工艺品、日用品、书籍和风味食品等。当天现场义卖所得收入以及企业和个人赞助达近300万元人民币，全部用于外交部定点帮扶的云南省两个国家级贫困县——金平和麻栗坡各开展一个村寨改造项目。

12月2日，以“新形势下的中欧关系”为主题的第五届“蓝厅论坛”在外交部举行。外交部副部长傅莹、驻华外交使节、工商界人士、知名专家学者以及媒体代表等约240人出席。论坛由外交学院和外交部新闻司公共外交办公室联合主办，外交学院副院长秦亚青主持。傅莹副部长发表题为《中欧伙伴关系迎难而进》的主旨演讲，从历史和现实角度阐释了新形势下中欧关系的现状、发展前景和中国政策主张。傅莹副部长还回答了与会嘉宾和记者提问。有关专家学者作专题发言，并与嘉宾交流互动。

12月19日，杨洁篪外长就2011年国际形势和中国外交接受了《人民日报》记者专访，介绍了2011年国际形势重要发展、中国外交为化解外部风险、服务国内发展与稳定、维护中国海外利益方面所做工作、中国与各方关系发展情况以及中国在公共人文外交方面的新举措。杨洁篪外长还展望了2012年外交工作。

2. 外交部公众信息网建设

2011年，外交部公众信息网体系继续及时、准确发布中国外交信息，为国内外公众了解中国外交政策和工作提供服务。体系内站点228个，全年共发布消息60余万条，计逾15亿字，配图26万多张，日均点击量620余万次。“中国外交论坛”发帖1.5万条，约600万字。500余封公众邮件得到及时处理。

外交部网站结合国家领导人出访、出席重大国际活动以及坚持走和平发展道路、《中国的和平发展》白皮书、蓝厅论坛等主题建立专题，及时发布有关消息。邀请中国驻波兰大使孙玉玺、驻美国大使张业遂、驻欧盟使团团长宋哲以及外交部干部司孙祥华参赞参加网站“嘉宾在线访谈”，就中波、中美、中欧关系发展以及外交部公务员考录工作与网友进行在线交流，回答网民提问，介绍中国外交政策和工作。

外交部网站在中国信息化研究与促进网组织开展的2011年中国优秀政府网站推荐及综合影响力评估获得2011年度中国互联网“最具影响力政府网站”和“中国政府网站领先奖”。

3. 借助新媒体开展公共外交

外交部一直重视运用新媒体开展公共外交工作。2011年4月，新闻司公共外交办公室开通“外交小灵通”新浪微博，并于12月以“外交部新闻司公共外交办公室”名义公开认证信息。至12月底已发布微博2500余条，“粉丝”突破百万。

2011年12月，“外交小灵通”微博在新浪网和《中国改革》杂志联合举办的“2011政务微博高峰论坛”上荣获政务微博特别贡献奖“中国首个中央部委认证微博”，位列“十大政府机构微博”排行榜第三名。当月，“外交小灵通”荣获2011年度中国互联网“最具影响力政务微博”。2012年1月，“外交小灵通”微博荣获新浪网颁发的“微博影响力政府机构”奖项。

第九章

中国外交中的领事工作

（一）概述

2011年，中国领事工作围绕和平发展，在维护国家利益、促进中外人员交往方面发挥了越来越重要的独特作用。

维护国家和人民利益始终是中国领事工作的出发点和落脚点。2011年，中国政府全力维护包括港澳台同胞在内的所有海外中国公民的正当权益，运作顺畅、保护有力的领事保护机制日益完善。这一年，中国政府在埃及、利比亚和日本成功实施三次大规模撤离行动，安全撤出中国公民4.8万名。中国政府坚持预防与处置并重，不断整合资源，多措并举推进预防性领事保护，努力形成各方共同参与领事保护的合力。中国与老挝、缅甸、泰国共同建立了湄公河流域执法安全合作机制。

服务发展、促进合作始终是中国领事工作的不懈目标。2011年，中国政府全方位发展中外领事关系，与28个国家举行领事磋商（对话）或签订领事协定（协议），中国驻蒙特利尔、棉兰、敖德萨、克赖斯特彻奇总领馆相继开馆。这一年，中国正式启用因公电子护照，实现中国护照发展史上的一次重大革新，具有里程碑意义。外交部正式开通“中国领事服务网”，进一步提升领事服务水平，首次发布《领事证件服务指南》，加快APEC商务旅行卡推介审发，不断为中外人员跨境流动提供便利，创造条件。

（二）领事保护

受西亚北非局势持续动荡、一些国家重大自然灾害叠加发生等因素影响，2011年中国领事保护案件呈全球多点同时爆发态势，突发性、复杂性和艰巨性显著增强。面对海外公民权益方面的严峻挑战，在党中央、国务院统一指挥下，外交部与各有关部门和单位密切协调配合，圆满完成三次大规模撤离中国公民行动，妥善处理了全球范围内百余起重大领事案件。与此同时，外交部努力推陈出新，大力开展预防性领事保护，稳步推进“建制度、抓国外、促地方、进企业、入校园、建网络、搭平台、发指南、重媒体”九大举措：在福州召开“境外中国公民和机构安全保护工作部际联席会议”，在海外举行区域领事工作会议；首次在澳门特区举办“领事保护宣传周”；首次与中国电信企业合作向出境公民发送公益领事短信；首次发布五个少数民族文字版《领事保护和协助指南》；新开通了“中国领事服务网”，为公民出境提供一站式资讯服务；加强培训留学海外人员、成建制派出人员等；通过传媒广泛宣介海外安全和领事保护常识，帮助公民提高海外安全保护意识和风险防范能力。

2011年，海外领事保护和协助案件达三万多起，其中重大案件主要有：

1. 安全接回滞留埃及中国公民

1月，埃及安全局势恶化，埃及政府宣布进入紧急状态，大量中国公民滞留当地。

中国领导人高度重视在埃及中国公民的安全。外交部迅速牵头协调有关部门会同中国驻外使领馆开展工作，在45小时内连续派出8架飞机，安全接回近2000名受困中国公民，其中有港澳台同胞360名。

2. 大规模撤离在利比亚中国公民

2月，利比亚发生严重骚乱并迅速蔓延升级，当地三万多名中国公民生命财产安全受到严重威胁。

中国领导人高度重视并作出重要指示。国务院成立应急指挥部，迅速做出行动部署。经中央部门、驻外使领馆、地方政府以及有关企业通力合作和连续奋战，中方共调派182架次中国民航包机、24架次军机、5艘货轮、1艘护卫舰，并租用70架次外航包机、22艘次外籍邮轮、1000班次客车，从海陆空三路实施全方位、大规模撤离行动，在12天内安全撤回35860名中国公民。同时，本着人道主义原则，协助撤出来自希腊、意大利、孟加拉国、尼泊尔等12个国家约2100名人员。

3. 救援在新西兰地震灾区中国公民

2月，新西兰克赖斯特彻奇市发生里氏6.3级地震，旅居当地的中国公民遭遇困难，不少人员失踪，多名中国留学生遇难。

地震发生后，外交部与有关部门在第一时间紧急组成联合工作组赶赴灾区，中国驻新西兰使馆开通了三部热线电话，成立救灾指挥中心，尽一切可能向侨胞提供援助。中方积极协助新方开展对失踪中国公民搜救和死难者遗体辨认工作，并尽力为失踪人员家属提供帮助，妥善协调遇难者善后和赔偿等事宜。

4. 协助在日本地震灾区中国公民安全撤离

3月，日本东北地区发生里氏9.0级地震并引发海啸与核泄漏，造成重大人员伤亡和财产损失，灾区中国公民安全受到严重威胁。

中国领导人十分关心在日本中国公民安危。外交部立即启动应急机制，迅即协调有关部门连续奋战，通过中国驻日本使领馆千方百计了解灾区中国公民情况并进行救助。驻日本使领馆多个工作组深入重灾区，帮助受困公民约7600人有序安全撤离至东京、新潟等安全地点，并协助9500名在日本中国公民回国。

5. 稳妥处理中国船员在湄公河流域遇害案

10月，两艘中国货船在湄公河流域遭不明身份武装人员袭击，造成13名中国船员遇害。

中国政府高度重视，国家领导人要求迅速查明案情，缉拿凶手，保护中国人员生命财产安全。外交部牵头与有关部门和地方政府组成两个联合工作组，分赴泰国和云南省协助开展工作，安排滞泰船只船员安全回国，妥善处理了遇害船员善后事宜。中方并与有关各方协商建立了湄公河流域执法安全合作机制。

（三）领事磋商

领事磋商是促进中外领事关系的重要渠道。2011年，中国与11个国家举行双边领事磋商（对话），就领事领域的彼此关切和未来合作方向坦诚、深入交换了意见，达成诸多共识，为双边领事关系不断向前发展注入了新动力。

4月19日，中国与巴基斯坦在伊斯兰堡举行第四轮领事磋商。双方就中国公民和机构在巴安全、巴公民来华签证等事宜交换了意见。

5月5日，中国与瑞士在伯尔尼举行第五轮领事（移民）对话。双方就旅瑞中国公民安全保障、签证及非法移民核查遣返等事宜交换了意见。

5月19日，中国与美国在华盛顿举行第五轮领事磋商。双方就取消总领馆人员限额、在线签证申请表有关表述等事宜交换了意见。

6月8日，中国与俄罗斯在北京举行第15轮领事磋商。双方就商签《中俄关于便利人员合法往来的协议》、公民合法权益保护、签证和居留等事宜交换了意见。

7月3日，中国与哈萨克斯坦在阿斯塔纳举行第13轮领事磋商。双方就人员往来、公民合法权益保护等事宜交换了意见。

7月21日，中国与泰国在西安举行第三轮领事磋商。双方就中国在泰公民权益保护、APEC商务旅行卡、签证和国籍等事宜交换了意见。

8月26日，中国与韩国在首尔举行第13轮领事磋商。双方就进一步发展双边领事关系、商签有关协定、公民合法权益保护及便利人员往来等事宜交换了意见。

8月29日，中国与蒙古在乌兰巴托举行第13轮领事磋商。双方就建立领事部门热线联络机制、领事保护及便利人员往来等事宜交换了意见。

10月18日，中国与厄瓜多尔在北京举行首轮领事磋商。双方就中资企业人员在厄工作许可、合法打击非法移民等事宜交换了意见。

11月8日，中国与澳大利亚在太原举行第十轮领事磋商。双方就两国领事关系中的人员交往、领事协助、领事保护合作等事宜交换了意见。

12月2日，中国与新西兰在北京举行第二轮领事磋商。双方就给予澳门特区护照持有者免签待遇、领事通报、领事保护合作等事宜交换了意见。

（四）领事协定

领事协定是发展中外领事关系的重要法律基础。2011年，中国本着互利共赢的原则同有关国家谈判缔结双边领事协定，以巩固并促进双方领事合作，推动双边人员往来顺利开展。

2011年中国签订的双边领事协定

序号	协定名称	签订日期
1	中华人民共和国政府和新加坡共和国政府关于外交、公务和公务普通护照持有者互免签证的协定	2011.2.18
2	中华人民共和国外交部和希腊共和国外交部关于简化签证手续的联合声明	2011.5.16

（五）领事机构

领事机构是加强中外领事关系的重要平台。2011年，中国政府在对等互惠基础上并通过友好协商，与18个国家就设立、升格领事机构及有关领区扩大事宜达成一致。

2011年中外双方同意新设的领事机构

序号	机构或馆长名称	达成一致日期
1	蒙古驻香港总领事馆	2011.2.24
2	伊朗驻广州总领事馆	2011.2.28
3	土耳其驻广州总领事馆	2011.5.23
4	马里驻广州总领事馆	2011.6.8
5	密克罗尼西亚驻香港名誉领事	2011.6.17
6	乌克兰驻广州总领事馆	2011.6.20
7	乌干达驻广州总领事馆	2011.7.5
8	斐济驻上海总领事馆	2011.7.11
9	韩国驻沈阳总领事馆常驻大连领事办公室	2011.8.9
10	斯里兰卡驻广州领事馆	2011.9.2
11	吉尔吉斯斯坦驻广州总领事馆	2011.9.14
12	中国驻奥什总领事馆	
13	孟加拉国驻昆明总领事馆	2011.9.20
14	埃塞俄比亚驻重庆总领事馆	2011.9.20
15	德国驻沈阳总领事馆	2011.11.28

2011年经中方同意升格的外国领事机构

序号	国别	达成一致日期	新机构名称
1	新加坡	2011.2.28	新加坡驻成都总领事馆
2	加拿大	2011.11.29	加拿大驻重庆总领事馆

2011年经中方同意扩大领区的外国领事机构

序号	机构或馆长名称	达成一致日期	扩领区域
1	新加坡驻成都总领事馆	2011.2.28	陕西、重庆
2	摩洛哥驻香港名誉领事	2011.6.24	澳门
3	斯洛伐克驻香港名誉领事	2011.9.30	澳门

（六）涉及外国驻华领事机构事务和涉外案件

（1）2011年，中方继续依据《维也纳领事关系公约》和双边领事条约办理涉及外国驻华领事机构事务，为外国领事官员履行职务提供必要便利和协助。在中方大力支持下，外国领事机构在促进本国与领区内人员往来，增进双方经贸、科技、文化和旅游等关系的发展上发挥了日益重要的作用。

外交部共为70位外国新任驻华总领事和名誉领事颁发了《领事证书》和《名誉领事证书》，并为2000余名新任领馆人员及其随任家属颁发了身份证件。地方外事机关及时发布外国领馆馆长到离任公告，邀请领事官员参加当地举办的大型经贸、文化等活动，深化其对中国经济社会发展状况的了解，促进双方友好交流与合作。

（2）中方一贯依法维护在华外国人和机构的合法权益。在发生自然灾害、重大事故威胁外国人员及机构安全时，中方均主动或应外国驻华使领馆请求，尽速采取救助措施。"7·23"甬温线特别重大铁路交通事故发生后，中方在第一时间将五名外国人伤亡情况通报相关国家驻华使领馆，并为外方处理善后提供必要便利与协助。

外交部、有关部门和地方外事机关认真对待外国驻华使领馆就民商事、刑事、海事和行政等各类涉外案件提出的请求，对外方履行领事探视职务等提供必要便利，依法依规保护中外当事各方合法权益。

（七）移民合作

2011年，中国政府认真履行国际承诺，继续本着建设性态度参与移民领域的对话，与有关各方在防范和打击非法出入境等跨国犯罪活动中密切合作，为国际间人员交流健康有序发展作出了贡献。

2月22～24日，中国政府派专家组参加上海合作组织秘书处在北京举行的第二次移民问题专家会议。

3月10日，中国政府派代表参加在巴厘岛举行的巴厘进程高官会。

3月29～30日，以中国驻印尼大使章启月为团长的中国代表团出席在巴厘岛举行的巴厘进程第四届部长级会议。

5月30日至6月2日，中国政府派专家组参加在曼谷举行的巴厘进程专家会议。

6月7～8日，中国政府派代表参加在纳夫沙希尔举行的“布达佩斯进程”丝绸之路地区工作组第二次会议。

（八）领事证件

2011年，中国政府努力向中外民众提供更加便捷高效的领事证件服务，领事证件电子化、信息化进程加快。

护照方面。中国因公电子护照自7月1日起正式签发，标志着中国护照工作迈上了一个新台阶。外交部按国际惯例向外国政府推介电子护照，以确保持照人在境外顺利通行。一年来，本着服务与管理相结合的原则，外交部继续加强对各办照、发照单位以及驻外使领馆的业务指导，为经贸、文化、科技等重要团组紧急办理护照近8000人次；国内发照机关颁发因公护照约33万本；驻外使领馆为海外中国公民办理护照等国际旅行证件约65万本。

签证方面。一年来，中方积极为北京国际电影季、上海世界游泳锦标赛、深圳大运会、中国—亚欧博览会等大型国际活动参会、参赛和参观人员提供方便快捷的签证服务，中国驻外使领馆全年共颁发来华签证约920万份。在中央政府协助下，香港特区政府于2011年11月与塞尔维亚达成互免签证安排。截至2011年底，中国与74个国家达成互免持因公护照人员签证的协定或安排，与外国达成40个简化签证手续协议或安排；给予香港特区护照持有人免办签证待遇的国家和地区达144个，给予澳门特区护照持有人免办签证待遇的国家和地区为93个。

为了解决双边人员往来中的签证问题，外交部与美国、加拿大、英国、德国、澳大利亚、新西兰驻华使馆举行签证工作座谈会，加强沟通交流，深化务实合作。外交部积极开展APEC商务旅行卡推介审发工作，努力为外向型企业拓展国际市场提供便捷的出行条件。

领事认证方面。一年来，中外民商事类文书流转增多，领事认证在促进中外人员交往以及经贸合作等方面发挥了积极作用。外交部坚持以创新引领服务，自8月8日起在全国顺利推广新版领事认证贴纸，其防伪性能及制作工艺位列世界前茅，受到社会各界好评；面向企业和公民的服务不断加强，紧急办理400批次1800余份文书的领事认证；进一步服务地方经济发展，授予河南省外办领事认证自办权并授予扬州市外办领事认证代办权；加强领事认证工作指导，成功举办第七期全国地方外办领事认证培训班。全年办理领事认证约43万份。

附录一

（一）2011年中国外交重要活动

一月

2～7日　外交部长杨洁篪对美国进行正式访问。

4～13日　国务院副总理李克强对西班牙、德国、英国进行正式访问。

8～11日　第65届联大主席戴斯对中国进行正式访问。

18～21日　国家主席胡锦涛对美国进行国事访问。

23～26日　国务委员戴秉国赴俄罗斯出席中俄第五轮战略安全磋商。

二月

9～17日　外交部长杨洁篪对阿联酋、津巴布韦、加蓬、几内亚、多哥、乍得进行正式访问。

21～23日　哈萨克斯坦总统纳扎尔巴耶夫对中国进

行国事访问。

21～25日　奥地利外长施平德勒格对中国进行正式访问。

23～25日　外交部长杨洁篪对韩国和蒙古进行正式访问。

27日至3月2日　外交部副部长张志军赴日本出席第11次中日战略对话。

28日至3月2日　土库曼斯坦总统特使、副总理霍贾穆哈梅多夫对中国进行正式访问。

三月

2～4日　巴西外长帕特里奥塔对中国进行正式访问。

17～20日　沙特国王特使、国王安全事务顾问班达尔亲王对中国进行正式访问。

19～20日　外交部长杨洁篪出席在日本京都举行的中日韩外长会议。

21～30日　全国人大常委会副委员长陈昌智作为胡锦涛主席特使访问哥斯达黎加，并出席中国援建哥斯达黎加国家体育场移交启用仪式。

28～30日　韩国外交通商部长官金星焕对中国进行正式访问。

29日至4月3日　利比里亚外长麦金托什对中国进行正式访问。

30～31日　法国总统萨科齐来华出席国际货币体系改革研讨会。

31日至4月2日　德国副总理兼外长韦斯特维勒对中国进行正式访问，并出席首轮中德部长级战略对话。

四月

2～12日　全国政协主席贾庆林对缅甸、澳大利亚、萨摩亚进行正式访问。

8～12日　摩洛哥外交与合作大臣费赫里对中国进行正式访问。

11～16日　巴西总统罗塞芙对中国进行国事访问。

11～23日　中共中央政治局常委李长春对亚美尼亚、罗马尼亚、斯洛文尼亚、肯尼亚、莫桑比克进行正式访问。

12～15日　博鳌亚洲论坛2011年年会在海南举行。南非、俄罗斯、巴西、印度、韩国、西班牙、马来西亚、新加坡、汤加、乌克兰、乌兹别克斯坦等国领导人来华出席。

13～15日　韩国总理金滉植对中国进行正式访问。

14日　金砖国家领导人第三次会晤在海南举行。巴西总统罗塞芙、俄罗斯总统梅德韦杰夫、印度总理辛格、南非总统祖马来华出席。

15～18日　乌克兰总理阿扎罗夫对中国进行正式访问。

17～21日　马来西亚外长阿尼法对中国进行正式访问。

18～19日　印度尼西亚外长马尔迪对中国进行正式访问。

19～20日　乌兹别克斯坦总统卡里莫夫对中国进行国事访问。

23～27日　索马里副总理兼外长奥马尔对中国进行正式访问。

25～28日　澳大利亚总理吉拉德对中国进行正式访问。

27～30日　国务院总理温家宝对马来西亚、印度尼西亚进行正式访问。

27～30日　苏丹南方自治政府主席特使阿索贝对中国进行正式访问。

28～29日　巴基斯坦外秘巴希尔来华出席第四轮中巴战略对话。

五月

1～7日　外交部长杨洁篪对埃及、阿盟总部、塞尔维亚、瑞士、俄罗斯进行正式访问，并出席在阿联酋举行的中国—海湾合作委员会第二轮战略对话。

4日　外交部副部长翟隽赴埃塞俄比亚出席第四次中国—非盟战略对话。

5～7日　奥地利总理法伊曼对中国进行正式访问。

8～11日　国务院副总理王岐山、国务委员戴秉国赴美国出席第三轮中美战略与经济对话。

9～12日　阿富汗外长拉苏尔对中国进行正式访问。

12～15日　国务委员戴秉国出席在匈牙利举行的第二轮中欧高级别战略对话并访问匈牙利。

13～14日　外交部长杨洁篪出席在哈萨克斯坦举行的上海合作组织外长会议。

15～19日　欧洲理事会主席范龙佩对中国进行正式访问。

17～20日　巴基斯坦总理吉拉尼对中国进行正式访问。

18～19日　塞内加尔外交国务部长尼昂对中国进行正式访问。

18～30日　全国人大常委会委员长吴邦国对纳米比亚、安哥拉、南非、马尔代夫进行正式访问。

19～21日　突尼斯外长凯菲对中国进行正式访问。

21～22日　国务院总理温家宝出席在日本东京举行的第四次中日韩领导人会议。

23～24日　伊朗外长萨利希对中国进行正式访问。

23～25日　斯里兰卡外长佩里斯对中国进行正式访问。

25～31日　赤道几内亚外交、国际合作和法语国家事务部长米恰对中国进行正式访问。

26～28日　缅甸总统吴登盛对中国进行国事访问。

六月

1～13日　国家副主席习近平对意大利进行正式访问并出席意统一150周年庆典活动，其后对古巴、乌拉圭、智利进行正式访问。

2～7日　莫桑比克外交与合作部长巴洛伊对中国进行正式访问。

3～5日　南部非洲发展共同体轮值主席、纳米比亚总统波汉巴对中国进行国事访问。

3～12日　刚果（布）外交与合作部长伊奎贝对中国进行正式访问。

4～7日　外交部长杨洁篪出席在匈牙利举行的第十届亚欧外长会议。

7～9日　利比亚政府特使、外长欧拜迪对中国进行正式访问。

9～11日　厄立特里亚外长奥斯曼对中国进行正式访问。

11～17日　巴巴多斯总理斯图亚特对中国进行工作访问。

12～20日　国家主席胡锦涛对哈萨克斯坦、俄罗斯、乌克兰进行国事访问，并出席上海合作组织阿斯塔纳峰会、第15届圣彼得堡国际经济论坛。

15～19日　蒙古总理巴特包勒德对中国进行正式访问。

15～22日　孟加拉国外长莫尼对中国进行正式访问。

21～22日　利比亚"国家过渡委员会"执行局主席吉卜里勒对中国进行正式访问。

22日　中国驻蒙特利尔总领事馆开馆。

24～28日　国务院总理温家宝对匈牙利、英国、德国进行正式访问，并出席中英总理年度会晤、首轮中德政府磋商。

28～30日　苏丹总统巴希尔对中国进行国事访问。

七月

2～16日　中共中央政治局常委、中央纪委书记贺国强对法国、波兰、塞尔维亚、阿联酋、伊朗进行正式访问。

3～4日　日本外相松本刚明对中国进行正式访问。

6～8日　菲律宾外长德尔罗萨里奥对中国进行正式访问。

9日　中国与南苏丹建交。中国驻南苏丹使馆开馆。

12日　巴勒斯坦总统特使艾哈迈德对中国进行正式访问。

18～20日　伊拉克总理马利基对中国进行正式访问。

19～21日　意大利外长弗拉蒂尼对中国进行正式访问。

20～22日　喀麦隆总统比亚对中国进行国事访问。

20～23日　外交部长杨洁篪出席在印度尼西亚巴厘岛举行的东盟地区论坛系列外长会议。

八月

2～10日　外交部长杨洁篪对阿尔巴尼亚、波兰、苏丹、南苏丹进行正式访问。

9～13日　莫桑比克总统格布扎对中国进行国事访问。

12～23日　第26届世界大学生夏季运动会在深圳召开。斯里兰卡、斐济、埃塞俄比亚、罗马尼亚、玻利维亚、莫桑比克、亚美尼亚、俄罗斯、老挝等国领导人来华出席。

16～26日　中共中央政治局常委、中央政法委书记周永康对尼泊尔、老挝、柬埔寨、塔吉克斯坦、蒙古进行正式访问。

22～25日　外交部副部长张志军赴澳大利亚出席第三轮中澳战略对话。

22～26日　老挝副总理兼外长通伦对中国进行正式访问。

23～24日　巴基斯坦外长希娜对中国进行正式访问。

28～30日　第66届联大当选主席纳赛尔对中国进行正式访问。

30日至9月3日　菲律宾总统阿基诺对中国进行国事访问。

九月

5～9日　国务委员戴秉国对越南进行正式访问，并出席中越双边合作指导委员会第五次会议。

7～9日　哈萨克斯坦外长卡济汉诺夫对中国进行正式访问。

8日　中国驻棉兰总领事馆开馆。

8～10日　阿根廷外交、国际贸易和宗教事务部部长蒂梅尔曼对中国进行正式访问。

12～15日　法国国务部长兼外交和欧洲事务部长朱佩对中国进行正式访问。

14～16日 世界经济论坛2011年新领军者年会（第五届夏季达沃斯论坛）在大连举行。贝宁总统亚伊、几内亚总统孔戴、吉尔吉斯斯坦总理阿塔姆巴耶夫、新加坡荣誉国务资政吴作栋来华出席。

14～27日 全国人大常委会委员长吴邦国对俄罗斯、白俄罗斯、乌兹别克斯坦、哈萨克斯坦进行正式访问，并出席在莫斯科举行的中俄议会合作委员会第五次会议。

19～28日 外交部长杨洁篪赴美国纽约出席第66届联大一般性辩论。

21～25日 毛里塔尼亚总统阿齐兹来华出席中国—阿拉伯国家经贸论坛。

22～28日 国务委员戴秉国赴法国举行磋商，赴英国举行中英战略对话。

26日 南非国际关系与合作部副部长易卜拉欣来华出席第四次中国—南非战略对话。

26～30日 朝鲜内阁总理崔永林对中国进行正式访问。

十月

7～9日 塞尔维亚外长耶雷米奇对中国进行正式访问。

9～10日 缅甸总统特使、外长吴温纳貌伦对中国进行正式访问。

11～12日 俄罗斯总理普京对中国进行正式访问并出席中俄总理第16次定期会晤。

11～14日 摩尔多瓦副总理兼外长良格对中国进行正式访问。

12～15日 乍得外交和非洲一体化部长法基对中国进行正式访问。

19～21日 俄罗斯联邦安全会议秘书帕特鲁舍夫对中国进行正式访问，并出席第六轮中俄战略安全磋商。

19～23日 外交部长杨洁篪对丹麦、巴哈马进行正式访问并赴美国休斯敦出席第五届中美关系研讨会。

23～27日 国务院副总理李克强对朝鲜、韩国进行正式访问。

23日至11月4日 全国政协主席贾庆林对希腊、荷兰、德国进行正式访问。

23～28日 安哥拉国务部长费若对中国进行正式访问。

30日至11月4日 国家主席胡锦涛对奥地利进行国事访问，并出席在法国戛纳举行的二十国集团领导人第六次峰会。

十一月

6～8日　国务院总理温家宝出席在俄罗斯莫斯科举行的上海合作组织成员国总理第十次会议。

10～14日　国家主席胡锦涛出席在美国夏威夷举行的亚太经合组织第19次领导人非正式会议。随行的外交部长杨洁篪出席亚太经合组织第23届部长级会议。

17～21日　国务院总理温家宝出席在印尼巴厘岛举行的东亚领导人系列会议，并对文莱进行正式访问。

20～26日　赞比亚总统特使、前总统卡翁达对中国进行正式访问。

22～25日　土库曼斯坦总统别尔德穆哈梅多夫对中国进行国事访问。

23日　日本外相玄叶光一郎对中国进行正式访问。

23～25日　尼泊尔副总理兼外长施雷斯塔对中国进行正式访问。

29日　中国驻敖德萨总领事馆开馆。

30日至12月2日　全国人大常委会副委员长司马义·铁力瓦尔地作为胡锦涛主席特使出席吉尔吉斯斯坦总统就职仪式。

十二月

2日　中国驻克赖斯特彻奇总领事馆开馆。

3～7日　外交部长杨洁篪赴德国出席阿富汗问题波恩会议并对德国进行正式访问，并出席第二轮中德外长级战略对话。

7～17日　全国人大常委会副委员长蒋树声作为胡锦涛主席特使出席阿根廷总统就职仪式。

18～22日　波兰总统科莫罗夫斯基对中国进行国事访问。

19～20日　国务委员戴秉国出席在缅甸内比都举行的大湄公河次区域经济合作第四次领导人会议。

20～24日　国家副主席习近平对越南、泰国进行正式访问。

23～25日　胡锦涛主席代表、国务委员戴秉国对巴基斯坦进行正式访问。

25～26日　日本首相野田佳彦对中国进行正式访问。

26～27日　外交部副部长张志军赴韩国出席第四次中韩外交部门高级别战略对话。

（二）2011年中国外交重要文献

在白宫南草坪欢迎仪式上的致辞

中华人民共和国主席　胡锦涛
（2011年1月19日，美国华盛顿）

总统先生，
奥巴马夫人，
女士们，先生们，朋友们：

很高兴应奥巴马总统邀请，在一元复始的时节来到华盛顿，对美国进行国事访问。此时此刻，我谨代表13亿中国人民，向美国人民致以诚挚的问候和良好的祝愿！

我这次访问美国，是为增进互信、加强友谊、深化合作、推动21世纪积极合作全面的中美关系继续向前发展而来。

中美建交32年来，两国关系已经成长为具有战略意义和全球影响的双边关系。奥巴马总统就职以来，在双方共同努力下，两国各领域合作成果丰硕，中美关系得到新的发展，为两国人民带来了实实在在的利益，为世界和平与发展作出了重要贡献。

在21世纪第二个十年开始之际，中美两国人民都期待中美关系发展得更好，各国人民都期待世界发展得更好。面对新形势新挑战，中美两国拥有广泛的共同利益，肩负着重要的共同责任。我们应该登高望远、求同存异，共同推动中美关系长期健康稳定发展。我希望通过这次访问，推进积极合作全面的中美关系，开启两国伙伴合作新篇章。

——中美伙伴合作应该基于相互尊重。我们生活在一个越来越丰富多彩的世界之中。中美两国要尊重彼此对发展道路的选择，尊重对方核心利益，通过沟通加深了解，通过对话增进互信，通过交流扩大共识。

——中美伙伴合作应该基于互利共赢。中国的前途命运日益紧密地同世界的前途命运联系在一起，中美交往更加紧密，交流互鉴应该成为我们的共同选择，合作共赢应该成为我们的相处之道。

——中美伙伴合作应该基于共迎挑战。中美两国应该就国际事务加强沟通和协调，合作应对各种全球性挑战，为世界和平与发展作出更大贡献。

——中美伙伴合作应该基于人民广泛参与。中美两国人民相互怀有深厚的友好感情，曾经在决定人类前途命运的重大历史关头并肩战斗。两国人民应该扩大交往、加强友谊，为中美关系发展提供不竭动力。

女士们、先生们！

当今世界正处在大发展大变革大调整时期，求和平、谋发展、促合作已经成为不可阻挡的时代潮流。让我们抓住机遇、携手前行，共同加强中美伙伴合作，同世界各国一道推动建设持久和平、共同繁荣的和谐世界。

再次感谢总统先生对我们的热烈欢迎！

展望未来　共享繁荣

——在金砖国家领导人第三次会晤时的讲话

中华人民共和国主席　胡锦涛

（2011年4月14日，海南三亚）

各位同事，

女士们，先生们：

很高兴同大家再次相聚，共商金砖国家合作和发展大计。首先，我谨代表中国政府和人民，并以我个人的名义，对各国领导人和代表来华与会，表示热烈的欢迎！

21世纪刚刚进入第二个十年。过去10年里，世界经历了大发展大变革大调整，和平、发展、合作的时代潮流更加强劲。世界多极化、经济全球化深入发展，全球经济治理出现新变革，科技创新孕育新突破，新兴市场国家合作蓬勃发展，世界各国面临难得的发展机遇。

同时，过去10年里，国际和地区热点此起彼伏，影响着世界和平稳定。南北发展不平衡依然突出，气候变化、环境恶化、能源资源安全、严重传染性疾病、重大自然灾害等全球性问题受到普遍关注。当前，国际金融危机深层次影响仍未根本消除，大宗商品价格上涨，全球通胀压力加大，世界经济复苏存在不确定因素，全球金融治理更是任重道远。近来，西亚北非部分国家出现政局动荡甚至战乱，对地区稳定带来影响。这些都说明，实现世界持久和平、共同繁荣仍有很长的路要走。

机遇要紧紧把握，挑战要妥善应对。在进入21世纪第二个十年的历史时刻，我们需要共同思考一个重要问题：如何使人类拥有一个和平安宁、共享繁荣的21世纪？为此，我愿提出以下几点看法。

第一，大力维护世界和平稳定。和平稳定是发展的前提和基础。上个世纪，人类经历了两次世界大战，生灵涂炭，经济社会发展遭受严重挫折。第二次世界大战结束以来，世界经济能够快速增长，主要得益于相对和平稳定的国际环境。世界银行的统计表明，长期受到暴力冲突影响的国家都没有实现联合国千年发展目标。维护世界和平稳定，使人民安居乐业，是各国政府和领导人需要承担的首要责任。

我们应该恪守联合国宪章宗旨和原则，充分发挥联合国及其安理会在维护和平、缔造和平、建设和平方面的核心作用。坚持通过对话和协商，以和平方式解决国际争端。

我们应该坚持国家不论大小、强弱、贫富都是国际社会平等一员，以民主、包容、合作、共赢的精神实现共同安全，做到一国内部的事情一国自主办、大家共同的事情大家商量办，坚定不移奉行多边主义和国际合作，推进国际关系民主化。

我们应该营造支持各国根据本国国情实现和平、稳定、繁荣的国际环境。应该本着求同存异的原则，尊重各国主权和选择发展道路和发展模式的权利，尊重文明多样性，在交流互鉴、取长补短中相得益彰、共同进步。

第二，大力推动各国共同发展。国际金融危机引发了各国对世界经济不平衡的思考和讨论。从根本上讲，世界经济最大的不平衡是南北发展不平衡，世界经济领域最根本的矛盾是发展中国家发展不足。没有发展中国家经济发展，就没有世界经济长期稳定发展。我们应该继续致力于促进发展中国家发展，推动世界经济复苏和发展。

我们应该建设公平有效的全球发展体系，加强发展机构，增加发展资源，全面落实联合国千年发展目标。应该坚持共同但有区别的责任原则，合作应对气候变化这一全球性挑战。应该本着互利合作、多元发展、协同保障的原则，共同维护能源安全。应该制定长远的国际粮食合作战略，实现全球粮食安全。

我们应该建设公平、公正、包容、有序的国际货币金融体系，支持全球经济发展，增加新兴市场国家和发展中国家在国际货币金融体系中的发言权和代表性。

我们应该建设公正合理的国际自由贸易体系，反对各种形式的保护主义，加强多边贸易体制，推动多哈回合谈判早日实现发展回合目标。

第三，大力促进国际交流合作。我们这个星球是世界各国人民的共同家园。当前，各国相互联系、相互依存、利益交融达到前所未有的程度。一国的前途命运日益紧密地同世界的前途命运联系在一起，携手合作、同舟共济符合各国共同利益。

我们应该充分利用联合国、二十国集团、金砖国家等各层次的多边合作机制，开展务实有效的合作。联合国作为最具普遍性、代表性、权威性的政府间国际组织，在国际事务中应该始终发挥核心作用。二十国集团要继续作为全球经济治理的重要平台。以金砖国家为代表的新兴市场国家合作机制方兴未艾，是全球经济合作的新模式，是多边主义的重要实践，可以继续在促进新兴市场国家合作方面发挥积极作用。

第四，大力加强金砖国家共同发展的伙伴关系。金砖国家合作开展5年来，内涵不断丰富，层次不断拓展，成果不断涌现，逐步形成了多层次、宽领域的合作架构。实践证明，金砖国家合作不仅有利于我们五国经济社会发展，而且有利于世界和平与发展。我们应该立足当前、着眼长远，坚持团结互信、开放透明、共谋发展的基本原则，通过合作加强互信，永远做好朋友、好伙伴。我们的合作是开放的、透明的，目的是实现互利共赢、共同发展。我们应该继续坚定维护金砖国家共同利益，在国际经济金融和发展领域加强协调，增强新兴市场国家和发展中国家在全球经济治理中的地位和作用。我们应该继续深化务实合作，在经贸、卫生、友城等领域积极挖掘合作潜力，推动各领域合作出成果、见实效，进一步增强金砖国家合作的经济社会基础。

各位同事！

改革开放30多年来，中国发展取得了举世瞩目的成就。在过去10年里，中国平均每年进口价值6870亿美元的商品，为相关国家和地区创造了1400多万个就业岗位。2010年，中国国内生产总值实现10.3%的增长，为推动世界经济复苏作出了重要贡献。这充分说明，中国发展是世界发展的一部分，中国发展得越好，对世界作出的贡献越大。

同时，我们也清醒地认识到，中国人口多、底子薄，发展还很不平衡，人均国内生产总值水平还很低，经济发展的资源环境压力加大，还有1亿多人生活在联合国设定的贫困线以下。中国发展面临诸多挑战，实现自己的发展目标需要继续付出艰苦努力。

不久前，我们制定颁布了“十二五”规划纲要，确定了未来5年中国经济社会发展的指导思想、战略目标、主要任务。我们将以科学发展为主题，以加快转变经济发展方式为主线，加快推进经济结构调整，大力加强自主创新，切实抓好节能减排，不断深化改革开放，着力保障和改善民生，促进社会公平正义，促进经济长期平稳较快发展和社会和谐稳定，切实做到发展为了人民、发展依靠人民、发展成果由人民共享。

我相信，一个发展更加持续、社会更加和谐、制度更加完善、对外更加开放的中国，有利于增进13亿中国人民的福祉，也必将对世界和平与发展作出更大贡献。

中国将继续高举和平、发展、合作旗帜，坚持独立自主的和平外交政策，始终不渝走和平发展道路，始终不渝奉行互利共赢的开放战略。中国欢迎世界各国参与中国发展、分享中国发展机遇，将不断拓展新的开放领域和空间，以自己的发展促进地区和世界发展，同世界各国人民共享繁荣。

各位同事，让我们携手前进，共同推动建设持久和平、共同繁荣的和谐世界。

谢谢大家！

推动共同发展　共建和谐亚洲

——在博鳌亚洲论坛2011年年会开幕式上的演讲

中华人民共和国主席　胡锦涛

（2011年4月15日，海南博鳌）

尊敬的各位贵宾，

女士们，先生们，朋友们：

首先，我谨代表中国政府和人民，对博鳌亚洲论坛2011年年会的召开，表示热烈的祝贺！对各位来宾的到来，表示诚挚的欢迎！

10年前，在亚洲有关方面和人士共同努力下，博鳌亚洲论坛宣告成立。这是新形势下亚洲团结意识日益提高、合作意愿不断增强的一个重要标志。10年来，博鳌亚洲论坛在凝聚亚洲共识、传播亚洲声音、促进亚洲合作方面发挥了重要作用，已经成为全球具有重要影响的经济论坛之一。博鳌亚洲论坛之所以能够不断成长，得益于亚洲快速发展，也见证和推动了这一历史进程。

10年来，亚洲经济快速发展，区域合作蓬勃推进，国际影响力持续提高。亚洲经济在国际金融危机中率先企稳复苏，成为拉动世界经济恢复和增长的重要引擎。亚洲发展不仅有力改变着亚洲人民命运，而且日益影响着世界发展进程。

回首亚洲走过的不平凡历程，我们有一个共同的感觉，在国际形势复杂多变的条件下，亚洲能够发生这样深刻的变化、取得这样显著的成就，是有着重要原因的。亚洲的发展，得益于总体稳定的国际和地区环境，得益于深入发展的经济全球化和区域合作，得益于亚洲睦邻友好关系的发展，更与亚洲人民既坚持发扬在长期实践中形成的优良传统又注重学习借鉴世界其他地区的有益经验密不可分。

——亚洲人民历来具有自强不息的奋斗精神。在漫长历史进程中，亚洲人民创造了丰富多彩、享誉世界的辉煌文明。近代以来，在内外多种因素作用下，亚洲经历了曲折和艰难的发展历程。长期以来，亚洲人民为改变自己的命运，始终以不屈的意志和艰辛的奋斗开辟前进道路。今天人们所看到的亚洲发展成就，是勤劳智慧的亚洲人民不屈不挠、锲而不舍奋斗的结果。

——亚洲人民历来具有开拓进取的创新精神。历史和现实都证明，实现经济社会发展，必须找到符合自身实际的发展道路。亚洲人民深知，世界上没有放之四海而皆准的发展模式，也没有一成不变的发展道路。亚洲人民勇于变革创新，不断开拓进取，探索和开辟顺应时代潮流、符合自身实际的发展道路，为经济社会发展打开了广阔前景。

——亚洲人民历来具有开放包容的学习精神。亚洲是充满多样性的大陆，亚洲文明在多元文化影响中融合演进，为亚洲人民相互学习、相互借鉴、相互促进提供了重要文化基础。亚洲人民既弘扬自身优秀文化传统，又广泛吸收世界各国人民创造的优秀文明成果，促进了亚洲和世界共同发展。

——亚洲人民历来具有同舟共济的团结精神。亚洲人民是一家。历史上，亚洲人民在掌握民族命运的斗争中曾经并肩战斗、风雨同舟。近年来，从应对亚洲金融危机到应对国际金融危机，从抗击印度洋海啸到抗击中国汶川特大地震灾害，亚洲人民守望相助、患难与共。随着亚洲区域一体化进程加快，亚洲人民命运更加紧密地联系在一起。

3月11日，日本发生特大地震海啸灾害，造成重大人员财产损失。包括中国人民在内的亚洲人民对日本人民遭受的痛苦感同身受，纷纷伸出援手，再次向世人展示了亚洲人民同舟共济的团结精神。我们相信，日本人民一定能够战胜这场灾难、重建美好家园。

总之，以上这些优良传统是亚洲精神的重要体现，是亚洲人民共同的宝贵财富，值得倍加珍惜、发扬光大。我坚信，只要坚持发扬这些优良传统，亚洲人民必将在前进道路上创造出新的业绩，为人类和平与发展的崇高事业作出新的更大的贡献。

女士们、先生们！

步入21世纪第二个十年，亚洲发展站在了新的历史起点上。今天的亚洲，经济更加繁荣，社会更加进步，人民信心更加坚定，发展前景更加广阔。同时，我们也要看到，亚洲经济结构性矛盾凸显，发展不平衡性突出，地区热点问题此起彼伏，传统和非传统安全问题大量存在。在世界多极化、经济全球化深入发展的形势下，如何处理好发展和稳定的关系依然是摆在亚洲人民面前的重大课题。本次年会以“包容性发展：共同议程与全新挑战”为主题，具有重要意义。推动共同发展，共建和谐亚洲，这是时代赋予亚洲人民的共同使命。我愿就此提出以下建议。

第一，尊重多样文明，促进睦邻友好。我们应该继续相互尊重各自选择的发展道路，相互尊重各自推动经济社会发展、改善人民生活的实践探索，把亚洲的多样性转化为加强交流合作的活力和动力，增进相互理解和信任，不断提高各领域合作水平。

第二，转变发展方式，推动全面发展。我们应该紧跟世界发展新趋势，着力转变经济发展方式，积极调整经济结构，增强科技创新能力，发展绿色经济，促进实体经济和虚拟经济、内需和外需均衡发展，同时兼顾速度和质量、效率和公平，把发展经济和改善民生紧密结合起来，实现经济社会协调发展。

第三，分享发展机遇，共迎各种挑战。我们应该加强宏观经济政策协调，不断扩大共同利益，推动地区所有成员共同发展。大国要扶持小国，富国要支援穷国，各国要相互帮助，共同把握机遇，共同应对挑战，努力让发展成果惠及地区所有成员，让全亚洲人民生活得更加幸福。

第四，坚持求同存异，促进共同安全。我们应该摒弃冷战思维和零和观念，大力倡导互信、互利、平等、协作的新安全观，照顾彼此安全关切，最大限度展现善意、智慧、耐心，坚持通过对话和协商化解矛盾，积极促进地区安全合作，努力维护和平稳定的地区环境。

第五，倡导互利共赢，深化区域合作。我们应该秉承协商一致、循序渐进的原则，尊重各方共同意愿，加强区域合作机制建设，推动各类机制充分发挥各自优势、并行不悖发展。我们应该坚持开放的地区主义，尊重地区外国家在亚洲的存在和利益。我们欢迎包括金砖国家在内的各个国家积极参与亚洲合作进程，共同促进亚洲和平、稳定、繁荣。

女士们、先生们!

10年来，中国经济持续快速发展，经济实力、综合国力、人民生活水平迈上新的台阶，国家面貌发生举世瞩目的历史性变化，为促进亚洲和世界经济增长作出了重要贡献。10年来，中国深化同亚洲国家的睦邻友好，广泛参与区域合作，同几乎所有亚洲国家建立起不同形式的伙伴关系，成为多个亚洲国家的最大贸易伙伴和最大出口市场。2010年，中国同亚洲国家贸易额达到9316亿美元。中国—东盟自由贸易区涵盖19亿人口，成为发展中国家自由贸易区的典范。中国同亚洲和世界联系的广度和深度达到前所未有的水平，在国际和地区事务中发挥了重要的建设性作用。事实充分证明，中国发展繁荣离不开亚洲，亚洲发展繁荣也需要中国。

中国虽然取得了举世瞩目的发展成就，但仍然是世界上最大的发展中国家，经济社会发展面临巨大的人口、资源、环境压力，发展中不平衡、不协调、不可持续问题依然突出，实现现代化和全体人民共同富裕还有很长的路要走。不久前，中国制定并公布了国民经济和社会发展第十二个五年规划纲要，提出了今后5年中国经济社会发展的总体任务。我们将适应国内外形势新变化，顺应各族人民过上更好生活新期待，以科学发展为主题，以加快转变经济发展方式为主线，更加注重以人为本，更加注重全面协调可持续发展，更加注重统筹兼顾，更加注重保障和改善民生，促进经济长期平稳较快发展和社会和谐稳定，为全面建成小康社会打下具有决定性意义的基础。

全面落实这一规划，对中国提高对外开放水平、深化同亚洲和世界各国的互利合作也具有十分重要的意义。

未来5年，中国将着力实施扩大内需特别是消费需求的战略，建立长效机制，释放消费潜力，着力促进经济增长向依靠消费、投资、出口协调拉动转变。我们将实行更加积极主动的开放战略，不断拓展新的开放领域和空间，扩大和深化同各方利益的汇合点。我们将发挥进口对宏观经济平衡和经济结构调整的重要作用，促进贸易收支基本平衡。这将为亚洲和世界各国扩大对华出口提供重要机遇。

未来5年，中国将着力实施“走出去”战略，引导各类所有制企业有序到境外投资，积极开展有利于改善当地基础设施和人民生活的项目合作。我们将更多投资亚洲和新兴市场国家，同时增加对亚洲发展中国家的经济援助。

未来5年，中国将着力参与全球经济治理和区域合作，推动国际经济金融体系改革，推动建立均衡、普惠、共赢的多边贸易体制，反对各种形式的保护主义，促进国际经济秩序朝着更加公正合理的方向发展。我们将继续积极参与10+1、10+3、东亚峰会以及中日韩合作，推动中国—东盟自由贸易区稳步发展。我们将加强同周边国家在交通、能源管道、信息通信、电网等领域的基础设施建设合作，提升本地区互联互通水平。中国将继续推进同亚洲国家在旅游、文化、教育、青年等领域的交流合作，加深中国人民同亚洲各国人民相互了解和友谊。

未来5年，中国将着力建设资源节约型、环境友好型社会，深入贯彻节约资源和保护环境基本国策，节约能源，降低温室气体排放强度，发展循环经济，推广低碳技术，积极应对气候变化，促进经济社会发展与人口资源环境相协调，走可持续发展之路。

女士们、先生们!

近代饱经沧桑的中国人民，深知和平之珍贵、发展之重要。中国将坚定不移走和平发展道路，坚定不移奉行互利共赢的开放战略，始终把亚洲放在对外政策的首要位置，坚持与邻为善、以邻为伴的周边外交方针，积极发展同亚洲各国的睦邻友好和互利合作，不断增进相互理解和信任。中国将继续致力于通过友好谈判和平解决同邻国的领土和海洋权益争端，在地区热点问题上发挥建设性作用，积极参与各种形式的地区安全对话和合作，努力维护有利于亚洲和平与发展的地区环境。中国永远做亚洲各国的好邻居、好朋友、好伙伴。

总之，我们对亚洲的未来充满信心。让我们携起手来，共同开创亚洲更加美好的明天。

预祝年会取得圆满成功！

和平发展　世代友好

——在上海合作组织成员国元首理事会第11次会议上的讲话

中华人民共和国主席　胡锦涛

（2011年6月15日，哈萨克斯坦阿斯塔纳）

尊敬的纳扎尔巴耶夫总统，

尊敬的各位同事：

很高兴同大家一道庆祝上海合作组织成立10周年。这次峰会在本组织发展进程中具有承前启后的重要意义。感谢主席国和纳扎尔巴耶夫总统为峰会举行所作的精心准备和周到安排。

10年前的今天，上海合作组织应运而生。这一创举顺应了世界和平与发展的时代潮流，反映了新形势下成员国人民求和平、促合作、谋发展的共同愿望和要求。

10年来，各成员国团结一致、密切协作，推动上海合作组织不断向前发展，取得了重要成就。

我们完善了组织架构，建立多层次定期会晤机制，设立秘书处和地区反恐怖机构两个常设机构，确保了本组织成员国及时充分的沟通和协调。

我们奠定了坚实法律基础，签署《上海合作组织宪章》、《长期睦邻友好合作条约》等上百份重要合作文件，为本组织发展和成员国在组织框架内合作打下牢固法律基础。

我们创立了新型国家关系模式，把“世代友好，永保和平”的思想以法律形式确定下来，标志着本组织成员国睦邻互信和团结协作达到前所未有的高水平。

我们贯彻了“上海精神”，在互信、互利、平等、协商、尊重多样文明、谋求共同发展的“上海精神”引领下，求同存异、取长补短，实现和睦共处。这是本组织不断发展壮大的根本原因，也为国际社会探索新安全观和新型国家关系提供了宝贵经验。

我们维护了地区和平，率先明确提出打击恐怖主义、分裂主义、极端主义的目标，举行十余次联合反恐军事演习，极大震慑了“三股势力”、毒品走私、跨国有组织犯罪，为维护地区和平稳定发挥了积极作用。

我们促进了地区国家共同发展，签署《多边经贸合作纲要》，倡议建立能源俱乐部、上海合作组织开发银行、粮食安全合作机制，区域经济一体化取得重大进展。中方先后承诺向其他成员国提供120多亿美元优惠贷款，推动有利于本地区共同发展的大型项目。

我们开展了广泛国际合作，吸收四个观察员、两个对话伙伴，同联合国等重要国际和地区组织建立联系并开展合作，积极参与阿富汗重建，国际地位和影响持续上升。

上海合作组织取得的成就充分证明，本组织是地区和平稳定的重要保障，是促进地区各国共同发展繁荣的强大动力，有着美好的发展前程。

各位同事！

我们已经迈入本世纪第二个十年，世界正处在大发展大变革大调整时期，和平、发展、合作的时代潮流更加强劲，以合作促安全、谋发展成为国际社会广泛共识。同时，国际和地区热点问题此起彼伏，新矛盾新挑战层出不穷，维护世界和平、促进共同发展的任务更加艰巨繁重。

未来10年是上海合作组织发展的关键时期，对我们各成员国自身发展和本地区稳定至关重要。我们应该本着对成员国、本地区乃至世界的和平、稳定、发展高度负责的精神，牢牢把握组织未来发展方向，全力将上海合作组织建设成为机制完善、协调顺畅、合作全面、开放和谐的区域合作组织。

我们应该为本组织未来10年的发展作出总体规划，重点明确以下任务。

第一，坚持睦邻友好，构建和谐地区。我们应该坚持不懈落实《长期睦邻友好合作条约》，加强在核心利益问题上的沟通和磋商，不断增进互信，加大相互支持力度。要坚持大小国家一律平等，真诚相待，在协商一致基础上决定本组织重大事项。

第二，增强本组织抵御现实威胁的能力，确保地区长治久安。我们应该把握影响地区安全的核心问题和关键因素，建立更加完善的安全合作体系。要在尊重各国独立、主权、领土完整和各国人民意愿的基础上，提高组织行动能力和快速反应能力。要毫不懈怠打击“三股势力”、贩毒和跨国有组织犯罪，定期举行联合反恐演习。

第三，推动实现区域经济一体化，促进地区各国共同发展。我们应该拓展合作领域，推动贸易和投资便利化，推进域内交通、能源、通信基础设施互联互通，加快构建本地区能源安全、金融安全、粮食安全合作机制，加强非资源和民生领域合作，深入发掘应对危机和促进可持续发展的内生动力。中方将继续落实向成员国提供的优惠贷款，努力将欧亚经济论坛、中国—亚欧博览会打造成区域经济合作平台，更好促进地区经济发展繁荣。

第四，加强人文合作，推动人民世代友好。我们应该坚持不懈扩大人文交流，拓宽民间和社会交流渠道，建设教育、医疗服务网络，开展旅游和体育合作，促进人民相互了解，夯实上海合作组织未来发展的社会基础。

各位同事！

本组织观察员、对话伙伴以及阿富汗是我们的好邻居、好伙伴，长期以来为本组织发展倾注了热情、作出了贡献。中方支持本组织继续以开放透明的姿态参与国际和地区合作，为本地区各国发展创造更加有利的条件。

本次峰会闭幕后，中方将接任上海合作组织主席国。各方一致同意把这一年确定为本组织“睦邻友好年”。我们应该弘扬“上海精神”，深化互利合作，保障和平发展，巩固世代友好。中方相信，在各方不懈努力下，上海合作组织必将在新的航程中乘风破浪，驶向更加光明的未来！

谢谢各位！

中华人民共和国主席胡锦涛和俄罗斯联邦总统梅德韦杰夫关于《中俄睦邻友好合作条约》签署十周年的联合声明

（2011年6月16日）

一

2001年7月16日，中华人民共和国和俄罗斯联邦国家元首签署了《中俄睦邻友好合作条约》。

条约汲取了长期以来中俄关系发展的有益经验，以及公认的国际法准则，成为当代两国关系的基础性国际法律文件。条约充分体现了中俄两国人民睦邻友好的深厚历史传统和两国奉行的和平外交政策。

条约确定以平等互信的战略协作伙伴关系作为中俄关系模式，这至今仍具有现实意义。中俄关系的基础是不以意识形态划线，平等互信，承认领土完整，尊重彼此利益，尊重自主选择社会制度和发展道路的权利，不干涉内政，在涉及主权、安全、发展等核心利益问题上相互支持；互利共赢，开展全方位合作；不结盟、不对抗、不针对第三国。

条约不仅反映了世纪之交中俄关系的发展成果，更指明了两国关系进一步全面发展的道路。条约实施纲要贯穿了条约的宗旨、原则和精神，双方正在顺利落实。

二

条约签署十年来，中俄关系全面快速发展，各领域合作都达到前所未有的高水平。

两国高层交往频繁，政治互信显著提升。两国都把发展与对方的双边关系确定为外交政策的优先方向之一。边界问题彻底解决，整个中俄边界成为两国和平与全面合作的纽带。

两国经贸、投资、金融、能源、科技、地方等领域务实合作快速发展。中俄总理定期会晤机制有效运转，包括数十个委员会、分委会和工作组，实际涵盖了双边合作的所有领域。

中俄关系的社会基础显著巩固。中俄互办“国家年”和“语言年”等大型活动，为发展双方人文交流，加强两国人民的相互理解和友谊作出了重要贡献。

条约的签署和实施具有重要的国际意义，向全世界展示了大国之间和谐共处、平等信任、互利共赢和建设性关系的成功典范。中俄以条约为基础开展的战略协作成为国际事务中举足轻重的因素，有利于建立公正合理的国际新秩序，有利于世界多极化和国际关系民主化。

中俄关系持续全面发展符合两国的根本利益，给两国人民带来了实实在在的好处，巩固了地区及世界的和平、安全与稳定。双方十年来落实条约所取得的丰硕成果，以及条约所蕴藏的推动中俄战略协作伙伴关系发展的巨大潜力，使我们有充分理由对两国关系的未来和前景充满信心。

三

条约签署后的第二个十年为中俄关系进一步大发展开辟了新机遇。双方将继续遵循条约确立的原则和精神，致力于发展平等信任、相互支持、共同繁荣、世代友好的全面战略协作伙伴关系。

为此，双方决定：

（一）将继续保持密切高层交往，不断增进互信，相互坚定支持对方选择的发展道路，支持对方维护本国主权、统一和领土完整，将发展中俄关系作为本国外交的优先方向之一。

（二）将全面深化两国务实合作。贸易领域，创造必要条件，将双边贸易额在2015年前提升至1000亿美元，在2020年前提升至2000亿美元。完善中俄投资促进会议机制，积极落实《中俄投资合作规划纲要》，不断扩大相互投资规模。能源领域，全面推进石油、天然气、核能、煤炭、电力、新能源等合作，在互利基础上构建战略性、长期性能源伙伴关系。积极探索新的科技和创新合作方式，确保在进行优先方向的联合基础研究和高科技研发时，以及科研成果商业化和产业化过程中开展全面合作。扩大和深化地区合作，积极落实《中国东北地区与俄罗斯远东及东西伯利亚地区合作规划纲要（2009 ~ 2018年）》，根据两国社会经济发展战略对地区合作项目清单进行必要调整。

（三）从国家和社会层面对中俄教育、文化、卫生、体育、媒体、旅游、电影、档案、青年等领域的合作给予全面推动，增进两国人民友谊，为中俄关系进一步发展打造坚实的社会和民意基础。

（四）将扩大和深化作为中俄全面战略协作伙伴关系重要组成部分的两军交流和合作，增进两军传统友谊。

（五）将继续遵循《联合国宪章》的宗旨和原则，进一步密切在国际和地区事务中的协调配合，加强在联合国、二十国集团等多边机制中的合作，推动上海合作组织、金砖国家、中俄印（度）等合作机制深入发展，维护地区和世界的和平、安全与稳定，为推动建立持久和平、共同繁荣的和谐世界不懈努力。

合力推动增长　合作谋求共赢

——在二十国集团领导人第六次峰会上的讲话

中华人民共和国主席　胡锦涛

（2011年11月3日，法国戛纳）

尊敬的萨科齐总统，

各位同事：

很高兴来到戛纳出席二十国集团领导人第六次峰会，同各位同事共商应对风险挑战、推动世界发展大计。首先，我谨对萨科齐总统和法国政府为本次峰会所作的积极努力和周到安排，表示衷心的感谢！

当前，世界经济形势值得我们高度关注，一些主要经济体经济增速下滑，一些国家主权债务问题突出，国际金融市场动荡不已，新兴市场国家通胀压力仍然较大，各种形式的保护主义愈演愈烈，西亚北非局势持续动荡，极端气候和自然灾害频发也给世界经济带来负面影响，世界经济复苏的不稳定性不确定性突出，风险挑战增多。

2008年国际金融危机发生以来的种种情况表明，我们面对的不是一场单纯的经济金融危机，这场危机暴露出若干体制机制、政策理念、发展方式的弊端。世界经济发展正处在何去何从的十字路口，全球经济治理正面临十分艰巨的任务，需要我们登高望远，超越具体分歧，超越一时得失，共同探索走出危机、实现发展的正确途径。作为国际经济合作的主要论坛，二十国集团应该继续发扬同舟共济、合作共赢的精神，在这个关键时刻抓住主要矛盾，共同提振市场信心，积极化解风险挑战，努力促进世界经济增长和金融稳定。为此，我愿提出几点建议。

第一，坚持在增长中兼顾平衡。在强劲、可持续、平衡这3个目标中，确保强劲增长是首要。尤其是在当前世界经济面临重大风险、市场动荡不定的情况下，保增长、促稳定应该成为二十国集团领导人峰会的当务之急。我们应该出台新的有力举措，把财政和货币政策落到实处，确保资金流向实体经济部门，扩大生产，增加就业。我们应该重点关注扶持中小企业发展，通过融资、财税等手段帮助它们尽快摆脱困境，为各国经济复苏提供坚实支撑。我们应该充分挖掘科技潜力，积极培育增长亮点，增强经济复苏的内在动力。同时，我们应该加快各自经济结构调整步伐，努力实现世界经济相对平衡增长。

第二，坚持在合作中谋求共赢。目前，各国经济发展面临的形势不同，利益诉求差异加大，矛盾和摩擦增多。市场信心严重不足。形势越严峻，越显示出加强国际协调和合作的必要和迫切。我们应该加强团结，释放合作谋共赢的强有力信号，增强国际社会对世界经济复苏和发展的信心。我们应该加强沟通和协调，努力形成相互支持、相互补充的政策措施，妥善化解主权债务、跨境资本大规模无序流动等金融风险，控制大宗商品价格波动，有效缓解全球通胀压力，避免各国经济政策效果相互抵消。

第三，坚持在改革中完善治理。国际金融危机凸显了全球经济治理体系的弊端，也促使我们开启了推进全球经济治理新体系建设的历史进程。我们注意到，国际金融机构和金融监管改革取得一定进展，新兴市场国家和发展中国家代表性和发言权有所增加。同时，我们也应该看到，国际货币体系、国际贸易体系、大宗商品价格形成机制等仍需大力改革和完善。我们应该稳妥推进国际货币体系改革，扩大国际货币基金组织特别提款权的使用，改革其货币组成篮子，建立币值稳定、供应有序、总量可调的国际储备货币体系。我们应该继续高举自由贸易旗帜，反对贸易和投资保护主义，坚定推动多哈回合谈判，重申不采取新的贸易保护主义措施的承诺，致力于建立公平、合理、非歧视的国际贸易体系。我们应该推动形成更加合理透明的大宗商品定价和调控机制，扩大产能、稳定供求、加强监管、抑制投机，实现和保持大宗商品价格合理稳定，着力保障全球能源安全和粮食安全，尤其是要保障发展中国家能源和粮食消费需求。我们应该坚持推进改革的决心不动摇，朝着更加公正合理的全球经济治理体系不断迈进。

第四，坚持在创新中不断前进。目前这场危机再次十分严肃地向我们提出了人类生产生活活动应该如何开展这个重大命题，考验着我们的智慧和能力，亟待我们采取行动。创新是人类社会发展的不竭动力。应对这场危机，需要锐意进取，不断完善和创新经济社会发展的理念、体制、模式，处理好政府和市场、劳动和资本、生产和消费、公平和效率等重要关系。我们既应该充分发挥市场在资源配置中的基础性作用，又不能放任唯利是图、恶性竞争；既应该充分发挥政府在宏观调控和维护社会公平正义方面的关键作用，又要避免脱离实际、大包大揽。我们既应该大力提倡科技创新、不断提高产业技术水平，又应该始终把增加就业、改善民生摆在首位，使科技进步和扩大就业相得益彰。我们既应该大力促进生产、不断夯实社会发展的物质基础，又应该更加注重收入的合理分配，使社会生产能力提高和民众生活改善相互促进。

第五，坚持在发展中共促繁荣。从根本上看，世界经济发展的最大瓶颈在于广大发展中国家未能实现充分发展，使世界范围内有效需求增长未能跟上生产力发展步伐。长期以来，发达国家和发展中国家资源占有失衡，财富分配不公，发展机会不均，形成“越不发展越落后，越落后就越难发展”的恶性循环，最终制约了世界经济持久稳定增长。加快发展中国家经济社会发展，既是联合国确定的千年发展目标，也是实现世界繁荣的必由之路，国际社会应该在这方面多想办法、多出政策。首尔峰会通过了《共享增长的“首尔发展共识”》和跨年度行动计划，对缩小发展鸿沟、推动共同增长具有重要意义。我们应该继续挖掘新兴市场国家和发展中国家经济发展潜力，大力促进发展中国家经济发展，带动全球总需求扩大。我们应该充分反映世界经济格局变化，继续增加新兴市场国家和发展中国家在全球经济治理中的发言权，为发展中国家发展创造良好制度环境。我们应该推动建立更加平等、更加均衡的新型全球发展伙伴关系，加强南北对话和南南合作，加强同联合国在发展领域的协调和合作，支持联合国及其专门机构继续在发展领域发挥重要作用。中国作为发展中国家的一员，愿意同其他发展中国家开展互帮互助，共同致力于促进世界持久和平与共同繁荣。

各位同事!

今年以来，二十国集团在发展领域重点讨论了粮食安全、基础设施以及向最不发达国家提供免关税、免配额待遇等问题。这些都是中国在南南合作框架内帮助其他发展中国家的重点领域。在粮食安全领域，截至2010年底，中国通过双边渠道累计提供粮食援助共计约43亿元人民币。为帮助非洲国家应对罕见的干旱灾害和粮食危机，中国已宣布向有关国家提供总计5.332亿元人民币的紧急粮援。在基础设施领域，截至2010年底，中国共帮助发展中国家建设基础设施项目632个。2010至2012年间将向非洲提供100亿美元的优惠性质贷款，主要用于基础设施建设。2011至2015年间将为发展中国家援建200个清洁能源和环保等基础设施项目。

中方坚持通过减免关税等多种途径，为发展中国家对华出口各类产品创造条件。为进一步帮助最不发达国家发展，中方愿在南南合作框架内，对同中国建交的最不发达国家97%的税目的产品给予零关税待遇。我们希望此举同时有助于推动多哈回合谈判早日实现发展回合目标。

各位同事!

今年是中国加入世贸组织十周年。10年来，中国经济发展实现了新的跨越，对世界经济增长的贡献日益增大。10年来，中国平均关税水平从15.3%降至9.8%，达到并超过了世贸组织对发展中国家的要求。10年来，中国总计从海外进口达8.5万亿美元，为各国发展提供了广阔市场。特别是国际金融危机发生以来，一方面，中国积极应对内外各种挑战，努力保持自身经济强劲增长、为地区和世界经济复苏增添动力；另一方面，中国对国际金融机构大幅增资，向发展中国家伸出援手，从发达国家增购债券，为促进有关国家经济社会发展、稳定国际经济金融形势作出了贡献。今后5年中国进口总规模有望超过8万亿美元，这将是中国对世界经济的重大贡献。

中国经济社会发展的总体形势是好的。今年以来，在世界经济形势依然复杂多变的情况下，中国有针对性地加强和改善宏观调控，着力稳物价、调结构、保民生、促和谐，经济增长由政策刺激向自主增长有序转变，国民经济继续朝着宏观调控的预期方向发展。今年前三季度，中国国内生产总值同比增长9.4%；城镇居民人均可支配收入和农村居民人均现金收入实际分别增长7.8%和13.6%；社会消费品零售总额增长17%；进口增长超过出口增长，贸易顺差比去年同期有所减少，经济增长的内外需动力更趋协调。同时，中国经济保持平稳较快发展也面临不少挑战，一些长期积累的体制性、结构性矛盾依然存在，影响经济稳定运行的不利因素较多，价格总水平仍然较高，部分中小企业经营困难，就业压力增大，节能减排形势严峻，这些都需要我们高度关注并认真加以解决。

为了巩固经济社会发展良好势头，我们将坚持以科学发展为主题、以加快转变经济发展方式为主线，继续加强和改善宏观调控，继续处理好保持经济平稳较快发展、调整经济结构、管理通胀预期的关系，更加注重以人为本，更加注重全面协调可持续发展，更加注重统筹兼顾，更加注重改革开放，更加注重保障和改善民生。我坚信，经过我们自己的艰苦努力，加上国际社会的理解和支持，中国经济发展的前景是光明的。中国经济保持平稳较快发展，对世界经济发展无疑将是有利的。

各位同事！

严峻的形势和艰巨的任务摆在我们面前，我们应该协力同心、迎难而上，为实现世界持久和平与共同繁荣而共同奋斗！

谢谢大家。

转变发展方式 实现经济增长

——在亚太经合组织第19次领导人非正式会议上的讲话

中华人民共和国主席 胡锦涛

（2011年11月13日，美国夏威夷）

尊敬的奥巴马总统，

各位同事：

很高兴同各位同事相聚在夏威夷。这个美丽的地方是连接太平洋东西两岸的一个纽带。我们在这里共同探讨促进亚太经济发展、深化区域合作具有特殊意义。

当前，经济全球化深入发展，各国经济相互依存不断加深，全球经济治理出现新变革。同时，世界经济形势复杂多变，一些主要经济体增速下滑，一些国家主权债务问题突出，国际金融市场动荡不已，新兴市场国家通胀压力加大，各种形式的保护主义明显增多，世界经济复苏的不稳定性不确定性上升。此外，国际和地区热点此起彼伏，粮食安全、能源安全、气候变化、重大自然灾害等全球性挑战日益突出，世界经济发展面临严峻挑战。

在几天前召开的二十国集团领导人戛纳峰会上，与会各国领导人一致同意，当前形势下，要继续发扬同舟共济、合作共赢的精神，坚定不移保增长、促稳定，尤其要努力实现强劲增长。这是世界经济发展对我们提出的客观要求，也是各国各地区人民的共同愿望。我们要坚定信心和决心，拿出勇气和智慧，增强责任感和紧迫感，切实落实去年横滨会议通过的《亚太经合组织领导人增长战略》，加快转变经济发展方式，提高经济增长质量，努力推动经济平衡、包容、可持续、创新、安全增长，实现亚太地区经济长期平稳较快发展和社会和谐稳定。为此，应该重点作出以下努力。

第一，加强协调，积极完善全球经济治理。全球经济治理机制应该反映世界经济格局变化，这有利于各国加强协调合作、有效应对挑战。我们应该加强宏观经济政策协调，共同提振市场信心。我们应该继续推进国际金融机构改革，遵循相互尊重、集体决策原则，增加新兴市场国家和发展中国家的代表性和发言权。我们应该提高金融监管的针对性和有效性，加强对信用评级机构和跨境资本流动等监管，保持主要储备货币流动性的合理稳定，完善国际货币体系，支持二十国集团在全球经济治理中发挥重要平台作用，促进国际经济秩序朝着更加公正合理的方向发展。

第二，坚定不移，加快转变经济发展方式。实现经济可持续增长是推动经济复苏的必然要求，也是促进经济长远发展的必然要求。我们应该加快转变经济发展方式，调整经济结构。发达国家应该实施负责任的宏观经济政策，妥善处理主权债务和财政风险。新兴市场国家应该积极扩大内需，促进经济增长向依靠消费、投资、出口协调拉动转变。我们应该统筹经济社会发展和环境保护，实现资源环境可持续发展，保持财政、货币、贸易、产业等政策可持续性。

我们应该把促进就业作为巩固和拓展经济社会发展成果的重要途径，实施有利于充分就业的发展战略，最大限度创造劳动者就业和发展机会。我们应该实行更加有利于促进就业的产业、贸易、财政、税收、金融政策，建设健全的公共就业服务体系，构建和谐劳动关系。我们应该完善有利于劳动者成长成才的引导机制、培养机制、评价机制、激励机制，充分发挥教育的作用，坚持教育的公益性和普惠性，提高全体劳动者素质和能力，加快构建社会保障体系，着力解决与人民生活息息相关的实际问题。希望各成员积极支持和参与亚太经合组织技能开发促进项目及其中心的活动，加强在人力资源开发、促进就业、青年技能人才培养等方面的合作。

第三，凝聚共识，继续推进经济全球化和区域经济一体化。经济全球化有利于促进合理的国际分工和产品要素优化配置，贸易和投资开放对确保经济复苏具有关键作用。我们应该继续推进经济全球化，切实履行已经作出的承诺，不采取新的贸易保护主义措施，坚决反对和共同抵制各种形式的保护主义，推动建立均衡、普惠、共赢的多边贸易体制，确保各国人民共享贸易和投资自由化益处。我们应该争取今年在对最不发达国家产品提供“免关税、免配额”议题上首先达成多哈回合谈判早期收获协议，拿出政治意愿，推动多哈回合谈判早日取得全面均衡的成果，实现发展回合目标。中国已经宣布对同中国建交的最不发达国家97%的税目的产品给予零关税待遇。我们应该积极推进亚太地区贸易和投资自由化便利化，深化区域经济一体化，为亚太地区经济可持续复苏和发展提供活力和动力。

各位同事！

建设一个和平、发展、繁荣、和谐的亚太，符合本地区各成员共同利益，是区域合作长远目标。作为亚太地区最重要的经济合作机制，亚太经合组织应该根据国际经济发展和贸易投资新形势，深化合作议程，发挥自身优势，推进机制改革，在支持各成员转变经济发展方式、深化区域经济一体化方面发挥独特作用。为此，中方提出以下主张。

（一）全面推进贸易和投资自由化便利化。“下一代”贸易和投资问题的讨论和合作有利于发挥亚太经合组织孵化器作用，引领国际贸易和投资合作进程。我们应该深化全球供应链合作，加强区域内基础设施互联互通和网络化建设，消除货物和服务流通障碍，降低流通时间和成本。我们应该完善中小企业发展的政策环境，加强对中小企业的鼓励、支持、引导，采取切实措施缓解中小企业融资难等问题，推动中小企业参与全球产业链。我们应该发挥政府作用，营造鼓励创新的环境，完善技术创新体系，加大研发投入，加强技术合作和技术转让，提高各成员创新能力。同时，我们应该继续按照茂物目标要求，全面推进本地区贸易和投资自由化便利化，深化区域经济一体化，加强经济技术合作，实现各成员共同发展繁荣。

（二）深化亚太地区绿色增长合作。绿色增长是《亚太经合组织领导人增长战略》核心内容，也是经济社会发展趋势。我们应该根据茂物目标要求，兼顾发达成员和发展中成员不同国情和差别待遇，稳步降低环境产品关税和非关税壁垒，加强环境产品和服务相关技术的传播和合作，帮助发展中成员发展环境产业，努力实现贸易、环境、发展共赢，避免产生新的绿色壁垒。我们应该以首届亚太经合组织林业部长级会议为契机，加强亚太地区森林可持续恢复和管理，应对气候变化，为绿色和可持续增长作出贡献。

维护全球能源安全，对推动世界经济全面复苏和长远发展具有重要意义。我们应该共同稳定能源等大宗商品价格、防止过度投机和炒作，保障各国能源需求，维护能源市场正常秩序。我们应该改善能源结构，加强先进能源技术研发和推广，大力发展清洁和可再生能源，在相关领域积极开展国际合作。我们应该积极推进低碳城镇示范项目合作，加强新能源和可再生能源、节能减排、循环经济、提高能效等领域国际合作。

（三）加强经济结构改革和规制合作。经济结构改革和规制合作有利于改善商业环境、降低商业成本，对促进贸易和投资便利化、深化区域经济一体化有积极意义。我们应该本着自主自愿、平等双向、循序渐进、灵活务实的原则，加强经济结构改革重点领域合作，不断提升区域经济竞争力。我们应该建立健全公众参与、专家咨询、风险评估、合法性审查和集体讨论决定的决策程序。亚太经合组织应该重点开展能力建设和经验交流等活动，以帮助各成员改进经济发展模式、转变经济发展方式，推进行政体制改革，完善决策机制，推动在本地区营造充满活力、富有效率、更加开放、有利于贸易和投资发展的政策环境。

各位同事！

今年是中国加入世界贸易组织10周年，也是中国加入亚太经合组织20

周年，对中国参与世界和区域经济合作、推动贸易和投资自由化便利化具有特殊意义。20年来，中国开放水平不断提高，开放程度日益加深，对外贸易和双向投资规模迅速增长，开放型经济全面发展，同世界其他国家和地区联系日益密切，实现了中国和世界共赢。从1991年至2010年，中国进出口总额从1357亿美元增长至29740亿美元，年均增长17.6%；吸收外商直接投资从43.7亿美元增长到1057.4亿美元，年均增长18.3%；中国关税总水平从42.5%降至9.8%。中国通过开放促进国内经济社会发展，市场经济体制进一步完善，建立起统一的可预见的符合世界贸易组织规则的贸易体制，成为全球最开放的市场之一。中国始终是全球贸易和投资自由化便利化的坚定支持者，积极参与和推动多边贸易体制建设和区域贸易合作进程，通过同有关国家和地区组织签署和实施自由贸易协定，促进了区域经济融合和经贸关系发展，积极向发展中成员特别是最不发达成员提供力所能及的经济和技术援助，提高其发展自身经济和参与国际合作能力。

中国参与世界和区域贸易进程的实践证明，只有把对外开放同国内改革发展相结合，参与和推动全球贸易和投资自由化便利化进程，才能实现将自身经济发展融入世界经济发展的互利共赢。

中国将继续实施互利共赢的开放战略，提高对外开放水平。中国将坚定不移坚持进口和出口并重、吸收外资和对外投资并重，加快实施走出去战略，完善区域开放格局，不断拓展新的开放领域和空间。中国将着力营造更加公平透明的法制环境、政策环境、市场环境，完善更加适应开放型经济要求的体制机制，以开放促发展、促改革、促创新。中国将坚定不移参与区域和国际经济合作，寻求自身发展与承担力所能及的国际责任相结合，推动全球贸易和投资自由化便利化进程，为实现亚太地区和世界的持久和平、共同繁荣作出新的更大的贡献。

谢谢各位！

弘扬传统友谊　共创美好未来
——在南非国民议会的演讲

中国全国人大常委会委员长　吴邦国

（2011年5月25日，南非开普敦）

尊敬的西苏鲁议长，
尊敬的马赫兰古主席，
女士们，先生们，朋友们：

今天，在我对南非进行正式友好访问之际，有机会来到国民议会，同各位新老朋友见面，感到十分高兴。首先，我向在座各位，并通过你们向兄弟的南非人民和非洲人民转达中国人民的诚挚问候和良好祝愿！

南非是世界上具有重要影响的国家。这片广袤神奇的大地，不仅以两洋交汇的壮美风光、灿烂独特的多元文化闻名于世，更以反种族隔离斗争的光荣历史、争取人民自由平等的伟大胜利享誉世界。新南非成立17年来，贵国政府和人民积极探索适合本国国情的发展道路，经济蓬勃发展，种族和睦相处，民生不断改善，国际地位和影响力日益提升。特别是南非世界杯足球赛的成功举办，集中展示了南非蒸蒸日上的新兴大国形象，"彩虹之国"焕发出更加绚丽夺目的光彩。中国人民对南非人民取得的巨大成就感到由衷的钦佩和高兴，衷心祝愿兄弟的南非人民不断取得新的更大成就。

中国和南非虽然远隔千山万水，但两国人民心心相印。早在南非人民反对种族隔离的正义斗争中，中国人民就坚定地与南非人民站在一起。1998年，中南正式建立外交关系，掀开了两国友好合作的新篇章。13年来，双边关系发展势头强劲，已成为各自对外关系中发展最快、最为重要的双边关系之一，这在国与国之间的关系中是少有的。

——战略互信不断加深。建交仅两年两国就确立了伙伴关系，2004年提升为平等互利、共同发展的战略伙伴关系，2010年再上一个台阶、建立了全面战略伙伴关系。形象地说，中南政治关系的发展就像田径赛中的"三级跳"一样。两国领导人像走亲戚一样常来常往，建交不久曼德拉总统和江泽民主席就实现了互访，此后姆贝基总统、祖马总统多次访华，胡锦涛主席等中国主要领导人也先后访问南非。上个月，两国元首还在中国海南举行的金砖国家领导人第三次会晤期间进行了很好的会谈。

——经贸合作快速发展。中南签订了投资、贸易、技术、税收等多个双边经贸合作协定，务实合作涵盖贸易、能源矿产、农业、房地产、新能源等众多领域。双边贸易额从16亿美元增加到257亿美元，增长了15倍，中国已成为南非在全球的最大贸易伙伴，南非也成为中国在非洲的最大贸易伙伴。一批有实力、讲信誉的中国企业在南非创业发展，不少世界知名的南非企业赴华投资兴业。2007年，中国工商银行出资54.6亿美元入股南非标准银行，是迄今为止中国在非洲最大规模的金融类投资。

——人文交流日益密切。南非已成为与中国建立友好省市最多、设立孔子学院最多、吸引中国游客最多和拥有中国留学生最多的非洲国家。2010年，首站赴南非旅游的中国游客达到5.4万人，同期南非有6.4万多人次来华，分别比上年增长34.8%和25.5%。近年来，“感知中国·南非行”、“相约北京·南非周”等大型文化活动相继举办，掀起了一个又一个中南人文交流的新高潮。

还值得一提的是，两国立法机构间的交流与合作日益密切，在中国全国人大与外国议会建立定期交流机制的15个国家中，南非是唯一的非洲国家。在此，我愿向长期致力于促进中南友好合作关系发展的南非议会和各位议员，表示衷心的感谢和崇高的敬意。

这里我要强调的是，中国和南非同为有重要影响的发展中大国，同为当今世界最具发展活力的新兴市场国家。重要的历史责任，广泛的共同利益，巨大的合作空间，使两国关系越来越具有战略性和全球意义。中方愿同南方一道，继续本着相互尊重、平等互利、共同发展的原则，巩固战略合作的基础，丰富战略合作的内涵，共同开创中南全面战略伙伴关系更加美好的明天。

女士们，先生们，朋友们，

国家繁荣富强、人民幸福安康，是包括中国在内的广大发展中国家的共同追求和强烈期盼。新中国成立60多年来，特别是改革开放30多年来，中国共产党团结带领亿万中华儿女，以改天换地的豪情壮志和波澜壮阔的创新实践，谱写了中华民族迈向现代化的壮丽史诗，国家实力一天天强起来，人民生活一天天好起来，古老的中华大地焕发出勃勃生机。很多外国朋友问我中国发生沧桑巨变的原因。我想，最根本的是我们开辟了一条符合中国国情、顺应时代潮流、体现人民意愿的强国富民道路。这当中，很重要的有这样三点。

第一，坚持把发展作为执政兴国的第一要务。我们切身体会到，发展是国家繁荣富强、人民幸福安康的关键所在。贫穷落后是长期以来中国面临的最大实际，解决中国一切问题要靠发展，战胜一切挑战还要靠发展。改革开放30多年来，我们始终坚持发展是硬道理的战略思想，横下一条心，排除一切干扰，紧紧扭住经济建设这个中心不动摇，聚精会神搞建设，一心一意谋发展。连续制定和成功实施六个国民经济和社会发展五年规划，制定和实施数十个相关领域的中长期发展规划，以及西部大开发、东北地区等老工业基地振兴、中部地区崛起、东部地区率先发展等多个区域发展战略。经过30多年持续发展，中国的综合国力大大增强，人民生活明显改善，国际地位不断提升。2010年与改革初期的1978年相比，国内生产总值从2165亿美元增加到5.8万多亿美元，占全球的比重由1.8%提高到9.5%，经济总量跃居世界第二位。人均国内生产总值从226美元增加到4300多美元，增长了18.4倍。国家财政收入从1132亿元增加到8.3万亿元，增长了72.4倍。主要农产品和工业品产量位居世界第一位，粮食产量从3亿吨增加到5亿多吨，成功解决了占世界近五分之一人口的吃饭问题。高速公路通车里程达到7.4万公里，居世界第二位；高速铁路通车里程达到8400多公里，电力装机达到9.6亿千瓦，均居世界第一位。顺利实施了载人航天飞行、月球探测、青藏铁路、三峡工程等一批举世瞩目的重大工程，成功举办了北京奥运会和上海世博会，奋力战胜了四川汶川特大地震等严重自然灾害。正是因为我们始终把发展作为执政兴国的第一要务，中国的面貌发生了历史性变化，亿万人民从发展中得到了实惠，发展已成为全国各族人民的共同追求，中国的发展不可阻挡。

第二，坚持把改革作为发展进步的强大动力。我们切身体会到，改革是国家繁荣富强、人民幸福安康的必由之路，只有改革开放，才能释放亿万人民的创造活力，才能赋予社会主义新的生机。改革开放30多年来，我们始终坚持一切从实际出发，只要有利于发展社会生产力，有利于增强综合国力，有利于提高人民生活水平，就大胆地试、大胆地闯，锐意推进经济领域、政治领域和其他各个领域的全面改革，不断实现社会主义制度的自我完善和发展。一是，发展社会主义市场经济，确立公有制为主体、多种所有制经济共同发展的基本经济制度，对农村集体土地实行家庭承包经营，对国有经济布局进行战略调整，对国有企业进行改革改组改造，建立现代企业制度，90%的国有企业完成股份制改造，一批大型国有企业在境内外上市。同时，毫不动摇地鼓励、支持和引导非公有制经济发展，非公有制经济创造的增加值占国内生产总值的比重达到三分之二左右。积极培育资本、产权、土地、劳动力和技术等生产要素市场，完善政府宏观调控体系，充分发挥市场在资源配置中的基础性作用。二是，坚决实行对外开放，从建立经济特区到加入世界贸易组织，从大规模“引进来”到大踏步

“走出去”，不断拓展对外开放的广度和深度，形成全方位、宽领域、多层次的对外开放格局。目前，中国的进出口总额超过2.9万亿美元，成为世界第一大货物出口国和第二大货物进口国，累计实际利用外商直接投资超过1万亿美元，批准设立外商投资企业71万家。三是，积极稳妥地推进政治体制改革，涉及国家领导制度、立法制度、行政管理制度、司法制度、基层群众自治制度等各个方面，努力增强党和国家活力，充分调动人民积极性。实行依法治国基本方略，通过现行宪法和4个宪法修正案，制定现行有效法律239件、行政法规690多件、地方性法规8600多件，形成以宪法为统帅的中国特色社会主义法律体系，国家各项事业的发展都纳入法制化轨道。正是因为我们始终把改革作为发展进步的强大动力，不断破除束缚生产力发展的体制障碍，全社会的创造活力竞相迸发，亿万人民从改革开放中看到了希望，改革开放已经深入人心，中国的改革开放不可逆转。

第三，坚持把和谐稳定作为改革发展的重要基础。我们切身体会到，稳定是国家繁荣富强、人民幸福安康的根本前提。中国有13亿人口、56个民族，城乡、区域发展很不平衡，要在这样的发展中大国搞现代化建设，没有安定的政治局面和稳定的社会环境，什么事情也办不成，已经取得的发展成果也会失去，甚至可能陷入内乱和分裂的深渊。对此，我们始终保持清醒头脑，从战略高度妥善处理改革发展稳定的关系。一是，坚持走自己的路，在涉及国家根本制度等重大原则问题上不动摇、不折腾，坚定不移地走中国人民自己选择的正确发展道路，积极借鉴人类社会创造的文明成果包括政治文明的有益成果，但绝不照抄照搬，在中国发生深刻变革、世界发生深刻变化的背景下，始终保持了国家政局长期稳定。二是，确保人民安居乐业，从解决老百姓最关切的就业、教育、医疗、住房、收入分配、社会保障等方面的问题入手，着力保障和改善民生，实现好、维护好、发展好最广大人民的根本利益，做到发展为了人民、发展依靠人民、发展成果由人民共享。2010年与改革初期的1978年相比，城镇居民年人均可支配收入从343元增加到1.9万元；农村居民年人均纯收入从134元增加到5919元。农村贫困人口减少2.2亿人，减贫人数约占发展中国家减贫人数的75%。城镇化率从17.9%提高到49.7%，每年有1000万左右的农村居民转为城镇居民。城镇基本养老保险覆盖2.57亿人，全国基本医疗保险覆盖超过12亿人。9年免费义务教育全面普及，在校大学生人数由86万人增加到2231万人。城乡居民人均预期寿命，从新中国成立前的35岁上升到2010年的73.5岁。三是，促进社会和谐稳定，针对社会深刻变革带来的矛盾和问题，着力加强和创新社会管理，健全群众权益保障机制，畅通群众利益表达渠道，依法保护公民合法权益，依法惩治违法犯罪活动，及时把矛盾和问题化解在萌芽状态，最大限度地增加和谐因素，最大限度地减少不和谐因素。正是因为我们始终妥善处理改革发展稳定的关系，中国的改革发展才能够顺利进行，亿万人民从稳定中尝到了甜头，从30多年来改革开放的实践中深刻体会到，和谐稳定是全国各族人民的根本利益所在，稳定是福，动乱是祸，社会和谐稳定是改革发展的前提和基础。

我们也清醒地认识到，虽然中国取得的成就举世瞩目，但面临的矛盾和问题也世所罕见，发展不平衡、不协调、不可持续的问题相当突出，改革发展稳定的任务依然艰巨而繁重。目前，我们正按照中国全国人大批准的“十二五”发展规划，深入贯彻落实科学发展观，加快转变经济发展方式，加快经济结构战略性调整，努力实现经济社会又好又快发展。我们坚信，只要紧紧抓住经济建设这个中心，不断深化改革开放，不断改善民生，不断促进和谐稳定，中国就一定能够成为富强民主文明和谐的社会主义现代化国家，中国各族人民就一定能够过上更加幸福安康的好日子。

女士们，先生们，朋友们，

我先后六次访问非洲，亲眼目睹了非洲大陆的发展进步，亲身感受到这片热土的勃勃生机。今天的非洲，经济社会发展迅速，国际地位和影响日益提高，一个团结自信、阔步前进的新非洲正展现在世人面前。

中国是世界上最大的发展中国家，非洲是发展中国家最集中的大陆。加强同包括非洲国家在内的广大发展中国家的团结与合作，始终是中国独立自主和平外交政策的重要基础。事实已经证明并将继续证明，深化中非友好合作符合中非人民的根本利益，有利于推动中非共同发展进步，有利于促进世界和平与繁荣。我这次非洲之行的主要目的，就是要弘扬中非传统友谊，推动中非关系不断向前发展。

回首新世纪的第一个十年，中非传统友谊历久弥坚，务实合作硕果累累。2000年，双方共同倡议成立中非合作论坛，构筑了中非集体对话与务实合作的新平台和新机制，掀开了中非合作的新篇章。2006年，胡锦涛主席在中非合作论坛北京峰会上宣布加强对非务实合作的8项政策举措，绘就了中非合作的新蓝图，成为中非友好合作新的里程碑。2009年，中国政府在论坛第四届部长级会议上又推出8项新举措，为全面推进中非合作提供了新机遇、注入了新动力。我们高兴地看到，在双方的共同努力下，过去的10年，中非贸易额从100亿美元增加到1269亿美元，1600多家中国企业到非洲安家落户，仅2010年直接投资就达到10.7亿美元，是2000年的5倍。中国已成为非洲第一大贸易伙伴，近年来对非洲经济增长贡献率超过20%，中非务实合作展现出巨大的生机和活力。

展望新世纪的第二个十年，我们对中非关系的发展前景充满信心。中非友好不会因为国际形势的变化而变化，更不会因为自身经济的发展和国际地位的变化而变化。只要我们秉持和发扬中非友好合作的好传统、好经验、好做法，与时俱进，开拓创新，就一定能够推动中非新型战略伙伴关系不断迈上新台阶。

一要坚持平等相待。这是我们宝贵的政治财富。半个多世纪以来，中非关系之所以能够历经风雨考验、取得长足发展，一条很重要的经验，就是我们始终坚持平等相待，充分尊重对方国家主权和领土完整，充分尊重对方根据本国国情自主选择的社会制度和发展道路，绝不干涉对方国家内部事务，绝不把自己的意志强加于人。中国向非洲提供的援助历来不附加任何政治条件，从不把援助当作单方面的赐予，从不造成受援国对中国的依赖，而是真心实意地帮助非洲国家提高自我发展能力。中国愿与非洲各国一道，坚持从战略高度、长远角度看待和发展中非关系，密切双方在中非合作论坛框架内的对话与协商，继续保持中非高层交往势头，加强政府、立法机构、政党间的交流与合作，在涉及彼此核心和重大利益问题上相互支持，不断夯实中非关系的政治基础，永做好朋友、好兄弟、好伙伴。

二要坚持互利合作。这是我们内在的共同需求。中国和非洲各国同属发展中国家，都面临加快经济发展、改善人民生活的任务，而且双方经济互补性强，非洲有丰富的自然和人力资源，中国有适用技术和成熟经验，中非合作领域多、空间广、潜力大。近年来，中非妥善应对国际金融危机冲击，保持了经济平稳较快发展，经济结构调整步伐加快，这为中非深化互利合作提供了新的契机和动力。双方应抓住难得机遇，发挥互补优势，拓展合作领域，挖掘合作潜力，全面落实中非合作论坛第四届部长级会议达成的最新成果，充分发挥企业作为经贸合作主体的作用，重点加强农业、基础设施、制造业、能源资源、人力资源开发等领域合作，不断提升互利合作的质量和水平。中方将继续扩大从非洲进口，鼓励和支持更多有实力的中国企业赴非投资，加大技术转让力度，逐步扩大对非援助规模，优化援助结构，使援助项目更多向民生、人文和节能环保等领域倾斜。

三要坚持相互支持。这是我们独特的战略优势。在半个多世纪的风风雨雨中，中非始终相互理解、患难与共，只要朋友有困难有需要，都毫不犹豫地伸出援助之手，始终不渝地给予坚定支持。在世界多极化深入发展、国际体系深刻调整的今天，双方应积极推动南南合作和南北对话，进一步密切在联合国、世界贸易组织等多边舞台的配合，积极参与全球治理和国际金融体系改革，共同推动国际政治经济秩序朝着更加公正合理的方向发展；进一步加强在应对气候变化、环境保护、粮食安全、能源资源安全、公共卫生安全等全球性挑战方面的协调与合作，共同维护发展中国家的正当权益；进一步敦促发达国家切实兑现官方发展援助承诺，开放市场、减免债务、加大对发展中国家的资金和技术支持，共同推动联合国千年发展目标的落实。作为安理会常任理事国，中国将一如既往地坚定支持非洲国家维护国家主权、安全和发展利益，支持包括非洲国家在内的发展中国家提高在国际体系中的代表性和发言权，支持非洲国家谋求联合自强、自主解决非洲问题的努力，支持非洲联盟在加强非洲团结合作方面发挥主导作用。

女士们，先生们，朋友们，

今天正值第48个“非洲日”。借此机会，我谨代表中国政府和中国人民，并以个人的名义，向非洲人民为争取独立自由、谋求发展进步作出的不懈努力和取得的巨大成就表示崇高的敬意，衷心祝愿包括南非人民在内的非洲人民在建设美好家园、实现非洲复兴的伟大事业中创造新的辉煌。

未来中国的走向

——在英国皇家学会的演讲

中华人民共和国国务院总理　温家宝

（2011年6月27日，英国伦敦）

尊敬的纳斯会长，各位会员、各位使节，

女士们、先生们：

今天，我应邀访问久负盛名的英国皇家学会，深感荣幸。刚才，英国皇家学会授予我“查理二世国王奖”。这不仅是我个人的荣誉，也是对中国科技进步的肯定，同时也是中英两国科技界友谊与合作的象征。对此，我向你们表示衷心的感谢！

英国皇家学会，是英国最高科学学术机构，也是世界上历史最悠久的科学学会。牛顿、达尔文、爱因斯坦、霍金等科学巨匠，为人类科技事业发展作出过划时代的贡献。在座的各位会员，同样以自己的杰出成就造福社会。我向你们表示崇高的敬意！

担任中国总理以来，这是我第四次访问贵国。这一次和上一次时隔两年，感觉大不相同。2009年初，贵国遭受一场罕见的大雪，同时也经历着国际金融危机的煎熬。我从达沃斯到伦敦一路走来，感受到一种忧郁不安的气氛。我当时说：“信心比货币和黄金更宝贵”。如今仲夏的伦敦，人们又恢复了往日的从容和自信。我对贵国应对危机所作的努力和可喜进展，表示由衷的钦佩！

我要告诉朋友们的是，经过这场国际金融危机的洗礼，中国前进的步伐更加稳健了。在这里，我想说一件事。

2008年5月12日，中国西南部发生毁灭性的特大地震。当时，我站在震中汶川的废墟上，对前来采访的中外记者说：“过三年再来，一个新的汶川会拔地而起”。三年过去了，我们一边应对国际金融危机的冲击，一边举全国之力进行灾后重建。上个月，我第十次来到震区，欣喜地看到：灾区最漂亮的是住房，最坚固的是学校，最现代的是医院，最满意的是居民。我邀请在座各位朋友，有机会到中国汶川走一走、看一看。如果你们身临其境，一定会为这里发生的奇迹感到震撼，也会从中真实地感受到中国的生机和活力。

对中国改革开放以来的发展变化，世界上有各种各样的解读；对未来中国的走向，人们也非常关注。我愿意借今天这个机会，谈谈我的看法。

上世纪80年代初，中国改革开放的总设计师邓小平，曾提出我国现代化进程分“三步走”的战略构想。第一步，基本解决温饱问题；第二步，全面建设小康社会；第三步，到本世纪中叶，基本实现现代化，达到世界中等发达国家水平。2010年到2020年，是中国全面建设小康社会的关键阶段。“三步走”战略的核心和本质，都是坚持以人为本，增进全体中国人的福祉。沿着这条社会主义现代化道路前进，中国必将会有一个更加光明的未来。

未来的中国，将是一个经济发达、人民富裕的国家。集中精力发展经济，不断改善人民生活，始终是中国政府的第一要务。我们将坚持科学发展，着力转变经济发展方式，走绿色、低碳、可持续的发展道路。我们将扩大国内需求特别是消费需求，进一步释放城乡居民消费潜力，使消费成为拉动经济增长的根本动力。我们将更加注重改善民生，努力扩大就业，优先发展教育、卫生等公共事业，深化收入分配制度改革，增加城乡居民收入，加快建立覆盖城乡居民的社会保障体系，让各族人民共享发展成果。

中国经济的振兴和可持续发展，根本靠科技。中国政府已经制定并组织实施了国家中长期科技发展规划。我们持续增加科技投入，近五年，中央财政共投入近1000亿美元，年均增长22.7%。从今年开始实施的“十二五”规划，我们力争把研究开发投入占国内生产总值的比重从现在的1.75%提高到2.2%。同时，我们将加快培育和发展战略性新兴产业。现阶段重点培育和发展节能环保、新一代信息技术、生物、高端设备制造、新能源、新材料、新能源汽车等产业。所有这些，都将促进当前发展并为长期发展提供有力支撑。

从世界范围看，克服国际金融危机，保证经济的稳定、平衡和可持续发展，根本也要靠科技。当今世界正处于新科技革命的前夜，新技术革命和产业革命初现端倪，诸多领域正酝酿着激动人心的重大突破。这场新科技革命，必将进一步深化我们对宇宙自然和人类自身的认识，必将开辟生产力发展的新空间，创造新的社会需求，必将深刻影响人类的生产方式、生活方式和思维方式，从而从根本上改变21世纪人类社会发展进程。科技无国界。让我们共同迎接这一伟大时代的到来！

未来的中国，将是一个充分实现民主法治、公平正义的国家。在人类历史上，在反对封建专制斗争中形成的民主、法治、自由、平等、人权等观念，是人类精神的一次大解放。只是不同社会、不同国家，实现的途径和形式有所不同。人民民主是社会主义的生命，没有民主就没有社会主义。真正的民主离不开自由。真正的自由离不开经济权利和政治权利的保障。坦率地说，目前中国社会还存在着贪污腐败、分配不公以及损害人民群众权益的种种弊端。解决这些问题的根本途径，是坚定不移地推进政治体制改革，建设社会主义民主法治国家。

我们要尊重和保障人权，依法保障全体社会成员平等参与、平等发展的权利。我们要健全对政府权力的制约和监督机制，保证人民赋予的权力真正为人民谋福利。中国曾经是封建主义影响很深的国家，新中国成立后曾经历十年"文革"的浩劫，在开放的环境下又出现一些新的情况和问题。发扬民主，健全法制，加强对权力的有效监督，仍然是一项长期而艰巨的任务。我们要创造条件让人民监督和批评政府，使政府不敢懈怠、避免产生腐败。人民的责任感和民主精神，将带动社会的进步。人民参与社会管理和公共事务越多，推动社会进步的能量就越大。

近些年来，我们在深化经济体制改革的同时，积极稳妥地推进政治体制改革。在推进政府决策科学化、民主化，加强人民对政府的监督等方面，也有许多进步。例如，实行政务公开，政府预算公开，推行电子政务、听证制度和专家咨询制度等。我已连续三年在作《政府工作报告》之前，在网上同网民交流。今年春，我在新华网在线交流时，收到网民来帖40多万条，手机信息11万多条，页面访问量近3亿人次。同这些普通民众的交流，是心对心的交流，可以直接体察人民的喜怒哀乐和对政府的诉求，有利于改进政府工作。

未来的中国，将是一个更加开放包容、文明和谐的国家。一个国家、一个民族，只有开放包容，才能发展进步。唯有开放，先进和有用的东西才能进得来；唯有包容，吸收借鉴优秀的文化，才能使自己充实和强大起来。

我们不仅要在经济领域、科技领域继续扩大对外开放，而且在文化建设、社会管理等领域也要大胆博采众长。中国在推进现代化过程中遇到的诸多问题，如能源问题、环境问题、贫富差距问题、司法公正问题和廉政问题等，许多发达国家都曾经遇到过。对各国的成功经验，我们要认真借鉴；对别人走过的弯路，我们不应重复；对世界面临的难题，我们要同国际社会一道来破解。

我们要创造更加良好的政治环境和更加自由的学术氛围，让人民追求真理、崇尚理性、尊重科学，探索自然的奥秘、社会的法则和人生的真谛。做学问、搞科研，尤其需要倡导"独立之精神，自由之思想"。正因为有了充分的学术自由，像牛顿这样在人类历史上具有伟大影响的科学家，才能够思潮奔腾、才华迸发，敢于思考前人从未思考过的问题，敢于踏进前人从未涉足的领域。不久前，我同中国科学家交流时提出，要大力营造敢于创造、敢冒风险、敢于批判和宽容失败的环境，鼓励自由探索，提倡学术争鸣。

我们历来主张尊重世界文明的多样性，倡导不同文明之间的对话、交流与合作。我国已故著名社会学家费孝通先生，上世纪30年代曾就读于伦敦政治经济学院并获得博士学位，一生饱经沧桑。他在晚年提出："各美其美，美人之美，美美与共，世界大同。"费老先生的这一人生感悟，生动反映了当代中国人开放包容的胸怀。

未来的中国，将是一个坚持和平发展、勇于担当的国家。走和平发展道路，是中国政府和人民根据时代潮流和自身利益作出的战略抉择，是中国积极参与经济全球化、最终实现现代化的必由之路。中国的和平发展，对世界不是威胁，而是机遇。中国已经成为世界经济增长的重要引擎，近五年对世界经济增长的贡献率在20%以上。自2001年中国加入世界贸易组织以来，年均进口近7500亿美元商品，为相关国家和地区创造了1400多万个就业岗位。未来5年，中国进口规模累计有望超过8万亿美元，将给世界各国带来更多商机。

21世纪应是合作的世纪，而不是冲突和争霸的世纪。中国是世界和平的坚定维护者。我们一贯主张和平解决国际争端，反对使用武力。中国将同国际社会一道，共担责任、共迎挑战，继续推动国际体系朝着更加公平、公正、包容的方向发展。

女士们、先生们：

建设有中国特色的社会主义，是13亿中国人民的庄严选择。中国30多年的变化，得益于改革开放；中国未来的发展，仍然要靠改革开放。改革开放，要贯穿中国现代化建设的始终。倒退没有出路，停滞也没有出路。只有坚定信心、继续前进，中国才能建设成为富强、民主、文明、和谐的社会主义现代化国家，中国人民才能更加普遍和以更高水准过上有尊严的幸福生活。尽管前进的道路上还会有这样那样的艰难险阻，但这一历史进程不可逆转！

女士们、先生们：

英国是世界上最早实现工业化的发达国家，在高科技、高等教育、金融服务、医疗卫生、低碳经济等领域，都具有中国所需要的技术和管理经验。中国广阔的市场、丰富的人力资源和巨大的发展潜力，可以为英国经济发展提供有力的支持。中国政府积极推进大型企业、研究型大学和科研机构同英国的合作，鼓励双方高端人才的交流和合作研究。

英国伟大思想家培根说过："智者创造机会，而不是等待机会"。富有思想和智慧的中英两国人民，一定能创造更多的机会，推动两国合作迈上新的台阶！我对中英关系的明天充满信心，更充满期待！

谢谢大家！

做共同发展的好伙伴

——在第六届中德经济技术合作论坛上的演讲

中华人民共和国国务院总理　温家宝

（2011年6月28日，德国柏林）

尊敬的默克尔总理，

女士们，先生们：

很高兴出席中德经济技术合作论坛。论坛作为两国经济界交流与合作的重要平台，对促进中德经济技术合作发挥了积极作用。我谨对论坛的召开表示热烈祝贺，向长期致力于中德友好的朋友们表示崇高敬意。

我担任总理以来多次访问德国，每次都给我留下深刻印象。德意志民族是一个严谨敬业、勤劳智慧、富于理性的伟大民族。在这片土地上，诞生了许多巨擘伟人，他们以无与伦比的智慧与创造，为人类文明进步作出了重要贡献。

中德两国人民的友好交往源远流长。中德建交以后，两国关系进入了一个崭新的历史时期。2004年我访德期间，两国宣布在中欧全面战略伙伴关系框架内建立具有全球责任的伙伴关系。2010年，两国发表《中德关于全面推进战略伙伴关系的联合公报》，商定建立中德政府磋商机制。密切的经济合作是中德关系的重要支柱。在两国经济界共同努力下，中德经济技术合作取得了累累硕果，给两国人民带来了实实在在的利益。

中德是紧密的经贸伙伴。去年，两国贸易额超过1400亿美元，占中国与欧盟贸易总额的近三分之一。德国累计在中国设立7000多家企业，实际投入超过170亿美元，在欧盟国家中居首位。德国还是中国自欧洲引进技术最多的国家。双方累计签署技术引进合同超过1.5万项，合同金额超过500亿美元。特别是在应对国际金融危机中，两国密切沟通、协调行动，为世界经济复苏作出了积极贡献。

中德经济互补性强，经济都保持较快增长势头。双边经贸合作完全可以再上新台阶。我这次访问德国，带来了阵容庞大的政府代表团和企业家代表团，就是要全面深化双方的务实合作。我们不仅期待与德方企业签署更多的经贸合作协议，而且希望与德国政府建立政府磋商协调机制，使双方的磋商常态化、机制化。为了更好地推动双方务实合作，我们要在以下方面共同努力。

——扩大双边贸易规模。要深入挖掘两国贸易的增长潜力，采取更多贸易便利化措施，争取未来5年双边贸易额再翻一番。中方愿意增加对德国优势产品的进口，也希望德国早日承认中国完全市场经济地位，为双方贸易健康发展扫除障碍。中方致力于建立开放的政府采购制度，对各类企业一视同仁。2010年，中国机电产品国际招标中，德国企业名列中标额第一位。中国正在积极申请加入世贸组织《政府采购协定》，希望有关成员采取灵活务实的态度，降低要价，使中国早日加入这一协定。

——鼓励双向投资合作。中方欢迎更多德国企业来华投资，愿意尽快结束双方合资合同示范条款谈判，建立中德投资咨询热线，解决企业遇到的各种难题，并将扩大服务领域对外开放。我愿重申，所有在中国依法设立的外资企业都享受国民待遇，各类企业的知识产权都将得到有效保护。也希望德方采取积极有效措施，支持中国企业赴德投资。

——加强技术交流与合作。德国企业的技术优势与中国的劳动力资源和市场优势相结合，有利于促进中国经济结构调整和产业升级，也有利于提升德国企业和产品的国际竞争力，是互利共赢的。中方愿与德方加强在先进装备制造、交通、能源、石化与精细化工、新材料、生物制药、航空航天等领域的技术合作，中方愿在重大项目合作中加强技术交流，但决不强制转让技术。欧盟对华出口管制政策限制了德国高新技术产品对华出口，极大地制约了德国企业在中国市场上的竞争力。我们希望德方推动欧盟放宽出口管制，提升高新技术产品在双边贸易中的比重。

——拓展新能源和节能环保合作。两国在可再生能源发展和提高能效等领域合作大有可为。去年两国已签署共同建立生态园合作协议，拟在中国青岛建立首个中德生态园，欢迎德方企业积极参与规划和建设。我们愿意充分发挥双边财政合作的示范作用，重点支持双方在节能减排、绿色信贷及气候变化等领域的合作。我们还期待双方企业在新能源交通、建筑节能和低碳生态城市建设等方面合作迈出实质性步伐。

——密切两国中小企业合作。中方不仅重视与德国大型跨国公司合作，也重视推动双方中小企业合作。中方决定设立一项总额为20亿欧元的专项贷款，支持中德中小企业合作，充分发挥双方在资金、技术、研发、人才、市场等方面的互补优势，促进共同成长。

——广泛开展人文领域的交流。这不仅能促进经贸合作，也有利于增进两国人民之间的友谊。中方建议依托中德职业教育示范基地，设立由政府、企业、院校三方参与的“中德职教联盟”，提升中德职教合作水平。建议把生命科学作为未来合作的优先领域，通过共同建设创新平台，促进双方科研机构和企业间的研发合作。中方愿与德方加强医院管理合作，利用德国的先进经验，帮助中国提升医院综合管理水平。

女士们、先生们：

德国是欧盟具有重要影响力的国家，也是中欧友好合作的重要推动力量。今天中欧关系的良好局面，与德国的支持和努力是密不可分的。

中国高度重视发展与欧盟的关系。中欧建交以来，我们始终把中欧关系作为对外关系的战略重点，始终希望同欧盟做携手共进、互利共赢的好伙伴。尽管当前世界政治经济形势正在发生重大变化，但中国对中欧关系的战略定位不会改变，对中欧互利合作的方针政策不会改变，对中欧长期友好的信念和决心不会改变。

从政治上看，中欧没有根本的利害冲突，没有悬而未决的历史问题，这是中欧友好合作的重要基础。中欧都主张世界多极化，支持经济全球化，维护文明多样性，是推动世界和平与发展的重要战略力量。中欧在应对气候变化、打击恐怖主义、消除贫困等全球性问题上拥有广泛的共同利益。中欧团结合作不仅有益于双方，也有益于世界。

从经济上看，双方处于不同的发展阶段，互补性很强，发展中欧关系符合双方的利益。欧盟可以为中国提供先进的技术、设备、管理经验和优质产品，中国可以为欧洲的资本、商品、技术、专利提供广阔市场。中欧之间有竞争，但合作的前景更广阔。

从文化上看，中欧文化博大精深、各具特色，在许多方面可以互学互鉴。中欧文明都是由多个民族、多种文化交流融合的产物，都具备开放包容、海纳百川的优秀品格。中欧文明几千年的交往，对彼此都是一种丰富。“东学西渐”为欧洲启蒙运动送去了灵感，“西学东渐”也对中国和东方国家的文明产生了积极影响。“山不厌高，海不厌深”。中欧文明应继续在相互交流中取长补短，共同进步。

从中欧的地位看，作为两支处于上升中的重要力量，双方加强合作具有战略意义。欧盟是世界最大的发达国家联合体，是世界上独立的一极。随着《里斯本条约》生效，欧盟的整体实力将更加强大。尽管目前部分欧盟国家经济面临一些困难，但这是暂时的。欧盟拥有强大的实体经济、雄厚的科技力量、坚实的人才基础，完全有能力应对当前面临的挑战，我们对欧盟的发展充满信心。

由于历史文化、社会制度和发展阶段不同，中欧之间也存在一些分歧，这是正常的。关键是要用积极的、发展的、辨证的眼光看中国、看欧盟、看中欧关系。为了推动中欧关系沿着成熟、稳定、健康的轨道发展，必须始终把握好以下几点：

相互尊重。中欧社会制度、文化背景和历史遭遇各不相同，相互尊重显得尤为重要。只有相互尊重，双方才能超越意识形态、政治制度和发展模式的差异，发展平等的伙伴关系。中方尊重欧盟各国人民选择的政治制度和发展模式，也希望欧方尊重中国的主权和领土完整，尊重中国人民的自主选择，共同推动中欧关系持续健康向前发展。

相互信任。中欧之间存在的很多问题，根源在于缺乏理解和信任。我们希望欧方能真正相信中国的发展对欧盟各国是机遇而不是挑战，这样才能把互信的基础打得更深厚。我们之所以要求军售解禁和给予中国市场经济地位，实质上也是相互信任的问题，希望欧方早日作出正确的政治决断。

平等协商。中欧之间不可能在所有问题上都一致。只要平等协商，求同存异，分歧就不难处理。目前，中欧对话和磋商机制达230多个，完全可以把我们合作中的问题处理得很好。即使一时解决不了的，也可以从长计议。

互利共赢。中欧关系中的问题，是发展中的问题、前进中的问题。只要全面深化互利合作，扩大双方利益汇合点，不断丰富和充实全面战略伙伴关系的内涵，就能把问题解决好，就能获得双赢的结果。

女士们、先生们：

明年是中德建交40周年。按照中国人的说法，“四十而不惑”，这就是说中德关系已经到了成熟的阶段。发展中德关系，对双方有利、对欧盟有利、对世界有利。德国启蒙思想家莱布尼茨在《中国近事》一书中说，“我们双方都各自具备通过相互交流使对方受益的技能”。中国的邓小平先生也曾说过：“欧洲和亚洲实际是一个大陆，你们在西边，我们在东边，把我们联系在一起的因素比人们想象的要多得多。”只要我们始终抱定互利友好的决心和信心不动摇，潜心耕耘中欧友好这片沃土，我们播下的友谊种子就一定会长成参天大树，我们的互利合作就一定会结出丰硕的果实。

谢谢大家！

中国面向世界的大门将永远敞开

——在第110届中国进出口商品交易会开幕式暨中国加入世界贸易组织10周年论坛上的讲话

中华人民共和国国务院总理　温家宝

（2011年10月14日，广州）

各位来宾，各位朋友，

女士们，先生们：

今天我们欢聚一堂，共同庆祝第110届中国进出口商品交易会（广交会）隆重开幕。我对各位嘉宾表示热烈欢迎，对长期以来为中国外贸事业发展作出贡献的各界人士表示崇高敬意！

广交会是中国政府在1957年创办的。50多年来，广交会顺应时势变化，不断创新办展理念和办展方式，不断优化参展企业和参展商品，始终保持着旺盛的生命力和蓬勃的发展势头，成为中国历史最久、规模最大、声誉最佳的国际著名展会，成为中国对外贸易发展的缩影。一部广交会的历史，就是一部生动的新中国对外开放史。

展望未来，随着中国经济快速发展和改革开放不断推进，广交会面临更加广阔的发展前景。我们相信，广交会一定会办得更具特色、更上水平、更有成效，为促进我国对外贸易发展作出更大的贡献。

女士们，先生们：

再过两个月，我们就将迎来中国加入世贸组织10周年，这是中国对外开放进程中值得纪念的大事。如果说创办广交会是中国向世界打开了一扇窗，那么加入世贸组织就是中国向世界开启了一扇门；如果说创办广交会是中国向世界伸出一只手，那么加入世贸组织就是中国拥抱整个世界。

加入世贸组织10年来，中国的面貌发生了重大变化，中国对外经贸关系发生了重大变化，中国在世界大家庭中的地位和作用也发生了重大变化。回顾这10年历史，我们可以得出三个重要结论：

第一，中国是说话算数的国家，兑现了加入世界贸易组织时作出的郑重承诺。10年来，我们全面履行诺言，逐步降低进口产品的关税税率，取消所有进口配额、许可证等非关税措施，全面放开对外贸易经营权，大幅降低外资准入门槛。中国关税总水平由15.3%降至9.8%，远远低于发展中国家的平均水平；中国服务贸易开放部门达到100个，接近发达国家的水平。

我们在扩大市场开放的同时，还致力于提高对外开放政策的稳定性、透明度和可预见性。10年来，中央政府共清理各种法律法规和部门规章2300多件，地方政府共清理地方性政策和法规19万多件，使国内涉外经济法律法规与我国加入世贸组织承诺相一致。

第二，中国是勇于担当的国家，积极承担着与自身发展水平相称的国际责任。10年来，中国坚定支持世贸组织多哈回合谈判，积极参与国际宏观经济政策协调，参与20国集团等全球经济治理机制建设，推动国际金融体系改革，以实际行动反对贸易保护主义。在国际金融危机蔓延的时候，我国及时实施强有力的内需刺激政策，组织30多个大型采购团赴海外采购，我国进口和对外投资加快增长，为世界经济复苏作出了重要贡献。中国是最早制定并实施《应对气候变化国家方案》的发展中国家，也是近年来节能减排力度最大的国家之一。中国认真落实联合国千年发展目标，是全球唯一提前实现贫困人口减半的国家，并根据自身能力积极开展对外援助。近10年累计对外提供各类援款1700多亿元人民币，免除50个重债穷国近300亿元人民币到期债务，承诺对最不发达国家95%以上的输华产品实行零关税，为173个发展中国家和13个地区性国际组织培训各类人员6万多名，显著增强了受援国的自主发展能力。

第三，中国是致力于共同发展的国家，始终奉行平等互利、合作共赢的对外开放政策。加入世贸组织对中国的积极影响是巨大而深远的。最显著的是，极大地促进了我国开放型经济发展，提升了我国经济的整体竞争力。10年来，中国货物贸易额由世界第六位上升到第二位，其中出口跃居第一位；累计吸收外商直接投资7595亿美元，居发展中国家首位；对外直接投资年均增长40%以上，2010年当年已达688亿美元，居世界第五位。各个产业在激烈的国际竞争中经受了考验。加入世贸组织给中国人民带来许多看得见、摸得着的好处，更重要的是开阔了人们的视野，改变了人们的思想观念，促进了中国体制改革和制度创新，大大增强了中国发展的内在动力。

中国加入世贸组织也为世界各国带来了实实在在的利益。这10年，中国每年平均进口7500亿美元的商品，相当于为贸易伙伴创造1400多万个就业岗位。在华外商投资企业累计汇出利润2617亿美元，年均增长30%。中国对外投资企业聘用当地员工接近80万人，每年在当地纳税超过100亿美元。中国物美价廉的商品为国外消费者带来了巨大实惠，由于进口中国商品，美国消费者过去10年共节省开支6000多亿美元，欧盟每个家庭每年可以节省开支300欧元。

实践证明，中国扩大对外开放，惠及13亿中国人民，也惠及世界各国人民。中国的发展，是和平的发展、开放的发展、合作的发展、共赢的发展。中国加入世贸组织大家庭，是中国的成功，也是世界的成功！

女士们，先生们：

当今世界是开放的世界，经济全球化和科技革命为各国提供了互利合作、共同发展的有利条件。要开放、不要封闭，要发展、不要停滞，是大势所趋、人心所向。特别是在应对国际金融危机冲击的过程中，发展国际贸易、促进国际投资成为推动世界经济复苏的关键因素。令人忧虑的是，受种种因素干扰，全球多边贸易体系发展坎坷，多哈回合谈判一波三折、徘徊不前，贸易投资保护主义明显抬头，反倾销、反补贴等贸易救济措施屡遭滥用，贸易摩擦政治化倾向日益突出，给世界经济复苏蒙上浓厚的阴影。

历史经验证明，自由、开放、公正的国际贸易，能够促进社会分工，提高劳动效率，扩大市场规模，增加就业机会，符合世界各国的根本利益；相反，贸易保护主义只会拖累世界经济复苏步伐，最终受损的是各国人民。在当前国际金融市场急剧动荡、世界经济不稳定和不确定因素显著增加、主要经济体复苏步伐明显放缓的关键时刻，国际社会应当携起手来，同舟共济，以更大的诚意和决心进一步扩大市场开放，以更加鲜明的态度和行动共同抵制形形色色的保护主义，以更加理性的办法妥善处理国际贸易摩擦。惟有这样，才能尽快驱散国际金融危机的阴霾，才能增强国际社会抵御各种风险的能力，才能实现世界经济强劲、可持续、平衡增长。

坚定不移地实施对外开放的基本国策和互利共赢的开放战略，是中国人民作出的自主抉择。我们从自身发展的经验教训中深深懂得“关起门来搞建设是不能成功的”。中国仍然是一个发展中国家，人口多、底子薄、发展不平衡，科学技术相对落后，经济体制和政治体制还不完善，是我们的基本国情。这就需要不断解放思想，与时俱进，以无比坚定的决心和勇气继续推进改革开放，以海纳百川的胸襟学习借鉴国外一切文明成果。今天的中国，扩大开放的基础更加牢固，条件更加成熟，人民群众的意愿更加强烈，对外开放的道路越走越宽广。我们刚刚制定了“十二五”规划，明确提出实行更加积极主动的开放战略，清楚地表达了中国政府和人民坚持对外开放的巨大勇气和决心。

——我们将把扩大进口与稳定出口结合起来，努力促进国际收支基本平衡。中国始终坚持开放的贸易政策，既重视出口，也重视进口，不刻意追求贸易顺差。五年前，广交会更名为中国进出口商品交易会，增加了进口展区，就是中国促进平衡增长的最好诠释。经过我们的努力，中国进出口正朝着更加平衡的方向发展，2009年贸易顺差比上年减少1000亿美元，2010年又进一步减少126亿美元，预计今年顺差占GDP的比重将下降到3%以内。今后5年中国进口总规模有望超过8万亿美元，这将给世界各国带来更多商机。我们愿意加强与主要顺差来源国的金融与经济合作，用发展的办法逐步解决贸易不平衡问题。我们也希望有关国家尽快承认中国市场经济地位，放松高新技术产品对中国出口管制，为双边贸易平衡发展创造条件。

——我们将把吸收外资与对外投资结合起来，拓展国民经济的发展空间。中国的资金和外汇比较充裕，这是我们的发展优势，但不能忽视利用外资的作用，国际投资中搭载的技术创新能力、管理经验和市场机会，不是用钱就能买到的。我们将一如既往地欢迎各国投资者来中国兴业，特别是到中西部地区投资。更加重视引进先进技术、人才和智力资源，更加重视保护知识产权。继续为国内外各类市场主体营造开放的法制环境、政策环境和市场环境，清理相关法律、规章和其他政策措施，确保与世贸规则相一致。我们将加快实施"走出去"战略，鼓励有条件、守信誉的各类企业对外投资，重视开展有利于改善不发达国家民生和增强自主发展能力的合作，注意承担社会责任和义务，造福当地人民。

——我们将把深化沿海开放与扩大内陆和沿边开放结合起来，进一步优化区域开放格局。沿海地区要加快培育新的国际竞争优势，由世界工厂向研发设计、品牌营销和服务外包基地转变，由国际产业链低端向产业链高端发展。内陆地区要发挥资源和劳动力丰富的比较优势，着力改善投资环境，积极承接国际产业和沿海产业转移，培育高水平的加工制造基地。沿边地区要充分发挥地缘优势，实行特殊的开放政策，加快重点口岸、边境城市、边境经济合作区和重点开发开放实验区建设，努力提高对外开放的水平。

——我们将把经济领域开放与其他领域开放结合起来，以开放促改革促发展促创新。经济领域依然是我国对外开放的基础和重点。我们将稳步扩大服务业对外开放，继续推进人民币汇率形成机制改革，扩大人民币跨境使用，逐步实现人民币资本项目可兑换。同时，我们也将积极扩大教育、科技、文化、卫生等领域的对外交流与合作，在扩大开放中促进我国社会事业改革与发展。

——我们将把向发达国家开放与向发展中国家开放结合起来，扩大同各方利益的汇合点。中国与发达国家处于不同的发展阶段，经济互补性强，互利合作前景广阔。要加强战略对话，增进战略互信，拓宽合作领域，妥善处理经贸摩擦。广大发展中国家蕴藏着巨大的发展潜力，是我国实施市场多元化战略和“走出去”战略的重点。无论是富国还是穷国，无论实行何种社会制度，我们都愿意在平等互利基础上与他们开展经贸合作。

——我们将把多边开放与双边开放结合起来，继续在国际经济体系中发挥建设性作用。我们愿意以更加积极的姿态，参与多边经贸事务和全球性问题治理，与世界各国一道，共同分享发展机遇，共同应对各种挑战。我们也愿意继续推动区域合作进程，积极与有关国家和地区商建自由贸易区。我愿再次呼吁，各方应坚持世贸组织多哈回合谈判的发展授权，关注最不发达国家利益，在锁定既有成果的基础上，务实推进谈判进程。中方始终是支持谈判的积极力量，衷心期待谈判早日取得实质性成果。

女士们，先生们：

中国对外开放30多年来的实践告诉我们：只有开放兼容，国家才能富强，人民才能过上幸福美好的生活。我们要倍加珍惜和维护对外开放的成果，将对外开放贯穿于我国现代化建设全过程，奋力把对外开放的伟大事业推向前进，为建设一个富强民主文明和谐的国家、为世界的繁荣发展和文明进步不懈努力！

谢谢大家！

在第14次中国—东盟领导人会议暨中国—东盟建立对话关系20周年纪念峰会上的讲话

中华人民共和国国务院总理　温家宝

（2011年11月18日，印度尼西亚巴厘岛）

尊敬的苏西洛总统，

各位同事：

时隔8年，再次来到美丽的巴厘岛，出席中国—东盟建立对话关系20周年纪念峰会，我感到非常高兴和振奋。此时此地，我们要向所有为推动中国—东盟关系发展作出贡献和正在为此努力工作的各界人士表示感谢和敬意。

1991年，中国同东盟建立对话关系，体现了双方顺应时代潮流，探索区域合作的战略远见和勇气，开启了中国与东盟关系的历史进程，具有里程碑意义。

——我们恪守相互尊重、互不干涉内政的原则，不断增进政治互信。东盟国家奉行一个中国政策，支持中国和平统一，在涉及中国主权等重大原则问题上照顾中方关切。中国尊重东盟各国自主选择的发展道路和价值观，支持东盟按照自己的方式处理纷争，反对外部势力干涉东盟内部事务。

——我们在合作中倡导互利、互助、互鉴，促进共同发展。今年双方贸易额将超过3500亿美元，是1991年的40多倍。中国成为东盟最大贸易伙伴，东盟成为中国第三大贸易伙伴。中国为东盟成员国发展经济、改善民生提供了真诚的援助和帮助。东盟成员国也给中国提供了积极的支持。双方在治国理政方面交流经验，取长补短。

——我们在困难面前同舟共济，努力把挑战转化为机遇。双方共同抵御1997年亚洲金融危机，推动建立东盟与中日韩合作机制；携手应对罕见的国际金融危机，如期全面建成中国—东盟自由贸易区；在重大自然灾害和疫情中守望相助，探索建立有效的预警、防控、救助机制。

——我们致力于和平共处和睦邻友好，积极营造安全、和谐的地区环境。通过对话和协商解决争端和处理历史遗留问题；致力于建立东南亚无核武器区；珍视传统友谊，传播世代友好的理念。

多位东盟国家领导人对我说过，中国与东盟的关系最务实、最广泛、最富有成果。我深有同感。我们都是发展中国家，始终把发展经济、改善民生作为最紧迫、最重要的任务，把能否给本国人民和本地区带来实实在在的利益放在首位。我们地缘、文化、历史相近，各方面联系和交往密切，在众多领域开展合作具有得天独厚的有利条件。我们奋发图强，开放包容，始终保持旺盛的活力。

今天，中国与东盟作为致力于和平与繁荣的战略伙伴，在前所未有的广泛领域和高水平上开展交流与合作，成为休戚相关、荣辱与共的命运共同体。中国与东盟共同取得的辉煌成就，为增进本地区人民福祉，促进和平与发展的崇高事业作出了突出贡献，对亚洲乃至世界的进步产生了深远的积极影响。

各位同事，

世界正处于深刻复杂的变化之中。国际金融危机进入第四个年头，全球经济金融形势依然不容乐观。一些发达国家经济复苏乏力，出现严重的金融和债务危机。新兴国家和发展中国家的地位在上升，但整体实力仍不够强大。西亚北非地区发生社会动荡。全球性粮食、能源、环境问题日益威胁着人类的可持续发展。世界经济前景的不确定性、不稳定性有可能长期存在。

当前，东亚保持经济较快增长和社会稳定，是全球最富有活力和潜力的地区，东盟和中国为此作出了重要贡献，赢得国际社会广泛认可和高度关注。必须看到，在全球化深入发展的时代，任何地区和国家不可能独善其身。严峻的外部环境势必对东亚带来不利影响，中国和东盟自身的薄弱环节和问题也会制约竞争力的进一步提升。我们既要充满信心，又要保持清醒，关键是抓住机遇，加强合作，共迎挑战，把命运牢牢掌握在自己手中，不松懈，不动摇，朝着既定的方向和目标继续迈进。关于中国与东盟关系未来发展方向，我谈几点原则意见：

第一，加强战略沟通和战略互信。中国永远不谋求霸权，反对任何霸权行为，将始终奉行“与邻为善，以邻为伴”的周边外交政策，恪守《东南亚友好合作条约》。本地区有关国家在南海存在的争议，是多年积累下来的问题，应由直接有关的主权国家通过友好协商和谈判予以解决。外部势力不应以任何借口介入。2002年，中国与东盟国家签署了《南海各方行为宣言》，确定将推动务实合作，并为最终达成“南海行为准则”而努力。这是东盟国家与中国的共同意愿。中方愿同东盟国家积极推进全面落实《南海各方行为宣言》，加强务实合作，并着手探讨制订“南海行为准则”。

第二，把促进经济发展和社会进步作为第一要务。中国和东盟国家都处于发展的关键时期，我们要把双方发展战略和各自优势更好地结合起来，在更广领域和更高水平上开展合作，增强内生活力和动力，加快发展经济，改善民生，推进现代化建设，实现东亚的全面振兴。

第三，坚持由东盟主导东亚合作进程。中国支持东盟一体化和共同体建设，乐见东盟实力和影响力不断提升，相信东盟完全有能力继续主导东亚合作。中国将于明年设立常驻东盟使团。中国将一如既往地支持和配合东盟工作，坚持以10＋1为基础，10＋3为主体，东亚峰会为重要补充，推进东亚合作。

第四，在多边领域维护共同利益。作为同一地区的发展中国家，我们在许多重大问题上有着相似的立场和看法，面临相同的处境和挑战，有着一致的目标和追求。中国和东盟都是促进和平与发展的战略力量，双方要密切协调配合，为推动建立公正合理的国际政治经济新秩序而努力。

各位同事，

中国与东盟的务实合作拥有扎实基础，潜力巨大，具备向更高目标迈进的有利条件。我们要根据形势发展变化，加强统筹规划，建立健全合作机制，深化重点领域的合作，开拓新的合作领域，努力取得更加丰硕的成果。为此，我提出以下具体倡议和建议：

第一，扩大贸易和投资合作。要认真实施中国—东盟自贸区的各项协定，完善自贸区建设，使双方人民、企业得到越来越多的好处。中方将继续向东盟国家派遣贸易投资促进团，在广西南宁设立东盟产品展示中心，促进双方贸易持续平衡增长。中方愿积极扩大对东盟国家的投资，加大转让先进适用技术的力度，共同提升产业竞争力。

第二，把互联互通等基础设施建设放在突出位置。为使这一重点领域的合作更为顺畅、高效，倡议成立中国—东盟互联互通合作委员会，力争尽快实现中国与东盟有关国家陆路运输通道互联互通的目标。中方高度重视与东盟国家构筑海上互联互通网络，愿采取有力举措与东盟国家发展冷藏船、滚装船以及集装箱班轮直线，推进海上旅客和货物运输便利化。中国政府在2009年承诺向东盟国家提供的150亿美元信贷共支持了50多个基础设施等建设项目，涉及几乎所有东盟国家。我宣布，中方将追加100亿美元信贷，其中包括40亿美元优惠性质贷款。

第三，深化金融领域合作。中方愿与东盟国家加强央行合作和金融人才交流；通过互设金融分支机构等形式，推动金融市场开放；加强监管领域的对话合作；扩大本币互换规模，推动人民币与东盟国家货币在双方银行间外汇市场挂牌交易；逐步建立银行间本币清算合作机制，推进双边本币结算业务发展；发挥“中国—东盟银联体”作用，为双方企业提供多样化金融服务；双方要共同推动完善清迈倡议多边化等区域货币互换机制，全面提升东亚金融危机救助水平，维护区域内金融稳定。

第四，开拓海上务实合作。中方将设立30亿元人民币的中国—东盟海上合作基金，从海洋科研与环保、互联互通、航行安全与搜救、打击跨国犯罪等领域做起，逐步将合作延伸扩大到其他领域，形成中国—东盟多层次、全方位的海上合作格局。建议双方成立相应机制对此加以研究，制定合作规划。

第五，深化科技和可持续发展领域的合作。倡议明年作为“中国—东盟科技合作年”，在中国举办首届中国—东盟科技部长会议。双方要尽快签署《中国—东盟科技合作协定》，启动科技伙伴计划。中方愿与东盟推进在绿色经济、节能环保、新能源、可再生能源等领域的交流与合作。

第六，更加重视社会和民生领域的合作。中方愿意设立10个职业教育培训中心，为东盟国家经济社会发展提供所需的人力资源；建议双方在灾害管理和人道主义救援方面建立机制化联系，交流信息和技术，探讨建立中国—东盟救灾物资储备库；倡议设立中国—东盟传统医药交流合作中心；中方愿与东盟建立文化部长会议机制，建议明年举行首次正式会议，探讨制订中国—东盟文化合作行动计划。

今天，中国—东盟中心正式成立。双方要积极支持中心开展工作，为促进友好交流与合作提供服务。

苏西洛总统，各位同事，

中国和东盟各国高度评价20年来中国—东盟关系发展取得的成就，对未来合作方向和重点提出了重要的建设性意见。中国—东盟关系的基础是牢固的，潜力是巨大的，前景是广阔的。中国愿与东盟永做好邻居、好朋友、好伙伴，密切协调与配合，努力推动落实达成的各项共识，更多造福人民，为地区和平与繁荣作出更大贡献。

携手开创中拉全面合作更加美好的未来

——在联合国拉丁美洲和加勒比经济委员会的演讲

中华人民共和国副主席　习近平

（2011年6月11日，智利圣地亚哥）

尊敬的巴尔塞纳执行秘书女士，

女士们，先生们，朋友们：

今天，我很荣幸能在对智利进行正式访问期间，来到联合国拉丁美洲和加勒比经济委员会做客并同大家见面。拉美经委会是研究拉美经济社会发展的权威机构，也是汇聚拉美发展经验、创新发展理念的重要智库。我谨代表中国政府和人民，向在座各位朋友，并通过你们向拉美和加勒比各国人民致以诚挚问候和良好祝愿。

这是我担任中华人民共和国副主席以后第一次访问智利。中智虽然相距遥远，但两国人民长期友好。智利是第一个同中华人民共和国建交的南美国家，也是第一个就中国加入世贸组织同中方签署双边协议、第一个承认中国完全市场经济地位、第一个同中国签署双边自由贸易协定的拉美国家。中智建交41年来，特别是2004年建立全面合作伙伴关系以来，两国关系取得长足发展。

拉美和加勒比地区是当今世界最具发展活力和发展潜力的地区之一。2003年至2008年，拉美经济年均增长4.8%，人均国内生产总值年均增长3.4%。2009年，拉美地区虽然也受到国际金融危机的严重冲击，但很快就在2010年实现了恢复增长，经济增长速度达到6%，人均国内生产总值增长达到4.8%。这表明拉美已进入经济持续较快增长的新阶段。与此同时，拉美对外交往更为活跃，成为积极参与全球治理，维护世界和平、促进共同发展的一支不可忽视的新兴力量。

女士们、先生们！

太平洋西岸的中国是一个有着5000多年历史的文明古国。中华人民共和国成立以来特别是改革开放30多年来，我们坚持对外开放基本国策，打开国门搞建设，加快发展开放型经济。从建设经济特区到开放沿海、沿江、沿边、内陆地区再到加入世界贸易组织，从大规模“引进来”到大踏步“走出去”，利用国际国内两个市场、两种资源的水平不断提高，国际竞争力逐步增强，人民物质生活和精神文化生活得到改善。

在21世纪第一个十年，中国保持了经济平稳较快发展与社会和谐稳定。我们有效应对国际金融危机冲击，战胜了四川汶川特大地震、青海玉树强烈地震、甘肃舟曲特大山洪泥石流等重大自然灾害，成功举办了北京奥运会、上海世博会，胜利完成了“十一五”规划的主要目标任务，综合国力大幅提升。现在，中国已成为世界第一大出口国、第二大进口国、第二大经济体、第四大发明专利国。中国在载人航天、探月工程、超级计算机等尖端科技领域实现重大突破。同时，中国还创造了世界最大规模的就业，实现了世界最大规模的减贫，并推进了世界最大规模的城市化。去年，居住在中国城镇的人口已占全国总人口的49.7%，这为实现全球城市人口首次超过农村人口作出了重要贡献。

中国的快速发展进步，并没有改变作为发展中国家的定位。中国的人口多、底子薄，发展还很不平衡，人均国内生产总值水平还很低，还有一亿多人生活在联合国设定的贫困线以下。中国产业结构不够合理，城乡区域发展不协调，经济发展质量需要改善，特别是经济增长的资源环境约束强化，科技创新能力不强，就业总量压力和结构性矛盾并存。中国实现自己的发展目标需要继续付出艰苦努力。

不久前，中国政府颁布了国民经济和社会发展第十二个五年规划纲要，确定了今后5年中国的发展目标。我们将以科学发展为主题，以加快转变经济发展方式为主线，深化改革开放，保障和改善民生，促进经济长期平稳较快发展与社会和谐稳定，为全面建成惠及十几亿人口的更高水平的小康社会打下具有决定性意义的基础。

女士们、先生们!

中国同拉美和加勒比国家都是发展中国家，都处在经济社会发展关键时期。在过去的10年，双方发挥各自优势，为实现联合国千年发展目标携手同行，中拉合作实现了跨越式发展，合作的发展速度和广度、深度都达到前所未有的水平。

过去10年是中拉紧密团结的10年。中拉战略上相互重视，政治上相互支持。巩固和加强中拉关系成为双方坚定不移的政治抉择。10年来，中国国家领导人多次访问拉美和加勒比，拉美和与中国建交的加勒比国家元首或政府首脑都先后访华。中拉在涉及各自核心利益和重大利益问题上始终相互理解、相互支持，在重大国际问题和全球性问题上保持良好沟通和配合，政治互信不断加深。

过去10年是中拉共同发展的10年。中拉贸易额由不足150亿美元迅速攀升到1830亿美元，年均增长28.4%。特别是中国加入世贸组织以来，中拉经贸合作持续深化，在应对国际金融危机过程中，中拉又携手合作、共克时艰，取得丰硕成果，充分显示了双方经济的巨大互补性。现在，中拉经贸合作呈现出全方位发展的良好局面，中国已成为拉美第二大贸易伙伴，拉美则成为全球对华出口增速最快的地区。中拉合作给双方人民带来实实在在的利益，表明这种合作是互利共赢的，是可持续的。

过去十年是中拉深化友谊的10年。中拉两大古老文明相互尊重，文化交流和人员往来日益密切，越来越多的孔子学院成为中拉人民相互了解和学习的窗口。拉美和加勒比国家积极参与北京奥运会和上海世博会，向中国人民展示了一个充满活力和希望的拉美。中拉企业家峰会、中拉智库交流论坛等民间交流机制，打破了中拉地理距离的制约，成为推动中拉友好合作和共同发展的新平台。这些密切的交流，极大增进了双方人民的相互了解和友谊。

女士们、先生们!

进入21世纪第二个十年，中拉关系迎来新的发展机遇。我们将遵照胡锦涛主席2008年访问秘鲁时提出的发展中拉关系的三项重要方针，同拉美和加勒比国家一道，牢牢把握共同发展的主题，坚持平等互利的基本原则，不断开拓创新、开展广泛全面合作，使中拉关系在新的起点上迈上更高层次、覆盖更宽领域、达到更高水平。

第一，中拉在政治上应该成为相互尊重、真诚互信的好伙伴。保持双方领导人密切交往传统，共同维护中拉关系稳定发展大局。在涉及彼此重大利益的问题上加强沟通和协调，不断夯实互信基础。我们深信，只要双方同心同德，继续以长远眼光、战略思维、包容态度看待和处理中拉关系，就一定能推动互利合作始终沿着正确轨道不断向前发展。

第二，中拉在经济上应该成为互惠互利、合作共赢的好伙伴。中国愿同拉美和加勒比国家一道，着眼于推动中拉务实合作向全面、深入、平衡、可持续方向发展，促成相互出口更多高附加值产品，扩大贸易规模，优化贸易结构。我们也将继续鼓励中国企业在相互尊重、平等互利基础上加大在拉美投资兴业力度，拓展农业、制造业、基础设施建设、新能源、航空航天等领域合作，积极探索新的合作方式，不断提升中拉合作水平。

第三，中拉在人文上应该成为交流互鉴、和谐共处的好伙伴。人文交流是沟通不同国家人民心灵的有效渠道。中拉要加强民间团体、学术机构、新闻媒体等社会各界多层次、多形式的交流往来，不断增进相互理解，巩固中拉关系发展的社会基础。特别要多为青少年创造相互接触、相互学习、广交朋友的机会，将中拉友谊不断传承下去。我们还要共同着眼于进一步造福双方人民，深入开展扶贫减灾、公共卫生建设、社会保障、人力资源开发等领域经验交流，丰富合作内涵，为实现联合国千年发展目标多作贡献。

第四，中拉在国际事务上应该成为同舟共济、协调合作的好伙伴。进一步密切在重大国际问题上的沟通合作，不断加强在应对全球性挑战方面的经验交流，拓展中拉关系战略内涵，提升中拉关系全球影响。同时，中国将一如既往地支持拉美和加勒比国家在国际事务中发挥更大作用，共同维护好发展中国家正当权益。

女士们、先生们！

让我们在促进中拉双方共同发展和推动建设持久和平、共同繁荣的和谐世界的道路上携手同行，共同开创中拉全面合作更加美好的未来。

谢谢大家。

完善全球经济治理　促进各国共同发展

——在第二届全球智库峰会上的演讲

中华人民共和国国务院副总理　李克强

（2011年6月25日，北京）

尊敬的各位来宾，

女士们、先生们、朋友们：

很高兴参加第二届全球智库峰会。两年前，在第一届全球智库峰会上，来自各国的代表们为应对国际金融危机、促进世界经济复苏，提出了很多富有睿智的政策建议。今天，中外智库人士、政界人士和企业家再次聚首北京，对世界经济复苏中一些重要问题进行探讨，这对于推动世界经济强劲、可持续、平衡增长很有意义。在此，我谨代表中国政府向远道而来的嘉宾们表示欢迎！对峰会的召开表示祝贺！

当前，世界正处于大发展大调整大变革之中，和平、发展、合作的时代潮流不可阻挡，世界多极化、经济全球化深入发展，新兴市场国家和发展中国家快速成长，国际经济秩序出现深刻变化。在各方的共同努力下，全球经济开始走出危机的阴影，但复苏的道路并不平坦，还存在诸多不确定、不稳定因素。实现世界经济全面复苏和健康发展，需要我们从战略的高度、全球的视野、长远的角度，认真思考危机产生的原因和未来发展方向；在变化中的世界中，承担起符合自身角色的社会责任和国际责任。这里，我愿结合本次峰会主题，就全球经济治理的共同责任问题谈几点看法，同大家交流讨论。

第一，加强全球经济治理对世界经济发展十分重要。国际金融危机的爆发，暴露了国际金融体系存在的缺陷，也揭示了全球经济治理的不足之处。为提高经济危机防范能力，需要各国继续发扬在应对危机中形成的齐心协力、加强合作、同舟共济的精神，完善和创新全球经济治理。在相关机制建设中，应遵循相互尊重、集体决策的原则，增加新兴市场国家和发展中国家的代表性和发言权。中国作为世界上最大的发展中国家，愿意与其他国家共同应对全球性挑战、共同分享发展机遇。我们将继续支持联合国及相关机构在全球治理中发挥基础性作用，支持和推动二十国集团在全球经济治理中发挥更大作用，积极参与多哈回合谈判，深化区域经济合作，促进国际经济秩序朝着更加公正合理的方向发展。

第二，完善财政金融体系是消除金融危机根源的关键之举。当前世界经济正在复苏，但一些国家主权债务和财政风险加大，有的国家还面临经济下行的压力，国际金融市场起伏不定，导致危机的一些深层次矛盾尚未根除。国际社会应继续推进全球金融结构调整和改革，加强对金融创新、资本流动的监管，保持主要储备货币流动性的合理稳定，推动建立公平、公正、包容、有序的国际货币金融体系。还应重视对各国财政金融的监测分析，根据不同情况采取调整措施，降低财政金融失衡度，增强经济发展后劲。

第三，实现经济健康复苏需要警惕全球性通胀风险。历史告诉我们，经济从衰退到复苏充满着挑战，增长和通胀往往是相伴而生的。近一时期，国际市场上粮食、石油、煤炭等大宗商品价格高位波动，通货膨胀在全球呈现一定的蔓延之势，给经济增长带来阴影。面对全球性通胀等挑战，单靠个别国家努力远远不够。需要各国相互沟通，加强宏观经济政策的协调，把握好政策导向、重点和力度，既恢复和保持经济增长，又抑制和减轻通货膨胀，促进世界经济健康运行。

第四，推动经济持续发展必须坚持全球化与自由贸易。贸易自由化是世界经济发展的重要引擎，也是全面复苏的必要条件。经济发展的理论和实践表明，只有通过合理的国际分工和自由贸易，才能实现产品和要素在全球范围内优化配置，从而提高社会生产力和人类福祉。但近年来，贸易和投资保护主义有所抬头，在一定程度上阻碍了复苏的进程。国际社会应坚持经济全球化的基本方向，坚决反对和抵制各种形式的保护主义，推动建立均衡、普惠、共赢的多边贸易体系，使自由贸易的好处为各国人民所共享。

第五，缩小南北发展差距是促进世界持久繁荣的根本措施。当今世界，财富增长相对较快，但南北不平衡更加突出，这是全球经济最大的不平衡。国际金融危机及大宗商品涨价，又使一些发展中国家受到严重冲击，延缓了实现千年发展目标的进程，甚至影响社会秩序和稳定。国际社会应当提升南北问题在全球议程中的地位，把支持欠发达国家作为促进世界经济平衡的重要任务，为之提供更多的经济资源、更好的制度保障，提高其自我发展能力，促进全球共同发展。

各位朋友！

今年年初，中国制定了第十二个五年发展规划纲要，它不仅为中国人民描绘了未来发展蓝图，也吸引了世界的目光。我们正在编制若干“十二五”国家重点专项规划，以使规划纲要的实施更具有可操作性。未来五年，中国将坚持以科学发展为主题，以加快转变经济发展方式为主线，把经济结构战略性调整作为主攻方向，推动科技创新，深化改革开放，促进经济长期平稳较快发展与社会和谐进步。立足当前，着眼长远，需要重点推进以下几项工作。

一是保持经济平稳运行。这是转方式、调结构的重要基础。今年是“十二五”规划的开局之年。几个月来，中国经济呈现出平稳较快增长的势头，但也面临着通胀压力等问题。对此，中国把保持物价总水平基本稳定作为宏观调控的首要任务，努力处理好保持经济平稳较快发展、调整经济结构、管理通胀预期的关系，巩固经济发展势头，提高发展质量和效益。我们千方百计保持粮食稳定增产，目前夏粮丰收已成定局。中国立足国内生产能源，保证煤电油气稳定供应，强化需求侧管理。一方面增加粮食、能源等有效供给，一方面抑制不合理需求，有利于保持经济平稳运行、控制通胀预期。

二是致力于扩大消费需求。这是最大的结构调整。中国人多地广，国内市场潜力巨大。我们将坚持扩大国内需求特别是居民消费需求的战略。通过加大收入分配调节力度等措施，实现居民收入增长和经济发展同步、劳动报酬增长和劳动生产率提高同步。推进教育、就业、社会保障等基本公共服务均等化，减少民众对扩大消费的后顾之忧，增强全社会消费能力。我们正在实施一批重大民生工程，包括大规模建设保障性安居工程、促进困难群众住有所居，深化医疗卫生体制改革、实现全民基本医保等，这既能保障和改善民生，又是优化结构、促进增长的重大举措。

三是着力推进绿色发展。这是结构调整的大趋势。中国将以此为契机，加快科技创新步伐，调整和优化产业结构，把节能环保、新一代信息技术、生物、新能源等产业确立为战略性新兴产业，给予重点鼓励和扶持。同时，加快发展循环经济、低碳技术，逐步关闭高耗能、高排放的落后生产能力，推动能源生产和利用方式变革，合理控制能源消费总量，构建绿色清洁的生产方式和消费模式。

四是协调经济和社会发展。这是转方式、调结构的重要任务。经过长期努力，中国现代化建设已经站在一个新的历史起点上。但发展中不平衡、不协调、不可持续问题仍然突出，特别是社会发展“短板”的矛盾亟待缓解。我们加快转变经济发展方式，不仅要求对经济结构进行调整，而且涉及社会结构的调整。需要大力发展各项社会事业，深化社会领域相关改革，使转变经济发展方式贯穿于经济社会发展的全过程和各领域。

五是进一步深化改革开放。这是转方式、调结构的应有之义和强大动力。过去30多年，中国依靠改革开放促进了经济社会发展，今后将继续把制度创新作为转型发展的强大动力。要以更大的决心和勇气全面推进各领域改革，更加重视改革的顶层设计和总体规划，坚持经济体制改革的市场化取向，力争在企业、行政、财税、金融、价格等重点领域改革上取得突破性进展。在对外开放中，由出口和吸收外资为主，转向进口与出口并举、引进外资与对外投资并重，使国际市场与国内市场进一步深度融合。中国把扩大进口作为战略举措，这为世界各国发展提供了重要机遇。

各位朋友！

智库汇聚了各学科、各领域的知识精英，不仅为各国政府决策提出了重要建议，也为人类生存和发展、全球和地区安全、国际难点热点化解等提供了宝贵的建设性意见。当今世界，如何解决全球经济治理中存在的问题，既是对决策者的挑战，也是对人类智慧的考验。希望全球智库同仁能够借此机会、利用好这个平台，各抒己见，畅所欲言，为完善和创新全球经济治理贡献经验和智慧。

最后，祝第二届全球智库峰会取得圆满成功！祝各位在北京工作顺利、身体健康！

谢谢大家。

附录一

在纪念中华人民共和国恢复在联合国合法席位40周年招待会上的致辞

中华人民共和国国务委员　戴秉国

（2011年10月25日，北京）

女士们，先生们，朋友们：

值此金秋时节，我们隆重集会，庆祝中华人民共和国恢复在联合国合法席位40周年，我对各位嘉宾出席今晚的招待会表示热烈欢迎！

40年前的今天，是新中国外交史上令人激动而又难忘的日子。这一天，第26届联合国大会以压倒性多数通过第2758号决议，决定恢复中华人民共和国在联合国的合法席位，不仅开创了新中国对外交往的新纪元，促进了新中国同一切爱好世界和平与正义的国家和人民发展友好合作关系，也增强了联合国的普遍性、代表性和权威性，壮大了维护世界和平、促进人类发展事业的力量。这是上个世纪国际关系史册中具有划时代重要意义的事件。

40年来，作为世界上最大的发展中国家和安理会常任理事国，中国一直践行《联合国宪章》的宗旨和原则，推动世界各国“力行容恕，彼此以善邻之道，和睦相处”，为维护世界和平、促进共同发展、推动国际合作作出了重大贡献。

——中国积极致力于维护世界和平与安全，倡导以和平手段解决争端。中国始终强调在国际关系中应通过协商、对话和谈判等和平方式解决争端，化解冲突。多年来，中国为推动地区热点问题得到公正、妥善解决发挥了积极、建设性作用。中国还积极参与联合国维和行动，截至今年8月底，中国共向28项联合国维和行动派出军事人员、警察和民事官员1.9万余人次。中国现为联合国维和行动第15大出兵国，在五个常任理事国中名列第一。

——中国积极致力于促进共同发展，倡导推进国际合作。中国全面参与联合国框架下有关建立国际经济新秩序、可持续发展、气候变化等问题的讨论与合作，成为应对全球性挑战、解决全球性问题的重要参与方。中国一直努力实施千年发展目标，积极参与国际发展合作。自2008年以来，中国领导人连续三年在联合国及中非合作论坛等框架下宣布中国援助发展中国家、特别是非洲国家的举措。到2009年底，中国政府通过各种渠道累计对外援助金额已达2562.9亿元人民币。

——中国积极致力于推动社会进步，实现经济、社会全面协调可持续发展。中国积极参与联合国在社会领域关于青年、就业、移民和老年人权利保护等问题的讨论，推动联合国重视解决有关社会问题。此外，中国推动联合国制定国际人权文书、反对殖民主义和种族隔离制度，为促进各项基本人权和各国人民的发展权作出了重要贡献。中国还积极参与国际人权领域的建设性对话与合作，为维护国际社会的共同利益发挥了积极作用。

——中国积极致力于履行国际义务，推动国际军控进程发展。中国积极参加《禁止化学武器公约》、《全面禁止核试验条约》等多边军控条约谈判，并积极参与了相关军控工作，努力推动国际社会妥善处理核裁军、防扩散、信息安全、常规军控等问题。

——中国积极致力于参与国际法律文书制定，维护发展中国家权益和国际法公正和权威。中国广泛参加并认真履行联合国主持制订的国际公约，积极参加国际法院、联合国国际法委员会等相关国际法机构工作。目前，中国已参加300多项多边条约，对外缔结的双边条约和其他具有条约性质的文件超过2万件。

女士们，先生们，朋友们：

今年是新世纪第二个十年的开局之年，世界的变化很大很快很剧烈。国际社会日益成为一个“地球村”，各国利益交融达到了人类历史上从未有过的广度和深度，和平、发展、合作的时代潮流更加深入人心。与此同时，当前国际形势较为动荡复杂，全球性挑战越来越多，全球治理机制不够完善，不适应形势发展。面对这一新形势、新挑战，没有哪个国家能独善其身，不管是东方还是西方，传统大国还是新兴国家，都不可能单独应对，只能同舟共济，合作共赢。联合国作为最具普遍性、代表性和权威性的政府间国际组织，应在政治、安全、经济、发展、社会、人道、文化、军控、司法等各领域抓住机遇，应对挑战，焕发新的生机与活力。新形势下，联合国的作用只能加强而不能削弱，联合国的权威必须维护而不能损害。联合国应在事关人类和平与发展的一系列重大问题上继续发挥积极作用。

——中国将坚定维护《联合国宪章》的宗旨和原则。《联合国宪章》是当代国际法的基石，《宪章》确立的主权平等、不干涉内政、和平解决国际争端、反对使用武力和以武力相威胁等原则已成为公认的国际关系准则。这些宗旨和原则始终是处理当前国与国关系的基础，也是维护世界和平稳定的重要保障。

——中国将继续推动联合国以和平方式解决国际和地区热点问题。联合国安理会在维护国际和平与安全方面负有首要责任，是集体安全机制的核心。安理会应坚持《联合国宪章》的宗旨和原则，坚持用和平方式解决地区热点问题和国际争端。在当前国际社会普遍关注的西亚北非局势问题上，联合国及其安理会应切实负起责任，推动当事各方以对话和协商等方式和平解决问题，推动地区局势实现稳定。

——中国将继续推动联合国为促进各国的发展事业作出更大贡献。21世纪应是人人享有发展成果的世纪。联合国应将发展贯穿于自身工作的始终，致力于促进世界各国的共同发展，为各国特别是发展中国家实现更好、更快发展创造有利的外部环境和条件。联合国应推动各国深化在社会等各领域的合作，促进不同文明间的对话与交流，使人类社会更加和谐和睦，让世界更加丰富多彩。

——中国将继续推动联合国在国际军控、裁军和防扩散领域发挥重要作用。当前，国际安全威胁日益多元化，大规模杀伤性武器扩散等问题仍然困扰着国际社会。联合国应继续在推动多边军控、裁军和防扩散进程中发挥主导作用，应按照公正、合理、全面、均衡原则，推动实现有效裁军和军备控制，积极推进国际核裁军进程，妥善应对热点问题，维护全球战略稳定。

——中国将继续支持联合国通过合理、必要改革措施实现自我完善与发展。联合国与时俱进、继续保持在国际事务中的核心作用，符合广大联合国会员国的共同利益。中国支持推动包括联合国在内的全球治理机制改革，加强联合国在全球治理中的核心作用，使联合国提高自身应对新威胁和新挑战的能力。联合国应认真倾听各国人民的呼声与愿望，切实推动相关领域的改革。在此方面，尤应加大关注发展问题，增加发展投入，切实解决广大发展中国家面临的最为紧迫的问题。

女士们，先生们，朋友们：

今年，中方发布了《中国的和平发展》白皮书，庄严地承诺中国将坚定不移地走和平发展道路。中国将通过和平发展、开放发展、共同发展，积极拓展国际合作，积极参与国际事务，积极承担应尽的国际责任和义务，积极在联合国中发挥建设性作用，与世界各国一道，为推动建设一个持久和平、共同繁荣的和谐世界，争取人类社会的美好未来作出更大的贡献！

共迎挑战　共同发展

——在第66届联合国大会一般性辩论上的发言

中华人民共和国外交部长　杨洁篪

（2011年9月26日，美国纽约）

主席先生：

祝贺阁下荣任本届大会主席，相信你将以出色的能力和丰富的经验完成这一崇高使命。同时也感谢戴斯先生在担任上届联大主席期间所作的积极贡献。我还想借此机会，对南苏丹共和国加入联合国大家庭，成为第193个会员国表示热烈祝贺！

主席先生，女士们，先生们：

我们已经走过21世纪的第一个十年。回首过去的十年，世界多极化、经济全球化深入发展，国家间相互依存日趋加深，科技革命深刻地改变着人类社会的面貌。同时，各种传统、非传统安全威胁和全球性挑战相互交织，世界并不安宁。我们现正迈入新世纪第二个十年，世界的和平与发展经历着很不平凡的历史进程。国际形势继续深刻复杂变化，在总体和平的大背景下，各种不稳定、不确定因素增多，发展问题更加严重，实现共同发展比任何时候都更加重要，也更加紧迫。

当前，全球发展面临新的重要关口。世界经济复苏进程脆弱，国际金融市场动荡，可持续发展任务艰巨，世界经济面临“增长关”。西亚北非部分国家政局持续动荡，恐怖主义滋长蔓延，全球性挑战不断上升，国际形势面临“稳定关”。南北发展不平衡依然突出，国际金融危机导致全球极度贫困人口新增6400万，饥饿人口接近10亿，完成联合国千年发展目标任务急迫，各方亟待加强合作，帮助最不发达国家迈过“温饱关”。

在挑战面前，我们实现共同发展的使命重大，也面临难得的新机遇。经济全球化使各国利益融合更加紧密，以合作谋安全、以稳定促发展成为普遍共识；各国纷纷以创新思维应对发展难题，发达国家积极巩固财政，采取经济刺激措施，加快经济结构调整，努力摆脱危机困扰。广大发展中国家总体保持良好发展势头，尤其值得一提的是，一批新兴经济体国家加快发展，带动着世界经济的增长；全球经济治理机制改革稳步推进，各种区域合作机制蓬勃发展；各方加快发展绿色经济，探索可持续发展方式，为共同发展提供了新的动力和空间。

面对新的机遇和挑战，如何同舟共济、共克时艰，实现互利共赢和共同发展，这是历史赋予我们的共同责任和使命。为此：

我们要努力培育世界经济复苏的良好势头。国际金融危机深层次影响仍未消除，经济复苏的脆弱性和不平衡性还相当突出。我们要加强沟通协调，释放团结、合作、共赢的强有力信号，以增强国际社会对世界经济复苏和发展的信心。我们要推动建立公平、公正、包容、有序的国际货币金融体系，增加新兴市场国家和发展中国家的发言权和代表性。中方支持二十国集团从短期危机应对机制向长效经济治理机制转型，在全球经济治理中发挥更大作用，推动世界经济全面复苏和增长。我们支持新兴市场国家为探索全球经济合作新模式所作的努力和实践。我们坚决反对各种形式的保护主义，主张加强多边贸易体制，照顾最不发达国家关切，推动多哈回合谈判实现发展回合目标。

我们要努力营造合作发展的政治基础。国家不分大小、强弱、贫富，都是国际社会平等一员，其平等发展的权利应切实得到保障。相互尊重、平等相待是国际关系的基本准则，也是实现共同发展的重要保障。当前形势下，坚持《联合国宪章》的宗旨和原则，维护联合国的权威和作用，切实遵守不干涉内政原则，推进国际关系民主化具有特别重要的现实意义。我们应尊重各国的主权和领土完整，一国内部事务只能由本国人民自己决定，反对以任何方式和借口干涉别国内政。世界的多样性是人类社会发展的宝贵财富，应被视为国家间取长补短、交流互鉴的有利条件，而不应成为国际关系中以大欺小、以富压贫的借口。我们应尊重各国自主选择发展道路的权利，尊重文明多样性，本着开放包容、求同存异的精神，在交流互鉴、取长补短中共同进步。

我们要努力争取稳定发展的安全环境。历史经验一再表明，稳定与发展相伴相随，发展不好，稳定不了；同样，没有稳定，也就没有发展。我们应按照《联合国宪章》宗旨和原则的要求，坚持用和平方式解决国际争端和热点问题，反对任意使用武力或以武力相威胁，反对一切形式的恐怖主义、分裂主义和极端主义，促进人类社会的共同安全。

中方尊重苏丹及南苏丹人民的自主选择，希望南苏丹这个新生国家稳定发展。国际社会应继续支持和鼓励苏丹和南苏丹通过对话与协商妥善解决悬而未决的问题，和睦相处，共同发展，维护地区和平稳定大局。中方一直积极劝和促谈，推动苏丹与南苏丹和平进程，支持妥善解决达尔富尔问题。我们将继续与国际社会一道，为推动实现地区的和平、稳定与发展发挥建设性作用。

中方一贯支持巴勒斯坦独立建国正义事业，支持巴成为联合国会员国，支持通过政治谈判推进“两国方案”，建立以1967年边界为基础、以东耶路撒冷为首都、拥有完全主权、独立的巴勒斯坦国，主张平衡推进叙以、黎以两线和谈，最终实现中东地区全面、公正、持久和平以及阿以和平共处。希望国际社会和有关各方为此作出不懈努力，推动中东和平进程持续向前发展。

中方高度关注西亚北非地区局势动荡，主张坚持不干涉内政原则，尊重和支持地区国家自主处理内部事务，尊重地区国家人民的愿望诉求。希望地区国家有关各方通过政治对话化解分歧，尽快恢复稳定和正常秩序。当前，利比亚已进入从战乱向国家重建过渡的关键阶段。中方尊重利人民的选择，承认利“国家过渡委员会”为利执政当局和利人民的代表。希望利各方在“过渡委”的领导下，开启包容性政治过渡进程，维护利的民族团结与国家统一，尽快实现利局势稳定并开展经济重建。中方支持联合国在利战后重建进程中发挥主导作用，支持联合国利比亚支助团及早开展工作。中方高度关注叙利亚局势发展，希望叙各方保持克制，避免一切形式的暴力行为和更多流血冲突，推动局势尽快走向缓和。我们认为，以推进改革为目标，以由叙主导的包容性政治进程为框架，以对话协商为手段，是化解叙当前危机的正确途径。国际社会应尊重叙的主权、独立和领土完整，慎重应对和处理叙问题，避免叙局势进一步动荡并危及地区和平。

中方欢迎朝鲜半岛局势出现的积极变化，认为对话协商是解决朝鲜半岛问题的唯一有效途径，六方会谈是推进半岛无核化、维护半岛和东北亚地区和平稳定的有效机制。中方一直积极劝和促谈，努力为缓和半岛紧张局势、维护半岛和平稳定发挥独特作用。近来朝韩、朝美重启对话，中方对此表示欢迎。希望有关各方抓住机遇，保持对话接触，争取早日重启六方会谈。

我们要努力促进南北平衡发展。世界经济最大的不平衡是南北发展不平衡。没有平衡的发展，就很难有可持续的发展；没有欠发达国家摆脱贫困、实现经济发展，就没有世界的共同繁荣。当前，全球如期实现联合国千年发展目标时间紧迫、任务艰巨，发达国家应切实兑现官方发展援助承诺，开放市场、减免债务、加大对发展中国家的资金和技术支持；国际金融机构的资源应该优先用于帮助发展中国家尤其是最不发达国家。发展中国家应积极探索有利于实现发展、消除贫困的发展方式，实现更高水平发展。近来，粮食安全挑战十分突出，非洲之角发生了60年来最为严重的旱灾，引发大面积饥荒。国际社会应加大援助力度，稳定粮食等大宗商品价格，帮助发展中国家提高自主发展的能力，让共同发展的成果惠及所有国家和地区。

主席先生：

21世纪头十年是世界大发展、大变革、大调整的十年，也是中国持续快速发展、同世界的关系发生深刻改变的十年，中国发展取得的成绩以及中国今后发展走向受到各方高度关注。

十年来，中国人民经过艰苦不懈努力，实现了经济实力的进一步提升和人民生活水平的显著提高。中国已经成为世界第二大经济体、第一大出口国、第二大进口国和全球最大的新兴市场，解决了13亿人的温饱问题，大幅度减少了绝对贫困人口。但与此同时，中国发展所面对的困难也不容忽视，中国仍是一个发展中国家，人口多、底子薄，发展中的不平衡、不协调问题依然突出，中国要实现自身发展目标需要继续付出长期艰苦的努力。不久前，中国制定颁布了国民经济和社会发展“十二五”规划纲要，将以科学发展为主题，以加快转变经济发展方式为主线，推动科技创新，深化改革开放，促进经济长期平稳较快发展与社会和谐进步。一个发展更加持续、社会更加和谐、对外更加开放的中国将进一步展现在世人面前。

中国的发展在给中国人民带来实实在在利益的同时，也为世界的发展与繁荣作出了积极贡献。过去十年，中国年均进口近7500亿美元商品，相当于为相关国家和地区创造了1400多万个就业岗位。随着“十二五”规划的实施，2015年中国经济规模将达8.6万亿美元左右，预计今后五年将进口近10万亿美元的商品，将对世界经济增长起到更大的促进作用。未来中国的发展仍离不开世界，中国的发展也将继续为世界共同发展作出更大贡献。

作为发展中国家的一员，中国致力于加强与发展中国家的平等互利合作，尽力提供各种支持和帮助。中国已免除50个重债穷国和最不发达国家债务380笔，逐步给予非洲同中国建交的最不发达国家95%的产品零关税待遇，认真完成为发展中国家援建学校、医院等2100多个成套项目，培训各类人才12万名。中国对非洲之角受灾国家和人民的困难感同身受，决定提供4.432亿元人民币的紧急粮食援助和粮援现汇，以帮助受灾国应对粮荒。中国为实现联合国千年发展目标作出的努力有目共睹，随着中国的进一步发展，中国必将为世界的和平、发展、合作带来更多的机遇。

为推动世界共同发展，我们必须创造良好的国际环境。长期以来，中国致力于争取和平的国际环境来发展自己，又以自己的发展促进世界的和平。中国积极承担力所能及的国际责任，推动和平解决热点问题，参与国际维和行动，已累计向28项联合国维和行动派出1.9万多人次，是安理会常任理事国中派出维和人员最多的国家。中国向发生地震、海啸等灾害的国家捐资捐物，并派遣救援队等赴当地实施人道救助，广泛参与打击海盗等国际合作，努力维护世界的和平与稳定。

主席先生：

历史的车轮滚滚向前。展望未来十年，和平、发展、合作的时代潮流不会改变，中国追求发展进步的脚步不会停止。和平发展是中国实现现代化和富民强国、为世界文明进步作出更大贡献的战略抉择，中国将坚定不移地沿着和平发展的道路走下去，始终不渝地奉行独立自主的和平外交政策，坚定不移地实施互利共赢的开放战略，通过中国人民的艰苦奋斗和改革创新，通过同世界各国长期友好相处、平等互利合作，让中国人民过上更好的日子，并造福于全人类的发展与进步。一个繁荣发展、和谐稳定、勇于担当的中国必将为世界的繁荣与稳定、为实现人类的共同发展作出更大贡献。让我们携手努力，在共享机遇中深化合作，在共迎挑战中实现发展，一起推动建设持久和平、共同繁荣的和谐世界！

谢谢大家！

附录二

（一）2011年中华人民共和国外交部组织机构表

办　公　厅
政策规划司
亚　洲　司
西亚北非司
非　洲　司
欧　亚　司
欧　洲　司
北美大洋洲司
拉丁美洲和加勒比司
国　际　司
军　控　司
条约法律司
边界与海洋事务司

新　闻　司
礼　宾　司
领　事　司（领事保护中心）
香港澳门台湾事务司
翻　译　室
外事管理司
涉外安全事务司
干　部　司
离退休干部局
行　政　司
财　务　司
机　要　局
部　纪　委
机关党委
国外工作局
档　案　馆
外交部机关及驻外机构服务中心

（二）2011年中华人民共和国外交部领导成员名单

（截止至2011年12月31日）

杨洁篪	外交部长
张志军	外交部副部长
崔天凯	外交部副部长
傅　莹	外交部副部长
宋　涛	外交部副部长
翟　隽	外交部副部长
程国平	外交部副部长
谢杭生	外交部领导成员
张昆生	外交部部长助理
张　明	外交部部长助理
马朝旭	外交部部长助理
乐玉成	外交部部长助理

（三）同中国建交的国家、建交日期和2011年中国驻外使节一览表

(以建交先后为序)

序号	国　名	建交日期	中国在任使节
1	俄罗斯联邦①	1949年10月3日	李辉
2	保加利亚共和国	1949年10月4日	郭业洲
3	罗马尼亚	1949年10月5日	刘增文 霍玉珍（女） （12月以后）
4	匈牙利共和国	1949年10月6日	高建（女）
5	朝鲜民主主义人民共和国	1949年10月6日	刘洪才
6	捷克共和国②	1949年10月6日	于庆泰
7	斯洛伐克共和国	1949年10月6日	顾子平
8	波兰共和国	1949年10月7日	孙玉玺
9	蒙古国	1949年10月16日	余洪耀 王小龙 （2月以后）
10	阿尔巴尼亚共和国	1949年11月23日	王俊岭 叶皓 （12月以后）
11	越南社会主义共和国	1950年1月18日	孙国祥 孔铉佑 （8月以后）
12	印度共和国	1950年4月1日	张炎
13	印度尼西亚共和国	1950年4月13日	章启月（女）
14	瑞典王国	1950年5月9日	陈明明 兰立俊 （3月以后）
15	丹麦王国	1950年5月11日	谢杭生
16	缅甸联邦	1950年6月8日	李军华
17	瑞士联邦	1950年9月14日	吴恳
18	列支敦士登公国③	1950年9月14日	梁建全（兼）

续表

序号	国　名	建交日期	中国在任使节
19	芬兰共和国	1950年10月28日	黄兴
20	巴基斯坦伊斯兰共和国	1951年5月21日	刘健
21	挪威王国	1954年10月5日	唐国强
22	塞尔维亚共和国[4]	1955年1月2日	魏敬华 张万学 （8月以后）
23	阿富汗伊斯兰共和国	1955年1月20日	郑清典 徐飞洪 （3月以后）
24	尼泊尔联邦民主共和国	1955年8月1日	邱国洪 杨厚兰 （6月以后）
25	阿拉伯埃及共和国	1956年5月30日	宋爱国
26	阿拉伯叙利亚共和国	1956年8月1日	李华新 张迅 （8月以后）
27	也门共和国	1956年9月24日	刘登林
28	斯里兰卡民主社会主义共和国	1957年2月7日	杨秀萍（女）
29	柬埔寨王国	1958年7月19日	潘广学
30	伊拉克共和国	1958年8月25日	常毅 倪坚 （11月以后）
31	摩洛哥王国	1958年11月1日	许镜湖（女）
32	阿尔及利亚民主人民共和国	1958年12月20日	刘玉和
33	苏丹共和国	1959年2月4日	李成文 罗小光 （9月以后）
34	几内亚共和国	1959年10月4日	赵立兴
35	加纳共和国	1960年7月5日	龚建忠
36	古巴共和国	1960年9月28日	刘玉琴（女）
37	马里共和国	1960年10月25日	张国庆 曹忠明 （3月以后）
38	索马里共和国[5]	1960年12月14日	
39	刚果民主共和国	1961年2月20日	王英武
40	老挝人民民主共和国	1961年4月25日	布建国（女）

续表

序号	国　名	建交日期	中国在任使节
41	乌干达共和国	1962年10月18日	孙和平 赵亚力 （10月以后）
42	肯尼亚共和国	1963年12月14日	刘光源
43	布隆迪共和国	1963年12月21日	郁序忠
44	突尼斯共和国	1964年1月10日	火正德
45	法兰西共和国	1964年1月27日	孔泉
46	刚果共和国	1964年2月22日	李树立
47	坦桑尼亚联合共和国	1964年4月26日	刘昕生
48	中非共和国	1964年9月29日	石虎 孙海潮 （4月以后）
49	赞比亚共和国	1964年10月29日	李强民 周欲晓 （4月以后）
50	贝宁共和国	1964年11月12日	耿文兵 陶卫光 （8月以后）
51	毛里塔尼亚伊斯兰共和国	1965年7月19日	陈公来
52	加拿大	1970年10月13日	章均赛
53	赤道几内亚共和国	1970年10月15日	王士雄
54	意大利共和国	1970年11月6日	丁伟
55	埃塞俄比亚联邦民主共和国	1970年11月24日	顾小杰 解晓岩 （11月以后）
56	智利共和国	1970年12月15日	吕凡
57	尼日利亚联邦共和国	1971年2月10日	邓波清
58	科威特国	1971年3月22日	黄杰民
59	喀麦隆共和国	1971年3月26日	薛金维
60	圣马力诺共和国[⑥]	1971年5月6日	丁伟（兼）
61	奥地利共和国	1971年5月28日	史明德
62	塞拉利昂共和国	1971年7月29日	旷伟霖
63	土耳其共和国	1971年8月4日	宫小生
64	伊朗伊斯兰共和国	1971年8月16日	郁红阳
65	比利时王国	1971年10月25日	张援远 廖力强 （5月以后）

续表

序号	国　名	建交日期	中国在任使节
66	秘鲁共和国	1971年11月2日	赵五一
67	黎巴嫩共和国	1971年11月9日	吴泽献
68	卢旺达共和国	1971年11月12日	舒展
69	塞内加尔共和国	1971年12月7日	龚元兴
70	冰岛共和国	1971年12月8日	苏格
71	塞浦路斯共和国	1971年12月14日	李国邦
72	马耳他共和国	1972年1月31日	张克远
73	墨西哥合众国	1972年2月14日	殷恒民 曾钢 （1月以后）
74	阿根廷共和国	1972年2月19日	曾钢 殷恒民 （1月以后）
75	大不列颠及北爱尔兰联合王国	1972年3月13日	刘晓明
76	毛里求斯共和国	1972年4月15日	边燕花（女）
77	荷兰王国	1972年5月18日	张军
78	希腊共和国	1972年6月5日	罗林泉 杜起文 （8月以后）
79	圭亚那共和国	1972年6月27日	于文哲
80	多哥共和国	1972年9月19日	杨民
81	日本国	1972年9月29日	程永华
82	德意志联邦共和国	1972年10月11日	吴红波
83	马尔代夫共和国[⑦]	1972年10月14日	杨秀萍（女）(兼) 余洪耀 （10月以后）
84	马达加斯加共和国	1972年11月6日	沈永祥
85	卢森堡大公国	1972年11月16日	曾宪柒
86	牙买加	1972年11月21日	陈京华 郑清典 （4月以后）
87	乍得共和国[⑧]	1972年11月28日	杨广玉
88	澳大利亚联邦	1972年12月21日	陈育明
89	新西兰	1972年12月22日	徐建国
90	西班牙王国	1973年3月9日	朱邦造
91	几内亚比绍共和国	1974年3月15日	李宝钧
92	加蓬共和国	1974年4月20日	李福顺（女）

续表

序号	国　名	建交日期	中国在任使节
93	马来西亚	1974年5月31日	柴玺
94	特立尼达和多巴哥共和国	1974年6月20日	杨优明
95	委内瑞拉玻利瓦尔共和国	1974年6月28日	赵荣宪
96	尼日尔共和国	1974年7月20日	夏煌
97	巴西联邦共和国	1974年8月15日	邱小琪
98	博茨瓦纳共和国	1975年1月6日	刘焕兴
99	菲律宾共和国	1975年6月9日	刘建超
100	莫桑比克共和国	1975年6月25日	黄松甫
101	泰王国	1975年7月1日	管木
102	孟加拉人民共和国	1975年10月4日	张宪一
103	斐济群岛共和国	1975年11月5日	韩志强 黄勇 （7月以后）
104	萨摩亚独立国	1975年11月6日	马崇仁 赵卫平 （3月以后）
105	科摩罗联盟	1975年11月13日	王乐友
106	佛得角共和国	1976年4月25日	李春华
107	苏里南共和国	1976年5月28日	袁南生
108	塞舌尔共和国	1976年6月30日	王卫国 史忠俊 （11月以后）
109	巴布亚新几内亚独立国	1976年10月12日	仇伯华
110	利比里亚共和国	1977年2月17日	周欲晓 赵鉴华 （4月以后）
111	约旦哈希姆王国	1977年4月7日	岳晓勇
112	巴巴多斯	1977年5月30日	魏强
113	阿曼苏丹国	1978年5月25日	吴久洪
114	大阿拉伯利比亚人民社会主义民众国	1978年8月9日	王旺生
115	美利坚合众国	1979年1月1日	张业遂
116	吉布提共和国	1979年1月8日	张国庆
117	葡萄牙共和国	1979年2月8日	张备三
118	爱尔兰共和国	1979年6月22日	刘碧伟 罗林泉 （8月以后）

续表

序号	国　名	建交日期	中国在任使节
119	厄瓜多尔共和国	1980年1月2日	苑桂森
120	哥伦比亚共和国	1980年2月7日	高正月 汪晓源 （9月以后）
121	津巴布韦共和国	1980年4月18日	忻顺康
122	瓦努阿图共和国	1982年3月26日	程树平
123	安提瓜和巴布达	1983年1月1日	刘汉明
124	安哥拉共和国	1983年1月12日	张伯伦 高克祥 （7月以后）
125	科特迪瓦共和国	1983年3月2日	魏文华
126	莱索托王国	1983年4月30日	高德毅 胡定贤 （4月以后）
127	阿拉伯联合酋长国	1984年11月1日	高育生
128	多民族玻利维亚国⑨	1985年7月9日	沈智良
129	格林纳达	1985年10月1日	徐建国
130	乌拉圭东岸共和国	1988年2月3日	屈生武
131	卡塔尔国	1988年7月9日	张志良
132	巴勒斯坦国⑩	1988年11月20日	王强
133	巴林王国	1989年4月18日	杨伟国
134	密克罗尼西亚联邦	1989年9月11日	张卫东
135	纳米比亚共和国	1990年3月22日	魏瑞兴
136	沙特阿拉伯王国	1990年7月21日	杨洪林
137	新加坡共和国	1990年10月3日	魏苇
138	爱沙尼亚共和国	1991年9月11日	黄忠坡
139	拉脱维亚共和国	1991年9月12日	胡业顺
140	立陶宛共和国	1991年9月14日	佟明涛
141	文莱达鲁萨兰国	1991年9月30日	闵永年 郑祥林 （12月以后）
142	乌兹别克斯坦共和国	1992年1月2日	于洪君 张霄 （4月以后）
143	哈萨克斯坦共和国	1992年1月3日	周力
144	乌克兰	1992年1月4日	张喜云
145	塔吉克斯坦共和国	1992年1月4日	范先荣

续表

序号	国　名	建交日期	中国在任使节
146	吉尔吉斯共和国	1992年1月5日	王开文
147	土库曼斯坦	1992年1月6日	吴虹滨 肖清华 （4月以后）
148	白俄罗斯共和国	1992年1月20日	鲁桂成
149	以色列国	1992年1月24日	赵军 高燕平（女） （9月以后）
150	摩尔多瓦共和国	1992年1月30日	房利
151	阿塞拜疆共和国	1992年4月2日	张延年
152	亚美尼亚共和国	1992年4月6日	田长春
153	斯洛文尼亚共和国	1992年5月12日	孙荣民
154	克罗地亚共和国	1992年5月13日	申知非
155	格鲁吉亚	1992年6月9日	陈建福
156	大韩民国	1992年8月24日	张鑫森
157	厄立特里亚国	1993年5月24日	李连生
158	马其顿共和国	1993年10月12日	董春风 崔志伟 （8月以后）
159	安道尔公国⑪	1994年6月29日	朱邦造(兼)
160	摩纳哥公国⑫	1995年1月16日	孔泉（兼）
161	波斯尼亚和黑塞哥维那	1995年4月3日	王辅国
162	巴哈马国	1997年5月23日	胡定贤 胡山 （4月以后）
163	库克群岛⑬	1997年7月25日	徐建国（兼）
164	南非共和国	1998年1月1日	钟建华
165	汤加王国	1998年11月2日	王东华
166	东帝汶民主共和国	2002年5月20日	傅元聪
167	多米尼克国	2004年3月23日	王宗来
168	黑山⑭	2006年7月6日	智昭林
169	哥斯达黎加共和国	2007年6月1日	李长华
170	纽埃⑮	2007年12月12日	徐建国（兼）
171	马拉维共和国	2007年12月28日	潘和钧
172	南苏丹共和国⑯	2011年7月9日	李志国 （8月以后）

注：

① 1949年10月3日系中国与前苏联建交日。1991年12月27日，国务委员兼外长钱其琛致电俄罗斯外长，宣布中国承认俄罗斯联邦政府并决定中国驻前苏联大使改任驻俄罗斯大使。

② 1949年10月6日系中国与原捷克斯洛伐克建交日。1992年12月31日捷斯联邦解体，1993年1月1日捷克共和国和斯洛伐克共和国成为独立主权国家，中国政府分别予以承认并与两国建立大使级外交关系。

③ 中国同列支敦士登公国1950年9月14日建交。1988年 9月，中国驻苏黎世兼驻列支敦士登公国总领事馆开馆，中国首次向列国派驻总领事，由中国驻苏黎世总领事兼任。

④ 1955年1月2日系中国与前南斯拉夫社会主义联邦共和国建交日。1992年4月30日，中国外交部发言人宣布，中国驻前南斯拉夫大使改任驻南联盟共和国大使。2003年2月4日，南斯拉夫联盟共和国将国名改为塞尔维亚和黑山。2006年6月3日，黑山共和国独立，塞尔维亚共和国继承塞黑国际法主体地位。6月14日，中国外交部照会塞外交部，宣布中国驻塞尔维亚和黑山特命全权大使转任驻塞尔维亚共和国特命全权大使，驻塞黑使馆同时更名。

⑤ 由于索马里国内原因，中国驻索马里外交人员自1991年撤离后迄今未返索。

⑥ 中国驻意大利大使兼任驻圣马力诺大使。

⑦ 中国2011年11月在马尔代夫共和国设立大使馆。此前驻马尔代夫共和国大使由中国驻斯里兰卡大使兼任，余洪耀为首任常驻马尔代夫大使，中国驻斯里兰卡大使不再兼任驻马尔代夫大使。

⑧ 中国同乍得共和国1972年11月28日建交，1997年8月15日中止外交关系，2006年8月6日复交。

⑨ 2009年3月，玻利维亚共和国将国名改为多民族玻利维亚国。

⑩ 中国在拉马拉设驻巴勒斯坦民族权力机构办事处，王强任办事处主任。

⑪ 中国驻西班牙大使兼任驻安道尔公国大使。

⑫ 中国同摩纳哥公国自1995年1月16日起建立领事关系，中国驻马赛总领事兼任驻摩纳哥总领事。2006年2月升格为大使级外交关系，中国驻法国大使兼任驻摩纳哥大使。

⑬ 中国驻新西兰大使兼任驻库克群岛大使。

⑭ 2007年10月19日，黑山共和国将国名改为黑山。

⑮ 中国驻新西兰大使兼任驻纽埃大使。

⑯ 2011年7月9日，南苏丹宣布独立，并建立南苏丹共和国。同日，中国与南苏丹签署建交公报，中国驻朱巴总领事馆升格为驻南苏丹大使馆。8月，原驻朱巴总领事被正式任命为驻南苏丹大使。

（四）中华人民共和国常驻联合国、驻其他国际组织代表团（处）名称、驻地和2011年常驻代表（团长）一览表

名　　称	驻地	常驻代表
中华人民共和国常驻联合国代表团	纽约	李保东大使
中华人民共和国常驻联合国日内瓦办事处和瑞士其他国际组织代表团	日内瓦	何亚非大使
中华人民共和国常驻联合国维也纳办事处和其他国际组织代表团	维也纳	胡小笛大使 成竞业大使 （6月以后）
中华人民共和国驻欧盟使团	布鲁塞尔	宋哲大使
中华人民共和国常驻美洲国家组织观察员办事处①	华盛顿	张业遂大使（兼）
中华人民共和国常驻禁止化学武器组织代表团②	海牙	张军大使（兼）
中华人民共和国常驻联合国环境规划署代表处③	内罗毕	刘光源大使（兼）
中华人民共和国常驻联合国人居署代表处④	内罗毕	刘光源大使（兼）
中华人民共和国常驻国际海底管理局代表处⑤	金斯敦	陈京华大使（兼） 郑清典大使（兼） （4月以后）
中华人民共和国常驻世界贸易组织代表团	日内瓦	易小准大使
中华人民共和国常驻联合国教育、科学及文化组织代表团	巴黎	师淑云大使（女） 尤少忠大使 （12月以后）
中华人民共和国常驻联合国粮农机构代表处	罗马	李正东（代表） 夏敬源（代表） （12月以后）
中华人民共和国常驻国际民用航空组织代表处	蒙特利尔	马涛（代表）
中华人民共和国常驻联合国亚洲及太平洋经济社会委员会代表处	曼谷	刁鸣生参赞

注：

① 中国驻美国大使兼任中国常驻美洲国家组织观察员。

② 中国驻荷兰大使兼任中国常驻禁止化学武器组织代表。

③ 中国驻肯尼亚大使兼任中国常驻联合国环境规划署代表。

④ 中国驻肯尼亚大使兼任中国常驻联合国人居署代表。

⑤ 中国驻牙买加大使兼任中国常驻国际海底管理局代表。

（五）中国与外国互设领事机构一览表

（按国名英文字母顺序排列）

1. 中国在外国设立领事机构一览表

（1）总领事馆

序号	国名	驻地	协议日期	开馆日期	领区	2011年在任馆长
1	澳大利亚	悉尼	1978.9.18	1979.3.19	新南威尔士州	段洁龙
2	澳大利亚	墨尔本	1986.6.23	1986.9.11	维多利亚州、塔斯马尼亚州	施伟强
3	澳大利亚	珀斯	1994.4.15	1994.10.18	西澳大利亚州	汪银儿
4	澳大利亚	布里斯班	2006.9.22	2007.3.24	昆士兰州	孙大立
5	奥地利	萨尔茨堡	1994.6.24	未开馆	萨尔茨堡、克恩顿州、蒂罗尔州、弗拉尔贝格州	无
6	比利时	安特卫普	1985.6.3	未开馆	安特卫普省、东佛兰德省、西佛兰德省	无
7	巴西	圣保罗	1984.8.15	1985.11.4	圣保罗州、巴拉那州、圣卡塔林纳州、南里约格郎德州	孙荣茂
8	巴西	里约热内卢	1991.8.5	1992.6.15	里约热内卢州、米纳斯吉拉斯州、圣埃斯皮里托州、巴伊亚州	陈小玲
9	加拿大	温哥华	1973.10.24	1974.11.17	不列颠哥伦比亚省、育空地区	刘菲
10	加拿大	多伦多	1980.8.25	1984.12.20	安大略省、曼尼托巴省	陈立钢

续表

序号	国名	驻地	协议日期	开馆日期	领区	2011年在任馆长
11	加拿大	卡尔加里	1997.11.28	1998.10.2	阿尔伯塔省、萨斯喀彻温省、西北地区	刘永凤
12	加拿大	蒙特利尔	2010.3.22	2011.6.22	魁北克省、新不伦瑞克省	赵江平
13	智利	伊基克	1985.4.29	1997.12.30 2011.5.25（复馆）	第一大区、第二大区、第十五大区	韩莉
14	朝鲜	清津	1986.9.15	1987.7.1	咸境北道、咸境南道、两江道	田宝珍
15	厄瓜多尔	瓜亚基尔	1984.5.17	1984.9.10	瓜亚斯省、马纳维省、洛斯里奥斯省、埃尔奥罗省	王卫华
16	埃及	亚历山大	1967.7.4	1968.2.5	塞得港省、亚历山大省、伊斯梅利亚省、苏伊士省	刘爱忠
17	法国	马赛	1980.10.17	1985.12.19	阿列日省、阿韦龙省、塔恩—加龙省、热尔省、洛特省、上比利牛斯省、塔恩省、上加龙省、奥德省、洛泽尔省、东比利牛斯省、上普罗旺斯阿尔卑斯省、沃克吕兹省、滨海阿尔卑斯省、上阿尔卑斯省、上科西嘉省、南科西嘉省、罗讷河口省、加尔省、埃罗省、瓦尔省	卞建强
18	法国	斯特拉斯堡	1997.3.21	1998.4.28	阿尔萨斯、洛林、弗朗斯贡地、香槟阿登四个大区的14个省	孙继文

续表

序号	国名	驻地	协议日期	开馆日期	领区	2011年在任馆长
19	法国	里昂	2006.9.13	2009.12.2	罗讷省、安省、阿尔代什省、德龙省、伊泽尔省、卢瓦尔省、上萨瓦省、萨瓦省、多姆山省、阿列省、康塔尔省、上卢瓦尔省	殷立贤
20	法国	圣但尼	2007.6.25	2010.2.6	留尼汪省	张国斌
21	德国	汉堡	1979.10.24	1984.5.14	汉堡州、不来梅州、下萨克森州、石勒苏益格—荷尔斯泰因州	陈红梅
22	德国	慕尼黑	1995.7.13	1997.6.7	巴伐利亚州	王顺卿
23	德国	法兰克福	2003.12.1	2005.6.23	黑森州、北莱茵—威斯特法伦州、巴登—符腾堡州、莱茵兰—普法耳茨州、萨尔州	温振顺
24	印度	孟买	1991.12.13	1992.12.8	孟买市、马哈拉斯特拉邦、卡纳塔克邦	牛清报
25	印度	加尔各答	2006.11.21	2008.9.7	西孟加拉邦、奥里萨邦、查提斯加尔邦、贾坎德邦、比哈尔邦	张利忠
26	印度尼西亚	泗水	2005.2.28	2006.11.9	东爪哇省、巴厘省、西努沙登加拉省、东努沙登加拉省	王华根

续表

序号	国名	驻地	协议日期	开馆日期	领区	2011年在任馆长
27	印度尼西亚	棉兰	2009.11.30	2011.9.8	北苏门答腊省、南苏门答腊省、西苏门答腊省、占碑省、朋古鲁省、廖内省、廖内群岛、邦加和勿里洞省、楠榜省及亚齐特区	杨玲珠
28	意大利	米兰	1979.11.6	1985.6.11	伦巴第大区、艾米利亚一罗马涅大区、皮埃蒙特大区、威尼托大区	梁慧
29	意大利	佛罗伦萨	1997.11.3	1998.6.1	托斯卡纳大区、翁布里亚大区、马尔盖大区、利古里亚大区	周韵琦
30	日本	大阪	1975.8.15	1976.3.8	大阪府、京都府、兵库县、奈良县、和歌山县、滋贺县、三重县、爱媛县、香川县、高知县、德岛县、岛根县、鸟取县、广岛县、冈山县	刘毅仁
31	日本	札幌	1980.2.1	1980.9.10	北海道、青森县、秋田县、岩手县	许金平
32	日本	福冈	1984.12.26	1985.5.4	福冈县、佐贺县、大分县、熊本县、鹿儿岛县、宫崎县、冲绳县、山口县	李天然
33	日本	长崎	1984.12.26	1985.5.4	长崎县	李文亮
34	日本	名古屋	2005.9.26	2007.7.17	爱知县、三重县、岐阜县、福井县、石川县、富山县	张立国
35	日本	新潟	2009.6.25	2010.6.24	新潟县、山形县、福岛县	王华

续表

序号	国名	驻地	协议日期	开馆日期	领区	2011年在任馆长
36	哈萨克斯坦	阿拉木图	2007.8.18	2008.12.23	阿拉木图市、南哈萨克斯坦州、江布尔州、东哈萨克斯坦州、阿拉木图州	杜德文
37	吉尔吉斯斯坦	奥什	2011.9.14	待开馆	巴特肯州、贾拉拉巴德州、奥什州、奥什市	待定
38	老挝	沙湾拿吉	1991.12.25	未开馆	沙湾拿吉、沙拉湾、占巴塞、色贡、阿速坡、甘蒙	无
39	列支敦士登	瓦杜兹	1950.9.14	1988.9.15	全国	梁建全(兼)
40	马来西亚	古晋	1993.10.18	1994.8.3	沙捞越州、沙巴州、纳闽联邦辖州	李树钢
41	墨西哥	蒂华纳	1984.10.10	1985.8.15	北下加利福尼亚州、南下加利福尼亚州、奇瓦瓦州、索诺拉州	张善利
42	缅甸	曼德勒	1993.8.19	1994.8.22	曼德勒省、克钦邦、掸邦	郁伯仁
43	新西兰	奥克兰	1991.5.9	1992.6.15	奥克兰区、怀卡托区、北部区	廖菊华
44	新西兰	克赖斯特彻奇	2010.6.14	2011.12.2	坎特伯雷、莫尔伯勒、尼尔森、奥塔戈、塔斯曼、西岸和南部地区	谭秀甜

续表

序号	国名	驻地	协议日期	开馆日期	领区	2011年在任馆长
45	尼日利亚	拉各斯	2003.8.27	2003.9.3	拉各斯州、奥约州、奥贡州、奥雄州、埃基提州、翁多州、科吉州、埃多州、三角州、贝耶尔萨州、阿南布拉州、依莫州、河流州、埃努古州、阿比亚州、阿夸依邦州、纳萨拉瓦州、贝努埃州、埃邦州、十字河州、塔拉巴州	郭崑
46	巴基斯坦	卡拉奇	1966.5.16	1966.8.5	卡拉奇省、信德省、俾路支省	张建新
47	菲律宾	宿务	1994.12.8	1995.10.2	伊洛伊洛省、西内格罗省、保和省、宿务省、东内格罗省、锡基霍尔省、东萨马省、莱特省、北萨马省、西萨马省、南莱特省	何时敬
48	菲律宾	达沃	1996.11.26	未开馆	巴西兰省、苏禄省、塔威塔威省、北三宝颜省、南三宝颜省、北阿古桑省、南阿古桑省、布基农省、卡米昆省、西米萨米斯省、东米萨米斯省、北苏里高省、南苏里高省、北达沃省、南达沃省、东达沃省、南哥打巴托省、北哥打巴托省、北拉瑙省、南拉瑙省、马京达瑙省、苏丹库达拉省	无

续表

序号	国名	驻地	协议日期	开馆日期	领区	2011年在任馆长
49	波兰	革但斯克	1954.4.7	1958.12.1	滨海省、西滨海省、库亚瓦—滨海省、瓦尔米亚—马祖尔省	项早生
50	韩国	釜山	1992.12.30	1993.9.6	釜山市、大邱市、蔚山市、庆尚南道、庆尚北道	郝晓飞
51	韩国	光州	2008.10.20	2009.6.18	光州广域市、全罗南道、全罗北道、济州特别自治道	阎凤兰
52	罗马尼亚	康斯坦察	1978.8.21	1985.12.16	康斯坦察市、康斯坦察县、图尔恰县、加拉茨县、布勒依拉县	宿彦文
53	俄罗斯	圣彼得堡	1985.6.13	1986.12.10	圣彼得堡市、列宁格勒州、卡累利阿自治共和国、摩尔曼斯克州、普斯科夫州、阿尔汉格尔斯克州、诺夫哥罗德州	谢小用
54	俄罗斯	哈巴罗夫斯克	1990.9.25	1992.9.9	哈巴罗夫斯克边疆区、滨海边疆区、萨哈林州、阿穆尔州、犹太自治州	孙立杰
55	俄罗斯	叶卡捷琳堡	2004.10.14	2009.9.25	克拉斯诺亚尔斯克边疆区、新西伯利亚州、鄂木斯克州、斯维尔德洛夫斯克州、秋明州、车里雅宾斯克州	袁恒革
56	俄罗斯	伊尔库茨克	2006.12.22	2009.12.18	伊尔库茨克州、布里亚特共和国、后贝加尔边疆区、哈卡西共和国、图瓦共和国	郭敏

续表

序号	国名	驻地	协议日期	开馆日期	领区	2011年在任馆长
57	沙特阿拉伯	吉达	1992.2.16	1993.4.25	吉达市、塔伊夫市、麦加省、麦地那省	王勇
58	南非	约翰内斯堡	1997.12.30	1999.2.3	豪登省、自由州省	李江宁
59	南非	开普敦	1997.12.30	1999.2.9	西开普省、东开普省、北开普省	郝光峰
60	南非	德班	1997.12.30	1999.2.9	夸祖鲁、纳塔尔省	刘彦涛
61	西班牙	巴塞罗那	1984.11.15	1987.4.6	巴塞罗那省、赫罗那省、莱里达省、塔拉戈纳省	严邦华
62	瑞典	哥德堡	1996.7.3	1997.4.7	韦尔姆兰、斯科耐、延雪平、哈兰德、克鲁努贝里、布莱金厄、西约特兰省	崔惠欣
63	瑞士	苏黎世	1987.1.8	1988.9.15	苏黎世州、沙夫豪森州、图尔高州、圣加伦州、内罗登阿本策尔半州、外罗登阿本策尔半州、格劳宾登州、格拉鲁斯州、施维茨州、楚格州、阿尔高州、卢塞恩州	梁建全
64	坦桑尼亚	桑给巴尔	1964.5.24	1999.1.11	桑给巴尔地区	陈绮曼
65	泰国	清迈	1988.7.22	1991.4.10	清迈府、清莱府、夜丰颂府、南奔府、南邦府、碧瑶府、难府、帕府、程逸府、彭世洛府、素可泰府、达府	祝伟敏

续表

序号	国名	驻地	协议日期	开馆日期	领区	2011年在任馆长
66	泰国	宋卡	1993.8.16	1994.7.27	宋卡府、春蓬府、拉廊府、素叻他尼府、攀牙府、普吉府、甲米府、洛坤府、董里府、博他伦府、沙敦府、北大年府、也拉府、陶公府	王灿芬
67	土耳其	伊斯坦布尔	1984.10.2	1985.7.26	伊斯坦布尔省、特基尔达省、科贾埃利省、布尔萨省、巴尔克西尔省、查纳卡累省、伊兹密尔省、马尼萨省、埃迪尔内省、克尔克拉霍利省	张清洋
68	乌克兰	敖德萨	2005.6.14	2011.11.29	敖德萨州、尼古拉耶夫州、赫尔松州、基洛沃格勒州、扎波罗热州、顿涅茨克州、克里米亚自治共和国、塞瓦斯托波尔直辖市	吴小莺
69	阿拉伯联合酋长国	迪拜	1988.3.14	1989.2.14	迪拜、沙迦、阿治曼、乌姆盖万、哈伊马角、富查伊拉	詹京保
70	英国	曼彻斯特	1984.4.17	1986.6.30	大曼彻斯特郡、泰恩和威尔郡、兰开夏郡、北约克郡、南约克郡、默西塞德郡、西约克郡、达勒姆郡、德比郡	潘云东
71	英国	爱丁堡	1996.9.2	1997.11.4	苏格兰、北爱尔兰	李瑞佑

续表

序号	国名	驻地	协议日期	开馆日期	领区	2011年在任馆长
72	美国	休斯敦	1979.8.24	1979.11.20	密西西比州、亚拉巴马州、阿肯色州、俄克拉荷马州、佐治亚州、路易斯安那州、佛罗里达州、得克萨斯州	许尔文
73	美国	旧金山	1979.8.24	1979.12.13	加利福尼亚州北部48个县、俄勒冈州、华盛顿州、阿拉斯加州、内华达州	高占生
74	美国	纽约	1981.6.16	1981.12.12	纽约州、新泽西州、康涅狄格州、马萨诸塞州、新罕布什尔州、宾夕法尼亚州、佛蒙特州、缅因州、俄亥俄州、罗德艾兰州	孙国祥
75	美国	芝加哥	1981.6.16	1985.7.26	伊利诺伊州、印第安纳州、威斯康星州、密执安州、密苏里州、堪萨斯州、艾奥瓦州、明尼苏达州、科罗拉多州	杨国强
76	美国	洛杉矶	1981.6.16	1988.3.2	夏威夷州及美属太平洋岛屿、亚利桑那州、新墨西哥州、加利福尼亚州南部10个县	邱绍芳
77	越南	胡志明市	1992.11.22	1993.5.28	尚未商定	翟雷鸣
78	也门	亚丁	1990.5.26	1990.6.1	亚丁、拉赫杰、阿比洋、夏布瓦、哈达拉毛、马哈拉拉	冯福德

（2）领事馆

序号	国名	驻地	开馆日期	领区	2011年在任馆长
1	玻利维亚	圣克鲁斯	1992.5.6	圣克鲁斯省	王仁明
2	喀麦隆	杜阿拉	1993.12.21	滨海省（含杜阿拉）、西南省、西部省、西北省	俞秋忠
3	哥伦比亚	巴兰基亚	1990.6.26	大西洋省、马格达莱纳省、玻利瓦尔省	王连根
4	法国	帕皮提	2007.9.13	法属波利尼西亚	杨书法
5	马达加斯加	塔马塔夫	1996.5.17	塔马塔夫省（含塔马塔夫市）和迪耶果—苏瓦雷斯省	朱开宪
6	菲律宾	拉瓦格	2007.4.11	科迪勒拉行政区（阿拉布省、阿巴尧省、本格特省、伊夫肴省、卡林巴省、高山省）、第一地区（北伊罗戈省、南伊罗戈省、拉允隆省、班诗兰省）和第二地区（巴坦省、卡加延省、伊莎贝拉省、新比斯开省、基里诺省）	李可武

（3）领事办公室

序号	国名	驻地	所属馆	开馆年份
1	埃及	塞得港	驻亚历山大总领事馆	1978
2	老挝	孟赛	驻老挝大使馆	未开馆
3	俄罗斯	符拉迪沃斯托克	驻哈巴罗夫斯克总领事馆	2005

注：

表内数据截至2011年12月31日，如与往年数据不同，以本表数据为准。

2. 外国在中国内地设立领事机构一览表

（1）总领事馆

序号	国名	驻地	领区	协议日期
1	阿根廷	上海	上海、江苏、浙江、安徽	1995.10.4
2	阿根廷	广州	广东、福建、海南、广西	1988.5.16
3	澳大利亚	上海	上海、江苏、浙江、安徽、江西、湖北	1978.9.18
4	澳大利亚	广州	广东、广西、海南、福建、湖南、云南	1992.5.27
5	奥地利	上海	上海、江苏、浙江、安徽	1994.6.24
6	奥地利	广州	广东、海南、湖南、云南、贵州、广西	2007.4.6
7	孟加拉国	昆明	云南、广西、重庆、四川、贵州	2011.9.20
8	白俄罗斯	上海	上海、江苏、安徽、江西、浙江、福建	2008.8.5
9	比利时	上海	上海、江苏、浙江、安徽	1985.6.3
10	比利时	广州	广东、云南、海南、福建、广西	2005.10.10
11	玻利维亚	广州	广东	1987.10.16
12	巴西	上海	上海、江苏、浙江、安徽、山东	2002. 9.30
13	巴西	广州	广东、海南、福建、广西、贵州、云南、湖南	1991.12.23
14	保加利亚	上海	上海、江苏、浙江、安徽、江西、福建	2005.1.25
15	柬埔寨	广州	广东、福建、海南	1997.12.25
16	柬埔寨	上海	上海、江苏、浙江、安徽	1999.5.28
17	柬埔寨	昆明	云南、四川、贵州	2003.9.23
18	柬埔寨	重庆	重庆、湖北、湖南、陕西	2004.7.30
19	柬埔寨	南宁	广西	2005.7.29
20	加拿大	上海	上海、江苏、浙江、安徽、湖北	1980.8.25
21	加拿大	广州	广东、广西、福建、海南、江西、湖南	1980.8.25
22	加拿大	重庆	重庆、四川、贵州、云南	2011.11.29
23	智利	上海	上海、江苏、浙江、安徽	1985.4.29
24	古巴	上海	上海、江苏、浙江	1989.6.8
25	古巴	广州	广东、广西、海南	2006.11.8
26	捷克	上海	上海、江苏、浙江、安徽	1987.3.7
27	丹麦	上海	上海、江苏、浙江、安徽、江西	1994.3.25
28	丹麦	广州	广东、广西、福建、海南	1998.8.4
29	朝鲜	沈阳	辽宁、吉林、黑龙江	1986.2.13
30	厄瓜多尔	上海	上海、江苏、浙江、安徽	1984.5.17
31	厄瓜多尔	广州	广东	2009.3.17

续表

序号	国名	驻地	领区	协议日期
32	埃及	上海	上海、江苏、浙江、安徽	1983.3.11
33	爱沙尼亚	上海	上海、安徽、福建、江苏、江西、浙江	2010.9.6
34	埃塞俄比亚	广州	广东、湖南、福建、江西、海南、广西	2009.5.31
35	埃塞俄比亚	重庆	重庆、四川、贵州	2011.9.20
36	斐济	上海	上海、江苏、浙江、安徽	2011.7.11
37	芬兰	上海	上海、江苏、浙江、安徽、江西	1995.7.6
38	芬兰	广州	广东、福建、海南、广西、云南	2004.11.1
39	法国	上海	上海、江苏、浙江、安徽	1980.10.17
40	法国	广州	广东、广西、福建、海南	1991.4.29
41	法国	武汉	湖北、湖南、江西	1998.4.3
42	法国	成都	四川、云南、贵州、重庆	2005.7.18
43	法国	沈阳	辽宁、吉林、黑龙江	2007.8.22
44	德国	上海	上海、江苏、浙江、安徽	1979.10.24
45	德国	广州	广东、广西、福建、海南	1995.7.13
46	德国	成都	四川、贵州、云南、重庆	2003.12.1
47	德国	沈阳	辽宁、吉林、黑龙江	2011.11.28
48	希腊	上海	上海、山东、江苏、浙江、安徽、江西	2004.2.11
49	希腊	广州	广东、福建、海南、广西	2006.8.14
50	匈牙利	上海	上海、浙江、江苏、安徽、福建	2004.4.7
51	匈牙利	重庆	重庆、四川、云南、贵州、陕西、甘肃	2010.1.25
52	冰岛	上海	上海、江苏、浙江	2009.9.18（2011.4暂时闭馆）
53	印度	上海	上海、江苏、浙江	1991.12.13
54	印度	广州	广东、福建、湖南、海南、云南、四川、广西	2006.11.21
55	印度尼西亚	广州	广东、广西、福建、海南	2002.3.24
56	印度尼西亚	上海	上海、江苏、浙江、安徽、江西	2002.3.24
57	伊朗	上海	上海、江苏、浙江、安徽	1988.9.26
58	伊朗	广州	广东、福建、湖南、广西	2011.2.28
59	爱尔兰	上海	上海、江苏、浙江、安徽、江西	2000.1.19
60	以色列	上海	上海、江苏、浙江、安徽	1993.10.8

续表

序号	国名	驻地	领区	协议日期
61	以色列	广州	广东、福建、海南、广西	2008.9.8
62	意大利	上海	上海、江苏、浙江、安徽	1979.11.6
63	意大利	广州	广东、广西、福建、海南	1997.11.3
64	日本	上海	上海、江苏、浙江、安徽、江西	1975.8.15
65	日本	广州	广东、海南、福建、广西	1980.2.1
66	日本	沈阳	辽宁、黑龙江、吉林	1985.12.3
67	日本	重庆	重庆、四川、贵州、云南	2004.12.3
68	日本	青岛	山东	2008.12.18
69	哈萨克斯坦	上海	上海、江苏、安徽、浙江、江西、福建	2005.3.25
70	科威特	上海	上海、浙江、江苏、安徽	2008.1.2
71	科威特	广州	广东、福建、海南、广西	2008.1.2
72	吉尔吉斯斯坦	广州	广东、福建、江西、湖南、海南、广西	2011.9.14
73	老挝	昆明	云南	1991.12.25
74	老挝	南宁	广西、广东	2009.9.2
75	卢森堡	上海	上海、江苏、浙江、安徽、福建	2006.1.23
76	马来西亚	广州	广东、福建、海南、江西、湖南	1993.10.18
77	马来西亚	上海	上海、江苏、浙江、安徽	1999.9.20
78	马来西亚	昆明	云南、广西、贵州、四川、重庆	1999.11.4
79	马里	广州	广东、福建、广西、海南	2011.6.8
80	墨西哥	上海	上海、江苏、浙江、安徽	1984.10.10
81	墨西哥	广州	广东、海南、福建、湖南、江西、广西	2005.8.31
82	蒙古	呼和浩特	内蒙古呼和浩特市、包头市、乌海市、赤峰市、通辽市、鄂尔多斯市、巴彦淖尔市、乌兰察布市、阿拉善盟	1989.3.30
83	缅甸	昆明	云南、贵州、四川、重庆	1993.8.19
84	缅甸	南宁	广西、广东、湖南	2009.10.15
85	尼泊尔	拉萨	未定	1958.1.17
86	荷兰	上海	上海、江苏、浙江、安徽	1994.8.23
87	荷兰	广州	广东、广西、福建、海南	1997.4.1
88	新西兰	上海	上海、江苏、浙江、安徽	1991.5.9
89	新西兰	广州	广东、广西、海南、湖南、福建	2007.3.24
90	尼日利亚	上海	上海、浙江、江苏、安徽、福建	2007.10.8
91	挪威	上海	上海、江苏、浙江、安徽、江西	1996.6.28
92	挪威	广州	广东、福建、海南、广西	2007.12.25

续表

序号	国名	驻地	领区	协议日期
93	巴基斯坦	上海	上海、江苏、浙江、安徽	1996.12.1
94	巴基斯坦	成都	四川、贵州、云南、重庆	2006.11.24
95	巴基斯坦	广州	广东、福建、海南、广西、湖南	2007.12.11
96	秘鲁	上海	上海、江苏、浙江、安徽、福建、江西	2002.2.20
97	秘鲁	广州	广东、广西、贵州、海南、云南、湖南	2006.4.13
98	菲律宾	厦门	福建、江西	1994.12.8
99	菲律宾	广州	广东、海南、湖南、广西	1996.11.26
100	菲律宾	上海	上海、江苏、浙江、安徽、湖北	2001.10.30
101	菲律宾	重庆	重庆、贵州、云南	2008.8.21
102	菲律宾	成都	四川	2008.11.25
103	波兰	上海	上海、江苏、浙江、安徽、福建	1954.4.1
104	波兰	广州	广东、广西、海南	1987.11.11
105	葡萄牙	上海	上海、浙江、江苏、安徽、江西	2005.5.23
106	韩国	上海	上海、江苏、浙江、安徽	1992.12.30
107	韩国	广州	广东、广西、福建、海南	2000.10.8
108	韩国	青岛	山东	1993.12.22
109	韩国	沈阳	辽宁、黑龙江、吉林	1999.1.28
110	韩国	成都	四川、云南、贵州、重庆	2004.1.21
111	韩国	西安	陕西、甘肃、宁夏	2006.6.13
112	韩国	武汉	湖北、湖南、江西、河南	2009.9.17
113	罗马尼亚	上海	上海、江苏、浙江、安徽	1984.10.10
114	俄罗斯	上海	上海、江苏、浙江、安徽	1985.6.13
115	俄罗斯	沈阳	辽宁、吉林、黑龙江	1990.9.25
116	俄罗斯	广州	广东、福建、海南、云南、江西、广西	2005.10.6
117	沙特阿拉伯	上海	上海、江苏、浙江、福建	1992.8.14
118	塞尔维亚	上海	上海、江苏、浙江、安徽、江西、福建	1998.2.11
119	新加坡	上海	上海、江苏、浙江、安徽	1991.10.25
120	新加坡	厦门	福建、江西	1995.10.25
121	新加坡	广州	广东、海南、湖南、贵州、云南、广西	2006.4.13
122	新加坡	成都	四川、陕西、重庆	2011.2.28
123	斯洛伐克	上海	上海、江苏、浙江、福建、安徽、江西	2004.7.30
124	南非	上海	上海、山东、江苏、浙江、安徽、福建、广东	1997.12.30
125	西班牙	上海	上海、江苏、浙江、安徽、江西	1984.11.15

续表

序号	国名	驻地	领区	协议日期
126	西班牙	广州	广东、福建、湖南、广西、海南、贵州、云南	2007.4.5
127	斯里兰卡	上海	上海、福建、湖南、江苏、浙江、安徽	2008.4.18
128	瑞典	上海	上海、江苏、浙江、安徽	1996.7.3
129	瑞典	广州	广东、广西、福建、海南	2002.9.10（2009.11暂时闭馆）
130	瑞士	上海	上海、江苏、浙江、安徽	1995.2.15
131	瑞士	广州	广东、福建、海南、广西、湖南、江西	2005.8.5
132	泰国	广州	广东、海南	1988.7.22
133	泰国	昆明	云南、贵州、湖南	1993.8.26
134	泰国	上海	上海、江苏、浙江、安徽	1996.3.25
135	泰国	成都	四川、重庆	2006.5.17
136	泰国	厦门	福建、江西	2006.5.17
137	泰国	西安	陕西、甘肃、宁夏	2008.5.20
138	泰国	南宁	广西	2008.5.20
139	土耳其	上海	上海、江苏、浙江、安徽	1996.4.15
140	土耳其	广州	广东、福建、海南、广西	2011.5.23
141	乌干达	广州	广东、福建、广西、海南	2011.7.5
142	乌克兰	上海	上海、江苏、浙江、安徽、福建、江西	2000.3.2
143	乌克兰	广州	广东、贵州、海南、湖南、广西	2011.6.20
144	阿拉伯联合酋长国	上海	上海、浙江、江苏、安徽、福建	2008.9.19
145	英国	上海	上海、江苏、浙江、安徽	1984.4.17
146	英国	广州	广东、福建、海南、湖南、广西、江西	1996.9.2
147	英国	重庆	重庆、四川、贵州、云南	1999.4.14
148	美国	上海	上海、江苏、浙江、安徽	1979.1.31
149	美国	广州	广东、广西、福建、海南	1979.1.31
150	美国	沈阳	辽宁、吉林、黑龙江	1980.9.17
151	美国	成都	四川、云南、贵州、西藏、重庆	1980.9.17
152	美国	武汉	河南、湖北、湖南、江西	1980.9.17
153	乌拉圭	上海	上海、江苏、浙江、安徽	2002.8.26
154	乌兹别克斯坦	上海	上海、浙江、江苏、安徽、江西、湖南、福建	2005.7.12
155	瓦努阿图	上海	上海、江苏、浙江、安徽	2000.10.12
156	委内瑞拉	上海	上海、浙江、江苏	2005.7.5

续表

序号	国名	驻地	领区	协议日期
157	越南	广州	广东	1992.11.22
158	越南	南宁	广西	2003.10.16
159	越南	昆明	云南	2003.10.16
160	越南	上海	上海、江苏、浙江	2010.6.11

（2）领事馆

序号	国名	驻地	领区	协议日期
1	丹麦	重庆	重庆、四川、贵州、云南	2004.11.11
2	蒙古	二连浩特	内蒙古呼伦贝尔市、锡林郭勒盟、兴安盟	1996.7.22
3	斯洛文尼亚	上海	上海、江苏、浙江、安徽	2010.6.17
4	斯里兰卡	成都	四川、云南、贵州、陕西、重庆	2009.9.28
5	斯里兰卡	广州	广东、福建、江西、海南、广西	2011.9.2
6	苏丹	广州	广东、江西、福建、湖南、贵州、云南、浙江、广西	2009.3.24

（3）领事代理处

序号	国名	驻地	领区	协议日期
1	蒙古	上海	上海、江苏、浙江	2008.3.31

（4）领事办公室

序号	国名	驻地	名称	协议日期
1	朝鲜	丹东	朝鲜驻沈阳总领事馆领事办公室	2008.11.18
2	日本	大连	日本驻沈阳总领事馆常驻大连办公室	1993.1.1
3	老挝	景洪	老挝驻昆明总领事馆常驻景洪办公室	1998.4.29
4	韩国	大连	韩国驻沈阳总领事馆常驻大连领事办公室	2011.8.9
5	俄罗斯	哈尔滨	俄罗斯驻沈阳总领事馆常驻哈尔滨办公室	1993.4.16
6	也门	上海	也门驻华大使馆驻上海领事办公室	2006.1.5
7	也门	广州	也门驻华大使馆驻广州领事办公室	2006.1.5

（5）名誉领事

序号	国名	驻地	领区	协议日期
1	几内亚	上海	上海	2002.2.25 （尚未委派）
2	牙买加	上海	上海、浙江、江苏、安徽	1999.11.15 （尚未委派）
3	马尔代夫	上海	上海	2004.9.30 （2006.10委派）
4	摩纳哥	上海	上海、江苏、浙江、安徽	2000.5.22 （2002.1委派）
5	摩纳哥	北京	北京	2007.2.13 （2008.8委派）
6	尼泊尔	上海	上海	2002.7.10 （2003.1委派）
7	尼日尔	广州	上海	2001.9.21 （尚未委派）
8	巴布亚新几内亚	上海	上海	2005.7.15 （2006.8委派）
9	坦桑尼亚	广州	上海	2001.3.8 （尚未委派）

注：

表内数据截至2011年12月31日，如与往年数据不同，以本表数据为准。

3. 外国在中国香港设立领事机构一览表

（1）总领事馆

序号	国名	领区	保留（设立）总领馆协议日期	备注
1	安哥拉	香港	2005.6.28	
2	安提瓜和巴布达	香港、澳门	1998.6.19	尚未开馆
3	阿根廷	香港、 澳门（扩领）	1997.1.31 1999.6.17	
4	澳大利亚	香港 （可在澳门执行职务）	1996.9.26 1999.9.8	
5	奥地利	香港 （可在澳门执行职务）	1997.6.20	
6	巴哈马	香港 （可在澳门执行职务）	1999.1.15	暂时闭馆
7	孟加拉国	香港 （可在澳门执行职务）	1997.1.29	
8	比利时	香港 （可在澳门执行职务）	1997.2.3	
9	巴西	香港、 澳门（扩领）	1996.11.8 1999.12.15	
10	文莱	香港、澳门	2006.7.14	
11	保加利亚	香港	1997.5.5	暂时闭馆
12	柬埔寨	香港、 澳门（扩领）	1999.7.8 2002.2.22	
13	加拿大	香港 （可在澳门执行职务）	1996.9.19	
14	智利	香港 （可在澳门执行职务）	1996.11.6 1998.5.6	
15	哥伦比亚	香港 （可在澳门执行职务）	1996.10.21 1999.12.17	
16	捷克	香港 （可在澳门执行职务）	1997.6.27	
17	丹麦	香港 （可在澳门执行职务）	1997.6.6	
18	朝鲜	香港	1999.6.1	
19	厄瓜多尔	香港	1997.3.21	暂时闭馆

续表

序号	国名	领区	保留（设立）总领馆协议日期	备注
20	埃及	香港、 澳门（扩领）	1996.11.11 2000.3.31	
21	芬兰	香港 （可在澳门执行职务）	1996.12.9	
22	法国	香港 （可在澳门执行职务）	1997.5.15	
23	德国	香港 （可在澳门执行职务）	1997.6.23	
24	希腊	香港 （可在澳门执行职务）	1997.3.18 1999.11.18	
25	匈牙利	香港、澳门	1998.5.19	暂时闭馆
26	印度	香港 （可在澳门执行职务）	1996.11.29	
27	印度尼西亚	香港、 澳门（扩领）	1996.12.6 2008.3.17	
28	伊朗	香港、 澳门（扩领）	1999.7.5 2005.11.28	
29	以色列	香港 （可在澳门执行职务）	1997.2.4	
30	意大利	香港 （可在澳门执行职务）	1997.6.5	
31	日本	香港 （可在澳门执行职务）	1997.3.29	
32	哈萨克斯坦	香港、澳门	2003.7.2	
33	科威特	香港、 澳门（扩领）	1999.6.30 2007.2.27	
34	老挝	香港、澳门	1999.4.30	
35	马来西亚	香港 （可在澳门执行职务）	1997.5.14	
36	墨西哥	香港、 澳门（扩领）	1996.11.22 1999.10.29	
37	蒙古	香港、澳门	2011.2.24	
38	缅甸	香港、 澳门（扩领）	1997.4.25 2000.6.2	
39	尼泊尔	香港、 澳门（扩领）	1997.5.20 2001.2.6	
40	荷兰	香港 （可在澳门执行职务）	1996.11.12	

续表

序号	国名	领区	保留（设立）总领馆协议日期	备注
41	新西兰	香港 （可在澳门执行职务）	1997.1.22	
42	尼日利亚	香港 （可在澳门执行职务）	1997.4.28	
43	挪威	香港 （可在澳门执行职务）	1997.2.5	暂时闭馆
44	巴基斯坦	香港 （可在澳门执行职务）	1996.12.1 1999.6.28	
45	秘鲁	香港、 澳门（扩领）	1997.6.23 1999.11.26	
46	菲律宾	香港	1996.11.26	
47	波兰	香港 （可在澳门执行职务）	1997.5.19	
48	韩国	香港 （可在澳门执行职务）	1997.4.24	
49	罗马尼亚	香港、澳门	2003.8.11	
50	俄罗斯	香港 （可在澳门执行职务）	1997.6.27	
51	沙特阿拉伯	香港、澳门	1998.4.29	
52	新加坡	香港、 澳门（扩领）	1997.2.5 2008.1.21	
53	南非	香港、 澳门（扩领）	1997.12.30 1999.6.7	
54	西班牙	香港 （可在澳门执行职务）	1997.6.18	
55	瑞典	香港 （可在澳门执行职务）	1996.11.3	
56	瑞士	香港 （可在澳门执行职务）	1997.4.11	
57	泰国	香港 （可在澳门执行职务）	1997.4.2	
58	土耳其	香港 （可在澳门执行职务）	1997.5.8	
59	阿拉伯联合酋长国	香港	1998.10.29	
60	英国	香港 （可在澳门执行职务）	1996.9.26 1999.10.29	
61	美国	香港 （可在澳门执行职务）	1997.3.25	

续表

序号	国名	领区	保留（设立）总领馆协议日期	备注
62	乌拉圭	香港 （可在澳门执行职务）	1997.1.29	暂时闭馆
63	委内瑞拉	香港、 澳门（扩领）	1996.11.13 1999.10.11	
64	越南	香港、 澳门（扩领）	1996.12.19 2003.5.16	
65	津巴布韦	香港、澳门	2008.5.31	

（2）名誉领事

序号	国名	领区	保留（委派）名领协议日期	备注
1	阿尔巴尼亚	香港	2003.11.4	
2	巴哈马	香港	2008.12.23	
3	巴林	香港	2001.4.5	
4	巴巴多斯	香港	1997.4.30	
5	贝宁	香港	1997.2.28	尚未委派
6	不丹	香港	2004.4.27	尚未委派
7	博茨瓦纳	香港	2006.3.10	
8	布隆迪	香港	2006.2.10	
9	喀麦隆	香港	1997.6.2	
10	中非	香港	2001.9.28	尚未委派
11	刚果共和国	香港	1997.2.26	国名简称“刚果（布）”
12	科特迪瓦	香港	1997.6.2	
13	克罗地亚	香港	2002.5.15	
14	古巴	香港	1996.12.31	
15	塞浦路斯	香港、 澳门（扩领）	1997.2.3 2010.5.7	
16	吉布提	香港	1997.1.22	
17	刚果民主共和国	香港	1999.12.29	国名简称“刚果（金）”，尚未委派
18	赤道几内亚	香港	1997.4.8	
19	厄立特里亚	香港、澳门	2005.8.10	
20	爱沙尼亚	香港	1998.12.11	

续表

序号	国名	领区	保留（委派）名领协议日期	备注
21	埃塞俄比亚	香港、澳门	2002.6.18	
22	斐济	香港	1997.6.20	
23	加蓬	香港	1996.8.22	
24	加纳	香港	1997.5.5	
25	格林纳达	香港	2006.7.27	
26	几内亚	香港	1997.5.5	尚未委派
27	匈牙利	香港、澳门	2010.6.8	
28	冰岛	香港、 澳门（扩领）	1996.12.17 2009.9.14	
29	爱尔兰	香港	1997.6.20	
30	牙买加	香港	1997.5.29	
31	约旦	香港	1997.2.3	
32	肯尼亚	香港、澳门	2003.12.9	
33	拉脱维亚	香港	2002.8.12	
34	莱索托	香港	2001.9.5	
35	利比里亚	香港	2004.9.7	尚未委派
36	立陶宛	香港、 澳门（扩领）	1997.5.29 2008.9.3	
37	卢森堡	香港	1997.4.23	
38	马达加斯加	香港	1997.5.28	
39	马尔代夫	香港、 澳门（扩领）	1997.4.15 2009.5.21	
40	马里	香港	1997.4.22	
41	马耳他	香港	1997.4.9	
42	毛里求斯	香港	1997.4.14	
43	密克罗尼西亚联邦	香港	2011.6.17	
44	摩纳哥	香港	1997.5.6	
45	摩洛哥	香港、 澳门（扩领）	1996.12.25 2011.6.24	
46	莫桑比克	香港	1997.5.7	
47	纳米比亚	香港、 澳门（扩领）	1997.1.30 2000.8.18	
48	尼日尔	香港	1999.3.1	
49	挪威	香港、澳门	2003.9.10	
50	阿曼	香港	1997.4.4	

续表

序号	国名	领区	保留（委派）名领协议日期	备注
51	巴布亚新几内亚	香港	1996.7.16	
52	葡萄牙	香港	2005.1.7	
53	卢旺达	香港、澳门	2000.7.26	
54	萨摩亚	香港	2004.7.22	
55	圣马力诺	香港、 澳门（扩领）	2005.7.5 2010.7.1	
56	塞内加尔	香港	2009.6.17	
57	塞舌尔	香港、 澳门（扩领）	1997.1.3 2009.3.6	
58	斯洛伐克	香港、 澳门（扩领）	1997.6.19 2011.9.30	
59	斯洛文尼亚	香港、 澳门（扩领）	1997.6.20 2006.1.12	
60	斯里兰卡	香港、 澳门（扩领）	1997.5.21 2004.8.4	
61	苏丹	香港、 澳门（扩领）	2005.12.19 2009.3.10	
62	苏里南	香港	1997.2.17	
63	坦桑尼亚	香港、澳门	1998.4.8	
64	多哥	香港	1996.12.19	
65	汤加	香港	2003.1.22	
66	特立尼达和多巴哥	香港	1997.3.24	
67	突尼斯	香港	1997.5.2	
68	乌干达	香港	1999.1.8	
69	乌克兰	香港	2003.8.20	尚未委派
70	乌拉圭	香港、 澳门（扩领）	2002.12.23 2003.8.8	
71	瓦努阿图	香港	1997.1.9	尚未委派
72	也门	香港	2005.10.24	

注：

表内数据截至2011年12月31日，如与往年数据不同，以本表数据为准。

4. 外国在中国澳门设立领事机构一览表

（1）总领事馆

序号	国名	领区	保留（设立）领馆协议日期	备注
1	安哥拉	澳门	2006.7.26	
2	菲律宾	澳门	2000.9.25	
3	葡萄牙	澳门、 香港（扩领）	1999.7.28 2003.10.15	

（2）名誉领事

序号	国名	领区	保留（委派）名领协议日期	备注
1	不丹	澳门	2000.1.12	尚未委派
2	佛得角	澳门	2000.10.11	
3	爱沙尼亚	澳门	1999.8.25	
4	法国	澳门	1999.12.14	尚未委派
5	格林纳达	澳门	2005.4.26	
6	几内亚	澳门	1999.5.24	
7	几内亚比绍	澳门	1999.11.22	
8	马里	澳门	1999.3.18	
9	莫桑比克	澳门	1999.4.12	
10	尼日尔	澳门	2002.7.3	
11	秘鲁	澳门	1999.11.26	
12	苏里南	澳门	1999.11.16	尚未委派
13	英国	澳门	1999.10.29	

注：

表内数据截至2011年12月31日，如与往年数据不同，以本表数据为准。

（六）中国与外国互免签证协议（协定）或安排一览表

（按协议国国名英文字母顺序排列，截至2011年12月31日）

序号	协议国	互免签证的证件类别	生效日期
1	阿尔巴尼亚	外交、公务（特别）护照	1956.8.25
2	阿根廷	外交、公务（官员）护照	1993.8.14
3	亚美尼亚	外交、公务、因公普通、加注“因公”字样的普通护照	1994.8.3
4	阿塞拜疆	外交、公务、因公普通护照	1994.2.10
		团体旅游	1994.5.1
5	巴哈马	外交护照（需停留30天以上的短期访问人员除外）	2009.6.15
6	孟加拉国	外交、公务（官员）、因公普通、加注“政府公务”或“免费”字样的普通护照	1989.12.18
7	白俄罗斯	外交、公务护照；团体旅游	1993.3.1
8	贝宁	外交、公务、因公普通、附有“公务证明”的普通护照	1993.11.6
9	玻利维亚	外交、公务（官员）护照	1987.11.15
		公务普通护照	2008.1.18
10	波斯尼亚和黑塞哥维那①	外交、公务、因公普通护照、标有“因公”字样的普通护照	1980.1.9
11	巴西	外交、公务（官员）护照	2004.8.10
12	文莱	外交、公务（官员）护照	2005.6.18
13	保加利亚②	外交、公务、因公普通护照	1987.7.17
14	柬埔寨	外交、公务护照	2006.9.14
15	智利	外交、公务（官员）护照	1986.5.7
16	哥伦比亚	外交护照	1987.11.14
		公务（官员）护照	1991.11.14
17	哥斯达黎加	外交、公务护照	2008.1.15
18	克罗地亚	外交、公务（官员）护照	1995.4.9
19	古巴	外交、公务（官员）、因公普通护照	1988.12.23
20	塞浦路斯	外交、公务护照	1991.10.2

续表

序号	协议国	互免签证的证件类别	生效日期
21	朝鲜	外交、公务护照	1956.10.1
		因公普通、因公团体护照	1965.1.1
22	厄瓜多尔	外交、公务（官员）护照	1987.7.11
		因公普通（特别）护照	1988.12.25
23	埃及	外交、公务（特别）护照	2007.1.27
24	赤道几内亚	外交、公务（官员）护照	2006.1.1
25	格鲁吉亚	外交、公务、因公普通护照；团体旅游	1994.2.3
26	格林纳达	外交、公务（官员）护照	2010.1.17
27	圭亚那	外交、公务（官员）、因公普通护照	1998.8.19
28	匈牙利	外交、公务护照	1992.5.28
29	印度尼西亚	外交、公务护照	2005.11.14
30	伊朗	外交、公务护照	1989.7.12
31	牙买加	外交、公务（官员）护照	1995.6.8
32	约旦	外交、公务（特别）护照	1993.3.11
33	哈萨克斯坦	外交、公务护照	1994.2.1
34	吉尔吉斯斯坦	外交、公务护照	2003.6.14
35	老挝	外交、公务、因公普通、加注有效公务签证的普通护照	1989.11.6
36	立陶宛	外交、公务护照、海员证（随船）	1992.9.14
37	马其顿	外交、公务、因公普通护照、标有“因公”字样的普通护照	1994.7.19
38	马来西亚	外交、公务（官员）护照	2011.5.18
39	马尔代夫	外交、公务护照	1984.11.27
40	马耳他	外交、公务护照	2008.3.6
41	墨西哥	外交、公务（官员）护照	1998.1.1
42	摩尔多瓦	外交、公务、因公普通、加注“公务”字样的普通护照；团体旅游	1993.1.1
43	蒙古	外交、公务、因公普通护照	1989.4.30
44	黑山[①]	外交、公务、因公普通护照、加注“因公”字样的普通护照	1980.1.9
45	缅甸	外交、公务（官员）护照	1998.3.5
46	尼泊尔	外交、公务（官员）护照	2006.10.16
47	阿曼	外交、公务（特别）护照	2010.4.16
48	巴基斯坦	外交、公务（官员）护照	1987.8.16
		因公普通护照	1988.4.30
49	秘鲁	外交、公务（特别）护照	2004.5.12

续表

序号	协议国	互免签证的证件类别	生效日期
50	菲律宾	外交、公务（官员）护照（限临时访问人员）	2005.2.28
51	波兰	外交、公务护照、海员证、机组人员证件	1992.7.27
52	罗马尼亚	外交、公务护照	1981.9.16
53	俄罗斯	团体旅游	2000.12.1
		外交护照，随车执行公务的国际列车乘务员、指定定期机组人员、持海员证执行公务船员	2001.5.25
54	萨摩亚	外交、公务（官员）护照	2011.2.18
55	圣马力诺	外交、公务、普通护照	1985.7.22
56	塞尔维亚[1]	外交、公务、因公普通、加注“因公”字样的普通护照	1980.1.9
57	塞舌尔	外交、公务护照	1992.2.20
58	新加坡	外交、公务、公务普通护照	2011.4.17
59	斯洛伐克[3]	外交、公务（特别）护照	1956.6.1
60	斯洛文尼亚	外交、公务护照	1994.7.1
61	南非	外交护照	2010.11.27
62	苏丹[4]	外交、公务、特别、官员护照	1995.10.26
63	塔吉克斯坦	外交、公务、因公普通、加注“公务”字样的普通护照	1993.6.1
64	坦桑尼亚	外交、公务护照	2005.7.11
65	泰国	外交、公务（官员）护照	2003.10.18
66	特立尼达和多巴哥	外交、公务(官员)护照	2006.11.23
67	突尼斯	外交、公务（特别）护照	2006.9.29
68	土耳其	外交、公务(特别)、因公普通护照	1989.12.24
69	土库曼斯坦	外交、公务、因公普通、加注“公务”字样的普通护照；团体旅游	1993.2.1
70	乌克兰	外交、公务护照、海员证	2002.3.31
71	乌拉圭	常驻对方国家使领馆人员所持外交、公务（官员）护照	1988.11.7
		外交护照	1994.1.1
72	乌兹别克斯坦	外交护照	2010.7.9
73	委内瑞拉	外交、公务护照	1989.7.13
74	越南	外交、公务、因公普通护照	1992.3.15

注：

① 目前适用中国与前南斯拉夫社会主义联邦共和国有关协议。

② 保加利亚于1999年停止颁发因公普通护照。目前，中国持外交、公务护照人员赴保仍可免签，但持公务普通护照人员需办理签证。

③ 目前适用中国与前捷克斯洛伐克共和国有关协议。

④ 目前适用于南苏丹共和国。

⑤ 根据2007年10月签订的《〈中华人民共和国政府和大不列颠及北爱尔兰联合王国政府关于便利人员合法往来和打击非法移民活动谅解备忘录〉之实施细则》，中英双方持外交护照和部分持公务护照人员享受免签待遇。

⑥ 持用协议规定的证件免签入境并不等于可以无限期在协议国停留或居住。根据协议规定，持证人免签入境后，一般只允许停留不超过30天。如需停留30天以上，应尽快向当地主管机关申请办理居留手续。

⑦ 表内数据如与往年数据不同，以本表数据为准。

（七）2011年中国参加的多边条约一览表

序号	名称	签订日期/地点/保存机关	生效日期	中国采取行动情况	备注
1	《东南亚友好合作条约》第三修改议定书	2010年7月23日 河内 东盟秘书处	尚未生效	2011年8月26日全国人大常委会批准加入	
2	《上海合作组织成员国政府间卫生合作协定》	2011年6月15日 阿斯塔纳 上海合作组织秘书处	尚未生效	正在履行国内手续	

（八）2011年中国与外国签订的部分双边条约一览表

序号	条约名称	签订日期	签订地点
1	中华人民共和国政府和新加坡共和国政府关于新加坡驻成都领事馆升格为总领事馆的换文	2011年2月15日	北京
2	中华人民共和国政府和新加坡共和国政府关于外交、公务和公务普通护照持有者互免签证的协定	2011年2月18日	新加坡
3	中华人民共和国政府和哈萨克斯坦共和国政府跨界河流水质保护协定	2011年2月22日	北京
4	中华人民共和国政府和瑞士联邦政府航空运输协定	2011年3月1日	北京
5	中华人民共和国政府和蒙古国政府关于蒙古在香港特别行政区设立总领事馆的换文	2011年3月29日	北京，乌兰巴托
6	中华人民共和国外交部和澳大利亚联邦外交贸易部关于建立中澳论坛谅解备忘录	2011年4月7日	堪培拉
7	中华人民共和国政府和乌兹别克斯坦共和国政府关于投资保护的协定	2011年4月19日	北京
8	中华人民共和国政府和乌克兰政府关于成立合作委员会的协定	2011年4月20日	基辅
9	中华人民共和国政府和喀麦隆共和国政府关于在两国领土之间及其以远地区建立定期航班的航班协定	2011年4月21日	北京
10	中华人民共和国政府和伊朗伊斯兰共和国政府关于海关事务的互助合作协定	2011年4月21日	北京
11	中华人民共和国政府和马里共和国政府关于马里在广州设立总领事馆的换文	2011年4月21日 2011年6月8日	北京
12	中华人民共和国政府和莫桑比克共和国政府文化合作协定2011–2014年执行计划	2011年4月22日	马普托
13	中华人民共和国政府和土耳其共和国政府关于土耳其在广州建立总领事馆的换文	2011年4月27日	北京

续表

序号	条约名称	签订日期	签订地点
14	中华人民共和国政府和马来西亚政府关于扩大和深化经济贸易合作的协定	2011年4月28日	吉隆坡
15	中华人民共和国政府和印度尼西亚共和国政府关于扩大和深化双边经济贸易合作的协定	2011年4月29日	雅加达
16	中华人民共和国外交部和印度尼西亚共和国外交部共同行动的谅解备忘录	2011年4月29日	雅加达
17	中华人民共和国政府和尼日利亚联邦共和国政府2011–2014年文化教育交流合作议定书	2011年5月17日	北京
18	中华人民共和国政府和尼日利亚联邦共和国政府关于互设文化中心的谅解备忘录	2011年5月17日	北京
19	中华人民共和国政府和约旦哈希姆王国政府2011–2014年文化合作计划	2011年5月22日	安曼
20	中华人民共和国政府和摩洛哥王国政府关于摩洛哥驻香港特别行政区总领事馆领区扩大至澳门特别行政区的换文	2011年6月2日	北京
21	中华人民共和国政府和乌拉圭东岸共和国政府文化合作协定2011–2014年执行计划	2011年6月8日	蒙德维的亚
22	中华人民共和国政府和格鲁吉亚政府民用航空运输协定	2011年6月10日	第比利斯
23	中华人民共和国政府和东南亚国家联盟成员国政府关于海关合作的谅解备忘录	2011年6月14日	内比都
24	中华人民共和国政府和蒙古国政府汽车运输协定	2011年6月16日	北京
25	中华人民共和国政府和密克罗尼西亚联邦政府就密克罗尼西亚在香港特别行政区委派名誉领事的换文	2011年6月17日	帕利基尔
26	中华人民共和国政府和乌克兰政府关于乌克兰在广州设立总领事馆的协议	2011年6月20日	基辅
27	中华人民共和国政府和以色列国政府2011–2015年文化协定执行计划	2011年6月21日	耶路撒冷
28	中华人民共和国政府和乌干达共和国政府关于乌干达在广州设立总领事馆的换文	2011年6月22日 2011年7月5日	北京
29	中华人民共和国政府和黑山政府关于加强基础设施领域合作协定	2011年6月23日	波德戈里察
30	中华人民共和国政府和匈牙利共和国政府关于互设文化中心谅解备忘录	2011年6月25日	布达佩斯

续表

序号	条约名称	签订日期	签订地点
31	中华人民共和国政府和大不列颠及北爱尔兰联合王国政府关于对所得和财产避免双重征税和防止偷漏税的协定	2011年6月27日	伦敦
32	中华人民共和国政府和斐济群岛共和国政府关于斐济在上海设立总领事馆的换文	2011年6月29日 2011年7月11日	苏瓦
33	中华人民共和国政府和蒙古国政府关于打击犯罪的合作协议	2011年7月7日	乌兰巴托
34	中华人民共和国政府和南苏丹共和国政府关于两国建立外交关系的联合公报	2011年7月9日	朱巴
35	中华人民共和国政府和南苏丹共和国政府关于两国建立外交关系的谅解备忘录	2011年7月9日	朱巴
36	中华人民攻和国政府和喀麦隆共和国政府文化合作协定2011–2014年执行计划	2011年7月20日	北京
37	中华人民共和国政府和大韩民国政府关于韩国在大连设立韩驻沈阳总领事馆大连领事办公室的换文	2011年8月9日	北京
38	中华人民共和国政府和多民族玻利维亚国政府2011–2013年文化合作执行计划	2011年8月12日	北京
39	中华人民共和国政府和南非共和国政府文化合作协定2011–2014年执行计划	2011年8月21日	比勒陀利亚
40	中华人民共和国政府和老挝人民民主共和国政府关于边界管理制度的协定	2011年8月23日	北京
41	中华人民共和国政府和老挝人民民主共和国政府关于边境口岸及其管理制度的协定	2011年8月23日	北京
42	中华人民共和国政府和斯里兰卡民主社会主义共和国政府关于斯里兰卡在广州设立总领事馆的换文	2011年8月23日	北京
43	中华人民共和国外交部和菲律宾共和国外交部关于加强合作的谅解备忘录	2011年8月31日	北京
44	中华人民共和国政府和孟加拉人民共和国政府关于孟加拉在昆明设立总领事馆的换文	2011年9月5日	北京
45	中华人民共和国政府和埃塞俄比亚联邦民主共和国政府关于埃塞俄比亚在重庆设立总领事馆的换文	2011年9月6日	北京
46	中华人民共和国政府与大不列颠及北爱尔兰联合王国政府关于加强基础设施领域合作谅解备忘录	2011年9月8日	伦敦

续表

序号	条约名称	签订日期	签订地点
47	中华人民共和国政府和吉尔吉斯共和国政府关于互设总领事馆的换文	2011年9月14日	大连
48	中华人民共和国政府和白俄罗斯共和国政府关于中白工业园的协定	2011年9月18日	明斯克
49	中华人民共和国政府和斯洛伐克共和国政府就斯洛伐克驻香港特别行政区名誉领事馆领区扩大至澳门特别行政区的换文	2011年9月21日 2011年9月30日	北京
50	中华人民共和国政府和开曼群岛政府关于税收情报交换的协定	2011年9月26日	乔治敦
51	中华人民共和国政府和德意志联邦共和国政府关于德国在沈阳设立总领事馆的换文	2011年10月10日 2011年11月28日	北京
52	中华人民共和国政府和埃塞俄比亚联邦民主共和国政府科学技术合作协定	2011年10月28日	亚的斯亚贝巴
53	关于实施《中华人民共和国政府与东南亚国家联盟成员国政府全面经济合作框架协议服务贸易协议》第二批具体承诺议定书	2011年11月16日	巴厘岛
54	中华人民共和国政府和加拿大政府就加拿大驻重庆领事馆升格为总领事馆的换文	2011年11月18日 2011年11月29日	北京
55	中华人民共和国政府和土库曼斯坦政府经济贸易合作协定	2011年11月23日	北京
56	中华人民共和国政府和土库曼斯坦政府在若干经济领域合作规划	2011年11月23日	北京
57	中华人民共和国政府和哥伦比亚共和国政府关于哥伦比亚在上海设立总领事馆的换文	2011年12月5日 2011年12月22日	北京
58	中华人民共和国政府和波兰共和国政府关于互设文化中心的谅解备忘录	2011年12月20日	北京
59	中华人民共和国政府和泰王国政府关于可持续发展合作谅解备忘录	2011年12月22日	曼谷
60	中华人民共和国和泰王国关于移管被判刑人条约	2011年12月23日	曼谷
61	中华人民共和国政府和塔吉克斯坦共和国政府关于边境口岸及管理制度协定	2011年12月29日	杜尚别

（九）2011年中国与各建交国双边贸易总值表

（按国名英文字母顺序排列）

金额单位：万美元

国家（地区）	进出口		出口		进口	
	金额	同比%	金额	同比%	金额	同比%
亚洲						
阿富汗	23442.3	31	23002.0	31.2	440.3	19.6
亚美尼亚	17035.5	3.9	13572.3	15.9	3463.2	–25.9
阿塞拜疆	108633.9	16.5	89261.9	5.5	19372.0	123.8
巴林	120586.3	14.7	88005.8	10.1	32580.5	29.3
孟加拉国	825978.2	17	781096.2	15.1	44882.1	66.9
文莱	131120.6	27.1	74441.7	102.5	56678.8	–14.7
柬埔寨	249914.4	73.4	231482.9	71.8	18431.5	96.9
朝鲜	564036.2	62.5	316484.3	39	247552.0	107.2
格鲁吉亚	79912.0	149.6	76107.1	176.8	3804.9	–15.9
印度	7391850.6	19.7	5054171.3	23.5	2337679.3	12.1
印度尼西亚	6057310.4	41.7	2922139.3	33.1	3135171.0	50.8
伊朗	4510622.2	53.5	1476246.3	33.1	3034375.9	65.8
伊拉克	1426858.5	44.6	382495.1	6.6	1044363.4	66.4
以色列	977910.0	27.9	674148.6	33.8	303761.4	16.5
日本	34284537.5	15.1	14829329.5	22.5	19455208.0	10.1
约旦	276963.8	34.9	251291.6	33	25672.2	55.9
哈萨克斯坦	2495493.1	22	956673.9	2.6	1538819.1	38.2
科威特	1131332.8	32.2	212860.2	15.1	918472.6	36.9
吉尔吉斯斯坦	497638.3	18.5	487828.9	18.2	9809.5	36
老挝	130623.5	20.4	47656.5	–1.5	82967.0	37.9
黎巴嫩	148445.5	10.2	145850.6	10.5	2595.0	–4.9
马来西亚	8999371.7	21.2	2788956.9	17.2	6210414.8	23.1
马尔代夫	9725.8	53.1	9712.2	53	13.6	180.7
蒙古	643183.9	60.7	273163.1	88.4	370020.8	45
缅甸	649994.6	46.3	482151.4	38.7	167843.3	73.7

续表

国家（地区）	进出口		出口		进口	
	金额	同比%	金额	同比%	金额	同比%
尼泊尔	119516.8	60.9	118130.5	61.5	1386.3	21.4
阿曼	1587606.5	48	99822.7	5.7	1487783.8	52.1
巴基斯坦	1055891.9	21.8	844018.2	21.7	211873.7	22.4
巴勒斯坦	4885.7	85.3	4781.6	83.8	104.1	186.7
菲律宾	3225336.6	16.2	1425485.3	23.5	1799851.2	11
卡塔尔	589334.5	78	119877.4	40.1	469457.1	91.2
韩国	24562970.7	18.6	8292345.8	20.6	16270624.9	17.6
沙特阿拉伯	6430632.7	48.9	1485028.7	43.3	4945604.0	50.6
新加坡	6348197.9	11.2	3557190.0	10	2791007.9	12.9
斯里兰卡	314165.5	49.8	298901.3	49.8	15264.2	49.2
叙利亚	244639.6	–1.5	242023.7	–0.9	2615.9	–35.1
塔吉克斯坦	206904.7	44.4	199681.9	45.1	7222.8	28.8
泰国	6473761.6	22.3	2569617.8	30.2	3904143.8	17.6
东帝汶	7218.1	67.5	7043.8	64.5	174.3	595.8
土耳其	1873928.3	24	1561496.8	30.8	312431.5	–1.4
土库曼斯坦	547902.3	249.1	78585.0	49.7	469317.3	349.3
阿拉伯联合酋长国	3510834.0	36.7	2681572.6	26.3	829261.4	86.3
乌兹别克斯坦	216638.3	–12.8	135932.9	15.1	80705.3	–38
越南	4020747.0	33.6	2909190.3	25.9	1111556.8	59.1
也门	424015.5	5.9	110445.3	–9.8	313570.2	12.8
非洲						
阿尔及利亚	643162.2	24.2	447253.1	11.8	195909.1	66.4
安哥拉	2770587.3	11.6	278444.2	39	2492143.0	9.2
贝宁	305110.5	27.2	287462.3	26.4	17648.2	40.5
博茨瓦纳	71684.1	69.5	61617.3	66.8	10066.8	88.6
布隆迪	5629.2	52.9	4254.4	27.5	1374.8	297.5
喀麦隆	153712.7	53.5	87419.0	61.6	66293.7	43.8
佛得角	4981.1	45	4979.9	45	1.2	0
中非	4240.9	–11.7	1427.1	–37.6	2813.8	11.8
乍得	36012.2	–55.2	9480.3	–69.3	26531.9	–46.5
科摩罗	819.3	–38.7	818.6	–38.7	0.7	–71.5
刚果共和国	516181.9	48.5	48916.6	38.3	467265.4	49.7
科特迪瓦	70283.3	6.6	54059.7	–1.4	16223.7	46.8
吉布提	50918.0	14.5	50900.4	14.6	17.6	–74.5

续表

国家（地区）	进出口		出口		进口	
	金额	同比%	金额	同比%	金额	同比%
刚果民主共和国	399087.6	33.8	82705.3	74.7	316382.3	26.1
埃及	880144.9	26.5	728310.1	20.6	151834.8	65.4
赤道几内亚	193929.2	83.8	26634.5	–41.6	167294.7	179.5
厄立特里亚	14904.1	274	14817.1	281.9	87.1	–17.4
埃塞俄比亚	117701.5	–20.7	88518.2	–26.8	29183.3	6.5
加蓬	84621.7	–28	26991.5	31.1	57630.2	–40.6
加纳	347332.6	68.9	311018.6	60.9	36314.0	194.3
几内亚	64573.8	35.6	63017.0	49.6	1556.7	–71.7
几内亚比绍	1897.1	42.7	1485.1	57.4	412.0	6.7
肯尼亚	242892.0	33.1	236911.9	32.6	5980.1	52.5
莱索托	8051.9	26	7310.9	23.2	741.1	63.6
利比里亚	500810.8	13.3	496686.3	13	4124.5	83.5
利比亚	278395.2	–57.7	72037.7	–65.1	206357.5	–54.3
马达加斯加	60664.1	20.8	50355.0	26.9	10309.1	–2.3
马拉维	15813.4	41.8	11209.7	40	4603.6	46.3
马里	44680.9	48.9	29723.8	29.4	14957.2	112.4
毛里塔尼亚	191231.7	52.1	38629.7	35.6	152602.0	57
毛里求斯	50663.8	25.6	49695.1	26.4	968.6	–4.1
摩洛哥	351954.3	19.8	304385.4	22.5	47569.0	5.1
莫桑比克	95726.7	37.2	70045.1	41.1	25681.7	27.7
纳米比亚	50676.1	–28.7	28227.9	23	22448.1	–53.4
尼日尔	14424.0	–47	14213.5	–47.8	210.5	1133.6
尼日利亚	1078777.1	38.9	920673.8	37.5	158103.3	47.5
卢旺达	14478.2	63.3	6665.2	33.3	7812.9	102
塞内加尔	74927.6	36.4	68056.8	36.6	6870.9	34.3
塞舌尔	3533.1	137.6	3501.0	135.7	32.2	2751.6
塞拉利昂	25299.8	131.8	22488.8	128.7	2811.0	161
索马里	9700.5	31.2	9120.9	26.3	579.6	241.5
南非	4543754.3	76.8	1336210.4	23.7	3207543.9	115.2
南苏丹	132.3	–	132.3	–	–	–
苏丹	1153436.9	33.7	199480.4	2.3	953956.5	42.9
坦桑尼亚	215184.4	29.6	166207.2	32.6	48977.2	20.3
多哥	190803.1	36.8	183136.8	37.4	7666.3	24.2
突尼斯	133220.6	19	111273.0	11.8	21947.6	75.7
乌干达	39953.8	40.6	35947.2	39.6	4006.6	50.8

续表

国家（地区）	进出口		出口		进口	
	金额	同比%	金额	同比%	金额	同比%
赞比亚	339725.4	17.7	61736.1	104.6	277989.3	7.6
津巴布韦	87437.1	55.7	41032.9	29.9	46404.2	88.9
欧洲						
阿尔巴尼亚	43737.2	26	28148.4	41.3	15588.8	5.5
安道尔	576.7	69.3	561.9	66.6	14.8	333
奥地利	698716.3	14.8	222617.1	20.1	476099.2	12.6
白俄罗斯	130447.5	2.6	70500.9	−11.4	59946.6	25.9
比利时	2911131.6	31.5	1897408.3	32.7	1013723.2	29.3
波斯尼亚和黑塞哥维那	7130.1	29.2	4143.5	10.2	2986.6	69.7
保加利亚	146642.8	49	100560.6	52.2	46082.2	42.7
克罗地亚	162054.6	16.2	154101.7	14.7	7952.9	56.3
塞浦路斯	114987.0	−15.8	112360.9	−16.6	2626.1	52.6
捷克	998849.7	12.9	766944.4	7.7	231905.4	34.2
丹麦	926045.4	18.3	644706.1	24.3	281339.3	6.3
爱沙尼亚	133622.4	55.6	113080.6	67.1	20541.7	12.9
芬兰	1118378.9	17.5	664082.6	20.8	454296.3	13
法国	5207786.4	16.4	2999951.6	8.5	2207834.7	29.1
德国	16913632.8	18.9	7643534.7	12.3	9270098.2	24.8
希腊	430360.7	−1.1	394973.4	−0.2	35387.2	−9.4
匈牙利	925866.5	6.2	680656.7	4.4	245209.8	11.6
冰岛	15216.5	35.4	7658.1	7.8	7558.4	82.6
爱尔兰	586727.0	8.6	216607.5	8.7	370119.5	8.5
意大利	5128189.6	13.6	3369504.1	8.2	1758685.5	25.6
拉脱维亚	125630.5	50.8	119286.9	50.2	6343.6	63.1
列支敦士登	9223.8	20.3	1332.4	72.5	7891.4	14.5
立陶宛	142295.5	38.9	133535.1	35.9	8760.4	107.8
卢森堡	190429.2	52.9	159505.1	61.5	30924.1	19.9
马其顿	24659.8	70.6	9180.6	73.9	15479.2	68.7
马耳他	318143.3	31.8	232970.5	26.3	85172.8	49.6
摩尔多瓦	11031.2	26.5	9748.3	21.1	1282.9	91.1
摩纳哥	3537.1	39.3	2272.5	57.1	1264.6	15.8
黑山	10192.4	37.5	8998.1	26.6	1194.3	289.7
荷兰	6815346.9	21.3	5950016.9	19.7	865330.0	33.6
挪威	740739.4	22.1	378591.3	33.5	362148.2	12.1

续表

国家（地区）	进出口		出口		进口	
	金额	同比％	金额	同比％	金额	同比％
波兰	1298870.8	16.6	1094032.7	15.9	204838.2	20.7
葡萄牙	396393.6	21.3	280142.9	11.5	116250.6	54.1
罗马尼亚	440201.7	17.1	345392.2	15	94809.5	25.4
俄罗斯	7926128.6	42.7	3890382.9	31.4	4035745.7	55.7
圣马力诺	213.5	–62.5	183.1	–66.8	30.4	58.7
塞尔维亚	47442.4	18.6	39635.3	14.9	7807.1	41.6
斯洛伐克	596956.5	59.2	251224.0	28.3	345732.5	93.1
斯洛文尼亚	187797.4	20.2	167593.2	21	20204.2	14.4
西班牙	2727691.7	11.7	1972229.1	8.5	755462.5	21.1
瑞典	1370018.9	17.9	656690.6	15	713328.2	20.7
瑞士	3091241.5	54	370021.4	22.1	2721220.1	59.7
乌克兰	1041149.4	34.7	714730.5	28.5	326418.9	50.9
英国	5868086.2	17.2	4412469.7	13.8	1455616.5	28.8
美洲						
安提瓜和巴布达	65682.3	–18.5	65677.2	–18.5	5.1	–3.5
阿根廷	1479414.9	14.5	850366.6	39	629048.3	–7.5
巴哈马	61303.8	–2.4	55013.7	–12.4	6290.1	40994.3
巴巴多斯	15057.0	100.3	14386.3	101.6	670.8	76.2
玻利维亚	65947.9	82.1	38450.8	122.3	27497.2	45.4
巴西	8416514.0	34.5	3183955.8	30.2	5232558.3	37.2
加拿大	4744532.5	27.7	2526696.3	13.7	2217836.2	48.6
智利	3143505.0	21	1081694.8	34.8	2061810.2	14.8
哥伦比亚	823312.6	39	583940.2	52.9	239372.4	13.8
哥斯达黎加	472860.1	24.6	88456.7	28.6	384403.4	23.7
古巴	194778.3	6.3	104363.1	–2.2	90415.2	18.3
多米尼克	2688.5	–38.1	2649.0	–35.2	39.6	–84.4
厄瓜多尔	280443.5	40	222455.6	48.7	57987.9	14.3
格林纳达	591.3	15.5	591.2	15.7	591.3	–93.5
圭亚那	14738.2	46.3	13289.4	59.2	1448.8	–16.2
牙买加	37488.6	56.6	37091.6	57.4	397.1	7
墨西哥	3335857.4	34.7	2397754.0	34.2	938103.4	36.2
秘鲁	1257458.9	26.6	465336.2	31.1	792122.7	24.1
苏里南	15206.6	19.6	13616.6	19.5	1590.0	20.2
特立尼达和多巴哥	62674.4	57	28657.7	–1.5	34016.7	214.8

续表

国家（地区）	进出口		出口		进口	
	金额	同比%	金额	同比%	金额	同比%
美国	44664259.2	15.9	32450461.8	14.6	12213797.4	19.6
乌拉圭	341459.5	29.9	200145.4	35.5	141314.1	22.7
委内瑞拉	1821531.0	75.8	652227.8	78.8	1169303.2	74.2
大洋洲						
澳大利亚	11662915.9	32	3391053.7	24.6	8271862.2	35.3
库克群岛	570.4	16.5	496.6	32.8	73.8	–36.1
斐济	17242.5	34.1	17120.8	34.1	121.7	28
密克罗尼西亚联邦	502.8	–24.8	341.3	–10.7	161.5	–43.5
新西兰	872345.2	33.6	373684.8	35.2	498660.4	32.5
巴布亚新几内亚	126527.5	12	45301.0	28.5	81226.6	4.5
萨摩亚	3785.0	–46	3782.3	–46	2.7	18.3
汤加	1332.4	36.5	1327.7	36.1	4.7	717.1
瓦努阿图	13625.4	485.7	13386.0	492.2	239.4	262.8

注：

以上统计数字由海关总署提供，该数字未包括各建交国与中国香港特别行政区、中国澳门特别行政区和中国台湾省的贸易额。

（十）2011年中国接受各建交国留学生情况统计表

（按国名英文字母顺序排列）

国别	短期留学生人数	长期留学生人数	总数
亚洲			
阿富汗	12	279	291
亚美尼亚	5	86	91
阿塞拜疆	17	162	179
巴林	2	130	132
孟加拉国	79	862	941
文莱	18	18	36
柬埔寨	175	600	775
朝鲜	119	1,316	1,435
格鲁吉亚	12	43	55
印度	255	9,115	9,370
印度尼西亚	2,467	8,490	10,957
伊朗	91	672	763
伊拉克	24	246	270
以色列	170	234	404
日本	7,004	10,957	17,961
约旦	51	275	326
哈萨克斯坦	791	7,496	8,287
科威特	37	17	54
吉尔吉斯斯坦	270	1,631	1,901
老挝	328	2,067	2,395
黎巴嫩	84	68	152
马来西亚	1,080	3,179	4,259
马尔代夫	7	133	140
蒙古	626	6,486	7,112
缅甸	457	1,072	1,529
尼泊尔	93	2,806	2,899
阿曼	3	48	51

续表

国别	短期留学生人数	长期留学生人数	总数
巴基斯坦	213	8,303	8,516
巴勒斯坦	17	181	198
菲律宾	1,588	1,074	2,662
卡塔尔		8	8
韩国	12,608	49,834	62,442
沙特阿拉伯	94	1,561	1,655
新加坡	2,501	1,982	4,483
斯里兰卡	42	1,037	1,079
叙利亚	20	234	254
塔吉克斯坦	151	1,038	1,189
泰国	4,991	9,154	14,145
东帝汶	9	23	32
土耳其	248	1,444	1,692
土库曼斯坦	84	1,039	1,123
阿拉伯联合酋长国	39	38	77
乌兹别克斯坦	122	874	996
越南	1,468	12,081	13,549
也门	55	930	985
非洲			
阿尔及利亚	14	450	464
安哥拉	14	249	263
贝宁	25	216	241
博茨瓦纳	28	126	154
布隆迪	32	404	436
喀麦隆	110	624	734
佛得角		131	131
中非	48	118	166
乍得	8	124	132
科摩罗	13	123	136
刚果(布)	29	647	676
科特迪瓦	32	169	201
吉布提	12	114	126
刚果(金)	34	544	578
埃及	174	402	576
赤道几内亚	48	288	336
厄立特里亚	13	105	118

续表

国别	短期留学生人数	长期留学生人数	总数
埃塞俄比亚	456	388	844
加蓬	16	203	219
加纳	128	1,625	1,753
几内亚	135	388	523
几内亚比绍	21	442	463
肯尼亚	181	774	955
莱索托	16	66	82
利比里亚	34	232	266
利比亚	6	130	136
马达加斯加	82	429	511
马拉维	17	122	139
马里	76	240	316
毛里塔尼亚	50	137	187
毛里求斯	38	1,013	1,051
摩洛哥	77	319	396
莫桑比克	6	243	249
纳米比亚	6	175	181
尼日尔	79	270	349
尼日利亚	84	1,056	1,140
卢旺达	17	281	298
塞内加尔	61	211	272
塞舌尔	26	69	95
塞拉利昂	34	220	254
索马里	10	630	640
南非	162	415	577
苏丹	126	733	859
坦桑尼亚	60	671	731
多哥	12	220	232
突尼斯	31	177	208
乌干达	40	405	445
赞比亚	31	487	518
津巴布韦	63	260	323
欧洲			
阿尔巴尼亚		54	54
安道尔		1	1
奥地利	311	293	604

续表

国别	短期留学生人数	长期留学生人数	总数
白俄罗斯	22	305	327
比利时	402	412	814
波斯尼亚和黑塞哥维那	3	15	18
保加利亚	25	157	182
克罗地亚	7	40	47
塞浦路斯	2	9	11
捷克	122	153	275
丹麦	413	364	777
爱沙尼亚	9	47	56
芬兰	247	316	563
法国	2,937	4,655	7,592
德国	2,026	3,425	5,451
希腊	54	89	143
匈牙利	41	195	236
冰岛	8	35	43
爱尔兰	95	219	314
意大利	1,302	2,214	3,516
拉脱维亚	17	80	97
列支敦士登	2	0	2
立陶宛	12	71	83
卢森堡	5	23	28
马其顿	6	21	27
马耳他	1	4	5
摩尔多瓦	9	98	107
摩纳哥	1	0	1
黑山	1	8	9
荷兰	642	927	1,569
挪威	284	331	615
波兰	218	446	664
葡萄牙	159	226	385
罗马尼亚	81	161	242
俄罗斯	3,263	10,077	13,340
圣马力诺	2	0	2
塞尔维亚	27	69	96
斯洛伐克	5	99	104
斯洛文尼亚	50	40	90

续表

国别	短期留学生人数	长期留学生人数	总数
西班牙	959	1,208	2,167
瑞典	294	949	1,243
瑞士	271	402	673
乌克兰	168	992	1,160
英国	1,572	1,967	3,539
美洲			
安提瓜和巴布达	1	66	67
阿根廷	41	141	182
巴哈马		50	50
巴巴多斯	1	22	23
玻利维亚	36	94	130
巴西	487	565	1,052
加拿大	1,234	2,050	3,284
智利	166	167	333
哥伦比亚	187	536	723
哥斯达黎加	26	135	161
古巴	21	135	156
多米尼克	4	92	96
厄瓜多尔	41	162	203
格林纳达	3	44	47
圭亚那		49	49
牙买加	12	46	58
墨西哥	315	898	1,213
秘鲁	75	190	265
苏里南	3	42	45
特立尼达和多巴哥	1	9	10
美国	12,805	10,487	23,292
乌拉圭	14	29	43
委内瑞拉	62	210	272
大洋洲			
澳大利亚	2,148	1,182	3,330
斐济	26	56	82
密克罗尼西亚联邦	4	43	47
新西兰	254	315	569
巴布亚新几内亚	5	101	106
萨摩亚	8	74	82

续表

国别	短期留学生人数	长期留学生人数	总数
汤加	10	97	107
瓦努阿图	1	32	33

注：

本表由教育部提供，表中未包括与中国建交国在中国香港特别行政区、澳门特别行政区和台湾省就读的留学生人数。

后记

《中国外交》由外交部政策规划司主编、外交部各地区业务司撰稿、世界知识出版社出版发行，每年出版一卷，向国内外公开发行。

《中国外交》旨在准确、全面地阐述中国的外交政策和中国对国际形势的最新看法，系统、完整地介绍中国上年度对外关系及外交实践。

《中国外交》(2012年版)主要介绍2011年的中国外交，文中配有彩色插图，同时发行中文版和英文全译本。

《中国外交》(2012年版)共分九章。

第一章和第二章主要介绍中国对2011年国际形势的看法和中国的外交工作概况。

第三章主要介绍2011年中国与各建交国家的关系。每个建交国成一节，按各建交国国名的英文字母顺序排列。

第四章主要介绍2011年中国与国际和地区组织的关系以及中国对有关问题的立场及观点。

第五章介绍2011年中国外交中的军控、裁军与防扩散工作。

第六章介绍2011年中国外交中的条约法律工作。

第七章介绍2011年中国外交中的边界与海洋工作。

第八章介绍2011年中国外交中的新闻工作和公共外交工作。

第九章介绍2011年中国外交中的领事工作。

最后为附录，收录了“2011年中国外交重要活动”、“2011年中国外交重要文献”以及“2011年中华人民共和国外交部组织机构表”、“2011年中华人民共和国外交部领导成员名单”及2011年中国与各建交国有关情况的部分资料、数据等。

外交部政策规划司

二〇一二年三月十四日

图书在版编目(CIP)数据

中国外交：2012年版/中华人民共和国外交部政策规划司编. —北京：世界知识出版社，2012.10

ISBN 978-7-5012-4260-3

Ⅰ.①中… Ⅱ.①中… Ⅲ.①外交—概况—中国—2012 Ⅳ.①D82

中国版本图书馆CIP数据核字（2012）第061175号

中国外交 / 2012年版

Zhongguo Waijiao / 2012 Nian Ban

ISBN 978-7-5012-4260-3

ISBN 978-7-900159-69-4

责任编辑 / 吴　捷　杨志芬

责任出版 / 王勇刚

责任校对 / 张　琨

出版发行 / 世界知识出版社

地址电话 / 北京市东城区干面胡同51号

邮政编码 / 100010

经　　销 / 新华书店

排版印刷 / 北京世知文化创意有限公司　河北新华第一印刷有限责任公司

开本印张 / 720×1020毫米　1/16　29¾印张　12插页　533千字

版次印次 / 2012年10月第一版　2012年10月第一次印刷

标准书号 / ISBN 978-7-5012-4260-3

定　　价 / 110.00元（精装）